謹將此書獻給我的

老師、同工、弟兄、朋友、同行者

張修齊博士

在曠野中與上帝同行

民數記析讀

黃嘉樑 著

基道出版社

▼

聖經通識叢書

在曠野中與上帝同行

民數記析讀

Rediscovering the Bible
Book of Numbers

作者
黃嘉樑 Wong, Ka-Leung

舊約系列主編
蔡定邦 Tsoi, Jonathan Ting-Pong

責任編輯
許寶瑩、吳國雄

裝幀設計
奇文雲海．設計顧問

■

出版／發行
基道出版社
香港沙田火炭坳背灣街26號富騰工業中心1011室
LOGOS PUBLISHERS
Unit 1011, Fo Tan Ind. Centre, 26 Au Pui Wan St., Shatin, Hong Kong
電話：(852) 2687-0331 傳真：(852) 2687-0281
網址：https://www.logos.com.hk

承印
陽光（彩美）印刷公司

●

7/2008 初版
Cat. No. LP168B
ISBN: 978-962-457-356-5

Printed in Hong Kong

承蒙真理華人文字事工提供資源，支持許寶瑩審閱、編輯、校對工作，謹此致謝。

刷次	10	9	8	7	6	5	4	3		
年份	2028	2027	2026	2025	2024	2023	2022	2021	2020	2019

經書卷析讀——舊約系列

出版研經工具書的主要目的，是要將上帝的話語向現代人闡明，讓一羣愛好研讀聖經的信徒得到適切的指引。近代聖經研究無疑對於這項工作提供莫大的幫助，可惜學者採用的語言往往晦澀難明，令平信徒望而卻步。「聖經通識叢書」的出版試圖作為兩者的橋梁，將那些看來深奧的學術理論，化成顯淺的文字，讓平信徒可享受當今學者努力研鑽的成果。本叢書設「聖經鳥瞰」、「聖經書卷要領」和「聖經書卷析讀」3 個層次，提供信徒不同程度的需要。

「聖經書卷析讀」是「聖經通識叢書」第三層次，以「聖經書卷要領」為基礎，進深分析每本聖經書卷的內容和信息。此層次的書既反映個別學者嚴謹的學術研究，又務求達致活潑和生動的表達，其內容除了包含淺白易明的析讀，也在每章結尾附加「釋經短註」（以 ❶、❷ 等標示），以幫助讀者更深入了解經文。此外，本叢書也加插「信仰反省」部分，以引導讀者將經文內容繫於他的信仰生活中。本叢書也提供生活應用的「溫習及思考問題」，可供個人研讀或小組討論，讓上帝再次藉著聖經向每一個人説話。

最後還必須一提的是，除特別標明外，本書所引的經文，均引自「新標點和合本」，並且凡有經文出現的地方，無論是一段或其中的短語，皆以「標楷體」標示。

序言

本書的寫作源起於在中國神學研究院所教授的延伸課程「民數記、申命記」。這也是我踏上撰寫本書的曠野路的第一步。不少人對「民數記」的印象，如這卷書的名稱那樣，認為這卷書是關於數點人數的。然而，事實並不如此。書中也有多個敍事是為人所熟悉的，其中包括「十二探子」事件，仰望銅蛇而得存活，以及巴蘭與母驢的故事。民數記所記載的，是以色列人經歷過上主帶領他們出埃及的神蹟奇事，以及在西奈山得聽上主宣講律法後，他們如何繼續在曠野中走下去的故事。因此，民數記重要的地方是記載以色列人怎樣在曠野中與上帝同行。這是研讀此書卷所應該注意的地方。

本書的主要篇幅是分析民數記的內容。在每章結尾附加「釋經短註」，幫助讀者更深入了解經文。其次，本書也加插「信仰反省」部分，引導讀者將經文內容連繫於他們的信仰生活中。最後，本書亦附有生活應用的「溫習及思考問題」，可供個人研讀或小組討論，讓上帝再次藉著聖經向人講話。

能夠完成本書，首先得多謝中國神學研究院批准一年的研究寫作期，讓我可以完成本書的初稿。多謝本叢書主編蔡定邦博士對文稿提出的一些建議，許寶瑩姊妹的編輯、校對及對文稿的潤飾。在撰寫過程中，其他曾對此書卷有深入研究的學者都對我有很大的啟迪，這可見諸全書的字裏行間。最後，謹將此書獻給張修齊博士，他是我的老師、同工、弟兄、朋友，在過去中神事奉多年的歲月中，他與我同行，成為我的支持者。現在他已屆退休之年，祝願他好好享受這些安靜的日子，更有上帝豐盛的同在。

黃嘉樑

2008年5月

目錄

第四篇．從加低斯到摩押平原（二十1～二十二1）

專欄目錄

第一章
民數記導論

- 書卷名稱
- 內容及結構
- 主題內容
- 如何閱讀民數記
- 參考書目

1.1. 書卷名稱

「民數記」這個名稱很可能出自英文書名 Numbers，而英文名稱則出自拉丁文「武加大譯本」的書名 *Numeri*，這譯本亦源自希臘文「七十士譯本」的 *Arithmoi*。這些名稱全都與數目有關，明顯因為書中用了不少篇幅記載有關多次數點人數的事，故留下一個與數字有關的印象（一～四，二十六章）。至於猶太人傳統，他們對這卷書有 3 個稱呼方法：

- 在《米示拿》（*Mishnah*）及《他勒目》（*Talmud*），此書卷被稱為 *ḥômeš happəqûḏîm*，意思是「五經中記載著數點人數（那書卷）」（參《米示拿》之〈論聖日〉〔*Mish.* Yoma〕7.1，《米示拿》之〈論素祭〉〔*Mish.* Men.〕4.3，《巴比倫他勒目》之〈論疑妻行淫〉〔*b.* Sotah〕36b）。這個稱謂與上述的理解相近。

Rashi 是一位猶太學者 Rabbi Solomon ben Isaac（1040～1150年）名稱的簡寫。

- 第二個名稱是 *wayəḏabbēr*，意思是「他【耶和華】說」。這名稱來自這書第一個希伯來文字。這個名稱可見於**拉希（Rashi）**在出埃及記三十八章26節及《米示拿》之〈論聖日〉7.1 的討論中。
- 第三個是最普遍的用法，稱為 *bəmiḏbar*，意思是「在曠野中」。這名稱是出自這書的第四個字。

總括而言，賦予這些名稱背後，是有其特別意義。第一、是因書中多次提及的數點人數，以及與這數點有關的事迹，如：以色列人的行軍及分地（參七10～88，三十一25～47）。第二、是與上帝對人（特別是摩西）的講話及吩咐有關。取這名稱背後，是顯示它強調上帝向以色列人的啟示，其中包括指示、引導及責備。第三、這與以色列人所處的地理環境——曠野——有關。這也是全卷書所記載事情發生的場景。不過，無論是哪個理解，這 3 方面都與本書的內容息息相關。不過，相比下，人數及地理環境比上帝的講話更能將本書特色表明出來。

1.2. 內容及結構

1.2.1. 內容簡介

民數記以以色列人在西奈作準備，向著迦南地出發為開始。出發前他們先數點軍兵的數目，然後為會幕事宜作充足準備，最後定出起行的指引方法（一1～十10）。他們用了 20 天預備所有事情，然後起行。然而以色列人在旅程中作了許多叛逆的事，從百姓及至領袖，全都得罪上帝（十一1～十二16）。抵達加低斯後，以色列人派遣探子，打探迦南地的實況。大部分探子的回報都甚為負面，使以色列人拒絕進入這地。結果上帝刑罰第一代的以色列人，不許他們進入應許之地，他們便在曠野流浪 40 年，並死在其中（十三1～十四45）。縱使上帝透過律例，讓以色列人至終可以進入這地，但他們的叛逆卻未停止。他們挑戰亞倫作祭司的合法性，以致帶來更多即時的刑罰，而亞倫的地位終獲確立（十五1～十七11 ）。這卷書也敍述祭司與利未人的責任是保護會幕及以色列人，因此，以色列人要供養這些人。以色列人也要保持營地潔淨（十七12～十九22）。在以色列人從加低斯起行往迦南地途中，他們其中一位領袖米利暗離世，而摩西及亞倫亦因得罪上帝而不能進迦南地，這行程充滿困難（二十1～二十二1）。

隨著第二代的領袖上任，以色列人得以經歷戰爭勝利，但埋怨的行為並未停止，最後終於來到摩押平原（二十一1～二十二1）。他們安營之處與在迦南地的耶利哥相隔於約旦河。就在這裏，第一代以色列人經歷最後的挑戰。雖然在他們不知情下，上帝保守他們免受巴蘭的咒詛，但他們卻與外邦神明連合，並與外邦女子苟合，以致第一代人因此完全遭除滅，死在曠野中（二十二1～二十五18）。第二代以色列人從新再作準備，再次數點行軍人數。經文所關注的重點與地土有關。這一方面包括與地土有關的律例，如：承受產業處理、節期獻祭、地土界限、拈鬮分地、利未城鎮及庇護城鎮（即「逃城」）。另一方面，則記載以色列人戰勝敵人，而其中迦得、呂便及瑪拿西支派則要求在約旦河東之處得地為業。書卷最後以以色列人停留在摩押平原作結束（二十六1～三十六13）。

1.2.2. 民數記在五經中

猶太人傳統稱舊約首 5 卷書為「妥拉」（*Torah*），意即「教導」的意思。所以，即使有 5 卷書，但已被視為一卷在內容上彼此相連貫的書卷。從創世記開始去看，它的內容以上帝創造天地為開始；接著是揀選以色列人先祖亞伯拉罕，及應許他有眾多的子孫和得著迦南地為他子孫的產業；最後記載亞伯拉罕的孫子雅各一家最終逗留在埃及作結。出埃及記記載以色列人在埃及地生養眾多，顯出上帝對亞伯拉罕的應許已部分應驗。後以色列人因為在這地成為奴隸，便哀求上帝拯救他們。上帝指派摩西拯救他們，帶領他們出埃及，同時也使他們成為大國，得迦南地為業，直至祂對亞伯拉罕的應許得以完全實現。出埃及記接著記載以色列人從埃及地出來，經過曠野，最後停留在西奈山的路程。它也記載上帝在西奈山指示以色列人建造會幕，最後以會幕立起作為結束。利未記所記載的事情全發生在以色列人停留在西奈曠野的時期。整卷書基本上是上帝指引以色列人該如何在生活中與上帝同行。民數記接著記載以色列人從西奈起行，再次走在曠野的路上，最後停留在摩押平原。申命記則記載以色列人在摩押平原之時，摩西向他們所講的一番說話。它的內容包括重述以色列人的歷史，鼓勵以色列人遵守誡命，專心依靠耶和華。最後以摩西的死亡作為結束。

這列表參自：Mark S. Smith, The Pilgrimage Pattern in Exodus, JSOTSup 239 (Sheffield: Sheffield Academic Press, 1997)。

從地理角度及具體內容來看，出埃及記與民數記確實有不少相似之處。有學者按此將這兩卷書的相似地方列出（**參右表**）。

右表列出民數記確實與出埃及記有不少對應之處。不過，這些對應也呈現明顯的不同。在出埃及記，縱然以色列人埋怨沒有水喝或沒有食物，上帝不單沒有懲罰他們，而且還聽他們的要求（參出十七1～7）。然而，在民數記情況卻截然不同。當以色列為食物埋怨，上帝立刻懲罰他們（參民二十1～13，二十一16～18）。兩者之所以有分別，在於前者是發生在頒布西奈的律法之前，後者則在之後。律法頒布以後，以色列人須懂得以律例作為行為指引。若然違例，刑罰就會隨著而來。從這角度來看，在出埃及記及民數記中間的利未記就顯得非常重要。利未記可說是把

出埃及記、利未記與民數記相似之處

出埃及記	**一1～十五21**	**埃及**
	一1～六1	摩西第一次被召及與法老的衝突
	六2～十四31	摩西第二次被召及與法老的衝突
	十五1～21	結束詩歌（摩西之歌）
	十五22～十八27	**曠野**
	十五22～27	瑪拉的水及以琳泉水
	十六1～35	鵪鶉及嗎哪
	十七1～7	石中出水
	十七8～16	以色列及亞瑪力人之戰
	十八1～27	摩西作為領袖的辛勞及摩西的岳父米甸人葉忒羅
	十九1～四十38	**西奈**
	十九1～2	到達西奈山
	十九3～三十一18	指示建造會幕及第一套法版
	三十二1～四十38	執行建造會幕及第二套法版
利未記	**一1～二十七34**	**西奈：從會幕而出的命令**
民數記	**一1～十28**	**西奈**
	一1～六27	會幕四圍的安營
	七1～十11	禮祭的預備
	十11～28	離開西奈山
	十29～二十一35	**曠野**
	十29～32	摩西的岳父米甸人何巴
	十一1～35	摩西作為領袖的辛勞（及鵪鶉與嗎哪）
	十二1～十四38	領袖的不忠
	十四39～45	以色列及亞瑪力人之戰
	十五1～十九22	領袖的不忠及律例
	二十1～13	石中出水
	二十一16～18	井中出水
	二十二1～三十六13	**約旦河東**
	二十二1～二十四25	引言詩歌（巴蘭之歌）
	二十五1～三十一54	第二代預備進地
	三十二1～三十六13	第二代最後預備進地

沒有組織性的以色列羣體轉化為有組織性的羣體的重要典籍。

聖經學者溫漢（Gordon J. Wenham）從另一角度審視民數記與出埃及記及利未記的關係。這關係可以下圖說明：

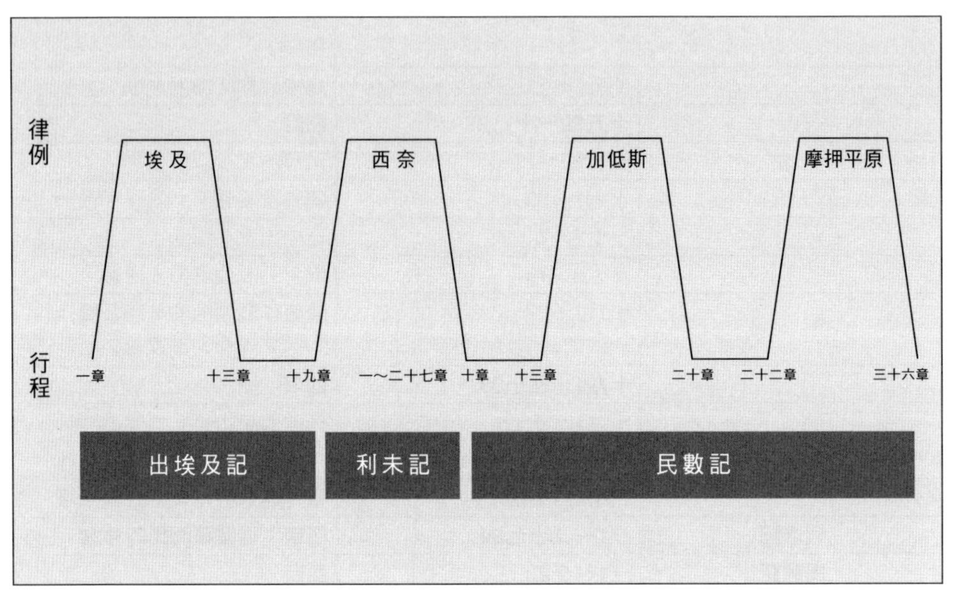

民數記與出埃及記、利未記的關係。參《民數記》，丁道爾舊約聖經註釋，李永明譯（台北：校園，2002），頁13。

他認為從出埃及記至民數記共出現 3 個循環，其中兩個記載在民數記。每個循環都包含兩個元素，分別是行程（出十三～十九章；民十～十三章，二十～二十二章）及律例（利一～二十七章；民十三～二十章，二十二～三十六章）。他認為這 3 個行程之間有相似之處。例如：這 3 個行程分別提及米利暗（出十五20～21；民十二章，二十1）及記載百姓埋怨的事情（出十五23～24；民十一1，二十一5）。同樣，這 3 個律例的記載也有類似的地方，包括祭司的特權（利六～七章；民十七～十八章，三十一28～30，三十五1～8），以及不潔的規條（利十一～十六章；民十九章，三十一，三十五9～34）。這樣的分析提供了一個對這 3 卷書較整體及宏觀的看法。

1.2.3. 結構大綱

不同學者從不同角度去理解民數記的編排，定下其結構。以下列出 3 個：

第一個結構，是從地理角度出發，將民數記分為 5 部分：

- 在西奈曠野（一1～十10）
- 從西奈曠野到加低斯．巴尼亞（十11～十二16）
- 在加低斯．巴尼亞（十三1～十九22）
- 從加低斯．巴尼亞到摩押平原（二十1～二十二1）
- 在摩押平原（二十二2～三十六13）

第二個結構，將敘事與律例交錯列出。學者德格拉斯（Mary Douglas）以環形結構形式表達（參 Mary Douglas, *In the Wilderness: The Doctrine of Defilement in the Book of Numbers*, JSOTSup, 158 [Sheffield: Sheffield Academic Press, 1993], 117~118）：

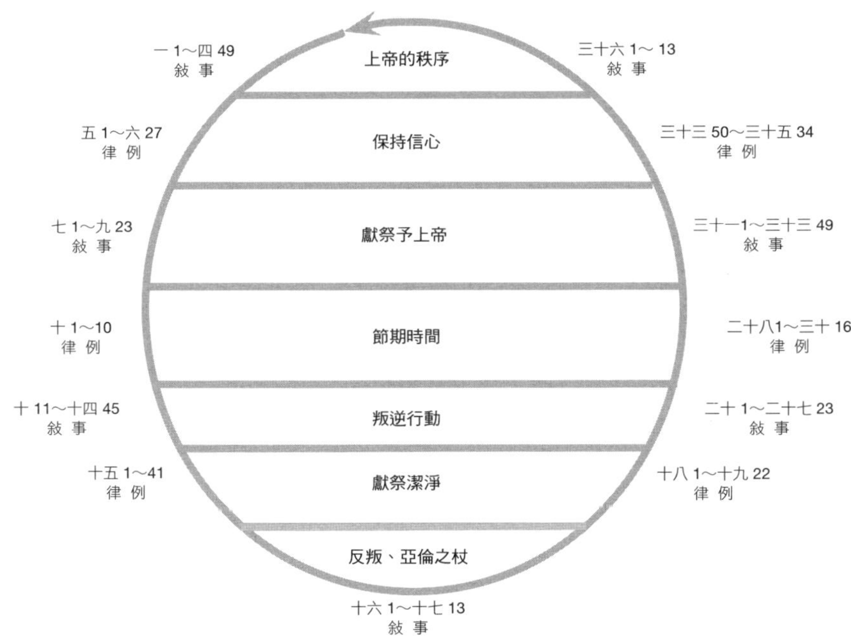

若將德格拉斯的環形結構稍為修改，則可用以下扇形結構表達出來：

A　敘事　上帝的秩序（一1～四49）
　B　律例　保持信心（五1～六27）
　　C　敘事　獻祭予上帝（七1～九23）
　　　D　律例　節期時間（十1～10）
　　　　E　敘事　叛逆行動（十11～十四45）
　　　　　F　律例　獻祭潔淨（十五1～41）
　　　　　　G　敘事　反叛、亞倫之杖（十六1～十七13）
　　　　　F'　律例　獻祭潔淨（十八1～十九22）
　　　　E'　敘事　叛逆行動（二十1～二十七23）
　　　D'　律例　節期時間（二十八1～三十16）
　　C'　敘事　獻祭予上帝（三十一1～三十三49）
　B'　律例　保持信心（三十三50～三十五34）
A'　敘事　上帝的秩序（三十六1～13）

然而，有學者認為德格拉斯所指出的對應並非那麼貼切。例如十章1至10節這個短短有關吹號的內容與二十八至二十九章（論獻祭的例）很難理解為是對應的，更不用談第三十章有關許願的律例了。這些批評很合理。

第三個結構，從第一代及第二代以色列人的關係作為出發點：

奧爾森（Dennis T. Olson）指出民數記可以分為兩大部分，第一部分與第一代人有關，第二部分則與第二代人有關。由於二十六章記載數點人數中，清楚指出沒有第一代人，除了迦勒及約書亞外（二十六65），所以，第二十六章成為這兩部分的分界線。第一至二十五章記載第一代人的事迹，在開始行程之前都算相當理想，但行程中卻多次叛逆，最後以失敗告終。第二十六至三十六章記載第二代人不但有一個好的開始，而且行程中也沒有叛逆之事發生。他們的前景是樂觀的，只是結局如何卻沒有記載。這第一代及第二代的以色列人有不少相似，現以表列出：

一～二十五章（第一代以色列人）		二十六～三十六章（第二代以色列人）	
章數	**內容**	**章數**	**內容**
一	數點人數	二十六	數點人數
三	數點利未人	二十六	數點利未人
五	與婦人有關的律例	二十七	與婦人有關的律例
六	與誓言有關的律例	二十七	與誓言有關的律例
七、十五	與獻祭有關的律例	二十八、二十九	與獻祭有關的律例
九	慶祝逾越節	二十八16～25	與逾越節有關的教導
十8～9	祭司吹號預備打仗的律例	三十一6	祭司吹號與米甸人打仗
十三	從十二支派中揀選探子	三十四	從十二支派中揀選分地之人
十三～十四	探子回報及人民的回應引致第一代以色列人死在曠野	三十二6～15	重提探子事件作為警誡
十～二十五	各行程地方	三十三	行程的綜合報告
十八21～32	供應利未人所需	三十五	供應利未人所需（城鎮）
二十一21～35	戰勝亞摩利王西宏和巴珊王噩及得河東之地	三十二	分河東之地給兩個半支派
二十五	米甸人使以色列人犯罪及上帝命以色列人擊殺米甸人	三十一	擊殺米甸人報仇

以上 3 個主要結構取向各有長處，可以將民數記不同的重點呈現出來。本書所採納的結構主要是將第一及第三個建議結合起來，目的是一方面關注到民數記中提及地點的遷移，另一方面亦關注由第一代人過渡至第二代人的情況。至於民數記中出現的律例，則被理解為回應書中所記載的敘事。整卷民數記的大綱可用以下列方式表達出來：

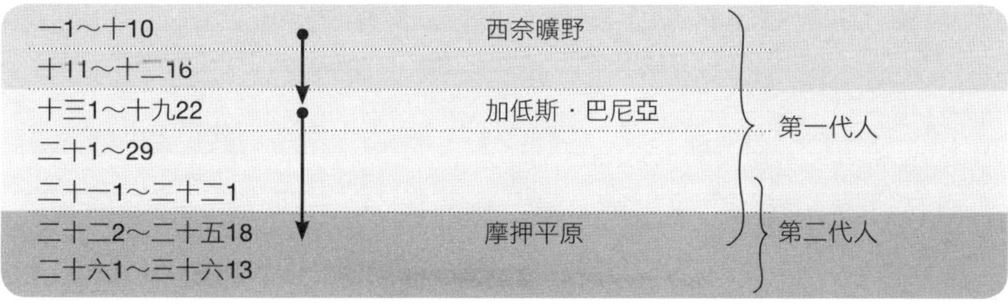

從前頁圖表所見，民數記基本上記載以色列人由西奈曠野到摩押平原之間的行程。在這行程中，以第一代人為首的記載可見於民數記一章1節至二十五章18節，而第二代的領袖則首次出現在亞倫死後，由以利亞撒作為承繼人開始（二十22～29）。如奧爾森所言，第二十六章的數點人數中基本上只有第二代人。所以，第一代的領袖及第二代的領袖同時出現的經文，可參二十一章1節至二十五章18節。值得留意的是，以第一代人為首的行程中，記載的事是負面的（十一1～二十29），而以第二代為首的行程中則記載的都是正面的事情（二十六1～三十六13）。惟有當第一代及第二代人同時帶領以色列人時，才交替記載正面及負面的事情（二十一1～二十五18）。所以，當這兩代人同時作首領時便反映出這兩代人各自有的特色，分別是負面及正面的事情。這正好反映從一代人過渡到第二代人期間，以色列人混合了第一代人（即負面行動）及第二代人（即正面行動）這兩個元素。

1.2.4. 寫作特色

接著是簡單介紹民數記經常出現的寫作手法，讓讀者閱讀此書卷時更能掌握其表達方式及內容。

1.2.4.1. 日期標誌

本書曾多次列出事件發生的日期。這些日期標誌著以色列人行程幾個重要的時刻（參 3.1.2.1 所列的「日期表」）。現將這些日期表列如下，所有日期都由出埃及地後算起：

日期	經文	內容
第二年一月十四日	九1～3	第二次逾越節
第二年二月初一日	一1	開始數點人數
第二年二月二十日	十11	離開西奈山
（四十年）正月間	二十1	米利暗死
四十年五月一日	三十三38	亞倫死

這表列顯示出民數記並不完全順時序去記載事情。第一章1節記載的是出埃及之後二年二月一日的事情，但九章1節卻記載第二年一月十四日發生的事。這敍事出現倒敍法，故讀者須留神，免得亂了次序，錯誤理解經文。

1.2.4.2. 簡述與詳述

民數記多次先寫簡述，然後才敍述具體詳情。例如：三章5至13節簡述利未人的職事，說明他們在會幕的工作，以及他們的身分是代替以色列人的長子，分別為聖歸予上帝的；接著便詳細講述利未人這兩方面的職事（三14～四49）。而在詳述的內容中，作者先記載利未人要代替以色列人的長子歸予上帝（三14～51），後記載他們在會幕中的工作（四1～49）。這與之前總結的內容剛好相反。這是扇形結構表達的一種，下文會再詳細論述這一點。

再參十章1至7節。經文先簡單指出吹號的兩個用途是招聚會眾及指引他們起行的時間（1～2節），接著便詳細說明這兩個用途（3～7節）。這段經文亦以扇形結構表達（參 3.5.2.1 中所列的扇形大綱）。

再留意第二十一章。第10至20節記載以色列人從何珥山至毗斯迦的山頂這行程中一些安營的地方。值得留意的是13節簡單提及以色列人在亞摩利人及摩押的境界安營，然而21至35節才詳細敍述以色列人如何擊敗亞摩利王及巴珊王，奪取他們的土地。

這卷書仍有其他類似的情況，所以讀者在研讀此書時，須留意這類型的寫作手法。此書或許給予人一種經常重複內容的感覺，但其實是這書寫作手法之一。這種表達目的是讓讀者先注意接著的內容的重點，然後才具體說明內容。

1.2.4.3. 扇形結構

上文提及民數記整體的結構，可以從扇形結構表達出來。現列出 3 個例

簡述扇形結構

扇形結構（或稱倒影結構、交叉平行、交錯配結構、三文治式結構等，不一而足；英文 chiastic structure / chiasm 則出自希臘文字母 chi = X）是指一段文字的上半部分依次出現的元素會在該段文字的下半部分以相反的次序出現。若上半部分依次出現的是 A、B、C、D，則下半部分依次出現的就是 D'、C'、B'、A'。採用 A 與 A'（或 B 與 B' 等）這個標誌表示這兩部分是相似的。它們相似的地方可以是用字、思想理念，有時候意義上可以是相反的。整段文字的次序可用 A B C D D' C' B' A' 來標示。第二類的扇形結構可以用A B C D C' B' A' 來標示，在這類別的扇形結構中的 D 是沒有對應元素的。除此以外，其實扇形結構也可有其他更為複雜的表達形式。以扇形結構方式去表達的目有：

1. 這是一種寫作手法，用來表達文學上的美感；
2. 以這個結構將一個較為獨立的思想勾劃出來，以示有別於它的上文及下文；
3. 透過重複當中的元素（即 A 與 A'、B 與 B' 等），去強調信息內容；
4. 以此強調處於這個結構正中央位置的那個元素。

仍有兩件事需要留意。首先，以上提及的 4 個目的，並不是互相排斥的，有時候作者會利用一個扇形結構去達成多個目的。此外，扇形結構可以有多個不同目的，它不一定是強調結構正中央的元素。讀者若有興趣，可參：Nils Wilhelm Lund, *Chiasmus in the New Testament: A Study in the Form and Function of Chiastic Structures* (Peabody: Hendrickson, 1942)。

子，引證不但整體是這樣，甚至內文也有不少這類結構的出現。

例一：十四章2節

若將民數記十四章2節百姓的講話，按原文的用字次序翻譯出來，這節經文就形成扇形結構如下：

A 巴不得我們死（*lû-maṯnû*）
  B 在埃及地（*bəʾereṣ miṣrayim*），
  B' 或在這曠野（*bammiḏbār hazzeʰ*）
A' 巴不得我們死（*lû-māṯnû*）。

在原文裏，A 及 A' 的字眼「巴不得我們死」是完全相同的，而 B 及 B' 相似之處是用了「在」（前置詞）再加上一個地方（分別是「埃及地」及「這曠野」）。這裏使用扇形結構很可能只是一種文學手法。然而，若把2至3節並列，作者是用「埃及地」及「這曠野」來對比「那地」（即迦南地）。所以，若只單看第2節，則很難確定作者所強調的是地方。

例二：十四章42至43節

現按原文翻譯如下：

A 42……因為（*kî*）耶和華不在你們中間，
  B 你們不要被殺敗
    C 在你們的仇敵面前（*lip̄nêḵem*）。
    C' 43……亞瑪力人和迦南人在你們面前（*lip̄nê ʾōyḇêḵem*），
  B' 你們必倒在刀下；
A' 因（*kî*）你們轉回不跟從耶和華，所以他必不與你們同在。

在這個結構中，A 與 A' 對應是因為它們都強調耶和華不與以色列人同在，而且它們採用「因為」一詞為開首語。B 與 B' 對應是因為它們都談及以色列人要被殺。而 C 與 C' 對應是因為它們都提及敵人，以及採用「在你們面前」這短語。這段經文是摩西回應以色列人一番講話（十四41～43）的後一段。在前半段摩西指出他們違背上帝的命令，所以不可能打勝仗，並呼籲他們不要上去（41～42節上）。摩西說話的後半段，便將不能上去的理據陳明，以及說明上去的後果。所以，42至43節這個扇形結構便從那前一段的內容稍為獨立出來。這結構的重點似乎不是強調 C 及 C'，而是指出失敗的原因 A 及 A'（即耶和華不在他們中間），以及後果 B 及 B'（即被殺）。這裏採用扇形結構是一種文學手法。

例三：十四章36至38節

同樣按原文重新翻譯如下：

A　36摩西所打發、窺探那地的人，
　B　他們回來，叫全會眾向摩西發怨言，
　　C　透過報那地的惡信。
　　　D　37他們死了
　　C'　——這些報惡信的人——因為瘟疫，在耶和華面前。
　B'　38其中惟有嫩的兒子約書亞和耶孚尼的兒子迦勒仍然存活，
A'　從那些去窺探那地的人中。

在這結構中，A 與 A' 對應是因為它們都提及窺探那地的人，B 與 B' 對應是因為它們的內容剛好是相反的（分別是發怨言的及傳好信息的），C 與 C' 對應是它們都提及報惡信，處於中間的 D 沒有對應經文。這扇形結構很可能有多個目的，其中應該包括強調處於中間 D 這個元素，就是：這些人都死了，以此作為提醒以及警誡讀者。

例四：五章11至31節

這扇形結構比上文所提的複雜。因篇幅所限，在此不詳列經文。這段經文 3 次出現兩個元素，分別是婦人曾被玷污及婦人沒被玷污。不過，這兩個元素的出現次序卻曾倒轉兩次如下：

情況　A　婦人曾被玷污（五12下～14上）
　　　　B　婦人沒被玷污（五14下）
起誓　　B'　婦人沒有行淫（五19）
　　　A'　婦人曾經行淫（五20～22上）

結果　A”　婦人曾經不忠（五27）
　　　B”　婦人沒有不忠（五28）

嚴格來說，這不是一個扇形結構。不過，經文 3 次重複出現兩個相同主題，而第二次及第三次出現的次序剛好與上次不同。這種處理手法既可以表達作者的寫作技巧，同時亦將各部分緊扣一起，成為一個內聚性很強的單元。

除上文所列舉的，書中還有其他扇形結構的例子。讀者每遇到這類結構時，須多留意及思考作者使用扇形結構的目的，從而了解經文呈現的信息。

1.3. 主題內容

正如 1.2.2「民數記在五經中」指出，民數記與五經中其餘的書卷，無論在結構及內容上，都有密切的關係。雖然如此，每卷書都有它們自己記載的焦點。簡單而言，創世記是記載上帝的創造及揀選，出埃及記提及上帝的拯救和建立以色列人為敬拜的羣體，利未記則集中討論與上相交的要求及建立以色列人為神聖的羣體，民數記則關注到以色列人在前往迦南地途中的經歷，述說以色列人如何與上帝同走曠野路，申命記則重述以色列人的歷史並強調單一敬拜上帝這條誡命。接著，在下文將從上帝、以色列人，以及上帝與以色列人相交的時間與空間這 3 個角度，簡單探討民數記的主題內容。

1.3.1. 上帝

民數記的上帝是一位與世人同在的上帝。祂是以人可見的事物來表達祂的同在，其中最重要的就是會幕。以色列人安營之時，是將會幕立起在他們的中間位置。安放於會幕中的約櫃也是帶領以色列人前進的一個重要指標。此外，形狀如火的雲彩也是上帝同在的表徵。雲彩佇立及移動成為以色列人安營或起行的一個信號（九17）。這些可見之物代表著上帝的同在及帶領。

雲彩的出現亦可代表上帝出現施行審判（參十二5，十六42）。所以，上帝的同在既可帶領以色列人，亦可因為他們犯罪而刑罰他們。上帝是位對人有所要求的神，祂要求人尊重祂的神聖，同時人也要成為聖。正因為祂是神聖的，以色列人就要把祂與他們所同在的營地（五1～3）及土地（三十五34）保持潔淨。以色列人也不能擅自接近會幕，即使是負責處理與會幕有關事情的祭司及利未人也不可隨意侵犯會幕，免得被殺（十八1～7）。而當領袖如摩西及亞倫不尊耶和華為聖之時，他們同樣也受到懲罰（二十12）。耶和華神聖的同在是不容人輕忽面對的。

耶和華也是一位公義及恩慈的上帝。面對以色列人多次的叛逆，祂的公義使祂作出對應的刑罰（十一2、33～34，十二8～10，十六1～50，二十一4～6），然而祂的恩慈使祂不會完全撇棄以色列人，仍然持守著祂的應許，帶以色列人往迦南地去。在第十三至十四章的探子事件中，上帝刑罰第一代以色列人，使他們不能進入迦南地。然而，第十五章的律例的前題卻是「**你們到了我所賜給你們居住的地**」（十五2）。這 3 章並置在一起，正好指出上帝公義及恩慈的性情。因著祂的恩慈，祂容許人以代求者的身分向祂祈求，摩西及亞倫就是其中的表表者。因著他們的代求，上帝就減輕對以色列人的刑罰（十一2，十二13，十四13～19，十六22，二十一7）。

1.3.2. 以色列人

民數記中的以色列人有幾個不同的身分。首先，他們是一個宗教羣體，是上帝神聖的子民。雖然如此，他們中間也有不同神聖等次。大祭司的神聖等次為最高，其次是祭司，接著是利未人，然後是百姓。而利未人的 3 個家族之間的神聖等次也有分別，哥轄族為最高，其次是革順族，最後是米拉利族（四1～33）。須留意的是，甚至以色列人所獻之祭物也有「至聖的」及「聖的」這等次之分（參十八8～19）。屬於愈高的神聖等次，所受的限制也就愈多。除了神職人員，上帝也要求百姓成為神聖（十五37～41）。一般百姓，不論男女，也可透過成為拿細耳人達到與祭司相若的神聖等次（六1～21）。作為神聖的子民，以色列人要保持潔淨。因此，他們既要將不潔從營中除去（五2～3），也要行潔淨之禮，使不潔的回復潔淨（十九1～22）。

其次，以色列人也是軍隊。第一及二次的數點人數就清楚說明這點（一3，二十六2）。這軍隊由十二支派組成（不包括利未支派在內），這是強調他們的合一。所以，數點人數時，是以支派作單位，而每支派都要被數點（一20～46）；當查察迦南地時，每支派都要差派一人為探子（十三2）；在攻打敵人時，每支派都要差派人出戰（參三十一4）。每支派所獻予會幕及祭壇之物全都一樣（七1～89）。這完全表明合一的意義。縱然民數記強調十二支派的合一，但在這合一中也有等級。這可從安營及起行時安排各支派的位置上可見一斑，其中最明顯的是猶大支派是居首位（二1～34）。

雖然上帝賦予以色列人特別身分，他們仍可選擇忠於上帝或違背上帝，不過他們要承受選擇後所帶來的結果。第一代的以色列人可以選擇遵命（一1～十10）或違命（十一1～十四35，十六1～十七11）。而他們選擇違命所帶來的結果是他們全死在曠野（除約書亞及迦勒外），不得進入應許之地。第二代的以色列人同樣也有這樣的選擇權，但他們選擇了聽命於上帝。所以，他們仍有機會進入迦南地。

以色列中最為特別的羣體是祭司及利未人。他們沒有被數點在十二支派中，亦即他們不是行軍中的人，這是因為他們肩負著處理會幕的責任。他們都要作守衞，但所守的是會幕，為要防止人（包括祭司及利未人！）侵犯會幕，否則會遭致上帝的憤怒。利未人另有一個身分，就是被上帝選召去代替以色列人的長子負責會幕之事，例如：負責搬運及搭建會幕，承擔會幕中勞動的工作，並協助祭司處理獻祭的事。祭司則承擔獻祭的工作，包括處理潔淨百姓的事情，而大祭司亦要祝福百姓（六22～27）。他們是上帝與百姓之間的中介者，也因此百姓要供應他們（及會幕）所需，以至他們可以協助以色列人活在上帝定下的秩序中（十八8～32）。

最後是上帝代言人的身分，這特指摩西。在此略述他這獨特身分曾擔負的工作。他多次傳遞上帝的話語，他與上帝的關係遠比其他代言人密切（十二6～8）。他也是民數記裏最重要的代求者。在禮祭方面，當會幕立起時他膏抹會幕，為它祝聖（七1），他亦潔淨利未人，使他們可在會幕前供職（八5～22）。即使如此，他需要以色列人的領袖協助他去完成上帝的指令（一3～4，十一16～17，二十五5，三十四16～18）。他亦曾遇過不知如何處理的事情，需要求問上帝的指示（十五32～36，二十七5）。他曾違背上帝，以致不能進入迦南地（二十1～13），他要將帶領以色列人進入迦南地的工作交由承繼人約書亞去完成（二十七12～23）。

1.3.3. 時間與空間

在民數記中，上帝與以色列人相交所在的時間及空間並不是中性的。對以色列人來說，他們所處的空間可以分為潔淨或不潔淨，亦可分為神聖或凡俗。凡上帝所處的空間，如：以色列人的營地或所居住的地土，都必須保持潔淨。為要保持會幕的神聖，祭司及利未人必須圍著它保衛著它。不過，會幕裏的不同區域也有不同的神聖等次。至聖所是最神聖的，聖所相對而言便沒有那麼神聖。無論是在安營時或起行，各支派都有他們指定的位置，這樣空間的安排背後反映出以色列人的神學理念。

對以色列人來說，時間也有神聖或凡俗之分。第二十八至二十九章列出一連串特別的日期，定為以色列人的節期。在大部分的節期中，上帝要求人來到祂面前尊崇祂，所以在這些日子，以色列人必須停止工作。不過不同的日子所要求停止工作的程度不同，有時候要求停止勞碌的工作，有時候則要求停止所有的工作。此外，亦有一些特別的要求，如在贖罪日則要求百姓「刻苦己心」（二十九7）。這些日子是聖的，有別於其他凡俗的日子（參九1～14）。所以，無論是在空間上或是時間上，以色列人都要持守著上帝所制定的秩序。這秩序建基在上帝的神聖之上。

參：Robert B. Leal, *Wilderness in the Bible: Toward a Theology of Wilderness, Studies in Biblical Literature, vol. 72* (New York: Peter Lang, 2004)。

曠野在民數記是以色列人穿越最多的空間。曠野不是沙漠，只是一片很少甚至沒有人居住的地方。這地方不能耕種，因為它沒有充足的雨量，水源的位置也會改變。亦因如此，它並不適合牧放。有時候，曠野會有少量植物生長，可供作牧放之用（參詩七十五13）。所以，曠野是一個混亂、沒有秩序的地方。因此，對以色列人來說，這地方有特殊意義。曠野可說是逆境的表徵，來考驗人能否真正效忠於上帝。以色列人在曠野因為未能得著他們所渴求的，他們就叛逆上帝，結果遭受上帝的刑罰。所以，曠野也是一個執行紀律，成為潔淨及轉化的地方。曠野不能給予人盼望，但卻是容讓人去持守盼望的地方。曠野明顯不是路的終點，而是朝向終點之行程中必須經過的地方。它可算是旅程的過程，而不是目標。民數記便是記載以色列人所經歷的，是一個怎麼樣的過程。

1.4. 如何閱讀民數記

民數記是五經中的第四卷，所記載的內容也因此與它前後的卷書相關連。要明白民數記便不能不略為對另外 4 卷書的內容有所認識（參 1.2.2）。此外，還須以鳥瞰式去閱讀它，從中了解整卷書的鋪排，以及各段落在整卷書的位置。這樣可避免只見樹木，不見樹林（參 1.2.3）。

接著，要處理書卷所記載的數字、名單、行程記錄、重複的字詞和冗長的律例。若要掌握這些難以理解的資料，必須留意兩方面的事情。

首先，研讀民數記是不能忽略它所記載獻祭的類別，潔淨與不潔淨的事物，神聖與凡俗的事物，以及節期等。若要認識這方面的事，查看一些背景資料是不可或缺的。讀者可參考聖經辭典或聖經百科全書，了解這方面的事情。本書亦會分析這方面的某些概念。

其次，民數記作為一本寫於二、三千年前的猶太人的作品，明顯其寫作對象及手法都是現代讀者所感到陌生的。所以，讀者也要嘗試理解其寫作手法、寫作目的。例如：讀者要處理書內多次重複的內容；處理扇形結構表達的原因（參 1.2.4）。再者，民數記刻意將敘事與律例交錯編排在一起。所以，讀者要留意這些律例與它上下文的敘事的關係。了解全書的寫作手法可以幫助讀者理解整卷書的鋪排及信息內容。

最後，也是研讀民數記最重要的方法，就是多閱讀、多思考，以渴慕上帝話語的心去研讀。這樣不但令讀者認識這卷書，且能從中得著屬靈的知識。這不但是了解民數記必須具備的態度，更是理解上帝的話語所必需具備的條件。

1.5. 參考書目

1.5.1. 專論

Douglas, Mary. *In the Wilderness: The Doctrine of Defilement in the Book of Numbers*. JSOTSup, 158. Sheffield: Sheffield Academic Press, 1993.

Gane, Roy. E. *Cult and Character: Purification Offerings, Day of Atonement, and Theodicy*. Winona Lake: Eisenbrauns, 2005.

Leal, Robert B. *Wilderness in the Bible: Toward a Theology of Wilderness*. Studies in Biblical Literature, 72. New York: Peter Lang, 2004.

Lee, Won W. *Punishment and Forgiveness in Israel's Migratory Campaign*. Grand Rapids: Eerdmans, 2003.

Olson, Dennis T. *The Death of the Old and the Birth of the New: The Framework of the Book of Numbers and the Pentateuch*. Brown Judaic Studies, 71. Chico: Scholars Press, 1985.

Smith, Mark S. *The Pilgrimage Pattern in Exodus*. JSOTSup, 239. Sheffield: Sheffield Academic Press, 1997.

1.5.2. 註釋書

溫漢。《民數記》。丁道爾舊約聖經註釋。李永明譯。台北：校園，2002。

曾祥新。《民數記》。天道聖經註釋。香港：天道，2006。

Ashley, Timothy R. *The Book of Numbers*. New International Commentary on the Old Testament. Grand Rapids: Eerdmans,1993.

Brown, Raymond. *The Message of Numbers: Journey to the Promised Land*. Bible Speaks Today. Leicester: Inter-Varsity Press, 2002.

Budd, Philip J. *Numbers*. Word Biblical Commentary, 5. Waco: Word, 1984.

Cole, R. Dennis. *Numbers*. New American Commentary, 3B. Nashville: Broadman & Holman, 2000.

Dozeman, Thomas B. "The Book of Numbers." In *The New Interpreter's Bible*,

Vol. 2. Edited by Leander E. Keck et al. Nashville: Abingdon, 1998.

Duguid, Iain M. *Numbers: God's Presence in the Wilderness*. Preaching the Word. Wheaton: Crossway, 2006.

Gane, Roy. *Leviticus, Numbers*. NIV Application Commentary. Grand Rapids: Zondervan, 2004.

Harrison, R. K. *Numbers: An Exegetical Commentary*. Wycliffe Exegetical Commentary. Grand Rapids: Baker, 1992.

Knierim, Rolf P. and George W. Coats. *Numbers*. Forms of the Old Testament Literature, 4. Grand Rapids: Eerdmans, 2005.

Levine, Baruch A. *Numbers 1～20*. Anchor Bible, 4. New York: Doubleday, 1993.

Levine, Baruch A. *Numbers 21～36*. Anchor Bible, 4A. New York: Doubleday, 2000.

Milgrom, Jacob. *Numbers*. JPS Torah Commentary. Philadelphia: Jewish Publication Society, 1990.

Olson, Dennis T. *Numbers*. Interpretation. Louisville: John Knox, 1996.

Philip, James. *Numbers*. Mastering the Old Testament, 4. Dallas: Word, 1987.

第一篇
在西奈山預備進入應許之地
（一 1 ～十 10）

以色列民出埃及後約 6 個星期便來到西奈山，上帝在此向他們頒布律例典章。這些律例典章記載在利未記中。接著的民數記則記載有關他們從西奈山開始起行，繼續向迦南邁進的這段旅程，並一直記載至進入迦南地之前所發生的事情為止。這一篇論述民數記第一部分（一1～十10）的內容。這部分主要記載以色列人起行前的準備。這段路程與他們從埃及到西奈山的那段，完全不一樣。當年以色列人離開埃及時行色匆匆，並沒有任何準備。如今離開西奈，再次起行之前，則有充分的預備。

民數記的作者，在這部分詳述以色列人出發前兩方面的準備，現將它分為兩章處理，即本書第二及第三章。第二章主要描述以色列人如何數點人數。這普查的目的是點算能夠打仗的男丁，安排以色列人安營及前進時各支派所處的位置。整個安排明顯是為攻取應許之地而作的準備（一1～六27）。第三章論述以色列人如何預備及供應會幕中的器皿，獻祭所需的祭牲及搬運會幕的工具。他們也要安排利未人在會幕中的服事，並知曉起行時間及停頓時間的指引（七1～十10）。預備好這一切事情後，以色列人便從西奈山出發，行走這條曠野之路。

第二章

第一代人的忠心預備（一）：與人民及營地有關（一1～六27）

- 數點非利未支派的以色列人
- 安營位置的安排
- 利未人的角色：人數及職責
- 律例
- 大祭司的祝福

這一章的重點是說明以色列人繼續旅程之前，他們所要處理有關以色列民及營地安排須留意的事情。這段經文可以分為 3 大部分。第一部分記述數點以色列人（包括非利未人及利未人）及安營的位置之事。第二部分是一系列的律例，內容是與保持營的潔淨及維持其神聖有關。最後一部分是在起行前，大祭司亞倫對以色列人的祝福。

2.1. 數點非利未支派的以色列人（一1～54）

這段落可再分為 7 段。簡單的引言之後，民數記立刻進入以色列人數點人數的情況，從而帶出本書的一個重要主題：他們要起行，向著應許之地進發。

分段大綱（一1～54）

1. 引言（1節）
2. 上帝吩咐摩西數點民數（2～3節）
3. 指派族長作為幫助（4～16節）
4. 以色列人遵命而行（17～19節）
5. 非利未支派數點結果（20～47節）
6. 利未人不被數點的原因（48～53節）
7. 結語（54節）

以色列人在正月十五日離開埃及（出十二章），這是他們的第一年。出埃及後滿了三個月的第一天來到西奈曠野（出十九1，即出埃及後第七星期），出埃及後第二年正月初一日立起會幕（出四十17）。

2.1.1. 引言（一1）

第一章1節是全書引言，帶出以色列人在曠野的故事的開始時間（第二年二月初一日）、地點（西奈的曠野）及人物（耶和華、以色列人、摩西）。敍事開始時，以色列人離開埃及已**有一年加上半個月**。到了西奈，他們用了約 10 個月立起會幕。第二年正月初一到二月初一，以色列人在西奈聆聽上帝所頒布的律例典章，這些內容就記載在利未記中。立起會幕後，上帝就在會幕裏與摩西説話

（參利一1）。然後，摩西便將祂所吩咐的轉告以色列人。在民數記裏，上帝基本上都是以這方式向以色列人傳遞祂的吩咐。「**第二年二月二十日**」以色列人便在西奈起行（十11），所以數點民數應在第二年二月一日到二月二十日間進行，需時共19日。

2.1.2. 上帝吩咐摩西數點民數（一2～3）

「家室」是指血源相近的親屬。「宗族」可譯作「父家」（bêṯ-ʾăḇōṯ；「和合本」亦曾譯作「支派」；參一4），是指一個以先祖命名的族羣。

作者以上帝對摩西講話作開始（2～3節），上帝先吩咐摩西數點民數。這個數點由「**全會眾**」開始，然後到「**家室**」及「**宗族**」。這次數點的目的與出埃及記所記載的不同。在出埃及記，被數的人全都要為自己的生命獻半舍客勒銀子作贖價，所獻的銀子則作建立會幕之用（參出三十11～16）。在民數記，數點是集中在「**所有的男丁**」（2節；原文可直譯為「所有男子的人頭」）。所謂「**所有**」其實只是指那些20歲或以上並能出戰的人。因此，出埃及記的數點是為宗教目的，而民數記的數點是為軍事目的。此外，這兩段經文記載的數點過程也有明顯分別。出埃及記只用6節經文記載數點結果。民數記則以40多節記錄過程及詳細的數目。不過，值得留意的是這兩次數點的總數是相同的（46節；出三十八26）。

2.1.3. 指派族長作為幫助（一4～16）

「幫助」（ʿāmad）這詞原文是「站立」。在希伯來文聖經，這詞出現於第5節。

接著，上帝宣告每支派族長的名單。這些族長是各個宗族的領袖（4～16節）。他們要「**幫助**」（4節）摩西及亞倫數點民數，意指這些首領與摩西及亞倫站在一起，作為每個支派的代表。這些族長不單單幫助數點，也是後來在行程中帶領每個支派前進的「**首領**」（二3～31，十14～27），以及代表每個支派送來禮物予會幕的首領（七12～83）。所以，這些首領在行政、軍事及宗教層面上，都代表著他們的支派。不過，經文所列出的幾份首領名單中，他們排列的次序並非完全相同。值得留意的是，他們不是由各支派推舉出來協助摩西數點的，而是由上帝親自點出他們名字的。

舊約聖經裏的支派的名單通常保留著「十二」這個數字，其中有包括或不包括利未支派的（利未是雅各和利亞所生的第三個兒子）。這段經文所列的名單沒有包括利未支派。直至第三章才記載數點這支派的事情。經文所列 12 個支派的次序，大體上是按他們先祖雅各娶妻的次序排列，先是利亞的兒子，接著是拉結的兒子，最後是她們的使女的兒子。下表亦同時列出這十二支派的首領的名字及其名義：

以法蓮和瑪拿西被列入雅各兒子的行列，是因為雅各將他們過繼為自己的兒子（參創四十八1～5）。

母親	先祖（出生次序）	首領名稱	希伯來文	首領名字的意思
利亞	呂便（1）	以利蓿	*ʾĕlîṣûr*	上帝是磐石
利亞	西緬（2）	示路蔑	*šəlūmîʾēl*	平安是上帝
利亞	猶大（4）	拿順	*naḥšôn*	蛇
利亞	以薩迦（9）	拿坦業	*nəṯanʾēl*	上帝賜予
利亞	西布倫（10）	以利押	*ʾĕlîʾāḇ*	上帝是父親
拉結	**以法蓮（11）***	以利沙瑪	*ʾĕlîšāmāʿ*	上帝聆聽
拉結	**瑪拿西（11）***	迦瑪列	*gamlîʾēl*	上帝施美好
拉結	便雅憫（12）	亞比但	*ʾăḇîḏān*	父親是審判
辟拉	但（5）	亞希以謝	*ʾăḥîʿezer*	兄弟是幫助
悉帕	亞設（8）	帕結	*pağʿîʾēl*	遇見上帝
悉帕	迦得（7）	以利雅薩	*ʾelyāsāp̄*	上帝加增
辟拉	拿弗他利（6）	亞希拉	*ʾăḥîraʿ*	兄弟是惡

* 因為以法蓮和瑪拿西是約瑟的兒子，而約瑟是由拉結生，故屬拉結的兒子。

「軍中的統領」的「軍」原文為 ʾalpê，是 ʾelep̄ 的複數，原意「一千」，後引申作「部落、宗族、家族」（參士六15；「和合本」譯作「家」）。若解作「部落」，其重點就不在數目多寡。它的複數亦帶軍隊的意義。

經文以 3 種方法稱呼這 12 個人（16節）：一、他們是「**從會中選召的**」，故強調他們被揀選的身分；二、他們「**作本支派的首領**」，表示他們是從他們本支派被提拔出來的人；三、他們是「**軍中的統領**」，表示他們有職責領軍出戰。這 3 個不同的稱謂指出他們既是被上帝揀選，也為羣眾所認受，是他們本支派中的領導者及行軍的將領。

2.1.4. 以色列人遵命而行（一17～19）

摩西及亞倫便按著上帝的吩咐，將上帝親自點名的那 12 位首領帶來，並在「**二月初一日**」聚集會眾，開始數點人數。會眾就「**述說自己的家譜**」（17～18節），將自己的名字及所屬的家室宗族登記下來。經文清楚指出摩西是按著上帝的吩咐在西奈的曠野數點人數的（19節）。這是民數記第一次記載以色列人遵命。

2.1.5. 非利未支派數點結果（一20～47）

接下來便報告數點的結果（20～43節）。基本上每個支派的記錄有一個特定的格式：一、某某的子孫（除了呂便，其寫法是「**以色列的長子**」；參20節）；二、結合一章2至3節，以及18節的公式：「他們的後代，照著家室、宗族、人名的數目，從二十歲以外，凡能出外打仗被數的（男丁）」；三、記錄總數。現將數點結果表列如下：

支 派	數點結果（人）
呂便	46,500
西緬	59,300
迦得	45,650
猶大	74,600
以薩迦	54,400
西布倫	57,400
以法蓮	40,500
瑪拿西	32,200
便雅憫	35,400
但	62,700
亞設	41,500
拿弗他利	53,400
總數	603,550

這個列出來的支派次序與上文首領的次序基本上相同，惟一不同之處是將迦得從排名第十一移到第三位。這樣的改動與十二支派安營及起行時的

位置安排有關（參 2.2.2）。經過這樣調動後，十二支派便可按上列次序依次分為 4 組，每組 3 個支派。而每組裏排列第一的那支派便是該組的統領（參 2.2）。

經過數點後，作者簡述整段經文的內容，指出數點出來的總人數為「**六十萬零三千五百五十名**」（44～46節）。作者在此加了一個附註，指出利未人並沒有數算在內（47節）。

民數記中的數字問題

民數記兩次數點人數的記載，分別指出 20 歲以上可以打仗的男丁為 603,550（一46）及 601,730（二十六51）。除此以外，聖經其他地方亦有記載一些龐大的人口數字。如：出埃及時男丁有約 60 萬（出十二37）；大衛數點在以色列人拿刀的有 110 萬及猶大人拿刀的有 47 萬（代上二十一5）。若對比撒母耳記，以色列拿刀的有 80 萬，而猶大有 50 萬（撒下二十四9）。對聖經學者來說，這些數字都過於龐大，並不符合現實情況。以民數記來看，不少學者認為這些數字不大可能是真實的，他們的理據如下：

1. 實際困難：若 20 歲以上能打仗的男丁有 60 多萬人，則保守估計以色列人包括婦女及孩子在內，總人數達 200 萬之多。這 200 萬竟可以在曠野流浪 40 年，在會幕四圍安營，這實在是難以想像的事，因為所佔的空間會極大。況且，也難以想像摩西能夠向這 200 萬人作出宣告；這些人能夠在一天內環繞耶利哥城 7 次（書六15）。此外，希伯來接生的婦人只有兩名，但她們竟能為這麼龐大的人口接生（出一15）。再者，若當時以色列人口真的這麼多，他們也不必怕埃及人，因為學者估計當時的埃及軍兵只有 2 萬人左右。
2. 內在困難：以色列人在曠野之時，首生的有 22,273 人（三40～43），而 20 歲以上的男丁若超過 60 萬人，則每名長子便平均有至少 27 名兄弟，若再包括有相似數目的姊妹在內，則他的母親便平均生了 50 多名兒女。所以，除非一夫多妻在當時很流行，否則就難以置信這個數字。然而，學者指出一夫多妻在當時並不普遍，只是局限於富有人家。另外，若參考聖經的家譜，每個家庭平均只有 2.5 名男丁而已。
3. 經文矛盾：其他舊約經文多次指出以色列人口稀少，不足以完全佔有迦南地（出二十三25～30；申七7～22）。聖經曾記載約書亞先派 3,000 人去攻打艾城，但被打敗，後來他再選出 3 萬人出戰，這樣才能得勝（書七4，八3）。這些數字似乎指出以色列中能打仗的人並不太多。此外，聖經又提及但支派曾以 600 帶兵器的人成功地攻佔拉億（士十八16）；從底波拉戰敗西西拉後所唱的歌，指出以色列的作戰人數約為 4 萬（士五8）。這些經文都描述以色列能作戰的人數遠比 60 萬為少。

對於上文提出的困難，學者有以下的回應：

1. 有部分學者仍然認為這些龐大的數字是準確無誤的。他們相信上帝可以施行神蹟，使以色列人昌盛繁衍。出埃及記提到「有希伯來的兩個收生婆」只是說明其中兩位收生婆，而不是指只有兩名（出一15）。士師記及約書亞記提及戰士的人數只佔以色列戰士其中一部分，這與民數記的內容並無矛盾。不過，這個看法似乎忽略歷史考古對當代人口數目估計的資料。
2. 另有學者認為這些龐大的數字基本上是準確的，但這只反映後來大衛王朝時的數目。作者將這後期的數字投射到曠野時期，藉此表達以色列一直以來都是蒙上帝祝福的羣體。但有學者（如溫漢）不同意這個看法，他們認為撒母耳記下及歷代志上所記載的以色列及猶大戰士的人數也不可能是確實的數目。此外，學者科爾（R. Dennis Cole）則認為在王國時期，西緬支派已經溶入鄰近的猶大支派中，故此，以王國時期的數點來投射於民數記的可能性不大。
3. 某些學者認為這些數字是有象徵性意義的，包括使用數目詮釋法（gematria）去理解它們。這詮釋法是建基在希伯來文字母所代表的數字之上。例如：「以色列人」（即「以色列的眾子」）的希伯來文是 *bny-yiśrʾl*，所有字母加起來就等於 603，而「每個人」（即「每個人頭」）的希伯來文是 *kl rʾš*，加起來就是 551。若把 603 乘以 1,000，再加上 551，得出的總和就是 603,551，四捨五入後得出 603,550，這正好是以色列數點人民的總數。不過，聖經出現這種運算方式的經文甚少（除了創世記十四章14節的 318，以及啟示錄十三章18節的 666）。而且，這方法並不適用於個別支派的數目及民數記二十六章裏的第二次數點人數的數目。
4. 另外一些學者嘗試使用近東的數學及天文計算方法去解釋這些數字的象徵意義。他們認為這些數字是與陰曆、陽曆及天體運行的周期有關。例如：便雅憫（35,400）＝100×354；354＝陰曆一年的日數以薩迦（54,400）＋以法蓮（40,500）＝瑪拿西（32,200）＋但（62,700）＝拿弗他利（53,400）＋亞設（41,500）＝94,900
＝100×〔陽曆一年的日數（365）＋金星周期（584）〕（參溫漢書中討論巴魯安〔M. Barnouin〕所寫的文章。參溫漢：《民數記》，頁68~70）。

學者有這樣理解是基於上帝將以色列人的數目比喻為天上星星的數目，所以兩者是有關係的。誠然，將以色列軍比喻為天上的星宿可以是一個很早期已存在的理念（參士五20）。不過，當時的以色列人有否這樣的天文知識卻值得存疑。況且，這計算方法並不能解釋迦得（45,650）這個不是 100 倍數的數字。所以，這樣仔細的計算方法的可信性不高。

5. 亦有學者認為這些數字既不是真實的，也不是象徵性的，而是一種修辭性的用語。作者使用這種寫作手法，目的是表達上帝的偉大及上帝對族長應許的應驗。另有學者認為這種誇張手法與美索不達米亞的徵兵名單或人口統計的數字表達頗為相似。從雅各下埃及時只有 70 人到後來有 200 萬的人口。這就表明上帝的能力及對以色列人的祝福。
6. 另一些學者則認為以上的理解全都是錯誤解釋了原文的意思，特別是 *ʾelep̄* 這字。這個字一般的解釋是「一千」，但亦可以解作「部族」。因此，猶大支派的人數是 74,600，其實是 74 個「一千」加 600，而這即可理解為：有 74 部族，共 600 人，每族平均人數為 8 人。以法蓮支派則是 40 部族，共 500 人，平均每族也是有 8 人。如此類推，則以色列共有 598 族及 5,550 戰士。不過，這理論的困難在於將 *ʾelep̄* 一字的意思規限於部族中的戰士而不是整個部族。有某些學者修改這看法，認為 *ʾelep̄* 一字應讀成 *ʾallûp̄*（參創三十六15；意指「部族領袖」），但提出來的計算方法則頗為複雜。例如：呂便支派的 46,500 個戰士應是有 45 位部族領袖管理 1,500 人。以上兩種看法皆未能解決利未人數目的問題，因為一歲以上的利未人共有 22,000 位（民三39）。若按第一種看法，則表示利未人有 22 部族，但卻沒有一個族人！若按第二個看法，利未人則有 22 個一歲或以上的部族領袖！此外，不能忽略的是民數記列出的總數 603,550 明顯是將 *ʾelep̄* 理解為一千。所以，這兩種看法都未能完全解釋所有的資料。

以上各個處理方法各有優劣之處。不過，整體而言，將這些數字理解為誇張手法是較為合理的。一方面，這方法與當代近東國家對數字的記錄的誇張手法相似。另一方面，用這個方法來表達上帝的能力及對以色列人應許的應驗也是可以理解的。

2.1.6. 利未人不被數點的原因（一48～53）

這段經文是上帝對摩西説的另一段講話，重點是説明利未人沒有被數點在上列人數的原因。上文的數點是與打仗有關的，而利未人沒有被數點正是因為摩西要「派」他們去「管法櫃的帳幕和其中的器具，並屬乎帳幕的」（50節上）❶。接著便以3句話闡明這工作的性質（50節下）：

- 他們要搬運帳幕和其中的器皿；
- 他們要辦理帳幕的事；
- 他們要在帳幕的四圍安營。

第51節進一步説明利未人的工作。由於他們要負責搬運帳幕，所以起行前他們要拆卸帳幕，當停頓安營時要再次豎起帳幕。此外，他們需要在帳幕四圍安營，將所有「近前來的外人」殺死。這「外人」指非利未人。一般而言，「近前來」可指合法的接近或不合法的接近，但在這裏是指不合法的，它有「侵犯」的意思，因為他們進入了不應進去的地方或接觸不應接觸之物。接著再次説明當利未人在帳幕四圍安營，以色列其他支派則須各歸他們的纛，安營在帳幕四圍的利未人以外的地方。利未人在帳幕四圍安營，目的是不容許非利未人侵犯會幕，免得上帝的憤怒臨到全會眾（52～53節上）。「利未人並要謹守法櫃的帳幕」（53節下；「新譯本」譯作「要負看守法櫃的帳幕的責任」）的意思是指他們要擔當守衛帳幕的工作。在此值得一提的是經文多次強調利未人看守帳幕的職責，這正好指出帳幕是神聖不容侵犯的。這同時也説明上帝的同在並不是一件人可以掉以輕心的事情。上帝只容許祂所揀選的人處理與會幕有關的事，其他人等不但不能參與，也不能隨意接近會幕（2.2～2.3 會更詳細説明利未人這方面的工作）。經文同時也提出警告，無論非利未人或利未人，若不尊重會幕及聖物，必招致死亡。

2.1.7. 結語（一54）

第54節是這段落的結語，指出以色列人完全按照上帝的吩咐去行。值得留的是「凡耶和華所吩咐摩西的，他們就照樣行了。」這類句子曾多次出現在民數記（一19、54，二33～34，三16、42、51，四49，八3、20、22，九5，十五36，十七11，二十9、27，二十六4，二十七22、23，三十一7、31、41、47，三十六5、10；另參九23）。這種表達似乎成了一個公式：「凡……吩咐的……便照著去行」。有學者稱呼這種公式為「執行指令公式」（Instruction Executed Formula）。

信仰反省

數點這行動可以從「過去」及「未來」這兩個向度去思想。數點是由上帝啟動的，而非由人開始。數點一方面讓以色列人知道他們從過去到現時的景況是如何。當他們按著上帝的吩咐去數點戰士的人數，便會發現原來他們有那麼多可作戰的人。這些天文數字也讓以色列人知道上帝對他們的應許已經應驗，祝福已經臨到他們。數點結果使被數點的人知道，他們從上帝而來的祝福是何等的大，藉此讓他們知道及認清自己的身分。所以，數點就是一個數算主恩的機會。

另一方面，數點帶著未來的向度。數點非利未支派的以色列人是為了打仗。因此，數點是為著將來的計劃、將來的行程及為上帝而作的工。所以，數點與人的使命有關。這是所有凡被數點的都要領受及參與的使命。這是他們的責任，也要求他們對此事委身。

以上的討論指出數點所關注的是身分及使命。所以，它不是用來炫耀自己的力量，也不應因為數點後發現自己的強大而自滿。數點的真正目的是為了感恩，也為了承擔。

2.2. 安營位置的安排（二1～34）

經過數點人數後，接著的就是安排不同支派在安營或起行時的位置。這是民數記第二章所關注的。

分段大綱（二1～34）

1. 引言（1～2節）
2. 安營的位置（3～31節）

甲、屬猶大纛的（3～9節）

乙、屬呂便纛的（10～16節）

丙、屬利未纛的（17節）

丁、屬以法蓮纛的（18～24節）

戊、屬但纛的（25～31節）

3. 結語（32～34節）

2.2.1. 引言（二1～2）

這引言開始了上帝對摩西（及亞倫）另一段講話。上帝吩咐「**以色列人要各歸自己的纛下，在本族的旗號那裏，對著會幕的四圍安營。**」（2節）「**纛**」（*d̲eḡel*；「現代中文譯本」譯作「旗幟」）原意可能是「旌旗／軍旗」，後來延伸為指這軍旗所代表的軍事單位。「**旗號**」（*ʾōt̲*；意即「記號」）在這裏是指標識每個支派特有的記號。猶太傳統認為每支派旗幟的顏色與大祭司胸牌上代表十二支派的 12 粒寶石的顏色相同（參出二十八16～21，三十九9～14）。在每個「**纛**」下，即在每個軍事單位之下，有 3 個支派。所以，每個以色列戰士歸於自己所屬的支派，並這個支派所屬的軍事單位之下。經义指出各支派要「**對著**」（*minneḡed̲*）會幕，意思是指「有些距離」。「新譯本」將「**對著會幕的四圍安營**」譯作「他們要在會幕四周稍遠的地方安營」。有學者認為各支派與會幕相距大概 2,000 肘（約 900 米；參書三4）。這可能是為了留有空間予利未人圍在會幕的四周。雖然如此，「和合本」的翻譯「**對著會幕**」也可能符合實情，因為各支派在安營時面對著會幕也是理所當然的。

2.2.2. 安營的位置（二3～31）

接著，第3至31節便將上帝的吩咐具體地闡明出來。這段落可分為 5 小段：

1. 屬猶大纛的（3～9節）

2. 屬呂便纛的（10～16節）
3. 屬利未纛的（17節）
4. 屬以法蓮纛的（18～24節）
5. 屬但纛的（25～31節）

除17節外，其餘 4 段經文都包含 6 個元素：一、安營時是以會幕為中心，説明各纛相對於會幕的位置依次是在它的東、南、西、北面；二、支派所屬的那個纛（依次為猶大、呂便、以法蓮及但）；三、該支派的首領名稱及軍隊人數；四、與這支派同一個纛的其他支派及它們的首領名稱及軍隊人數；五、屬於該纛的總人數；六、前進時的位置（依次為第一、二、三及四）。希伯來文聖經所用的字眼與上述的次序略有分別，但這 6 個基本元素則相同。

第17節提及利未營在前進時是在諸營中間，至於如何在它們中間，以及利未人在停頓時的位置，經文卻沒有具體陳説，這要留待民數記三至四章才説明出來。所以，這些經文並不只是重複第一章所提及的數點人數，而是強調不同支派的排列位置。這位置包括在停頓安營時的位置及行軍前進時的相對位置（參 2.3.3.2「安營位置」的圖表）。

對於這些位置安排，須留意以下 3 點。第一、纛的排列與代表的支派。有兩個纛是屬於利亞的後人（猶大及呂便），一個屬於拉結（以法蓮）及一個屬於辟拉（但）。纛的代表不一定以雅各兒子的長幼次序而排列。以猶大為例，他不是長子，但他成為一個纛的代表。從雅各的祝福中已得知猶大在眾兄弟中的特殊地位（創四十九8～12；代上五2）。呂便是雅各的長子，他也是一纛的代表；不過，他長子的名分卻歸給約瑟家（代上五1；參創四十九3），並由以法蓮承繼（參創四十八17～19），所以，以法蓮也成為一纛的代表。雅各的妾首生之子是但，因此他也成為屬於妾侍後裔的支派的纛的代表。

第二、猶大支派的顯要地位不單在於他是一個纛的代表，更可見於它的纛在前進時是第一隊前進的隊伍，以及在安營時佔據著東面的位置。東面的位置有特別意義，因為會幕的入口位於東面，所以東面比其他方向更為重要。在古代近東文化中，殿宇的入口往往位處東面。當太陽升起時，陽光便直接射入殿宇中，表示著神明的祝福臨到殿裏。按著行軍前進時的排列，佔次要位置的是南面，接著是西面及北面。

第三、雖然以法蓮的纛及但的纛在前進時分別是第三及第四隊，但利未人卻位處呂便的纛及以法蓮的纛之間。所以，有學者認為在前進時，利未人應位列第三，而以法蓮的纛及但的纛則分別是第四及第五隊。按這看法，再從利未人是負責搬運會幕這事，可猜想當前進時，會幕是處於整個行軍隊伍的中間位置（參「行軍的位置」圖表）。不過，十章11至28節則提出另外一個看法。詳情參本書第四章〈離開西奈的曠野〉的討論。

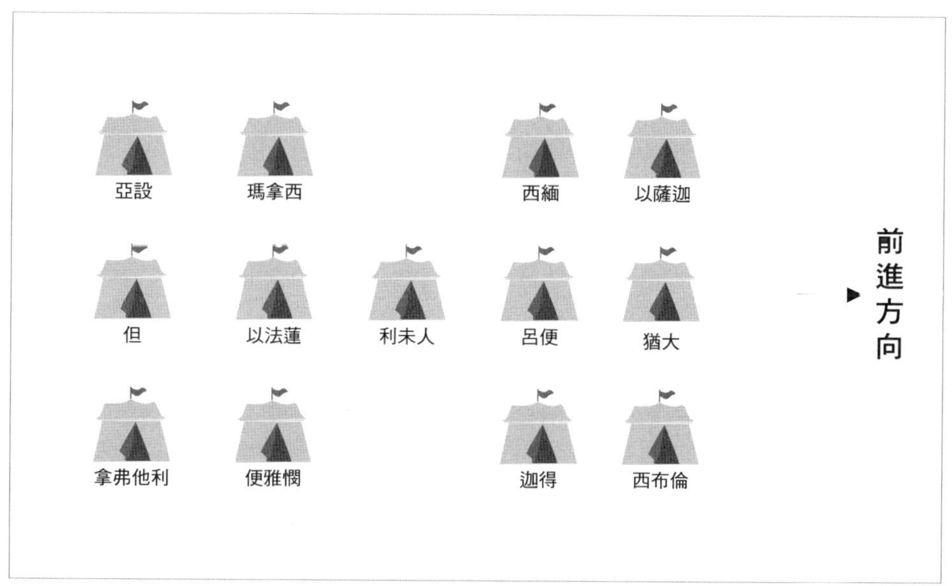

行軍的位置（民二1~34）

2.2.3. 結語（二32～34）

第32至34節是這段落的結語。這結語的前部分（32節）與一章45至46節相同，惟一不同的是它略去「**二十歲以外**」這短語，但加上「**按他們的軍隊，**

在諸營中被數的」這句子，以強調這安排與行軍打仗有關。結語的後部分（33節）與一章47節相似，但加上「**是照耶和華所吩咐摩西的**」，為了強調以色列人遵從上帝的吩咐而行。最後，第34節回應二章2節上帝的吩咐，再次強調以色列民遵從上帝的吩咐。所以，這段經文記載的不單是上帝的吩咐，也是以色列人的遵命。這就是以色列人預備再次起行時所持的態度，與後來在行程中的他們的叛逆行為呈強烈對比。

信仰反省

上文提及安營及行軍時不同支派所處的位置，最明顯的也是最值得注意的是誰處於中心位置。當以色列人安營時，處於中心位置的是會幕，當以色列人列隊前進時，位處中間的也是會幕。這樣的位置安排反映以色列人的神學思想。當以色列起行朝著應許之地邁進時，他們首先學會的是讓會幕佔據著他們的中心位置，而會幕所代表的就是上帝的同在。所以，無論是停頓或起行，上帝都應該處於祂的子民的中心位置。以色列人透過這個有形又可見的空間上的安排，反映那無形的信念——以上帝為中心的信仰。當他們在西奈山成為上帝立約的子民，並曉得上帝透過摩西所頒布律例典章後，他們這個特殊的身分就是由「以上帝為中心」這事來決定。

除了以上帝作為他們的中心，冗長而重複的經文正好指出各支派有自己所處的位置，並且組成有秩序的排列，這結構是重要的。當年以色列人出埃及時，既匆忙沒有秩序，也沒有會幕與他們一起。不過，當他們再次起行，整個羣體既秩序井然，也有代表著上帝的會幕處於他們中間。在整個列隊中，有些支派要走在前頭，有些則要殿後，而利未支派則位處各支派中間專負責處理會幕的事情。這樣的安排清楚表達他們作為上帝的子民所應有的規則。

今天當我們有所轉變，預備起行的時候，也讓我們再次提醒自己，凡事皆以上帝為我們的一切事情的中心，並且也要明白各人都有他們所屬的位置及所承擔的責任。更重要的是，這一切不應只是停留在口頭的吩咐或是我們的認知層面上，而我們應是就「這樣行，都是照耶和華所吩咐的」。

溫習及思考問題（2.1～2.2）在頁 74。

2.3. 利未人的角色：人數及職責（三1～四49）

民數記首兩章所關注的，是非利未支派的數點及他們在安營與行軍時的編排。當中曾簡單提及利未人因為負責會幕的事務所以不被數點在行軍的隊伍中。民數記三至四章更詳細說明利未人的角色。第三章上半部先簡述利未人的職事，餘下的篇幅與第四章則詳細說明這些職事。經文特別詳細解釋利未人與以色列人中首生兒子的關係，亦因此進行第一次數點利未人數目。此外，也指出利未支派的 3 個大宗族及他們安營時的位置。最後，詳細說明這 3 個宗族在處理會幕事情上的分工，以及這些工作的重要性的等級。經文亦說明會幕在搬運過程中的處理方法。而所記載的第二次數點利未人則是與處理會幕的事宜有關，所以數點方式與第一次不同。需要留意的是「**耶和華曉諭摩西**」這短語在這兩章出現共 7 次（三5、11、14、44，四1、17、21），這短語成為這兩章經文的主要分段標記。

分段大綱（三1～四49）

1. 亞倫的家譜（三1～4）
2. 簡述利未人的職事（三5～13）
3. 詳述利未人的職事：代替首生的（三14～51）
   甲、上帝吩咐數點利未人及摩西的遵命（14～16節）
   乙、數點利未人（17～39節）
   丙、利未支派與首生的（40～51節）
4. 詳述利未人的職事：會幕的工作（四1～49）
   甲、上帝的吩咐（1～33節）
   乙、子民的遵命（34～45節）
   丙、結語（46～49節）

2.3.1. 亞倫的家譜（三1～4）

這段經文不是耶和華講話的內容，而是作者記載亞倫及摩西的家譜，以此作為背景資料，讓讀者明白這兩人的身分背景，以及他們與接下來討論的利未人的職責之間的關係。作者先提亞倫，後提摩西，這在聖經中是很罕見的寫法，除這裏以外，只出現 5 次，都是因為按著長幼的次序先提及長子亞倫，後次子摩西（二十六59；另參出六20、26；代上六3，二十三13），而這裏的情況也是如此。所以，這裏的重點不在於摩西的後代，而是亞倫的後代。摩西被列出來很可能是因為他與亞倫同是安營在會幕的東面（參三38）。

亞倫的兒子依次是拿答、亞比戶、以利亞撒及以他瑪（2節）。他們都被祝聖為祭司（參出二十九章〔吩咐〕；利八章〔執行〕）。❷ 在祝聖過程中摩西把膏油倒在亞倫的頭上，使亞倫成聖（利八12）；此外，亞倫及他的兒子可能都同時受膏（參出三十30），又或他們都有被摩西用膏油彈在他們的衣服上，使他們成聖（參利八30）。所以，他們被稱為「**受膏的祭司**」（3節）。後來，亞倫的長子拿答及次子亞比戶因為行上帝所沒有吩咐的禮祭而被殺（參利十1～7）。剩下的兩個兒子就在「**亞倫面前供祭司的職分**」（三4）。這句子指他們是在亞倫仍在生時，及在亞倫的指導下作祭司。這裏提及拿答及亞比戶「**沒有兒子**」，原因有二。第一、指出當亞倫離世後，祭司的職分就依次由亞倫第三個兒子以利亞撒承繼（參二十22～29）。第二、因著亞倫兩子的死，作祭司的人數便相繼減少。故此，有需要其他人幫忙處理與會幕有關的事宜，從而帶出利未人的職事（5～13節）。

作者列出亞倫的家譜有 4 個目的。第一、這是最直接指出亞倫這祭司身分的方法，並強調這身分在以色列羣體中是重要的。第二、正因為亞倫及他的兒子有祭司身分，所以利未人就成為服事他們的人（參9節）。第三、利未人的安營位置與祭司有關，所以在此預先提及祭司（參23、29、35、38節）。第四、由於利未支派的 3 個宗族在會幕裏的工作與祭司有關，即使拿答及亞比戶已死，他們仍與以利亞撒及以他瑪有關，所以在這裏需要先提及祭司（四1～33）。

2.3.2. 簡述利未人的職事（三5～13）

這段經文簡述利未人的職事。利未人的職事可以分為兩項：一、服事亞倫去辦理會幕的事情（5～10節）；二、代替以色列人首生的（11～13節）。簡述利未人職事後，作者先詳細論述第二項職事（三14～51），後才探討第一項（四1～49）。

上帝吩咐摩西「**使利未支派近前來，站在祭司亞倫面前……**」（6節）的「**使……近前來**」這短語有「獻供物」的意思（參利一2）。「**站在……面前**」就像下屬站在上司面前般（參創四十七7；撒上十六22）。所以，摩西是要將利未人獻給亞倫，成為亞倫的下屬。這個行動的目的就是要使利未人「**服事**」亞倫，即是幫助亞倫。

利未人幫助亞倫的工作有兩方面（7節），第一是「**在會幕前守所吩咐的**」。「**守所吩咐的**」（*šāmar ʾeṯ-mišmereṯ*）是一個專用術語。相對於會幕，其主要意思是指「在會幕前守衛」（參王下十一6「把守王宮」）。利未人守衛會幕的工作已在一章53節簡單提及過。他們守衛工作包括：防止一般百姓接近會幕；使他們不會因此惹上帝憤怒而遭致死亡。正因如此，他們是「**替會眾**」作這工的。幫助亞倫的第二方面是「**辦理帳幕的事**」（7節）。「**帳幕的事**」（*ʿăḇōḏaṯ hammiškān*；*ʿăḇōḏaṯ* 是指「勞動工作」）意思是指與會幕有關的勞動工作，包括：一、一般的勞動工作；二、搬運會幕；三、拆卸及重組會幕。這裏應指一般的勞動工作。須留意守衛會幕及勞動工作是兩類不同的工作，利未人擔崗這兩項工作的年紀限制亦有所不同（參 3.3.2）。

第8節看似重複第7節，但兩者重點不一樣。第7節是指會幕立起時利未人要擔當守衛的工作，而第8節則指會幕起行時的情況。當以色列人前行時，利未人會被分配去處理已拆卸的會幕的不同部分，沿途搬運及保護著它。所以，第8節的「**辦理帳幕的事**」是指上述利未人勞動工作的第二及第三項，而「**看守會幕的器具**」是指在前進時被分配看守這些器具，但當會幕再被立起，那些攜帶會幕物件的利未人則不能接觸這些器具，免得死亡（參 2.3.4）。

第9節重申利未人是從以色列民中選出來給予亞倫的。「給」有「獻」的意思（參八16：「**全然給我**【指上帝】」），原文在用詞上有強調的意義，所以應理解為「全然給予」或「全然獻予」（「新譯本」譯為「完全獻給」）。第10節將祭司謹守他們「**祭司的職任**」與「**近前來的外人必被治死**」這兩點連在一起，藉此說明祭司也有守衛會幕的責任，不容百姓隨意接近會幕（參一51）。

利未人屬於上帝這觀念與利未人代替以色列人的首生是相關的（三11～13）。利未人屬於亞倫這看法其實是表徵著他們是屬於上帝。

接著，經文說明利未人另一方面的職事，就是代替首生的以色列人（11～13節）。聖經曾對首生的定下規定（出十三2、11～16，二十二29～30，三十四19～20），13節再次說明首生是屬於上帝的（更詳細的闡述，可參出十三11～16）。首生的牲畜要獻上或為牠們作代贖，但首生的兒子則必須代贖。出埃及記沒有具體記載代贖的細則，而民數記則提及以利未人替代以色列人首生的兒子，使利未人屬於上帝（參 2.3.3.3）。

2.3.3. 詳述利未人的職事：代替首生的（三14～51）

本段落除了講解利未人代替首生的以色列人的方法，也略述利未人 3 個家族所負責會幕不同的事情及他們在安營時所在的位置。這段落可分為以下 3 個段落：

1. 上帝吩咐數點利未人及摩西的遵命（14～16節）
2. 數點利未人（17～39節）
3. 利未支派與首生的（40～51節）
   甲、數點以色列首生男子（40～43節）
   乙、取代首生的方法（44～51節）

2.3.3.1. 上帝吩咐數點利未人及摩西的遵命（三14～16）

這段經文有提綱掀領的作用，簡單說明上帝吩咐摩西去數點凡一個月以上屬利未支派的男丁，並記錄摩西按著吩咐而行，❸ 但沒有提及數點目的及進行過程。這次數點的對象是一個月或以上的人，這是因為以色列人必須在一個月或以上才可以進行代贖（參十八16）或被估值（利二十七6）。

2.3.3.2. 數點利未人（三17～39）

這段的開首先記錄利未的 3 個兒子，依次是革順、哥轄及米拉利，並他們各人的家室（17～20節；參出六16～19）。接著分別講及革順、哥轄及米拉利這 3 個宗族（21～26、27～32、33～37節）。這 3 段經文在表達上同時包含以下元素：一、屬於每個兒子的宗族的名稱及其數目（21、27、33節）；二、從一個月以上的男丁的數目（22、28、34節）；三、在安營時相對於會幕安營的位置（23、29、35節下）；四、宗族的首領（24、30、35節上）；五、負責看守與會幕有關的物件（25～26、31、36～37節）。

此外，17至37節有以下 3 點值得留意的地方。第一、革順、哥轄及米拉利 3 個 宗族凡一個月以上的男丁分別有 7,500、8,600 及 6,200，總數應為 22,300 名，但三章39節則指出總數是 22,000 名，兩者相差 300。這差異可能因為三章39節所記錄的是約數；但亦可能是**文本抄寫時出現了錯誤**。

屬哥轄的人數原文寫法是 8,000 加 600。6 的希伯來文子音是 šš，而 3 則是 šlš。所以，在抄寫過程中可能將原來的 3 抄寫成 6，以至有 300 的差異。若將此更正，哥轄族的人數應是 8,300，而所得出總數為 22,000。多數學者接受這個解釋。

第二、安營時革順族位處會幕的西面，哥轄在南面，而米拉利在北面。至於東面安營的是甚麼人，這裏沒有說明。到了第38節，則指出位處東面的是摩西、亞倫及他的兒子。另外，若按著東、南、西、北這個優先次序，革順這長子理應位於南面，但事實上在這位置的是次子哥轄，這反映了哥轄才是 3 個宗族中最重要的，接著才是革順和米拉利。舊約聖經列出不少例子指出在上帝眼中，長子不一定是最重要的，也不一定是上帝應許的承繼者，如：該隱與亞伯，以掃與雅各等。這裏也是其中一個例子。

第三，以上所提的優先次序同樣見於這 3 個宗族所負責看守有關會幕的物件中。哥轄所負責的物件是會幕中最重要的，次之是革順，最後是米拉利。哥轄宗族所負責的物件是會幕中最重要的物件，尤其是安放在聖所及至聖所內的。這些物件是（31節）：

- 放在至聖所中的「約櫃」（參出二十五10～22）；

31節所指的「兩座壇」其實是指放在聖所的香壇及放在院子的祭壇。

- 放在聖所中的「桌子」（指陳設餅的桌子；參出二十五23～30）、「燈臺」（參出二十五31～40）及**香壇**（參出三十1～10）；
- 院子中的**祭壇**（參出二十七1～8）；
- 其他「聖所內使用的器皿」；
- 「簾子」（指分隔聖所及至聖所之間的幔子；參出二十六31～33）；
- 「一切使用之物」（具體物件參四14）。

至於革順宗族所負責的物件都與會幕的覆蓋物有關。相對之下，它們不及會幕中的物件那麼重要。這些物件是（25～26節）：

- 「帳幕和罩棚」（參出二十六1～14）；
- 「罩棚的蓋與會幕的門簾」（參出二十六14、36）；
- 「院子的帷子和門簾」（參出三十五17，二十六36）；
- 「一切使用的繩子」（參出三十五18，三十九40）。

最後，米拉利宗族所負責的物件都是在會幕的覆蓋物移走後留下的會幕的支架結構。其中有（36節）：

- 「帳幕的板、門、柱子、帶卯的座」；
- 「帳幕一切所使用的器具」（是指上列的物件）；
- 「院子四圍的柱子、帶卯的座、橛子，和繩子」（上列物件可參：出二十六15～30，二十七9～19）。

值得留意的是，雖然這 3 個宗族都要看守與會幕有關的物件（25、31、36節），但哥轄人卻與其他兩族不同（參32節）。亞倫的兒子以利亞撒屬哥轄族（代上六1～3），他是「利未人眾首領的領袖」，因此他兼負特別職任，要「監察那些看守聖所的人」。「聖所」（*haqqōḏeš*）應指「聖物」，而看守這些聖物的人就是哥轄族人。作者在此特別提及以利亞撒作監督的工作，藉此凸顯了哥轄人所負責的聖物的重要性。

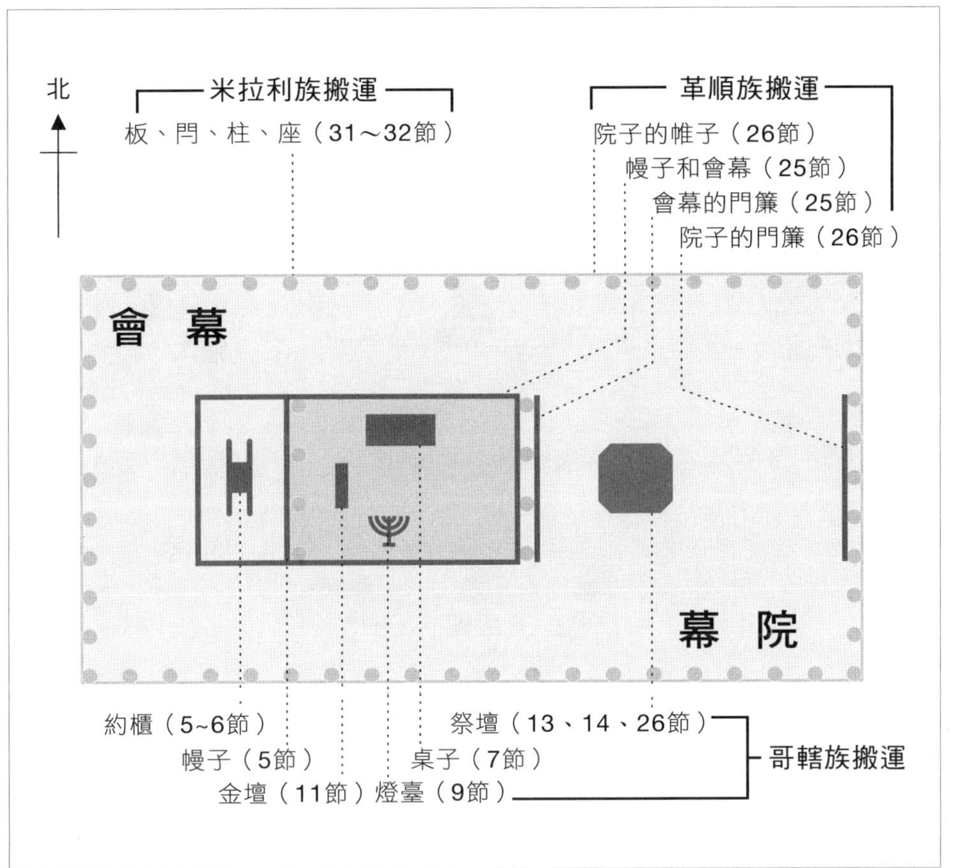

利未支派各族負責搬運物件的位置。參溫漢：《民數記》，頁77。

第38至39節是這段落的小結。第38節先補充説明摩西、亞倫及他兒子安營在東面，表明他們地位高過其他利未人。他們要「**看守聖所**」，作聖所的守衛。他們的責任重大，因為會幕門口在東面，是外人最容易進入的地方。此外，經文沒有提到祭司需要擔崗任何勞動工作，因為勞動工作是由利未人負責的。最後，作者將數點凡一個月以上的利未人的總數記下來，就是22,000（39節）。

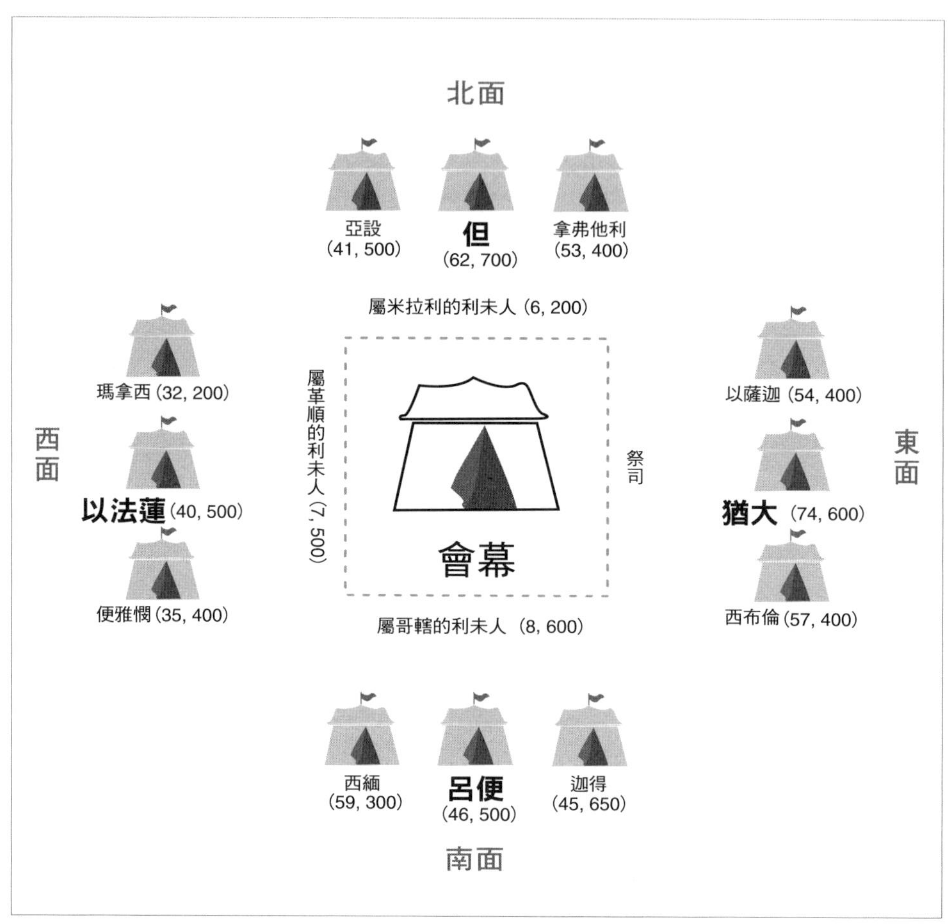

十二支派安營位置

2.3.3.3. 利未支派與首生的（三40～51）

數點過一個月以上的利未人後，上帝便吩咐摩西去數點一個月以上的以色列首生男丁（40～43節），並提出取代首生的方法（44～51節）。

上帝吩咐數點一個月以上的以色列男丁，並指出要讓利未人代替他們，又讓利未人的牲畜代替以色列人首生的牲畜（41節）。所以，利未人的牲畜也是屬於上帝的，正如首生的牲畜是屬於上帝一般（參出十三2）。摩西就遵命而行（42節），一個月以上的以色列男丁的總數是22,273（43節）。

第45節重複第41節的吩咐，並組成扇形結構（下列經文是按原文修改「和合本」的）：

A　[41]你要取利未人歸我——我是耶和華——

B　代替以色列人所有頭生的，以及利未人的牲畜代替以色列人所有首生的牲畜。

B'　[45]你要取利未人代替所有在以色列人中首生的，以及利未人的牲畜代替他們的牲畜。

A　利未人要歸我——我是耶和華。

「贖」的意思是指當一件物件從物主轉給另外一個物主時，那個承接物件的人便要付出應付的代價，去換取這物件。

實際上，以色列首生的男子比利未人多出 273 人。這些多出來的人同樣需要「**被贖**」出來。以色列的首生原本是屬於上帝的，現在若要將他們轉為不屬於上帝，就要向上帝付出應付的代價。這該付的代價就是利未人。不過，因為利未人的數量不夠贖回所有首生的，所以就以銀錢代替，稱之為「**贖銀**」（49節）。每一個被贖的人的贖銀為 5 舍客勒銀子，這正是 1 個月到 5 歲男丁所定下的贖價（利二十七6）。每舍客勒的重量按聖所秤的為標準，273 人共需要付上 1,365 舍客勒。每舍客勒銀子約重 11.5 克，故以色列人共付上 15,697.5 克銀子。按49節這些銀子是由多出來的 273 人來支付。至於如何決定誰是多出來的人，則沒有提及。第48節則指出這些銀子是歸予亞倫及他的兒子。不過，這應該不是歸他們私用，而是作為會幕經常開支之用。

2.3.4. 詳述利未人的職事：會幕的工作（四1～49）

第四章詳細說明利未支派 3 個宗族所負責有關會幕的工作，其中亦提及一次數點人數，但這次數點是與會幕的工作有關，所以數點的方法與上文所提及的不同。這一章多次出現 4 個有關工作的字眼。學者亞什利（T. R. Ashley）清楚列出這些特殊字眼並作解釋。

- 「**看守**」（*mišmereṯ*；意指「看守、守衛的工作」；27、28、31〔「和合

本」譯為「辦理」〕節）；

- 泛指需要特別技術的工作（*məlāʾḵāʰ*；意指「工作／職業」；3節〔「和合本」譯為「事」〕）；
- 「用」（*šērēṯ*；意即「執行職務，服事」；12、14節），指利未人幫助祭司所作的工作；
- 勞動的工作（*ʿăḇōḏāʰ*〔名詞〕／*ʿāḇaḏ*〔動詞〕；意即「服事／工作」；3、19、23、24、26、27、28、30、31、32、33、35、37、39、41、43、47、49節）。「和合本」提供不同的翻譯。

從所使用這些字的次數來看，這章的關注點明顯是在利未人的勞動工作上。下文會詳細說明這方面的事情。這段落可細分如下：

1. 上帝的吩咐（1～33節）
   甲、與哥轄族有關的（1～20節）
   乙、與革順族有關的（21～28節）
   丙、與米拉利族有關的（29～33節）
2. 子民的遵命（34～45節）
   甲、與哥轄族有關的（34～37節）
   乙、與革順族有關的（38～41節）
   丙、與米拉利族有關的（42～45節）
3. 結語（46～49節）

從以上這分段大綱來看，可見這段經文的結構十分工整。作者刻意指出以色列人完全按照上帝的吩咐而行。再加上49節強調所有人都按著上帝吩咐摩西般被數點，反映了作者對以色列人起行的預備工作有正面的評價，因為所有都是聽命而行的。

2.3.4.1. 上帝的吩咐（四1～33）

這部分可分為 3 個段落（見上文分段大綱），內容主要記述上帝的吩咐。

它們都有相類似的元素：一、上帝吩咐摩西和亞倫去數點各宗族中 30 歲至 50 歲的人數（參 3.3.2），他們是負責會幕事務的人（1～3、21～23、29～30 節）；二、每個宗族所負責與會幕有關的工作（4～15、24～27、31～32 節）；三、每個宗族與不同祭司的關係（16～20、28、33節）。

雖然這 3 個段落有類似的元素，但仍須留意作者在此先提及哥轄宗族，然後才是革順及米拉利宗族。此外，有關哥轄宗族的篇幅也遠遠多過另外兩個宗族。再者，在描述上，用於哥轄宗族的字眼與另外兩族的有所不同。當向哥轄族說出吩咐，耶和華是「曉諭摩西、亞倫」兩人（1、17 節），但向革順及米拉利族卻只是「曉諭摩西」一人（21 節）。而且，論及米拉利族時並沒有「耶和華曉諭摩西」這獨立的引言，所以21節的引言其實包括對革順及米拉利兩宗族的吩咐。在提及摩西及亞倫「數點」哥轄族的數目，只提及一次（2～3節），但提及「數點」革順及米拉利族的數目，卻有兩次（參**22**～23、29～30節）。

22節「你要將革順子孫的總數……」（「和合本」）應譯作「你要計算革順子孫的總數……」。「和合本」漏譯「計算」這詞。

當提到辦事，只有哥轄族是用 *məlāʾḵāh* 這詞（3節），表示這「事」是需要特別技能。然而，其他兩族的是 *ʿăḇōḏāh*，這是指勞動工作。哥轄族所負責的是「至聖之物」（4節），但革順及米拉利族則不是。以上種種分析明顯指出革順及米拉利是有別於哥轄，他的身分比其他利未族人更為重要。作者在此再次凸顯哥轄宗族的地位，以示它優越於革順及米拉利宗族（參 2.3.3.2）。

談到在起行時，亞倫和他的兒子是要負責執拾至聖之物，然後由哥轄族負責搬運（5～15節）。經文依次提及至聖所的物件，然後是聖所的，最後是外院的。每樣物件都用不同的物料覆蓋，再將它們穿上槓或放在抬架上。辦好後，哥轄族便將之放在肩頭上搬運。聖物被覆蓋著，意即哥轄族不應觀看它們。同時，他們也不能觸摸這些物件，免得招致死亡。

現詳細談論物件的處理。首先要處理的是約櫃（5～6節）。亞倫和他兒子首先取下分隔聖所及至聖所「遮掩櫃的幔子」（這幔子由 3 種顏色的線織成；參出二十六31），然後將之蓋在「法櫃」之上，接著是蓋上海狗皮及純藍色毯子，再在櫃兩旁的環穿上槓。第二，是處理放置陳設餅的桌子及相關的器皿，如盤子、調羹、奠酒的爵及杯（7～8節），其處理方法是在桌子上蓋上藍色毯子，然後再將這些相關器皿放在上面，最後再用朱紅色毯子及海狗皮蓋著。覆蓋毯子後便在桌子兩旁的環穿上槓。第三，是處理燈臺及相關器皿，如燈盞、用來處理燈芯之剪子、蠟花盤及盛油的器具（9～10節）。覆蓋毯子後，由於這些物品沒有環，不能穿上槓，所以就放在抬架上搬運。第四，要處理的是「**金壇**」，即是香壇（11節）。鋪上覆蓋物後就穿上槓。第五，要處理的是聖所中使用的其他器具（12節），覆蓋毯子後放在抬架上搬運。第六，要處理的是在外院的祭壇及相關器具（13～**14節**）。這些器具包括火鼎（用來盛裝火炭）、肉鍤子（用來移動肉塊）、鏟子（用來除去灰）、盤子（用來盛載祭牲的血）。祭司先用紫色毯子蓋著祭壇，然後放上相關器具，最後加上海狗皮。覆蓋毯子後就在兩旁的環中穿上槓。這些物品的建造及特徵可參2.3.3「詳述利未人的職事：代替首生的」所引用的出埃及記的經文。

「七十士譯本」14節最後加上「把紫色毯子鋪在洗濯盆上，又蒙上海狗皮，把槓穿上」。有學者認為這句子是希伯來文聖經在抄寫過程中漏掉的。此外，「七十士譯本」31至32節也有較長的內容。

覆蓋會幕不同物件的毯子的數量、顏色及次序都略有不同。這些不同之處正正表示這物件的神聖等次的差異。下表將這些特點列出來：

從覆蓋物件看會幕之物的神聖等次（四4～14）

會幕之物	覆蓋物件					經文
	藍色毯子	朱紅色毯子	紫色毯子	海狗皮	純藍色毯子	
約櫃		1		2	3	5～6
陳設桌子	1	2		3		7～8
相關器具		1		2		
燈臺	1			2		9～10
相關器具	1			2		
香壇	1			2		11
其他器具	1			2		12
祭壇			1	2		13～14
相關器具				1		

表內數字表示覆蓋物件的次序。

從左表可見**會幕之物的神聖遞進等次**。最神聖的物件是約櫃。它是放在最受保護的至聖所內，而覆蓋它的有 3 樣物件，其中最特別的是用分隔聖所及至聖所的幔子作為它的最底層的覆蓋物，在上面再蓋上海狗皮，然後是純藍色毯子。第二神聖的物品是陳設桌子，因為它像約櫃般，同樣也有 3 層覆蓋物。而相對地最低神聖等次的是位處院子的祭壇及其相關器具。這裏所見的遞進等次是祭司神學中的遞進理念的其中一個例子。祭司十分強調秩序，認為每樣事物都有它特定的位置，不能更改，而遞進理念就是秩序的一種。

詳細討論參 Philip P. Jenson, Graded Holiness: A Key to the Priestly Conception of the World, JSOTSup 106 (Sheffield: Sheffield Academic Press, 1992)。

接著就是重申覆蓋上列會幕中的物件這工作是要由祭司親自執行，然後才由哥轄族搬運（15節）。作者鄭重指出哥轄族不能直接摸這些聖物，否則就會死亡。這警告指出哥轄族與祭司有別，祭司可以接觸這些聖物，但哥轄族卻不可以。這正好帶出祭司神學中「遞進理念」的另外一個例子：祭司是最神聖的，接著是利未支派的哥轄族，再接著是另外兩個宗族的利未人。第15節再次説明哥轄族所負責抬的是「**會幕裏這些物件**」，而不是其他。

祭司除了要親自覆蓋以上會幕的物件，還需負責另外一些聖所之物。這些神聖之物包括燈油（參出二十七20～21，三十五14）、香料（特別為香壇之用的「馨香的香料」，參出三十7，34～38，三十一11）、素祭（16節「**當獻**」應譯作「常獻」，是指每日需要獻上的；參利六14～17）及膏油（參出三十25～31），都是由亞倫剩下**最年長的兒子**以利亞撒（參民三4）「**看守**」的。他還需要「**看守**」整個會幕及聖所的物件。「**看守**」（*pəquddāʰ*）這名詞在此是指「職責」。就如利未人 3 個宗族都有優先次序，亞倫的眾子也是如此，以利亞撒比以他瑪的地位更優先（參2.3.3.2 對三章32節的解釋）。

亞倫的長子是拿答（利十章），次子是亞比戶，但因他們向耶和華獻凡火而被擊殺。故此，以利亞撒便成為亞倫最年長的兒子，接著的便是以他瑪。

第17至20節再次申明15節的警告，以示其嚴重性，但重點是祭司的職責。「和合本」與原文句子的次序有分別，現參照原文聖經，將「和合本」18至20節的句子次序重組。得出的結構如下：

A　[18]你們不可將哥轄族的支派從利未人中剪除。

B　[19]你們要這樣待他們，好使他們活著，不致死亡：

C　他們挨近至聖物的時候，

D　亞倫和他兒子要進去派他們各人所當辦的，所當抬的。

C'　[20]以致他們不會進去片時觀看**聖物**，❹

B'　因而死亡。

「聖物」在「和合本」是譯作「聖所」，原文應譯作「聖物」。

在這個結構中，A 是上帝對摩西及亞倫吩咐的總綱；B 及 B' 是對哥轄族死亡的關注；C 及 C' 是哥轄族與聖物的關係（接近及看見）；D 則指出亞倫及他兒子所要作的。所以，這段經文作為上帝向摩西及亞倫吩咐的重點，就是提醒祭司應盡的責任。他們「**不可將哥轄人的支派從利未人中剪除**」（A），意即他們不可讓哥轄族因犯錯引致整個家族被除滅。這是祭司必須留意的事。所以，接著便指出祭司應該如何行事，才能保證哥轄族可以不致死亡（B）。當哥轄族接近至聖物時（C），祭司就要先進去分派哥轄族人作工。「和合本」的「**所當辦的，所當抬的**」應該是重言法，二句合成一個意思為「搬抬的工作」（D）。這樣，哥轄族便沒有一瞬間的機會可以看到聖物（C'），以致帶來死亡（B'）。這段經文雖然強調祭司的責任，但同時也警告哥轄族，指出他們當如何在祭司的指導下搬抬聖物。所以，哥轄族不單不應接觸聖物，也不應看見它們。

接著上帝便吩咐摩西數點革順族及米拉利族，以及描述他們的工作範圍（21～33節）。革順族與米拉利族所要負責的物件基本上與三章25至26節、36至37節所列出的相同。簡單而言，革順族是負責會幕的覆蓋物及有關的物件，而米拉利族則負責與會幕支架結構有關的物件。然而，第三章與四章最不相同的地方是前者注重「**看守**」這些物件（三25、36～37），後者則注重搬抬的勞動工作。無論是革順族、米拉利族及哥轄族，他們的工作必須在亞倫和他兒子的監督之下進行。不過，當中仍有一點需要留意，就是監督哥轄族工作的是以利亞撒，而指導革順族及米拉利族工作的卻是以他瑪（16、28、33節）。這再次顯出哥轄族的特殊地位，因為監督哥轄族工作的以利亞撒較以他瑪的地位為高。

2.3.4.2. 子民的遵命（四34～45）

這部分可分為 3 個段落（34～37、38～41、42～45節），它們也有相似的結構：一、提及被數的宗族的名稱（34、36、42節）；二、數點的人數（35～36、39～40、43～44節）；三、記載摩西及亞倫遵命而行（37、41、45節）。

上帝對摩西（及亞倫）的講話中，除了吩咐他（們）數點利未宗族的人數外，還詳細提及他們的工作範圍。到了論及摩西及亞倫的遵命時，則只是回應有關數點的吩咐。這數點是從 30 歲到 50 歲。摩西及亞倫所數點出來的數目，分別是 2,750 人（哥轄宗族），2,630 人（革順宗族）及的 3,200 人（米拉利宗族）。這些利未人從事搬運會幕拆卸後不同的部分。不過，到目前為止仍未詳述他們搬運的情況（參第七章）。此外，留意八章24至25節則指出負責這些工作的利未人不是由 30 歲到 50 歲，而是 25 歲到 50 歲（參 3.3.2）。

2.3.4.3. 結語（四46～49）

第34節提到負責數點的人有摩西、亞倫及「會眾的諸首領」，而46節重複提及同一羣體，這兩節經文成為記載數點工作的首尾呼應。接著是總結數點的人數總和，是 8,580 人，這佔一個月或以上的利未人 **39 個百分點**。最後，第49節再次強調他們所做的都是按耶和華的吩咐而行的。

利未人凡一個月以上的男丁總數共 22,000 名（參 2.3.3.2），故此它的 39 個百分點便是 8,580。

信仰反省

第三至四章用了很長篇幅講述利未人的身分及工作。它記載了兩次數點。第一次數點一個月或以上的，這與代替以色列人中首生的有關。第二次數點 30 至 50 歲的利未人，這與搬運會幕物件有關。雖然這段經文穿插著數字、人名及會幕的不同部分的名稱，並以重複的字眼表達這些內容，但這段經文對上帝，以及對利未人和祭司的職事都有很重要的信息：

第一、這段經文指出以色列人的上帝既是「超越」的神，也是「臨在」的神。這位上帝臨在人間，住在會幕中，停留在以色列人中間。不過，上帝的同在對以色列人來説卻是充滿著危險。祭司及利未人要擔當守衛的工作，以免外人接近會幕，引來上帝的憤怒，使多人死亡。上帝雖然臨在，卻不是人可以隨便接近的。即使是哥轄族人，當他們接近聖物時也要謹慎，不能觸摸及觀看它們，以免死亡。這讓我們明白到上帝是神聖的、是超越的，無論是神職人員或是一般平民，都不能侵犯這位超越的上帝。

第二、上帝揀選利未人歸祂，代替首生的以色列人，從而讓利未人取了一個「代替」其他人的身分。然而，這個新的身分是一個服事的身分，而不是一個擁有專權的身分。

第三、因著上帝和人之間的差異，利未人成為上帝與人之間的中介者。首先，利未人之所以能夠成為中介者，是出於上帝的揀選。任何非利未人都不可以因為自願或有任何個人特長而可以擔當利未人的職責。這職分不是由人去決定，而是由上帝決定。其次，雖然利未人為上帝所揀選，但這並不表示他們有特權，這反而是他們服事的職事。利未人的工作刻苦，且要謹慎行事。他們在壯年時要負責搬抬會幕及辦理會幕中大大小小的苦工，這些工作不是每個以色列人都願意去做的。此外，他們要負責守衛會幕，容讓上帝在會幕中得著應得的尊重。在這職事中，他們自己也要分外留神，免得被殺。在有需要的情況下，利未人甚至會將近前來的人殺死。同樣地，這不是特權，而是要在承擔責任之下所作的痛苦行動。他們這樣做是為了保護整個以色列羣體，免得上帝會因人侵犯會幕而刑罰整個羣體。所以，利未人的服事工作並不是為了自己，而是為強化羣體，使整個羣體得著好處。

第四、利未人中有不同的地位及職事。作者從沒解釋為何最高地位的是次子哥轄，而不是長子革順。這樣身分高低的改變明顯不是因為革順犯罪或哥轄特別正義，而是出於上帝的決定。這表明人不應以為可以倚靠自己的身分來獲取上帝的恩待，而事實上也並非如此。此外，不同人不同的職事正好反映分工合作的精神。縱然有些利未人負責較為神聖之物，但這只表示上帝對他們的要求更高，他們的處境也更需要他們小心行事。在上帝所定的秩序之下，利未人的 3 個宗族既負責不同的工作，也有不同的地位。我們不可從「人人平等」這角度去否定人的不同或上帝對不同人有不同的指引。上帝對不同人有不同的呼召，而不同的職事也有等次之分，這一切都是出於上帝的意旨。無論如何，上帝的目的是要讓全會眾安全地來的祂的面前。

第五、這段經文非常強調人對上帝正確的敬拜。利未人保衛會幕是表示上帝對敬拜者的要求很高。而且，重視上帝的神聖並不只停留在人的內心中，也表現在外在的具體事情上。其中包括不同人的不同工作，不同物件的神聖等次。人就活在這些可見的分別中。這些分別是人生活的一部分，也因此同時塑造他們的價值觀。

第六、這段經文多次記載摩西、亞倫及以色列首領按照上帝的吩咐去行。對他們來說，對上帝的認知不是停留在頭腦上，也不只為滿足個人的好奇心，而是要按命令一一遵行。惟有這樣，人才可以被上帝塑造成合乎祂心意的子民。

溫習及思考問題（2.3）在頁 75。

2.4. 律例（五1～六21）

第一章已提過民數記的一個特色是敘事及律例間隔地出現（參 1.2.3），這段經文是首次記載律例的經文。民數記所記載的律例中，有部分內容補充五經其他書卷的律例集，例如：在獻祭的例之上補充與賠償有關的律例，並說明祭牲歸祭司之例（五5～10；參利一～七章）；在以色列人節期的例之上，補充在這些節期中獻祭的規定（二十八～二十九章；參利二十三章）；在指出接觸動物屍體帶來不潔的例之上，再說明如何除去那些接觸過人的屍體的人的不潔（十九章；參利十一39）。所以，民數記不少律例可說是其他律例集的補充篇。不過，即使經過補充，這些律例集的總和仍然未能涵蓋生活中所有基本層面，因為五經的作者是刻意地選擇記載某些律例。正因為民數記的特色是敘事與律例互間出現，所以選擇列出來的律例很可能與上下文的敘事有關。

民數記一至四章講及以色列人如何按照上帝的的吩咐數點人數，預備進入應許之地。無論是在安營或起行時，以色列人都有一個既定的安營位置。這指出以色列人在上帝的指引下建立了有秩序的生活及宗教模式。秩序是需要刻意建立的，但混亂則不然，是自然又必然出現的。當混亂以不同形式出現，以色列人當如何面對呢？作者透過這裏所記載的律例提出解答。一方面，作者指出要除去以色列營中的不潔及罪行（五1～31）。作者舉出 3 個例子，讓以色列人明白應如何面對這些會帶來混亂的情況：一、保持營地潔淨之例（五1～4），這與禮儀的不潔有關；二、賠償之例（五5～10），這與有意犯罪有關；三、試驗妻子有否行淫之例（五11～31），這與沒有明確證據的指控有關。這 3 個例子也成為日後處理類似問題的指引。另一方面，作者藉拿細耳人之例指示人如何成聖（六1～21）。所以，第一類律例指明要除去不潔及罪行，保持營地在一個上帝可以接受的狀態之中，第二類律例則進一步提升百姓的神聖程度。

分段大綱（五1～六21）

1. 保持營地潔淨之例（五1～4）
2. 賠償之例（五5～10）
3. 試驗妻子有否行淫之例（五11～31）
   甲、引介案件（11～14節）
   乙、測試過程（15～26節）
   丙、預測結果（27～28節）
   丁、律例結語（29～31節）
4. 拿細耳人之例（六1～21）
   甲、引言（1～2節上）
   乙、成聖的要求（2下～8節）
   丙、玷污後的處理方法（9～12節）
   丁、還俗的要求（13～20節）
   戊、結語（21節）

2.4.1. 保持營地潔淨之例（五1～4）

這段經文可分為引言（1節）、命令（2～3節）及遵命（4節）這 3 部分。作者以「耶和華曉諭摩西說」這句子作為引入，新一段落開始後，便立刻講述命令。在這命令中，上帝除了透過摩西吩咐以色列人把一些人送出營外，還加上目的句子「**免得污穢他們的營；這營是我所住的。**」（2～3節）「送出」是這兩節經文的鑰詞，共出現 3 次（*šālaḥ*；「和合本」只譯兩次）。按希伯來文，這動詞的語態帶有「趕出」的意思。這裏提及有 3 類人要被趕出去。第一類是患「**大痲瘋**」的人。現今學者多同意「**大痲瘋**」（*ṣārûac*）這詞所指的並不是現代人所謂的痲瘋病，而只是某些皮膚病，包括白斑病、牛皮癬或濕疹（參利十三章）。若有人被懷疑患上此病，他們要被關鎖一段日子作為觀察期。若證實患有此病，則必須「獨居營外」（利十三46）。民數記為這命令再作補充，指出病患者要被「趕出」營外，直至他們痊癒，再進行潔淨之禮後才可返回營中（潔淨之禮可參利十四章）。

第二類人是「**患漏症**」的。患病的男女會有不正常的流出物從性器官而出（詳細描述，參利十五章）。利未記指出患者會玷污上帝的帳幕（利十五31），故他們不能接近會幕，但沒有明言他們要被趕出營外（或許31節上「你們要這樣使以色列人與他們的污穢隔絕」有這個含意）。民數記則在此作出補充，說明他們必須被趕出營外。同樣地，病患者痊癒後也需要行潔淨之禮（參利十五章）。

第三類是「**因死屍不潔淨的**」人。「**死屍**」（*nep̄eš*）多用來指「人、生命」，較少解作「**死屍**」。這裏所指的是人的屍體，而非動物的屍體。利未記指出大祭司及祭司不能接觸任何人的屍體，免得玷污自己（但有例外情況，參利二十一1～3、11），亦不可接觸動物屍體（利十一39～40）。利未記並沒有明確說明以色列人接觸人的屍體都會帶來不潔，民數記在此便作了補充，指出所有人都會因接觸人的屍體而成為不潔。利未記沒有提及如何處理那些曾接觸人的屍體的人，而且他們的情況也不同於患大痲瘋或是漏症的人，是沒有所謂痊癒與否的問題；不過民數記卻有提供處理這類不潔的方法（參9.3）。

這 3 類人無分性別，不論是男是女，都要被趕出營外（五3），這樣做的目的是免得他們玷污他們的營地。利未記指出患漏症者會將他們的不潔傳染開去，甚至他們坐著的物件也會成為不潔（利十五6）。雖然利未記沒有明言患痲瘋病者會否傳播不潔，但卻指出患大痲瘋病的房子會傳染不潔（利十四44～46）。按此推想，患大痲瘋病人**傳播不潔**是很可能的。至於接觸死屍的人可以傳播不潔一事會在第十九章中詳述。所以，這 3 類人都會傳播他們的不潔。這些不潔的人要被趕出，原因是要保持營地的潔淨，因為上帝住在其中。第一至四章詳述以色列人應如何安營在會幕四圍，祭司及利未人應如何守衛會幕，不容外人接近。這都表示因著上帝在以色列人中間，祂的神聖是不容侵犯的。不單如此，因著上帝的神聖，以色列人的營地也不能存在著不潔（五1～4）。作者這樣的強調，為要指出因著上帝的同在，以色列人的生活方式也應對應這點。

有關「不潔的傳播性」這方面的討論，可參 David P. Wright, The Disposal of Impurity, SBLDS 101 (Atlanta: Scholars, 1987)。

簡論不潔的類別

聖經用「潔淨、不潔淨」等字眼來形容好些不同的情況。簡單而言，不潔可分為以下 3 類：

第一類與動物有關。動物分為潔淨與不潔淨兩種（利十一～十二章）。不潔的動物不能變成潔淨，反之亦然。所以，有學者稱這種不潔為「永久不潔」。這類的不潔是不會傳染的，除非牠死了，否則不潔的動物不會傳播它的不潔。要分辨潔淨與不潔淨的動物，其重要性在於不潔的動物是不可吃也不能作為獻祭之用。

第二類的不潔可稱之為「禮儀的不潔」。這種不潔有幾個來源：屍體（人或動物）、痲瘋病、與性器官有關的正常或不正常流液、或者接觸過不潔的人。禮儀的不潔是會傳染，但卻不是永久的。而且，它有不同程度的不潔，可按以下準則來區分：一、不潔的時期的長度；二、潔淨的方法；三、可傳染的程度；四、需要隔離的程度。這類不潔是人活在世上時不能避免的。與死亡愈接近，不潔程度就愈高。

第一及第二類的不潔基本上與道德無關。一隻動物是否潔淨當然與人的道德操守無關；禮儀的不潔的情況有時候是不能避免的，而且更是日常生活經常要面對的。例如：一個婦人不能避免行經的時間。人進行性交是傳宗接代的惟一方法，是實踐「生養眾多」這吩咐的途徑。另外，總有人要去處理死屍。縱然痲瘋病曾被用來作為懲罰的方法，但是痲瘋病與犯罪並無必然關係。禮儀的不潔並不代表有罪，也不是由罪而產生。雖然如此，人也不可對禮儀的不潔掉以輕心。禮儀不潔的人不能進聖所及接觸聖物（參利十五31）。所以，人必須要減低其不潔淨的程度，免致引來惡果。

第三類的不潔可稱之為「道德的不潔」。它可再分為兩種：第一種是輕微的道德不潔，就如由無意犯罪所引起的，是可以透過贖罪祭使犯事者得著潔淨並蒙赦免（利四20、26、31、35等）。第二種是嚴重的道德不潔。當中包括：一、在不潔的時期吃祭物（利七19～21，二十二3～7）；二、姦淫、亂倫、獸交或同性戀（利十八6～23）；三、交鬼、行巫術（利十九26、31）；四、偶像崇拜，又把兒女獻給摩洛（利二十2～5）；五、流人血（民三十五33～34）。犯了這些規例的人不但使自己玷有道德的不潔（利十八24），而且也會玷污土地（利十八25、27），甚至聖所（利二十3）。

道德的不潔與的禮儀不潔是有分別的。第一，道德的不潔不會透過接觸而傳染。第二，禮儀的不潔及輕微的道德不潔可以藉一些規定的禮儀得以潔淨，但嚴重的道德不潔卻不能如此。第三，禮儀的不潔不會玷污地土，但嚴重的道德不潔卻會這樣，甚至會引致被擄放逐（利十八28）。第四，一個道德不潔的人不一定是個禮儀不潔的人。

2.4.2. 賠償之例（五5～10）

這段經文主要是論及人應如何賠償給那些他侵犯過的人，❺ 以及當受害者沒有親屬可以接受賠償時，這賠償應如何處理。這段經文可分為：一、引言（5～6節上）；二、條件從句（6節下）；三、結論句（7～8節）；四、附加句：祭司之物（9～10節）。在屬上帝的羣體中，一個人若不公平對待另一個人，這也可以是「干犯」上帝。犯事者必須對受害者及上帝作出補救的行動，以維持整個羣體的秩序。

這條律例與利未記六章1至7節的關係密切，都是針對「干犯耶和華」的罪行及為此作出的賠償。❻ 犯事者因為得罪人，以致干犯上帝。這裏所指的很可能是人欺騙他人後起假誓去表示自己無辜，因此而干犯了上帝的神聖名字。當犯事者察覺自己有罪時，❼他就要先行認罪，然後才將所欺騙得來的如數賠還，再加上五分之一，給予那受害者。若受害者已經死去，而又沒有「**親屬**」❽去代死者接受賠償，賠償的受益人就是在會幕中服事的祭司。犯事者除了賠償予當事人外，也要帶一隻沒有殘疾的公羊（五8「**為他贖罪的公羊**」；參利六6）給祭司作為贖愆祭。民數記指出犯罪者不單得罪受害者，也是對上帝不敬。所以，他一方面要對人作出賠償，另一方面則要對上帝獻祭贖罪。所以，若受害者沒有親屬，則祭司所得的除了原來應有的公羊（或以錢銀代替）外，還有犯事者的賠償（五8）。這段經文的結尾強調祭司有應得之物（9～10節）。以色列人所給予祭司的「**舉祭**」應該屬於協助該人獻祭的祭司。最後，第10節重申所有給予祭司的物件都應屬祭司所有。❾

舉祭

密格朗（J. Milgrom）曾研究「舉祭」（*tərûmāh*）這詞，指出以下幾點：

1. 稱為舉祭的獻祭包括平安祭所獻祭牲的右腿（利七32）、感謝祭的餅（利七12～14）、初熟麥子造成的麵（民十五19～20）、什一奉獻（民十八24～29）及其他物件（利二十二12、15；參結四十五1，四十八8～21）。所以，舉祭不是一個專為賠償而獻的祭。
2. 「舉祭」並不與舉起的動作有關，而是指「分別出來之物、奉獻之物」。
3. 「舉祭」的目的是將該物從物主轉歸予上帝，而這個轉歸的行動並不需要在會幕中進行。只是藉著口頭或一些行動作出表示歸予上帝便可。

若將五章5至10節和利未記六章1至7節作比較，便可發現它們有以下不同的地方。第一、利未記較具體地列出不同的罪行，民數記的重點不在於此，所以只使用普遍用詞（「任何針對人所犯之罪」）。另一方面，民數記則清楚指出「**無論男女**」，這用詞是利未記所沒有提及的。第二、民數記補充利未記，指出犯事者須先認罪，然後才可作出賠償。第三、民數記的另一個補充指出若受害者已故及沒有親屬，賠償則會歸予祭司。第四、民數記強調祭司可擁有應該屬於他的物件。

作者把這段經文放在目前的位置，可能有以下原因：第一、五章1至4節談到保持營地潔淨是因為神聖的上帝是住在營中的。所以，接著的五章5至10節就回應若有人褻瀆上帝的神聖名字（即干犯上帝），應如何處理的問題。第二、這些律例都需要祭司參與和處理，所以其共通點與祭司的角色有關。第三、患大痲瘋者須獻上贖愆祭（利十四12～14），所以在五章5至10節便提及贖愆祭，並同時補充利未記六章1至7節的內容。

2.4.3. 試驗妻子有否行淫之例（五11～31）

這段經文論到當丈夫懷疑妻子不忠時，他可以帶她到祭司那裏，然後在祭司的帶領下進行測試，以決定妻子是否不忠。經文可以分段如下：

1. 引介案件（11～14節）
   甲、引言（11～12節上）
   乙、妻子被玷污（12下～14節上）
   丙、妻子沒被玷污（14節下）
2. 測試過程（15～26節）
   甲、男子帶妻子到祭司那裏（15節）
   乙、苦水及素祭的預備（16～18節）
   丙、起誓（19～22節）
   丁、素祭及苦水的處理（23～26節）
3. 預測結果（27～28節）
   甲、妻子被玷污的結果（27節）
   乙、妻子沒被玷污的結果（28節）
4. 律例結語（29～31節）
   甲、疑恨之例（29～30節）
   乙、後記（31節）

2.4.3.1. 引介案件（五11～14）

這段落透過條件性從句「人的妻若有邪行，得罪她丈夫⋯⋯」（12節）

引入本段討論的主題。「邪行」一詞在聖經中只出現 6 次，其中 4 次在本段經文（另參箴四15，七25），指「行歪、行差踏錯」。這婦人與其他人行淫，⑩ 但不為人所知。經文用 4 個句子去表達這個隱密性：「事情嚴密」、「瞞過她丈夫」（意指丈夫對此事並不知情）、「沒有作見證的人」及「沒有被捉住」（意指在行事時並沒有被拿住）。雖然如此，她確是「被玷污」，而丈夫是有「疑恨的心」（即懷疑或嫉妒的心），而沒有任何證據支持他指證妻子是不忠（五12下～14上）抑或不是不忠（14節下）。因此，丈夫可以（但不一定需要）進行測試。

2.4.3.2. 測試過程（五15～26）

一般而言，以色列人獻的素祭是用較貴重的細麵，再加上油及乳香（利二章），而貧窮人的贖罪祭不加油和乳香（利五11）。

開始測試的第一步由丈夫主動執行，第二步起則交由祭司處理。丈夫先帶妻子到祭司面前。基於人不能空手到上帝面前，所以除了妻子，他也要帶供物來，這供物是「為她」而帶去的（15節）。這供物是大麥麵伊法十分之一，但**不可加上油及乳香**，這可能表示油和乳香是不能在與罪有關的情況之下獻的。所以，這是特別的素祭，稱之為「疑恨的素祭」，目的是「使人思念罪孽」。在聖經中，「思念」（15節；*zāḵar*）這詞不單指思想上的記念，而是記起後會產生一些行動。這節經交是指要將人的罪行顯露出來。若然婦人真的有罪，這素祭就可作贖罪之用。

這「聖水」可能是指從洗濯盆取來的水（參出三十17～21、28～29）。

接著祭司先將婦人帶到上帝面前，亦即是到會幕中的祭壇前（參王上八31～32），然後他將「聖水」（17節）放在瓦器中。稱呼這些水為「聖」，當然不是因為它含有超自然的力量，而是因為它在神聖的會幕中，而這儀式是在這神聖地方進行。祭司從帳幕地上取點塵土放在水中，就成為「苦水」（18節）。當婦人喝下這苦水，就表示她喝下帳幕地上的塵土。這塵土代表會幕及上帝自己，因此若她真的不忠，上帝就會在她裏面施行刑罰。祭司要鬆開她的頭髮，這可能是表達她的哀悼（參利十6）或是用來羞辱她。接著祭司便將疑恨的素祭放在她手中，同時祭司手中則拿著「**致咒詛的苦水**」。至於為何這與咒詛有關，下文會作出解釋。

然後祭司要求婦人起誓。祭司先說出起誓的內容，分為沒有不忠及不忠兩方面。若婦人沒有不忠，則接下來所說的咒詛便不會臨到她（19節）；若婦人不忠，耶和華便會使她「**大腿消瘦，肚腹發脹，使你**【指婦人】**在你民中被人咒詛，成了誓語**」（20～22節上）。若試出婦人沒有不忠，最後她得著的祝福是「**懷孕**」（28節），所以「**大腿消瘦、肚腹發脹**」很可能是指不能懷孕。⑪「**被人咒詛，成了誓語**」很可能是重言法，意指「被咒詛的違誓者」。第21節下及第22節上是以不同角度說明同一個後果，目的是指出這些後果是出於上帝的刑罰。隨後，婦人就要回應「**阿們，阿們**」，嚴肅地接納這個誓言。

之後，祭司便將這些咒詛的話用墨寫在卷上（23節上）。然後將這些用墨寫成的話語，抹在或沖在苦水中（23節下），吩咐這婦人喝下這水（24節）。這一切是在祭司獻完素祭後才作的。祭司要從婦人手中取回素祭，在上帝面前搖一搖，拿到壇前（25節）。

搖祭

五章25節「**搖一搖**」（*wəhēnîp̄*）的字根與六章20節的「**搖祭**」（*tənûp̄āʰ*）的相同（動詞：*nûp̄*）。密格朗對「搖祭」的原文用字的研究指出以下各點：

1. 希伯來文動詞字根（*nûp̄*）的意思並不是指「搖」，而是「舉起」。所以，*tənûp̄āʰ* 應譯為「舉祭」。這動作是表示將祭物獻予上帝。
2. 經文多說明這祭是「在耶和華面前的」，所以這祭應在會幕中進行。
3. 若祭獻時，其祭品、步驟或目的與利未記一至五章中所說明的不同，祭司就需要加上一個「搖祭」的步驟。表明這祭確實是獻予上帝的。

祭司又從素祭中取出一把，就是一隻手掌所能拿的分量，燒在壇上（26節）。這樣做表示將素祭獻予上帝，目的可能是請求上帝接納她的禮物，並宣告她是無辜的。最後，就是祭司要使婦人喝下苦水，這水在她裏面成為苦（26節下、24節上）。喝下這水就表示她不能避開水中的咒詛，表明她願意接受測試。

2.4.3.3. 預測結果（五27～28）

第27至28節說明預測的結果。第27節所記載不忠的結果基本上重複上一段所言的，而第28節所記的沒有不忠的結果卻首次提及。該婦人不但不會受詛咒，而且還會懷孕。值得留意的是這懷孕不是出於自然，而是因上帝的祝福。

此外，留意12至28節曾 3 次提及無辜或不忠的兩個可能性，而每次提及時，它的次序都剛好與前一次提及時相反：

1. 情況：曾被玷污（12下～14節上）
   沒被玷污（14節下）
2. 起誓：沒有行淫（19節）
   曾經行淫（20～22節上）
3. 結果：曾經不忠（27節）
   沒有不忠（28節）

2.4.3.4. 律例結語（五29～31）

「罪孽」（ʿāwōn）亦可解作「罪孽的後果」，亦即「刑罰」。

這段經文重申「**疑恨的條例**」是在哪一種情況下執行，以及由哪些人執行（29～31節）。第31節是後記，指出那丈夫會「**無罪**」，意指他不會因此而受罰，而他的妻子卻要承擔她曾犯的「**罪孽**」，即是承擔刑罰的意思。

雖然有律例指出行姦淫的男女要被處死（利二十10），但這是指在有明確的證據下（例如在行淫時被丈夫拿著）才會執行。民數記所處理的情況明顯不同。它多次強調沒有任何證據證明該女人不忠，只是丈夫懷疑而已。在這情況下，沒有人——包括她的丈夫或是羣體中任何人——可以執行刑罰。即使最後經過測試指出她是不忠，她亦不會受死刑。所以，在沒有明證的情況下，只有上帝才能施加刑罰。這解釋了為何整個測試需要在會幕中耶和華面前進行，並由祭司主理，為何苦水要加上帳幕地上的塵土，為何要獻上素祭，為何是耶和華使不忠者不孕，使無辜者可以懷孕。在沒有確據的情況下，經文甚至拒絕使用「姦淫」這個字眼，免得與死刑相提並論。民數記補充利未記的律例，目的是保障婦女不會只是因為丈夫的懷疑而遭到刑罰。這反映了作者不認為可以從法律觀點去處理這事情，而是從潔淨與不潔淨的角度看這問題，調子是宗教禮祭性質的。這點看法是重要的，因為這可解釋為何作者要將這律例置放在目前這個位置上。民數記五章的律例討論中包括試驗妻子有否行淫之例的理由，可能是：

1. 除了5至10節出現「干犯」一詞，第12及27節也有出現（「和合本」譯作「得罪」）。可能因為相同用字，所以作者將這兩條律例並列在一起。
2. 經文雖然是針對人的妻子與別人行淫，對丈夫不忠，但舊約亦常以此來比喻以色列人與上帝的關係，他們敬拜別神，離棄上帝。作者在這裏提及這條例，是要指出這兩種情況都需要處理，而且不容許它們發生在以上帝為中心的羣體中。第二十五章正好指出以色列人與外邦女子行淫是與敬拜她們的神祇有關的。
3. 這段經文多次提及「不潔」（「和合本」作「玷污」）及「潔淨」（13～14、19～20、27～29節）等詞，説明這是作者所關注的。作者提及婦人可能因與人行淫而引致「被玷污」，這觀點與五章1至4節所關注的十分接近。經文關注到營地裏可能存在著不為人知的不潔，這需要上帝親自作出裁決，將事情顯明出來。除去營地的不潔，無論這是指禮儀的或道德的不潔，都對有上帝住在其中的羣體來説極其重要。

信仰反省

這段落所提的 3 個情況都帶來營地的不潔，需要百姓回應和處理。第一個案例雖然與有意犯罪無關，但卻與禮儀的不潔有關，這是人所不能輕忽的，因為它指出無論願意與否，人作為人很容易會成為不潔，以致不能來到上帝面前。這裏所強調的，是指出上帝與人之間的差距是何等的大，作者提醒凡來到上帝面前的人，都要小心翼翼，不可任意而為。

第二個案例則清楚指出有意侵犯別人的權益亦同時是干犯上帝。若人要處理這樣的罪行，則要依次先承認罪行，然後對受害人作出補償，最後就要對上帝作出補償。值得留意的是這個次序的重要性。

第三個案例則指出不忠是一個罪行，無論是對人或是對上帝。縱然有時從人的角度看是沒有確實證據去證明人有否不忠，但上帝卻是知道的，並作出裁決及審判。

2.4.4. 拿細耳人之例（六1～21）

這段經文談到以色列宗教傳統中一個很特別的現象，就是成為拿細耳人之例。一般人對拿細耳人的認識多是透過參孫（或撒母耳）這些人物。不過，參孫是終身為拿細耳人，而且不是出於自己的決定（士十三5、7）。這裏提及的是只在一段時期作拿細耳人的，而且是人自己許願成為拿細耳人的。這兩者並不相同。本章經文可以仔細分為如下5段：

1. 引言（1～2節上）
2. 成聖的要求（2下～8節）
3. 玷污後的處理方法（9～12節）
4. 還俗的要求（13～20節）
5. 結語（21節）

「耶和華對摩西說」可翻為「耶和華曉諭摩西說」（參一48，三5等；「曉諭」〔dāḇar〕）。這用詞在民數記出現約50多次，成為一個公式，用來表達上帝向摩西說話的引言。

2.4.4.1. 引言（六1～2上）

經文以標準的引言公式「**耶和華對摩西說**」作為這個段落的開始。在民數記，耶和華命令摩西向以色列民「講話」（*dibbēr*）首先出現在五章6節，接著是五章12節。這與上帝叫摩西「命令」（*ṣiwwāh*）以色列人並不相同（五2）。

2.4.4.2. 成聖的要求（六2下～8）

六章2節下開始說明成為拿細耳人的規定。經文首先指出無論男女，都可以許願成為拿細耳人（參 13.4.2）。許拿細耳人的願就是要將自己分別歸予耶和華。「拿細耳人」（*nāzîr*）字根的意思是「分別」，所以「拿細耳人」就是「分別出來的人」。

這些分別出來歸予耶和華的人的生活模式較一般人多些限制。首先，在飲食上有 3 方面要注意的：一、不能喝**清酒濃酒**或由這些造成的醋；二、不能喝葡萄汁或吃葡萄；三、不能吃從葡萄樹上出產的東西。這些禁令都是與葡萄有關，而且一條比一條要求高。不能喝酒這些禁令使拿細耳人不能像普遍以色列人般生活。建屋及種葡萄樹是當時以色列人普遍定居生活的一種模式。所以先知書中不少提到將來理想的生活時，都會以此作例子（參耶三十一5；結二十八26）。

「清酒濃酒」的分別，可能在於已充分發酵及正在發酵的酒。拿細耳人不能喝酒這禁令也可見於阿摩司書二章12節。

聖經記載**利甲族人**不喝酒，不種葡萄樹，以及只住在帳棚中（耶三十五6～10）。他們堅持過簡樸流浪的生活，後來因為要避開巴比倫的軍兵才住在耶路撒冷。所以，拿細耳人不能飲或食與葡萄有關之東西的意思，就是指他們要過簡單的生活，甚至是類似於非定居的生活，以此作為代表他們歸予上帝。這種做法是一個別人可以觀察得到的表徵。這段經文提到他「離俗的日子」有 6 次（4、5、6、8、12、13節），表示這個願是有日期限制的。不過，經文沒有提及作拿細耳人期限的規例。

「利甲族人」這名來自利甲的兒子約拿達（參王下十15～31）。約拿達是一個激進分子，他屠殺巴力信徒，也對家人強加規例，以此來維持耶和華的信仰。他的子孫世世代代仍謹守他的吩咐。

作為拿細耳人的第二個禁令是不能剪頭髮或剃頭，須任由頭髮生長（即「**髮綹長長**」〔5 節〕），甚至由得它蓬鬆。這也是對終身為拿細耳人的參孫及撒母耳的要求（參士十六17；撒上一11），是拿細耳人最明顯的標記。當成為拿細耳人的日子滿了，他就要剃去頭髮，並將之燒在壇上（18節）。頭髮在人身體中不斷生長，代表著人的生命力。所以，保持頭髮生長不去修剪表示將整個人的生命力奉獻予上帝。在安息年或禧年，人不可修理葡萄園，因為這年是神聖的（參利二十五

*「髮綹長長」的「綹」（*pera*ᶜ）的原文與五章18節「蓬頭散髮」的「散髮」所用動詞（*pāra*ᶜ）的字根相同。*

1～12）。經文提及「沒有修理的葡萄樹」（利二十五5）的「沒有修理」（*nāzîr*）的字根與「拿細耳」相同。所以，分別出來歸予上帝為聖與不去修理是有關的，這亦可能是拿細耳人不能修理頭髮的原因。⓬

第三個禁令是不能走近死屍，甚至當父母及兄弟姊妹死了，亦不能出席他們的喪禮，以免因此成為不潔。上文曾指出因為死屍不潔的人是要被趕出營外（參2.4.1）。若真的無意接觸死屍，他就要進行潔淨的禮儀（參 2.4.4.3 及 9.3）。這原因在於「**那離俗歸耶和華的憑據是在他頭上**」（六7），意思是指保留在他頭上的頭髮是表明他歸上帝為聖，所以他就不能因為接觸死屍而成為不潔。

這 3 個禁令的精神在於凡作拿細耳人的，都是聖的（5節），也是歸耶和華為聖的（8節），即是他是分別出來歸予上帝的。

2.4.4.3. 玷污後的處理方法（六9～12）

作拿細耳人期間，若在那人旁邊有人突然死去，他就會因為接觸屍體而成為不潔。「**沾染了他離俗的頭**」（9節）是強調他的頭就是代表作拿細耳人的特徵。經文沒有提及他會否受到其他不潔所影響，可能他許的願不會因為受那些較輕程度的不潔所玷污而廢去（如夫妻行房帶來的不潔；參利十五18），而只會受相類似等級的不潔所影響（如接觸大痲瘋病人；參民五1）。雖然他不是有意，但他卻確實受到玷污，違反了第三個禁令，他所許要在一段時期內成為拿細耳人的願會因此而被廢去。所以，他要先行潔淨之禮，接著須重新計算作拿細耳人的日子。這潔淨之禮有以下 4 個步驟：

除污穢的水是由燒紅母牛的灰製成的（參十九1～10）。引致 7 日不潔的原因有多個，包括沾了死屍、生男孩的婦人（利十二2）、大痲瘋病痊癒者（利十四9）及患漏症痊癒者（利十五13、28）。

1. 他要在接觸死屍後第七天，就是「**得潔淨的時候**」，剃去頭髮（9節）。若與死屍接觸過的人在第三及第七天用**除污穢的水**潔淨自己（參十九11～12），他就會潔淨。在第七日，他要將頭髮完全剪下，成為禿頭。不過，經文沒有提及如何處理這些頭髮。
2. 在第八日他要帶兩隻斑鳩或雛鴿到祭司那裏，一隻作為贖罪祭，另一隻作燔祭（10～11節上）。除牲畜外，用作獻祭之用的雀鳥基本上是這兩類別。這兩個祭的次序是重要的。首先要「**為他贖那因死屍而有的罪**」。這裏的重點並不是要除去因為接觸死屍而引致禮儀的不潔，而是除去他因為接觸屍體而違反禁令所帶來道德的不潔。所以，「**罪**」字在此並不是指有意犯的罪，而是無意但依然是違反禁令的過失。贖罪之後他才能獻上燔祭作為給予上帝的禮物。當上帝接納這燔祭，這就表示上帝重新接納他（具體獻祭的做法可參利未記五章7至10節）。

3. 在同一日（即第八日）他要使「**他的頭成為聖潔**」，就是要在該日再「**選離俗歸耶和華的日子**」（11下～12節上）。這表示獻祭後，他要重新許作拿細耳人的願。
4. 帶一隻一歲的公羊羔作贖愆祭（12節上）。贖愆祭基本上所針對的是誤犯聖物的罪，指誤奪屬上帝之物，使之成為凡俗（參利五14～16，六1～7）。這裏所指奪去上帝之物是指所起的願（這是神聖的）或是許願者本身（因為已許願要分別出來歸上帝為聖），這本來神聖之物因接觸死屍而成為不潔，不再是聖的。為此，那人要獻上贖愆祭。一般而言，人需要在獻贖愆祭以先作出補償，然後祭司才會用贖衍祭為他贖罪（參利五14～16）。故此，那人要先作出補償（即再次許願成為拿細耳人），然後才獻上贖愆祭。贖愆祭牲通常是公綿羊（利五16，六6）或是沒有指明歲數的公羊羔（利十四12、21）。這裏特別要求一歲的公羊羔，可能是與拿細耳人的身分有關。

完成這 4 個步驟後，那人就完成潔淨之禮，而作為拿細耳人的日子就重新再計算，因為之前曾為拿細耳人的日子已因受玷污而成為無效。

2.4.4.4. 還俗的要求（六13～20）

這段經文說明當作拿細耳人的日子滿了，人從神聖身分轉為平時的凡俗身分要進行的禮儀。第13節以「**拿細耳人滿了離俗的日子乃有這條例**」（「新譯本」：「拿細耳人的律例是這樣」）這個標題作為開始，然後便描述還俗的律例。

首先，這人要來到會幕門口，拿來一系列的祭品（13下～15節），而所獻的祭按次序有燔祭、贖罪祭及平安祭。這次序是從**祭司處理獻祭的角度定下的**。其次是細麵餅、抹油的無酵薄餅及「**同獻的素祭和奠祭**」，這是指與燔祭及平安祭同獻的素祭及奠祭，但經文沒有清楚說明其分量，似是假設人應該知道，而具體的分量則在下文說明（參 7.1.1）

從利未記六章8至13、24至30，七章11至18節，都是分別依次討論燔祭、贖罪祭及平安祭。

接著，祭司就為那人依次獻上贖罪祭、燔祭及平安祭（16～17節上）。⑬這次序是正常獻祭的執行次序（與上文提及祭司處理獻祭的次序是不同的）。一般而言，祭司為人獻上贖罪祭，先為人除罪，後然才獻上燔祭為禮物。最後就獻上平安祭，作為慶祝，因為部分平安祭的肉是給予執行獻祭的祭司及獻祭者享用的。須留意的是這個平安祭並不是燒在祭壇上，而是用水煮的（參19節）。無酵餅等也不是燒在壇上的，只是以搖祭獻上歸予上帝，當中一部分是留下來給予祭司，而其他是歸給獻祭者（參利七11～14）。

然後，當祭司獻那與平安祭同獻的素祭及奠祭時，那人就要剃下所有頭髮，將它放在平安祭下的火中（17上～18節）。所以，不是將頭髮放在壇上燃燒。這做法是因為拿細耳人的頭髮是神聖之物，所以要燒去，不得隨便處理放置，免得被人褻瀆。

最後，祭司就拿已煮好的平安祭的公羊的一條前腿、無酵餅及無酵薄餅各一，放在拿細耳人手中，作為「**搖祭**」（參 2.4.3.2 的專欄：「搖祭」）。這樣做的目的是表示這些原屬於拿細耳人之物，經過獻祭之禮奉獻予上帝，然後上帝再將該物賜予執行禮儀的祭司。

2.4.4.5. 結語（六21）

經過以上 4 個步驟，拿細耳人就合法地離開神聖的狀態，回歸凡俗。既然如此，他就如常人般可以喝酒。這節經文是整段落的總結，說明這是「**許願的拿細耳人**」的條例。

拿細耳人的神聖等次可以說是比百姓在一般情況下為高。這段經文指出，甚至鼓勵以色列人中無論男女，皆可以追求在一個特定的時間內達致這樣的神聖等次，可在這段時間內與上帝建立一個特別的關係。值得留意的是愈神聖就有愈多的約束，愈神聖就表示愈願意因為上帝的緣故自我限制。雖然如此，作為拿細耳人特別的地方是因為當事人「**許了特別的願，就是拿細耳人的願**」（六2），而不是在於他們要守的禁令本身。拿細耳人特殊的神聖等次，與祭司的相近，因為拿細耳人的禁令與祭司或大祭司的禁令相似。甚至，有些拿細耳人的禁令比祭司的更為嚴格。例如：

1. 祭司在會幕任職期間不能喝酒（利十9）；拿細耳人則絕對不可喝酒（民六3）。
2. 除了至親外，祭司不能因為死人玷污自己（利二十一1～3），大祭司就連至親也不例外（利二十一11）；拿細耳人的禁令就與大祭司相同。
3. 祭司不能剃頭或鬍鬚的周圍，大祭司則不能蓬頭散髮（利二十一5、10；參結四十四20）。所以，作拿細耳人的要求比祭司及大祭司完全不同，要求的重點不在於好好處理頭髮，而是完全不去處理頭髮。

信仰反省

成為神聖不是只有口頭上的許願，或只是內心的願意，或只是思想上的改變，而是有其他人能夠觀察到的外在改變。拿細耳人的禁令指出，追求神聖不能、亦不會沒有生活的表徵。不過，應該注意的是這些特殊表徵，是要將拿細耳人的身分表明出來，而不是證明他們那修道或禁慾的決心。而且，追求神聖，成為拿細耳人並不表示要離羣獨處，與社會脱節。他們仍繼續參與家庭及社會的生活（參撒母耳及參孫的生平）。基督徒作為神聖的子民，一方面不能沒有外在的生活表徵，另一方面可以透過許願去追求在一段時間內與上帝建立更親密的關係，達致更神聖的等次。許願的內容可以包括禁戒某些普遍人會進食之物，規限自己的花費或維持簡單衣著等。這一切的重點是願意暫時離開一般的生活模式，以致能夠全心歸向上帝。

不論男女皆可藉著許拿細耳人的願成為拿細耳人，這説明無論何人皆可追求達到一個特別神聖的程度。然而，人總會面對不能預測的事情，使他們受到玷污成為不潔，這表明了成聖的困難。在這情況下，他們就要行適當的禮儀贖罪。這指出人向上帝許願，以及人若要與上帝建立特殊關係，付上代價是必然的事。這代價不單只是要守額外的禁令，也是要在許願期間，為不能完全由自己控制的意外負責。

當一個拿細耳人離聖歸俗時，也要遵行指定的禮儀。這樣做的目的，是指出放下神聖的身分，本身就是一個處理神聖之物的行動。故此，人要慎重地處理它，因為神聖之物並不是從人而來，而是從上帝而來。

2.5. 大祭司的祝福（六22～27）

六章22節以「**耶和華曉諭摩西說**」開始一個新的段落。這段落的內容與上文不同，並不與律例有關。而且，上帝這次經摩西傳話的對象，不再是一般的以色列人，而是「**亞倫和他兒子**」，教導他們如何為以色列人祝福（23節）。

上帝所指示亞倫等人宣告的祝福可列為 3 行（24～26節）。每一行的字數依次是 3、5 及 7 個，子音分別是 15、20 及 25 個，而音節則分別是 12、14 及 16 個。這些特徵表示這 3 行的祝福循序地加長，代表著上帝祝福的延續及加強。每一行祝福由兩句子組成，第一句是上帝向人所作的事，第二句是上帝為人所做的事。

第一行的祝福以「**願耶和華賜福給你**」作為開始，為整個祝福定下調子。「**賜福**」或「祝福」的基本意思是昌盛及富足，多數指物質上的豐足。「**保護**」可以指保護著不受仇敵或任何惡的攻擊，以致得勝（出二十三20；書二十四17），或是保護人免得他行差踏錯（箴三26）。

上帝的臉發光與祂的拯救是相連的（詩三十一16，八十3、7、19；參詩四十四3）。但以理書九章17節先知呼求上帝使祂的臉光照祂荒涼的聖所，其意思也似是請求上帝施行拯救。

第二行及第三行祝福的首句，除了所用的動詞不同外（25節「**光照**」；26節「仰起」），其他的字詞都是一樣。與上帝的臉光照相反的，是上帝掩面，其意思是容讓祂的子民受難，不理會他們的苦況（參申三十一18；詩十三1，四十四24）。所以，廣義來說，當上帝使祂的臉光照人就是指上帝看顧人的景況，施行幫助拯救。「**賜恩**」是指上級對下級的賜予，而這賜予不是下級所配擁有或聲稱擁有的。當提及上帝是有恩慈，意思就是指上帝願意放下公義的審判，以慈悲待人，給予人他所不配擁有的東西。第二行的祝福就是請求上帝眷顧祂子民的苦況，不要因他們的過錯容讓他們繼續在苦況中，反要施行拯救，給予他們所不值得擁有的救恩。

第三行祝福中的首句「仰起臉向著某人」這短語，指對某人「有好感、贊同、接納」的意思（參申二十八50；撒下二22），其意思與「提起某人的臉」相同（參**創十九21**，三十二20；瑪一8）。因此，首句祝福是請求上帝接納百姓，對他們有好感。次句中「**平安**」一詞有很豐富的內容，包括免於災難、幸福、健康、安好及生命的富足等意思。第三行祝福就是請求上帝接納百姓，並對他們存好感，將身心康泰賜予他們。

創世記十九章21節「應允你」其實是「仰起你的臉」。

有學者認為每行的第一句與第二句存在著因果關係。所以，耶和華祝福的結果是祂帶來保護，臉孔光照帶來恩惠，以及仰臉看著帶來平安。第一行第一句的「**願耶和華賜福給你**」及最後一行的最後一句「**賜你平安**」，剛好有 7 個音節。這首尾呼應正好帶出整個祝福的重點：得平安。這個祝福的最後一個字是「**平安**」（與「希伯來文聖經」相同），也正好強化這個思想。

經文所強調的不是亞倫和他的子孫去祝福，而是上帝透過他們去祝福。祭司所宣講的 3 行句子中，每行都是以耶和華作為主語。六章27節再強調這一點，指出亞倫等人是奉耶和華的名為以色列人祝福，⓮ 並且是上帝親自賜福給以色列人。

祝福往往是整個禮儀中最後的一個程序。亞倫第一次在壇上為百姓獻祭完成後便祝福他們（利九22），當時祝福的內容很可能就是記錄在這裏的祝福。其他為百姓祝福的內容，亦有可能都是這祝福句（參撒下六18；王上八14、55）。學者亞什利認為這可能與族長或領袖臨終前的祝福有關，例如：雅各（創四十八～四十九章）、摩西（申三十三章），以及約書亞（書二十三章）在離世前的祝福。

作者將六章22至27節的內容置放在五至六章的律例之後，很可能是想傳遞一個信息，就是假若以色列人能遵守律例，上帝的祝福便臨到他們身上。另一方面，對於身處曠野旅程中的以色列人來說，他們更需要上帝的賜福，在所行的路上得到保護，不致走歪路。或許他們會犯錯，但願上帝仍會用祂的臉光照他們，拯救他們，不記念他們的惡。在整個行程中，以色列人期望上帝對他們存著好感，賜他們平安。另一方面，六章22至27節也可看為轉接的經文，引帶出接著下來的內容。亞倫的祝福是在會幕中宣告出來的，而接著來的經文則記載摩西立起會幕當日發生的事情，所以兩者就透過會幕這個主題結連起來。

信仰反省

這段祝福帶出一個很強烈的信息，就是祝福的來源是上帝自己。很多時候，我們從錯誤的地方尋找祝福，容易以為祝福可以從別人或別的事物而來，甚至會熱切期望這些人或物會帶來祝福，並以為這樣的祝福才是實在的。也許我們應該清楚知道，惟有從上帝而來的才是真正的祝福。這祝福未必符合我們所想所求的，例如：要滿足我們物質上或情感上的需求，但真正的祝福是與上帝建立美好的關係，是因祂的保守以致不會走錯路，是在錯誤中仍得著祂的拯救。真正的祝福完全不是我們配得的或以為配得的。這是我們不配得的，然而卻是得到的！這真正的祝福是我們得著「平安」，就是一個與祂相連的「豐盛的生命」。

溫習及思考問題（2.4～2.5）在頁76。

溫習及思考問題（2.1～2.2）

1. 試簡述民數記這故事開始的時間、地點、人物。這次數點的目的何在？以色列人進入迦南前有這樣的預備，這對你有何反省？
2. 一章4至16節數點民數，大體上是按甚麼的次序排列？你認為這樣的安排有何特別意義？
3. 這次數點的結果如何？這結果如何影響以色列人日後的行程？你認為一個

事奉主的人是否也須先停下來仔細計劃一切才起行？

4. 為何利未人不在這數點中（一48～53）？你認為這是否暗示上帝恩待利未人？
5. 民數記出現的數字有何意義？是否希伯來文聖經凡出現數字的地方都有特別意義？
6. 民數記多次出現「**凡耶和華所吩咐摩西的，他們就照樣行了。**」這類句子（參一54），反映當時以色列人是順服的。但從日後發生的事件，情況卻不像此。你認為堅持照上帝的吩咐而行會遇到甚麼難處？
7. 從安營的位置看，纛的代表不一定以雅各兒子長幼次序而排列，當中有何意義（二3～31）？長子名分對以色列人是重要的，但對上帝而言卻不如此。你能否從中領受屬靈的意義？
8. 如何從安營的位置上看出猶大支派身負重任？從猶大支派的被重用，你如何看出上帝在人身上的計劃？
9. 從起行時利未人的位列第三，你看出這樣的安排有何特別意義？這位置反映了上帝期望以色列人所重視的是甚麼？
10. 第二章32至34節這段落的結語與一章45至46節的結語有何相同及相異之處？它對你帶出甚麼提醒？

溫習及思考問題（2.3）

1. 為何這段經文要以亞倫及摩西的家譜作背景資料？他們對以色列人有何重要的意義？
2. 利未人的職事有哪兩項？他們幫助亞倫有哪兩方面的工作？這如何反映在事奉上「各按其職」的重要性？
3. 從利未人的安營位置及負責的會幕物件中，如何反映哥轄是利未人 3 族中最為重要的？這是否反映事奉崗位也有階級之分？你如何看這階級之分？
4. 利未人如何代替以色列人的首生？教會領袖要為弟兄姊妹作哪類「代替」的工作？
5. 會幕物件不同的覆蓋物如何反映這些物件的神聖等次？利未人應如何處理

聖物才不會遭致殺身之禍？為何不按規矩事奉便遭殺身之禍？且看現世，是否有事奉心志便可隨己意事奉？當中仍須考慮甚麼元素才可達成彼此和諧的事奉？

溫習及思考問題（2.4～2.5）

1. 五章1節至六章21節論述的律例，分為哪兩類？民數記的律例如何補充五經其他書卷的律例？這樣的補充意義何在？
2. 「送出」如何成為五章1至4節的鑰詞？有哪 3 類人不能住在營中，要被送出？「愛心」是否可以包容一切？若在教會中發現罪惡，應如何處理？
3. 為何不公平對待一個人等於干犯上帝？犯事者要如何賠償？你認為人可以不公平地對待人，但仍可以過敬虔的信仰生活嗎？
4. 當一個人懷疑他的妻子行淫，他可如何試驗她是否不忠？經試驗之後，婦人會遭受甚麼結果？你怎樣看這「試驗」的過程？你認為當時的以色列人對待婦女公平嗎？
5. 為何民數記將試驗妻子有否行淫之例放在第五章？你有何反省？
6. 作拿細耳人期間，他的生活有何改變？這改變的意義何在？若在這期間他玷了不潔，該當如何處理？作拿細耳人的時期結束後，還俗又有怎樣的規例？這樣的規例有何特別意義？作拿細耳人對現代信徒來說有何意義？
7. 六章22至27節的 3 行祝福，在字數、子音及音節的數目是多少？這有何特別意義？
8. 第一行祝福句有何意義？第二及第三行祝福的首句在用字上有何特別之處？這祝福是否對你也有很大的鼓勵及提醒？
9. 整體上，這 3 行祝福句在意義上有何關連？作者為何將這 3 行祝福句置放在五至六章的律例之後？你重視祝福嗎？你以甚麼心態領受牧師在崇拜完結之前的祝福？

釋經短註

❶ 「法櫃的帳幕」（一50）中的「法櫃」（*ʿēḏūṯ*）一詞原文只有「法」而沒有「櫃」這字，其基本意義與櫃無關。「和合本」其他地方將這個詞翻譯為「法版」（參出二十五21，四十20）、「命令」（參詩十九8）、「證」（參詩八十一5）、「法度」（參詩一一九14；耶四十四23）、「常例」（參詩一二二4），以及「法櫃」（出十六34，三十36）。這詞的字根有「重複、繼續」的意思，而這個詞的基本意思是「證據、證明」，故整個詞意指它代表著繼續有意義的事物。在出埃及記裏，這詞是指刻在石版上的十誡（出三十一18，三十二15），而這石版是置放在「證據的櫃」或「法櫃」之內（出二十五16～22，二十六33～34）。這「證據」（即石版）一方面見證上帝對以色列人立約的忠誠，另一方面則見證以色列人毀約。當單獨使用 *ʿēḏūṯ* 這個字，其意義便延伸至它所位處的「法櫃」身上或引申指上帝的律法、法度。而「法櫃的帳幕」所指的就是有這些刻上十誡的石版是安放在該帳幕內。

❷ 「叫他們承接聖職」（三3；*millēʾ yāḏām*）可直譯為「充滿他們的手」。這短語經常出現在設立祭司時（參出二十八41〔供……職分〕；士十七5〔授與聖職；參「呂振中譯本」〕；王上十三33〔授與聖職；參「呂振中譯本」〕）。夏里遜（R. K. Harrison）指出這短語亦是美索不達米亞一帶地區的通用語，可在約公元前 1700 年的馬里泥版（Mari Tablets）這些文獻中找到。這短語的意思大概是指將打勝仗得來的戰利品分派予各人。若應用在聖經中，夏里遜則認為這短語是指在設立祭司的儀式中，有人將獻祭品放在候選人手中，代表將祭司的職權賦予那位候選人。

❸ 「和合本」三章16節「於是摩西照耶和華所吩咐的數點他們」的翻譯與原文稍有出入。「新譯本」的翻譯較為準確：「於是，摩西照著耶和華的命令，就是耶和華吩咐他的，數點了利未人。」相比之下，「和合本」只有「耶和華所吩咐」而欠缺「耶和華的命令」（*ʿal-pî* YHWH；直譯「因著耶和華的口」）。這短語在三至四章中共出現 7 次，這裏是首次出現。這短語有「按照著耶和華口中所說」的意思。密格朗認為這詞表示摩西所數點人數的結果，是按照耶和華親口宣讀出來的

數字而得來的。所以，這裏強調的是上帝自己參與在這個數點過程中，從而凸顯出利未人重要的位置。

❹ 學者對四章20節「片時」（*ḇallaʿ*）有不同的理解。大部分學者認為它解作「吞」，並引申為「吞口水的時間」（參伯七19「咽下唾沫」），表示一個很短的時間。密格朗則認為這詞應解作「毀壞」（參賽三12），所以20節可解作「拆卸」聖物，意思是指不容許哥轄族看到拆卸聖物的情況。

❺ 五章6節「和合本」的「人所常犯的罪」（*mikkol-ḥaṭṭōʾṯ hāʾāḏām*）這短語可以有兩個翻譯，分別是「人所犯的任何罪」或「任何針對人所犯之罪」。前者的意思較為概括，而它與接著的內容所描述的賠償的關係不及後者的翻譯那麼貼切，所以，後者的理解更為可能。本書也採取後者的翻譯。

❻ 五章6節「干犯」（*māʿal*）基本的意思是指褻瀆的行為，其受事者大多是上帝，意思是指侵犯原本屬於上帝的神聖之物，使之成為凡俗。「干犯耶和華」的罪包括誤取聖物（利五14～16）或是濫用上帝的名字起假誓（利六5）。在民數記，這詞也在五章12節出現，是指妻子行淫「得罪」她丈夫。由於「干犯」上帝包括敬拜別神，以及否定上帝的神聖，所以12節的用法很可能是借用這動詞的意思，指妻子轉向別的男子，不忠於自己的丈夫。

❼ 若按「和合本」的翻譯，「那人就有了罪」（五6）這句子在上下文中意義不大，反正任何犯了罪的人當然就是「有了罪」。所以，一些學者認為這句的意思應為「當那人察覺自己的罪時」。接著第7節就指出他應該以甚麼行動來回應自己犯罪這件事。

❽ 「親屬」（五8；*gōʾēl*）這名詞與「贖回」（*gāʾal*）這動詞的字根相同。所以，「親屬」原意為「贖回者」。利未記二十五章48至49節便說明贖回者的責任。當一個以色列人因窮困將自己賣予別人為奴，「他的弟兄，或伯叔、伯叔的兒子，本家的近支」就要將他贖回，而「本家的近支」就包括父母、兒女及兄弟（利二十一2）。這些人物都是一個人的「贖回者」，同時也是他的「親屬」。

❾ 「和合本」五章10節「各人所分別為聖的物，無論是甚麼，都要歸給祭司」沒有正確地將原文譯出來。它可直譯如下：「各人的聖物都是屬於他的，各人給予祭司的都是屬

他的。」第一個「各人」是指祭司自己，經文指出祭司的聖物是屬於他自己的，不是屬於聖所或是其他祭司。第二個「各人」是指其他人，而第二個「屬他的」是指祭司，故此給予祭司之物是屬於祭司的。

⑩ 五章13節「有人與他行淫」（*wəšāḵaḇ ʾîš ʾōṯāʰ šiḵḇaṯ-zeraʿ*）這短句意思是「發生肉體關係」（參「呂振中譯本」：「有人和她同寢交合」）。這句子不像十誡「不可姦淫」（出二十14；申五18）這誡命般使用了法律性的字眼。這當然不是說當一個妻子與另一個男人發生肉體關係，就不等於犯姦淫，而是作者刻意避免使用有帶著明顯法律含意的字眼，因為仍未確定真實的情況。

⑪ 學者對第21節「大腿消瘦，肚腹發脹」有不同的解釋。「大腿」原文指腿的上半部分，但它也是一個委婉詞，指性體官。「消瘦」（*nōp̄eleṯ*）的字根意思與「跌下、倒下」相同（*nāp̄al*）。所以，「大腿消瘦」指性器官下跌，不能懷孕。亦有學者認為該字不是指「下跌」，而是指「流產」（參伯三16）。「肚腹發脹」中「肚腹」所指的亦與懷孕有關（參創二十五23，三十2）。不過，發脹的肚腹並不是指有孕，而是因為充滿著苦水以致不能懷孕。

⑫ 里雲（B. Levine）指出士師記五章2節亦有提及將頭髮留長作為表示對上帝的奉獻。「和合本」將這節經文的首句譯為「因為以色列中有軍長率領」。這裏所討論的短語是「有軍長率領」。若從原文分析，這短語（*bip̄rōᵃʿ pərāʿôṯ*）中的兩個詞都包含 *prʿ* 這字根，與六章5節「髮綹長長」的「綹」字根相同。所以，里雲認為士師記五章2節首句當譯為「當在以色列中髮綹沒有修剪時」。若這與接著的「百姓也甘心犧牲自己」作平行來理解，則留長頭髮，保持蓬散就是表達對上帝的奉獻。

⑬ 六章16節指出要獻上贖罪祭，但獻上的原因卻不清楚。密格朗對這個問題有以下的看法。首先，若拿細耳人受嚴重的不潔玷污，他所許的願會被廢去，要從新再開始（參9～12節）。若拿細耳人受輕度的不潔玷污，則不會受影響。在這兩個情況下，他都不需要獻上贖罪祭。其次，若說是為了不知道的過犯而獻上贖罪祭，則這並不合乎一般贖罪祭的要求。因為獻贖罪祭是在獻祭的人原本不知道自己有罪，但後來才發覺自己有罪，因而獻上這祭。最後，他認為使用贖罪祭可能是因為當拿細耳人從神聖身分轉為凡俗

身分時，他就減少了一些屬於上帝的神聖之物，因而以贖罪祭作出補償。當然，密格朗亦同意這個理解並不完全令人滿意，因為這偏離了贖罪祭的一般用法。

⑭ 六章27節「**他們要如此奉我的名為以色列人祝福**」原文直譯為「他們要將我的名字放在以色列人之上」。「放」一字與六章26節的「**賜**」字為同一個希伯來文字。所以，將上帝的名字放在以色列人之上，就是指上帝將平安祝福給予他們。有些學者認為古時有人將祭司的祝福刻在護身符上，然後戴在身上。這就是將上帝的名字放在身上的意思。

第三章

第一代人的忠心預備（二）：與會幕有關（七1～十10）

- 族長領袖的奉獻
- 點燈之例
- 利未人任職的預備及年限
- 第二次守逾越節：律例補篇
- 起行的指引

上一章主要分析一至六章所記載以色列人在起行前的預備，內容主要與百姓及安營位置有關。這一章則分析第七章1節至十章10節。這段經文的內容可以分為兩大部分。第一部分繼續討論以色列人的預備工作，不過重點轉移到以色列人營中最重要的地方——會幕。第二部分是有關起行前的最後指引。

3.1. 族長領袖的奉獻（七1～89）

第七章的內容主要記載會幕立起之日，以色列人的領袖帶來禮物，呈獻予上帝。

分段大綱（七1～89）

1. 引言（1節）
2. 領袖獻予會幕之物（2～9節）
   甲、獻上的禮物（2～3節）
   乙、禮物的處理（4～9節）
3. 領袖為壇獻上之物（10～88節）
   甲、引言（10節）
   乙、吩咐及遵行（11～83節）
   丙、總結（84～88節）
4. 結語（89節）

3.1.1. 引言（七1）

第1節帶出本章的主題，指出帳幕的立起及祝聖。若要正確理解這節經文，必先對其背景有充分的認識。這節經文與五經其他書卷的內容相關，涉及的經文有3段。

第一段是出埃及記四十章1、9至10節。上帝曾吩咐摩西在出埃及後第二年正月初一日立起帳幕，並用膏油膏帳幕及當中一切器具，使它們成聖；然後，再膏燔祭壇和一切器具，使它們成聖。七章1節似乎是這段經文的撮要。❶ 在此需要留意兩個相關的問題。第一、膏抹帳幕及祭壇這行動究竟需時多久？是一日抑或多日？第二、膏抹帳幕或祭壇是否一個獨立的行動？抑或是與另外一些禮儀同時進行？這兩個問題可以從第二段相關經文中得到初步的解答。

第二段相關經文是出埃及記二十九章。上帝曾吩咐摩西立亞倫及他的兒子為祭司，為他們舉行聖職之禮（出二十九1～34），又指出這聖職之禮要進行 7 日，而每日須同時膏祭壇，使之成聖（出二十九35～37節）。所以，膏祭壇並非在一日之內完成。而且，設立祭司與膏祭壇是同時進行的。

第三段相關經文是利未記八章。利未記八章記載摩西如何執行上帝要他膏立祭司的吩咐，所以利未記這段經文有不少內容與出埃及記二十九章相近；然而，兩者亦有差異的地方。其中一處就是利未記八章10至12節指出摩西用油膏帳幕及其中所有的物件，使它們成聖，摩西又 7 次彈油在壇上，也膏這壇及相關的器具，使它們成聖。最後，摩西膏亞倫，使他成聖。經文清楚指出膏帳幕、祭壇及亞倫是一系列相關的行動。從利未記的分析，民數記所指膏抹帳幕及祭壇這行動應需時 7 日（參利八33）。以上這樣的理解直接影響下文的解釋。

3.1.2. 領袖獻予會幕之物（七2～9）

七章2至9節就記載以色列的領袖帶來禮物（2～3節）及這些禮物的處理（4～9節）。現依次討論這兩段落的內容。

3.1.2.1. 獻上的禮物（七2～3）

經文清楚指出奉獻的人是「各支派的首領」，是「管理那些被數的人」（2節）。所以，他們就是一章5至15節提及的人物，故利未支派並不包括在內。

他們「把自己的供物送到耶和華面前」，意即要送到會幕前。他們每兩個領袖奉獻 1 輛車，共有 6 輛車；每個領袖奉獻 1 頭公牛，共 12 頭公牛（3節）。這些牛是用來拖車用的，每輛車需兩頭公牛。經文沒有指出上帝命他們這樣的送禮物，所以這很可能是他們自發性的行動。

在此要處理一個問題，就是他們在哪一日將這些禮物帶到會幕前呢？「和合本」在2節指出是「**當天**」，亦即指「**摩西立完了帳幕**」那天。不過，若如上文所說，膏帳幕及祭壇的整個過程需要 7 日，而非 1 日，那麼就難以決定「**當天**」所指的是 7 日中的哪一日。較為準確的翻譯應該是「當……後」。❷縱然如此，經文亦沒有提及在完成膏壇之後多少天，他們才帶來禮物。若假設是在膏壇後立即帶來禮物，則可以建構一個日期表來貫穿出埃及記、利未記及民數記的事件：

日期（年/月/日）	經文	事件
1/1/14	出十二6	第一次守逾越節
1/1/15	出十二31～32	離開埃及地
1/3/1	出十九1	到達西奈的曠野
2/1/1	出四十2、17 利八1～36	立起會幕 開始祭司祝聖之禮 開始祝聖帳幕及祭壇等物
2/1/8	利九1 民七12	完成祭司祝聖之禮 領袖開始送來供物
2/1/14	民九1	第二次守逾越節
2/1/19	民七78	領袖完成送來供物
2/2/1	民一1	開始數點人數
2/2/14	民九11	為不潔者舉行的第二次逾越節
2/2/20	民十11	完成數點，開始起行

3.1.2.2. 禮物的處理（七4～9）

上帝的回應是命摩西收下這些物件，並「**照利未人所辦的事交給他們**」。祂的意思是指按著利未人所要負責的勞動工作，將這些車及公牛分予他們。民數記四章已提過利未支派的 3 個家族在搬運會幕時擔負的不同職責，革順族及米拉利族所要負責的與哥轄族的並不相同，因為哥轄族負責的是聖所及至聖所中的物件。不過，第四章沒有說明他們如何搬運會幕的物件，而民數記七章就補充這點。摩西分派 2 輛車及 4 頭牛予革順族，又將 4 輛車及 8 頭牛分予米拉利族。所以，他們是用公牛拖著車來搬運的。米拉利族得的比革順多，這是合理的，因為他們負責搬運的東西，如帳幕的板、閂、柱子、帶卯的座都是比較笨重的。此外，哥轄族分不到車及牛，因為他們搬運的方法是將物件放在肩上，故不需牛和車（9節）。這樣就可以解釋聖所中的物件要穿上槓或放在抬架上（四5～14），使之易於放在肩上搬運。

車及公牛不是上帝吩咐帶來的，而是領袖自己送來的，因為他們認為這是合乎會幕所需用的，事實上也是如此。這反映出奉獻的人對會幕運作有一定的認識，但實際上如何分配和使用所獻之物，則由摩西處理，因為要讓真正知道具體運作的人來作決定，才能更有效地使用這些物資。正確地使用這些物資，是合乎上帝的心意的，這包括哥轄人得不到任何牛及車可供使用！

3.1.3. 領袖為壇獻上之物（七10～88）

首領除了為會幕獻上牛及車，他們也為壇的首次使用獻上器皿及祭牲。這段落分為 3 部分：一、引言（10節）；二、吩咐及遵行（11～83節）；三、總結（84～88節）。

3.1.3.1. 引言（七10）

第10節是11至88節的引言，這有別於「和合本」將第2至11節看為一個段落。這樣分段的主要原因是上一段提及領袖帶來的那些禮物，是為利未人辦事之用的，但10節所提及的，是為要「**行奉獻壇的禮**」。「**奉獻壇的禮**」應正確地理解為「首次使用壇所行之禮」。❸ 這獻禮與第2至9節所描述的有一個相同之處，即獻上供物也是出於各支派的自發性行動，而不是因回應上帝的命令而作的；不過，這次獻上禮物的方式與上文的卻有點不同。

3.1.3.2. 吩咐及遵行（七11～83）

上帝在這次呈獻中定下了獻供物的程序，就是每日只可有一個領袖帶來禮物（11節）。接著，12至83節詳細記載這 12 日各支派送來的禮物。

而所記載各支派獻供物的經文，除了在行文上有少許差異外，都有一個固定表達模式：

燔祭：參利一3～17，六8～13；贖罪祭：參利四1～五13，六24～30；平安祭：參利三1～17，七11～36。

1. 獻供物的日子；
2. 首領的名稱及身分；
3. 所獻之物的清單，依次是器皿加上素祭，然後是加上香的器皿，接著是**燔祭牲，贖罪祭牲和平安祭牲**；
4. 以「這是某某首領的供物」作結束語。

這十二支派的領袖名單與第一章5至15節所列出的相同，而他們獻供物的次序則與第二章3至16及18至31節記載十二支派安營時的次序相同。所以，雖然各支派所獻的供物類別及數量相同，但獻供物的次序卻反映出各支派相對地在等次上有分別。每支派所獻的第一類供物是一個銀盤及銀碗，**分別重 130 舍客勒及 70 舍客勒**。這兩個器皿都是裝滿調油的細麵，供素祭之用。有學者認為這兩個器皿所裝的細麵分量相同。第二類供物是重 10 舍客勒（約 115 克）的金盂（即金碟子），裝滿著香，這香很可能是用於香壇之上的。第三類的供物是不同祭的祭牲。為燔祭獻上的有一頭公牛犢、一隻公綿羊及一隻一歲的公羊羔。一般而言，公綿羊不被列作獻燔祭之用（參利一章），而這幾類牲畜同作為燔祭之用也只在節期中才會出現（參利二十三18〔五旬節〕；民二十八～二十九章）。這似乎指出這裏所描述獻祭的日子是一個很特別的日子。為贖罪祭獻上的是一隻公山羊，而公山羊也是利未記指定作贖罪祭用的祭牲之一（利四23，九3，二十三19）。為平安祭獻上的有 2 頭公牛，5 隻公綿羊，5 隻公山羊及 5 隻一歲的公羊羔。值得留意的是為平安祭獻上的共有 17 隻祭牲，數目遠比燔祭及贖罪祭為多。所以，這次獻祭所強調的是彼此的團契，包括上帝與百姓之間的團契及人民之間的團契。這段經文並沒有提及贖愆祭，這是因為贖愆祭是個人獻的祭，並不適用於這個羣體性的禮儀中（獻燔祭、贖罪祭及平安祭的次序，可參 2.4.4.4）。

一舍客勒約重 11.5 克，銀盤及銀碗的重量分別是 1.5 公斤及 800 克。

有一問題可以留意的是：究竟每支派每日獻上的是否都要在當日全在壇

上獻上？若果是的話，則其中必定有一日是在安息日舉行的。若是如此，便明顯違反安息日的規定。所以，有學者認為這些祭品不是在當日全獻上，而是用來供應祭司，作為日後在公開敬拜時需要獻上之物；但另有學者持不同看法，認為可以容許有例外情況出現，亦即上帝也會容許人在安息日獻上規定以外的祭。權衡之下，首個解釋較為可取。

3.1.3.3. 總結（七84～88）

七章84至88節就將以上所獻之物的總數記錄下來，並以「這就是用膏抹壇之後，為行奉獻壇之禮所獻的」作為總結。如上文所言，為著祭壇首次使用之禮是在膏壇之後才獻上的。

3.1.4. 結語（七89）

經過領袖為壇獻上供物後，摩西進到會幕與上帝談話。這裏所指的應是摩西進到聖所，在至聖所的幔子前與上帝說話。他聽見有聲音從法櫃蓋上的兩個基路伯中間出來，這聲音正回應上帝曾應許祂會在會幕中向摩西作出宣告（出二十五22）。不過，在上下文的處境中，這節經文的重要性是指出會幕的禮祭功能，這點可從領袖獻上禮物得到證明。然而，會幕的禮祭功能與會幕的啟示功能是有關係的。這節經文亦回應出埃及記四十章34至35節的內容。當立起帳幕後，摩西仍未能進入其中，因為裏面充滿了上帝的榮耀。直至以色列人的眾領袖前來獻上禮物（七2），摩西才可進去與上帝交談。所以，當領袖送來供物後，會幕不單是獻祭的地方，也成為上帝居住之處，向摩西講話的地方。

信仰反省

現今讀者多認為這段經文既冗長又沉悶。不過，若然同意「媒體就是信息」（The medium is the message）這句說話，則有必要細想作者選擇以這種表達形式所要傳遞的信息。其中有 5 點值得留意：

- 作者一一提及每個支派及其首領的名字，強調每個支派都以自願奉獻的心態來獻供物。沒有任何一個支派因為任何原因而逃避奉獻，也沒有任何一個支派持有任何特權，成為惟一的奉獻者。
- 在會幕面前，所有支派的身分角色都一樣，所以他們所獻的也一樣。其原則是：「富足的不可多出，貧窮的也不可少出」（出三十15）。
- 這些禮物若加在一起會很多，很豐富。這表示他們明白到祭壇需要很多獻物，也反映出他們認為祭壇是重要的，所以讓祭壇在開始使用前便已有足夠的祭牲可獻，亦有足夠祭牲可供日後經常獻上之用。不單如此，這也指出他們知道會幕的存在目的，以及不同類型的獻祭的必要性及重要性。
- 這些祭品由各支派送來，並不由祭司預備。這指出禮祭人員及非禮祭人員在敬拜事奉上各人有各人所要擔任的崗位。
- 從民數記的編排來看，作者並不急於描述以色列人的起行，反而藉冗長的經文吸引讀者的注意力，使讀者停留在作者認為在起行前的重要事情之上，就是以奉獻回應上帝在會幕中的同在。這相比於真正的起行來得重要。

以上各點，對我們來說不無意義。

3.2. 點燈之例（八1～4）

第八章1至4節內容主要是補充出埃及記有關燈臺之例。

分段大綱（八1～4）

1. 引言（1節）
2. 吩咐（2節）
3. 執行（3節）
4. 補充（4節）

第1至3節形成以下扇形結構（按原文修改「和合本」）：

A　[1]耶和華曉諭摩西說：
　B　[2]「你告訴亞倫說：點燈的時候，
　　C　七盞燈都要向燈臺前面發光。」
　　　D　[3]亞倫便這樣行。
　　C'　向燈臺前面發光，
　B'　當他點燈臺上的燈，
A'　是照耶和華所吩咐摩西的。

這扇形結構清楚將這個段落勾劃出來，明顯指出第4節是補充1至3節的內容。

雖然在聖所中處理燈臺是祭司的責任，但第1節的引言卻指出上帝仍是透過摩西來吩咐亞倫。上帝吩咐亞倫在點燈時，要確保燈臺的 7 盞燈都是照向燈臺的前面。在聖所中，燈臺是放在南面（參第八章「釋經短註」6），陳設餅的桌子放在北面，中間是香壇。所以，將燈向著前面照著，就是指使燈向著北面照著，照亮整個聖所。第3節則強調亞倫的遵命。經文首句「亞倫便這樣行」及末句「是照耶和華所吩咐摩西的」都說明這點。由於這只是吩咐亞倫而不是他的兒子，所以這很可能是指首次的點燈禮儀，故由亞倫去行。最後，第4節簡單綜合出埃及記二十五章31至40節有關燈臺的製造，亦強調摩西按上帝所指示的模式造成燈臺。

這段經文究竟與上下文有甚麼關係呢？當帳幕及其中的器皿，以及祭壇與有關的器皿都被膏為聖，再加上領袖帶來供物獻予會幕以作為壇首次使用之 4 類祭品後（參民七章），經文順理成章應討論潔淨利未人及他們在會幕裏的工作（八5～26）。但在論及利未人任職之前，作者要先交代點燈之例。作者有這樣的鋪排，原因有 5 個。

首先，七章89節描述摩西進入聖所與上帝說話，接著進入聖所的便是亞倫，他進來是要處理當中的燈臺。他們兩人同是以色列人的首領，並進入同一個地方——聖所。因此，這兩段經文表達他們同有特殊的身分。

其次，第七章記載十二支派的領袖為會幕所行的事，而八章1至4節便是利未支派的領袖亞倫為會幕所作的。兩者都與首次使用會幕中的壇及燈臺有關。所以，當亞倫完成當作的事，接著的經文便帶出利未人的職責。

此外，第七章的內容與祭壇有關，而八章1至4節則與點燈有關。祭壇及燈臺都是祭司要特別關注的工作。它們兩者都是祭司必須保證要經常燃著的（利六8～13，二十四2～4）；而且，兩者都是祭司在每日早晨及黃昏時需要特別處理的（出二十九38～42，三十7～8）。

再者，雖然經文沒有明顯指出燈臺的象徵意義，但將之理解為代表上帝的同在也是合理的。由此推論，七章89節及八章1至4節同是強調上帝的同在。

最後，當出埃及記提到會幕中的器皿，出現特別多的是燈臺，包括描述它製造之法（出二十五31～40），燃點之例（出二十七20～21，三十7～8，四十4）及製造的記載（出三十七17～24）。這裏承接上文與會幕有關，故提及燈臺也順理成章。而且，這段經文為出埃及記的記載作出補充。在出埃及記二十五章37節，上帝吩咐祭司要將燈臺擺放至一個位置，令它的光可照亮對面的地方，但在出埃及記三十七17至24節記載燈臺的製作時，則沒有提及這點。所以，八章1至4節就為此作出補充。

以上列出的理由各有優劣，但也不是互相排斥，而是可以並存的。

信仰反省

會幕中的聖所只有祭司可以進入，利未人及其他以色列人不可以進入。祭司既要每日特別處理會幕中的燈臺，也要保證燈臺發光的方向正確。然而，他們有否這樣作，則只有他們才知道，其他人無從得知。祭司這樣作是因為上帝有這樣的吩咐，目的為保持聖所光明，而沒有其他原因。縱然別人不知他們有否這樣作，他們仍要照吩咐而行。

溫習及思考問題（3.1～3.2）在頁 109。

3.3. 利未人任職的預備及年限（八5～26）

經過設立祭司，祝聖會幕及其中的物件，以及領袖帶來祭品後，要禮祭得以順利進行，利未人是不可缺少的。所以，經文接著就論到利未人的任職。當然，按血統來說，亞倫及摩西也是利未的後人。不過，當經文提到利未人，所指的是非亞倫裔的利未人。這段經文可以分為兩部分：一、利未人任職的預備（5～22節）；二、利未人任職的年限（23～26節）。

分段大綱（八5～26）

1. 利未人任職的預備（5～22節）
   甲、吩咐（5～13節）
   乙、理據（14～19節）
   丙、執行（20～22節）
2. 利未人任職的年限（23～26節）

3.3.1. 利未人任職的預備（八5～22）

亞倫及他的兒子在會幕事奉以先，摩西要將他們祝聖為祭司（利八章）。同樣地，利未人在會幕中事奉之前，摩西也要預備他們。這段經文記載摩西如何按照上帝的吩咐預備利未人。須留意這段經文所處理的是負責會幕中的勞動工作的利未人，而不是指守衛會幕而不容外人進入的利未人。

3.3.1.1. 吩咐（八5～13）

第5至13節記載上帝吩咐摩西如何預備利未人去工作。整個預備工作分為兩大部分，分別是潔淨利未人（6～12節）及將利未人獻上歸予祭司（13節）。這段落可細分為3小段：

1. 引言（5節）
2. 潔淨利未人（6～12節）
3. 獻上利未人（13節）

第5節出現引言公式，成為一個新段落的開始。接著，上帝點出這個吩咐的重點，那就是潔淨利未人（6節）。「**潔淨**」這詞沒有在膏立祭司的程序中出現（參利八～九章），只應用在預備利未人身上（參 3.3.1.3）。主禮人是摩西或亞倫，潔淨的程序基本上先與水的禮儀有關，接著與獻祭的禮儀有關。水的禮儀的具體程序如下：

「除罪水」這東西只在聖經出現一次，它也可譯為「潔淨水」。其實質是甚麼則不太清楚，但其目的則肯定是作為潔淨之用。

1. 摩西將「**除罪水**」彈在利未人身上（7節）；❹
2. 利未人自己剃刮全身；
3. 利未人自己洗自己的衣服；
4. 利未人「**潔淨自己**」，意思應指**洗澡**。

在潔淨禮儀中，洗衣服與洗澡多相連在一起（參利十四8，十五5、10等）。

進行水的禮儀的目的是除去利未人一些輕微的禮儀的不潔（參 2.4.1 專欄：「簡論不潔的類別」）。經過以上水的禮儀後，接著的潔淨程序就與獻祭有關（8～12節）：

1. 利未人取來一頭公牛犢和同獻的素祭，這是為接著的燔祭之用的（參12節），另再取一頭公牛犢，作為贖罪祭之用。
2. 將利未人帶到會幕面前，並招聚以色列全會眾前來。
3. 「**以色列人要按手在他們【利未人】頭上**」。這裏指由以色列人的代表——長老或領袖，作按手的動作。由於獻祭者按手在祭牲之上是用單手，這裏的情況可能也是這樣。「**按**」這字並不是指輕輕按下，而是用力壓下，表明獻祭者與祭牲的關係，並表明所獻上的有它特別的用途。從以色列人的按手，表明這行動帶出一個用途，可能是指全體以色列人要將利未人獻予上帝，作為他們的代表，在會幕中工作。
4. 亞倫要把利未人作搖祭奉獻予上帝（參 2.4.3.2）。所以，利未人就成為屬於上帝的產業。這樣做的目的是使利未人「**好辦耶和華的事**」，而所指的「**事**」就是勞動工作。
5. 利未人按手在那兩頭牛的頭上，指定一頭為贖罪祭，另一頭為燔祭獻給耶

按手

要留意八章10節所指的按手是用一隻手，而不是用雙手。學者對「按手」這動作的意義持不同看法。他們的觀點可綜合如下：（1）把獻祭者的罪轉移到祭牲身上。不過，這看法未能解釋為何獻平安祭時也需按手，而這祭與贖罪並無關係。（2）以祭牲取代獻祭者，祭牲的死代替獻祭者的死，故也將獻祭者帶到上帝面前。同樣地，這個看法未能解釋這動作為何會出現在平安祭中。（3）代表獻祭者宣稱他自己是無辜的。（4）表明獻祭者是祭牲的主人，因為人只能獻屬於自己所有之物。（5）表明獻祭者將所帶來的牲畜從屬於他之物轉移成為禮祭中的祭物，這是一個法律性的行動，代表財產的轉移。（6）表示獻祭者在一個特定的禮祭中指明所獻的應作何用途。在以上這些觀點中，首 3 項似乎難以解釋這動作在多種情況之下的用法。第（4）及（5）項明顯與這段經文的處境無關，因為利未人根本不能算是屬於以色列人的產業。當然，不能否認有一個可能性，就是按手這個動作在可以不同處境下有不同意思。

和華。這個行動的目的是「**為利未人贖罪**」，意思是要除去利未人嚴重的禮儀的不潔。

經過以上水的禮儀及獻祭的禮儀後，潔淨利未人的禮儀就完成了，接著就要獻上利未人（13節）。驟眼看來，第13節的內容與第11節相同。不過，兩者的重要分別在於誰是主禮人。把利未人作搖祭的主禮人，當然是亞倫（11節），而為利未人獻祭贖罪的也是他（12節）。❺ 這些經文指出亞倫以祭司的身分作為主禮人幫助以色列人將利未人獻上為祭。但13節卻清楚指出是摩西要將利未人侍立在亞倫和他的兒子面前。在聖經中，甲站在乙面前的一個意思，就是甲侍候乙，等候乙的差遣。所以，摩西使利未人站在亞倫及他兒子面前，就是指摩西正式將利未人歸在祭司之下，等候祭司的差遣或侍候祭司（參三6）。當這個行動完成後，整個預備利未人的過程也就完滿結束。

3.3.1.2. 理據（八14～19）

完成整個預備過程後，經文就說明揀選利未人在會幕中協助祭司工作的理據（14～19節），共有4個，分別是：

1. 分別歸上帝（14節）
2. 辦會幕之事（15節）
3. 代替首生子（16～18節）
4. 為百姓贖罪（19節）

「分別」一詞首次出現在創世記一章，這是指上帝將世界裏原本混沌的事物，轉化為有秩序的一個行動，包括將光暗分開，將空氣以上及以下的水分開。

第三章5至13節曾簡述這4個理據的後3個，而三章14節至四章49節則詳細論述這3個。若將14至19節與這兩段經文比較，則發現14至19節有兩點特別之處。首先，它強調利未人是**分別出來**歸予上帝的（14節）。利未記十章10節指出祭司的職責是要將聖的與俗的分別，以及將潔淨的與不潔的分別。「**分別**」是上帝建立秩序的一個行動，而摩西在這裏就承接著這個建立秩序的行動。這個行動的結果就是使利未人歸屬上帝。若從這方向理解這段經文，便將這段經文的一個信息清楚呈現出來。整體而言，這段經文提及的角色人物有3個：上帝、以色列人及利未人。14節至16節的每節經文關注的都是利未人與上帝的關係，其中最突出的，是指出利未人是屬於上帝的。第17節是內容的轉捩點，指出屬於上帝的不是利未人，而是首生的以色列人及牲畜。第18至19節的關注點就轉為利未人與以色列人的關係。這關係包括利未人代替首生的以色列人，在會幕中辦以色列人的事及為以色列人贖罪。值得留意的是，第14節已開始提及利未人與以色列人的關係。若從這個角度整體理解這段經文，則這段經文的一個強烈信息是，從以色列人中間出來歸於上帝的利未人，他們與上帝有一個特別的關係。然而，他們卻要從這關係出發，回歸到以色列人中間，去服事他們。❻

第14至19節的另外一個特點是指出利未人「**為以色列人贖罪**」（19節）。這裏所指的並不是利未人為以色列獻祭，幫助他們贖罪，因為獻祭是

利未人與祭司

因為利未人的其中一樣工作是幫助祭司處理會幕的事務，這正好反映利未人與祭司在本質上是有分別的。他們兩者的分別包括以下各點：

1. 摩西用油膏祭司，目的是祝聖他們（利八章）。相比之下，摩西並不祝聖利未人，而是潔淨他們。潔淨後，利未人才可以在會幕中工作及搬運會幕中的物件。不過，他們仍然不能接觸，甚至不能觀看聖所及至聖所中之物件。所以，當哥轄人用肩頭抬著這些物件之前，祭司就得先用不同的物料將聖物蓋著，免得哥轄人觀看或觸摸以致死亡（參民四1～20）。
2. 與第一點相關的就是祭司及利未人在會幕中可以進入的區域並不相同。祭司及大祭司可以進入聖所，而大祭司在贖罪日更可以進入至聖所。他們亦可以在祭壇上處理獻祭。相對而言，利未人並不能進入聖所或至聖所，甚至也不能在壇上獻祭（參十八3～4），只能停留在院子幫助獻祭者。
3. 利未人被當作搖祭獻上給上帝，這就表明他們能成為神聖，就如獻給上帝的祭牲成為聖物一樣。不過，從以上兩點可以看到利未人的神聖程度並不如祭司，而祭司又不如大祭司。這是另外一個例子說明祭司神學中的神聖遞進程度的觀念。人並不是只可分為神聖或是不神聖兩個範疇。人也可以有不同的神聖程度。拿細耳人之例正好指出人也可以在不同時候達致不同的神聖程度。

祭司的工作，利未人不得參與。經文清楚解釋這「**贖罪**」是指利未人要「**免得他們**【指以色列人】**挨近聖所，有災殃臨到他們中間**」。當以色列人接近聖所，上帝的憤怒原應會臨到以色列人（參一53）。不過，利未人職責之一就是守衛會幕，防止外人接近。所以，當有外人接近會幕，而利未人又未能阻止時，他們就成為以色列人的「贖價」，取代以色列人去承受上帝的憤怒，以致這憤怒不會臨到以色列人身上。這就是他們「**為以色列人贖罪**」的意思。這個理念承接著三章10節的意思，將治死外來者的刑罰及所帶來的災殃歸於利未人身上。

3.3.1.3. 執行（八20～22）

最後，經文記載摩西及亞倫執行上帝的吩咐。經文內容有不少對應5至13節上帝對摩西的吩咐。這可見於21節綜合了潔淨利未人的內容；22節上則指出利未人開始在會幕中工作。此外，這段經文的首節（20節）及末節（22節下）都指出上帝的吩咐被執行出來。作者以這個表達形式來強調摩西、亞倫及以色列人，確實有按照上帝的吩咐，去預備利未人，以至利未人可以進入會幕中辦理聖工。

3.3.2. 利未人任職的年限（八23～26）

利未人主要有兩類型的工作，就是守衛會幕及會幕中的勞動工作（參三5～13）。

這段經文再以引言公式「**耶和華曉諭摩西**」引入一個新的段落（23節）。這段經文的重點是定下利未人的**任職**年限，經文用兩句子分別處理兩個年歲的規限。第一句指出利未人要在 25 歲起「**前來任職，辦會幕的事**」，意指處理會幕中的勞動工作（24節）；第二句則指出從 50 歲起，他們就要「**停工退任**」，不能再辦會幕的事（25節），不過，這並不表示從此他們就退休，停止任何工作。當他們退下會幕的勞動工作後，他們仍要與同族人（即「**弟兄**」）「**謹守所吩咐的**」，所指的就是守衛會幕的工作（26節上）。

經文內容簡單清楚，但若與四章3節比較，便會發現兩段經文有兩點差異之處。第一，四章3節描述「**從三十歲直到五十歲**」都需要來會幕工作。嚴格來說，這規定只是指出入職的年歲，而沒有說明離職的年歲。所以，一個剛好 50 歲的利未人也需要進入會幕工作，但經文並沒有指明他的退任。對比之下，八章24至25節就清楚指出入職及離職年限。第二，四章3節指出入職年限為 30 歲，但八章24節卻說是 25 歲。除了這兩段經文外，歷代志上二十三章24節則指出利未人在 20 歲入職。基於篇幅所限，本書不會討論歷代志上這段經文。至於民數記出現對利未人入職年限兩個不同的說法，學者提出不同的解釋。猶太傳統認為 25 歲是開始接受訓練的年數，到了 30 歲才正式任職。有學者則認為 25 歲入職這敘述雖然被編排在第四章之後，但所記載的事情則發生在第四章之前。所以，數點人數後就發現並不需要那麼多利未人作勞動工作，於是將 25 歲的年限提高到 30 歲。從第一點的差異（四3「從三十歲直到五十歲」）出發，另有學者認為八章24至26節是四章3節及這段經文的修正，所以當訂下離職年歲為 50 時，對應的入職年歲就下降至 25 歲，以致利未人整體服事的人數，不會因為在 50 歲後要離職而減少。

信仰反省

第三至四章曾談及利未人的工作性質及上帝揀選他們。這段經文承接這個觀點，同時亦強調利未人是以色列人獻予上帝的禮物（11節「為以色列人當作搖祭」）。上帝的揀選與羣體的同心獻上是共存的。當上帝揀選人去擔當服事祂的職事（如傳道人），整個羣體也要參與在其中，同心合意將他們獻上，因為他們代表這個羣體服事上帝。然而，若要為上帝所用，他們必須先潔淨自己，因為他們所擔任的是聖工。在開始工作前他們要這樣行，在擔任這職事時，他們仍要繼續這樣。再者，他們既已全然獻上歸予上帝，他們的生命方向已不可改變，要一生事奉上帝。雖然如此，他們可以按著年齡的改變而改變職事的實際範圍。值得思想的是，他們會因年長而不用再擔當勞動的工作，但守衛會幕，保衛上帝的神聖不容侵犯之職，卻不因年長而有所改變。

3.4. 第二次守逾越節：律例補篇（九1～14）

會幕已經立起及祝聖，祭司已被設立，利未人也預備好，接著的就是預備守逾越節。守節的日期是在正月十四日。不過，有幾個人因死屍染了不潔，不能在當日守節（6節），於是上帝就為逾越節再定下補充之例，那些不能如期守節的人可延期至二月十四日守節（11節）。在這個補充條例之下，所有以色列人都可以在起程離開西奈山那日（十11「第二年二月二十日」）之前守逾越節，無論在正月十四日抑或在特別安排的二月十四日守節，這與當年以色列人出埃及前守節的情況相同。

分段大綱（九1～14）

1. 按慣例守逾越節（1～5節）
2. 逾越節補充之例（6～14節）
   甲、摩西求問例外的處理（6～8節）
   乙、上帝回答處理的方法（9～14節）

3.4.1. 按慣例守逾越節（九1～5）

這段經文以耶和華向摩西講話開始，同時說明講話的時間（出埃及之後第二年的首月）及地點（西奈的曠野）（1節）。這段講話的時間比開始數點人數為早（參一1「二月初一日」），經文在此明顯呈現倒敘手法。不過，經文接下來指出仍可有人在二月十四日守節。所以，經文亦同時有順時序的表達方式。

上帝吩咐「以色列人應當在所定的日期守逾越節」，「所定的日期」應譯為「所定的時間」。❼ 這個時間就是正月十四日「黃昏的時候」。逾越節是以色列人剛離開埃及地之前，上帝吩咐他們遵守的。從經文所定下的日期來說，第一次逾越節就在第一年正月十四日舉行。上帝吩咐他們「要按這節的律例典章而守」（3～4節）。「這節的律例典章」是指第一次守這節時所定下的規例（參出十二2～11、21～27、43～49；利二十三5～8）。摩西及以色列人都遵照上帝的吩咐在指定的日期守節（九4～5）。不過，民數記沒有詳述他們如何在已改變了的環境中按例守節，例如在曠野時，他們住在帳棚中，而帳棚應該沒有門楣或門框，那麼，他們應在甚麼地方塗上羊羔的血呢？對作者來說，這些細節似乎不是他所關注的，所以也沒有提及了，但卻補充了另外一些資料。

3.4.2. 逾越節補充之例（九6～14）

雖然逾越節的律例已經定下，但當有人因為各樣原因未能守節時，其處理方法則未有定案。民數記在此便是要討論這個情況。這段經文可以分為兩部分：

1. 摩西求問例外的處理（6～8節）
2. 上帝回答處理的方法（9～14節）

3.4.2.1. 摩西求問例外的處理（九6～8）

經文指出有人「因死屍而不潔淨，不能在那日守逾越節」（6節）。為此，他們到摩西、亞倫面前查問為何「被阻止」，不能與以色列人同獻供物。這反映出他們正擔心若不能守節，他們便被視為不守約的人，因而擔罪（參九13）。經文並沒有明言為何不潔的人不能守節，但推敲其可能性有 3 個，或與祭牲，或與守節的地方有關。第一，不潔淨的人不能吃平安祭牲（利七19～21）。若將這原則應用在逾越節的祭牲身上，則不潔者不能吃這祭牲，故此他們不能守節。不過，值得留意的是，那些不能守節的人所擔心的，是不能「在所定的日期獻耶和華的供物」（7節）；而且，若他們不能守節的原因是因為他們不潔，他們也沒有理由要向摩西提問。

第二，根據律例，不潔的人要被帶出營外（五2）。無論要先帶祭牲到會幕獻祭，或按規定要在家中吃逾越節羊羔（參出十二22、46），這些不潔者既身在營外，當然不可能參與在其中，因此，他們自然不能參與逾越節的慶祝。「被阻止」（7節；希伯來文字根：*gāraʿ*）這詞也在二十七章4節及三十六章3、4節出現，其基本意思指從一個整體中除去其中一部分。從這詞的意思看，這些人所擔心的是，他們會因為暫時的不潔，而會暫時從整個羣體中被除去（即被帶出營外），以致不能守節。他們又因著不能守節，而永久地從以色列人中被除出去。

第三，承接上一段所提及的，除了因屍體不潔的人外，在遠方行路的人也未能守節（10節），故此有需要為他們另定守節日期。在此需要留意的是，無論這節期在會幕中或在家中舉行，這兩類人因不在營中，所以都不可能守節。從這一點可估計逾越節的羊羔要先帶到會幕中獻上，這或可解釋在遠方的人不能守節的原因。此外，九章7及13節提出一些相關的資料。這兩節經文都提到「獻耶和華的供物」，這樣的用字基本意思肯定是指帶祭牲到會幕那裏獻上。所以，這些人不能守節是因為不潔或身在外地而不能到會幕那裏。若是如此，則正月十四日慶祝的逾越節不是一個只在各人家中守的節期，也是以色列人聚集在會幕舉行的節期。這個理解可從利未記二十三章4至8節得到**間接證明**。

這段經文是間接的明證，因為經文提到摩西要召集以色列人舉行聖會守節。這些節期包括逾越節在內。

面對他們的提問，摩西未能即時提供答案，所以請他們等候，而他自己則向上帝求問（8節）。摩西這個行動正好反映，在至聖所的幔子前，站在施恩座前與上帝面對面說話，取得祂的指示，是十分重要的（參七89）。惟有在為會幕及祭壇奉獻後，摩西才可進到會幕；也惟有如此，摩西才可以隨時去求問上帝。

3.4.2.2. 上帝回答處理的方法（九9～14）

耶和華對摩西的回答，不但與因屍體不潔的人有關，也提及其他相關的指引。首先要留意的是，上帝的吩咐提到「你們和你們後代」（10節）。這表示祂的指引並不只針對當時面對的問題，還定下以後以色列人要遵守的規定。其次，除提到因屍體不潔的人外，祂還加上「在遠方行路」者。這兩類人的共同點，是他們在守節時都不在營中，縱然他們堅持要守節，他們也不可能在「所定的日期」（即正月十四日）守節。上帝的吩咐表示，他們仍須守逾越節，只是不在原定的日期而已。祂吩咐他們在另外一個日期，即在「二月十四日」守節，祂也重申守節的規則（11～12節）。這些具體的規則，並沒有如出埃及記十二章2至11節般詳細，譬如沒有提及要用火烤羊羔，不過「照逾越節的一切律例而守」這話，已清楚表示守節的所有規則並沒有改變。這樣的講法很可能表示這次逾越節不一定在會幕中集體舉行，而在各人家中舉行，因為這段經文的內容，明顯是建基在出埃及記的律例。

若一個人可以守節，而他卻「推辭」不守節，他就要「從民中剪除」，因為他要「擔當他的罪」（13節）。學者對「從民中剪除」這個刑罰有以下的理解：

1. 由人手去執行死刑；
2. 被逐出羣體以外；
3. 提早死亡；

4. 不會有後裔可以承繼其名字；
5. 死後不能歸到列祖那裏。

這些不同的解釋很可能是適合於不同的處境之中。需要留意的是，當聖經提及守節期，從沒有提到不守這些節期會帶來「**從民中剪除**」的刑罰——除了逾越節。這可能因為守逾越節代表確認上帝與以色列人所立之約，所以不守節就等於否定這約，必然帶來嚴重的後果。

接著，耶和華不但回答摩西的問題，也再補充說「**外人寄居**」的也可以守逾越節。第14節基本上是出埃及記十二章48至49節的撮要，所以雖然經文沒有提及這些外人要先行割禮，但由於先前已提及過，故略去也可以。「**外人寄居**」指那些非以色列族裔，但卻選擇與以色列人同住的人。一般而言，這些寄居者多遵守以色列人的習慣及律例。對寄居者的關注，可說是五經律例中一個恆常出現的元素，這當然與以色列人曾經作為寄居者的經歷有關，以至上帝要求他們善待寄居者。不過，問題是這律例與摩西所求問的內容有甚麼關係。從上文看來，其目的很可能是要強調寄居者也可以如「**本地人**」（即以色列人）那樣，可以在特別的情況下在二月十四日守節。

14節「寄居的」這詞經常與「本地人」一同出現。不過，14節出現「本地人」有點時間誤置，因為當時以色列人仍未有自己的地土。即使如此，其基本意思都是指以色列民族而言，這點應該是清楚的。

信仰反省

上述逾越節補充之例，清楚帶出兩個重要神學思想。第一、上帝的行事是不會、也不能沒有規則的。人來到上帝面前，也同樣地不能不按上帝的吩咐去敬拜祂。守逾越節更是如此，必須嚴格地按著規則遵行的，因為這是用來紀念耶和華與以色列人立約的關係。同樣地，基督徒也必須按著吩咐守聖禮，尤其是洗禮及聖餐。

第二、不要以為堅持守節的人就是律法主義者。現代人大多認為新約時代與舊約時代不同，不必嚴格地謹守節禮。他們忽略了舊約多次強調「守節」這方面的信息。人不能自行決定守或不守逾越節，又或守節的時間，以及守節的方法。

事實上，這一切都已經定下來。不過，當有人真的因為某些原因不能守節，上帝不會否定他們的困境，視他們為違反律例的。不過，上帝同時亦不會否定他們的不潔，容讓他們在不潔的情況下守節，祂對這一點從不妥協。在這情況下，上帝採取的方法是容讓他們在另外一個指定的時間守節。這就是恩典。不過，仍要補充的是，這種容許只發生在非常情況下，而不能放諸任何處境，任何原因之上。人也不應期望這情況可經常發生，因為這不是一個正常的情況，人不能將其視之為正常的事。而且，修改守節的日期只能發生一次，不容再作更改。人不能因為他們不同的情況，事事要求上帝為他們改例，更不能一而再，再而三的要求祂修改祂的吩咐，以此滿足他們不同的需求。恩典雖在，卻仍由上帝決定賜予的方式及時間。人的責任就是努力守節，遵從耶和華的律例。

3.5. 起行的指引（九15～十10）

當以色列人數點過打仗的人數，便將各支派安營及起行的位置安排妥當，再加上預備好會幕的事宜，守過逾越節，以色列人就預備起行。在起行前，作者說明以色列人該按著甚麼指引起行或安營。這些指引分別有從上帝而來作指引的雲彩，以及從領袖而來作指引的銀號。

分段大綱（九15～十10）

1. 上帝的指引：雲彩（九15～23）
   甲、雲彩出現的現象（15～16節）
   乙、雲彩與起行安營的關係（17～23節）
2. 領袖的指引：銀號（十1～10）
   甲、銀號在曠野行程中的用途（1～8節）
   乙、銀號在應許之地上的用途（9～10節）

3.5.1. 上帝的指引：雲彩（九15～23）

這段經文說明雲彩升起或停住是與起行安營有關。這段經文可以說是將出埃及記四十章36至38節的內容詳細解說出來。所以，從整個五經內容鋪排的角度看，出埃及記四十章36至38節及民數記九章15至23節正好包圍著上帝在西奈從會幕中宣告的律例（利一1～民九14）。這段經文可以分為兩大段落：

1. 雲彩出現的現象（15～16節）
2. 雲彩與起行安營的關係（17～23節）

3.5.1.1. 雲彩出現的現象（九15～16）

這兩節經文有 3 個相同的元素，現表列如下：

15 立起帳幕的那日，	有雲彩遮蓋帳幕，就是法櫃的帳幕；	從晚上到早晨，雲彩在其上，形狀如火。
16 常是這樣【指立帳幕】，	雲彩遮蓋帳幕，	夜間形狀如火。

經文首先指出一個時間指標，接著是雲彩遮蓋帳幕，最後說明雲彩在晚上有火的形狀。第16節明顯將15節最後兩個元素簡化再重述出來。在表達時間方面，15節說明一個在歷史中出現的特定時刻，也就是帳幕立起那日。這個特殊時刻在16節改為「常是這樣」。從此，立起帳幕那日出現的景象就會常常如此出現。這對指引以色列人在接著來的行程明顯是必須的。

出埃及記十三章21至22節亦提及雲柱及火柱與以色列人行程的關係。比較之下，與民數記相同之處在於：

1. 雲出現在日間，而火則出現在晚上；
2. 雲及火都與耶和華的同在有關；
3. 似乎它們都有帶領以色列人行程的功用。

然而，兩者也有差異之處：

1. 出埃及記中的雲柱及火柱並不與會幕有任何關係，因為當時會幕仍未立起；
2. 出埃及記提及的是雲柱及火柱，兩者似是獨立的，但民數記則指出雲彩在晚上有火的形狀，而不是直接說明它就是火。

所以，若雲柱在出埃及記中標誌著以色列人一個新的階段，則雲彩在民數記中也同樣指出以色列人踏進一個新階段。

3.5.1.2. 雲彩與起行安營的關係（九17～23）

接著，經文說明雲彩與起行安營的關係，並將這個關係連結於「遵耶和華的吩咐」（18、19、20、23節）。經文看起來有點重複累贅，但事實並非如此，它有一個清楚的結構。

經文首先指出一個基本原則，就是當雲彩從帳幕升起，以色列人就要起行，當雲彩停留在一個地方，以色列人就在那地方安營（17節）。這裏強調的是，雲彩停留的地方也就是以色列人安營的地方，這明顯指出雲彩有帶領作用，將以色列人從一個站領到下一個站。第17節首先提及起行，後提安營是合理的，因為以色列人當時已安營在西奈，所以下一步自然就是起行。不過，由18節下開始，討論的次序則先是安營，後是起行。所以，接下來的經文當再提到雲彩停留，則是強調其停留的時間，而不再是地方。第18節上接著就把起行及安營的基本原則與上帝的吩咐結合。雲彩的升起及停留就被視為出於上帝的吩咐，所以按雲彩的升起及停留去行動，就是按耶和華的吩咐而行。

第18節下至20節上的主題是雲彩的停留與安營，第20節下則過渡到21節雲彩升起與起行的主題。第22至23節上則與17至18節上有對應關係，它不同之處是先提及安營，後是起行。現將這個結構表列如右。

從右表可以看出雲彩與起行（17節上、21〔兩次〕、22節下）及安營（17節下、18下、20節上、22節上）各出現 4 次。不過，記載雲彩停留的時間（18節下、19、20節上、22節上）與升起的時間（21節上、21節下、22節下）的重點並不一樣。經文多次指出當雲彩升上去，以色列人便要起行。這似乎指出以色列人不應拖延起行，也不應留戀在安營之地。所以，只有雲彩一升起，他們就要立刻行動。此外，作者沒說過「雲彩升上去多少天，他們就前行多少天」。這反映作者不注重起行時間的長短。反而，作者卻多次講出

A_1	17上	雲彩幾時從帳幕收上去，以色列人就幾時起行；
B_1	17下	雲彩在哪裏停住，以色列人就在那裏安營。
A	18上	以色列人遵耶和華的吩咐起行，
B	18上	也遵耶和華的吩咐安營。
B_2	18下	雲彩在帳幕上停住幾時，他們就住營幾時。
B_3	19	雲彩在帳幕上停留許多日子，以色列人就守耶和華所吩咐的不起行。
B_4 + B	20上	有時雲彩在帳幕上幾天，他們就照耶和華的吩咐住營，
A	20下	也照耶和華的吩咐起行。
A_2	21上	有時從晚上到早晨，有這雲彩在帳幕上；早晨雲彩收上去，他們就起行。
A_3	21下	有時晝夜雲彩停在帳幕上，收上去的時候，他們就起行。
B_5	22上	雲彩停留在帳幕上，無論是兩天，是一月，是一年，以色列人就住營不起行；
A_4	22下	但雲彩收上去，他們就起行。
B	23上	他們遵耶和華的吩咐安營，
A	23上	也遵耶和華的吩咐起行。
結語	23下	他們守耶和華所吩咐的，都是憑耶和華吩咐摩西的。

A 顯示起行的情況；B 顯示安營的情況。深灰地方顯示「有耶和華的吩咐」。

雲彩停留**時間的長短**，這可指出雲彩停留在安營的位置是重要的。試比較第一章，它的內容記載以色列人起程前往應許之地之前的預備，這一切的預備都是為著起行，因此「起行」是重點。然而，到了第九章，預備的指示到了最後階段，重點卻反而是強調「安營」，縱然安營的時間的長短不一。由此可見，起程固然重要，但停下來等候下一個正確的起程時間也是重要的。值得留意的是經文完全沒有提及起行至哪一個目的地，因為對作者而言，這可以說並不重要，最重要的反而是起行及安營的節奏，而整個行程只以上帝的指引為依歸。

18節下「幾時」、19節「許多日子」、20節上「幾天」，以及22節上「兩天，是一月，是一年」。

第23節下的結語重申以色列人遵從耶和華的指令，最後甚至強調上帝的吩咐是經摩西傳予他們的。「**遵耶和華的吩咐**」這短語在15至23節**共出現 7 次**（18上〔兩次〕、

19節及23節下「守耶和華所吩咐」原文所用的字眼與「遵耶和華的吩咐」並不相同。

20上、20下、23上〔兩次〕、23下），而「**帳幕**」（*miškān*）一詞也同樣出現7次（15〔3次〕、18、19、20、22；「和合本」的翻譯略有不同）。這兩個7次出現的用語正好點出這段經文的重點：「**帳幕**」代表著上帝的同在同行，而人要能與上帝同行則需要「**遵耶和華的吩咐**」。這就是人與上帝同行的秘訣。

信仰反省

整段經文清楚指出，無論任何時間，若上帝吩咐人起行，離開眼前所在之地，人就要遵命立刻起行。無論現時所處的地方是多麼的吸引，人也不應留戀，拖延起行。另一方面，若上帝吩咐人要停下來安營等候，則無論停留的時間是長是短，人也要安然等候。人不能因為所處的地方不理想，就自行決定離開那地，卻是要等候上帝的指引才可。所以，這段經文所強調的是起行及安營的節奏，而人的整個人生歷程，所行走的路，是遵從上帝的指引去走。如上所言，這段經文重視的是過程，而不是目的地。與上帝一起走過這事實，比終點在哪裏更值得關注。

3.5.2. 領袖的指引：銀號（十1～10）

第15至23節指出上帝以雲彩作為以色列人起行或安營的指引。不過，以色列人也需要具體的指示去起行，而吹銀號就是實際要起行的指示。所以，吹出銀號可以說是初步回應上帝透過雲彩的指示。這段經文同時亦將另外一些使用銀號的情況列出來，它可以有以下分段：

1. 銀號在曠野行程中的用途（1～8節）

   甲、簡述兩個用途：招聚及起行（1～2節）

   乙、詳述兩個用途（3～7節）

   丙、補充（8節）

2. 銀號在應許之地上的用途（9～10節）

   甲、打仗時的用途（9節）

   乙、節期時的用途（10節）

3.5.2.1. 銀號在曠野行程中的用途（十1～8）

這段經文再以引言公式「**耶和華曉諭摩西**」作起首句。上帝吩咐摩西用銀鍾出兩枝號來（2節上），並簡述它們的兩個用途（2節下）。接著，經文就詳述這兩個用途。若兩枝號一起吹響，就是招聚「**全會眾……在會幕門口**」的時候（3～4節）。「**全會眾**」未必指所有以色列人，而是指作全會眾代表的成年男子。若只吹一枝號，則召集「**眾首領**」。經文沒有提及招聚的目的是甚麼，可能是指聆聽摩西對他們的吩咐。

號與角

「號」（*ḥăṣōṣrāʰ*）與「角」（*šôp̄ar*）是兩種不同的物件。號是用金屬（如銀）鍾成，角則是用羊的角製成。兩者的具體使用情況雖各異，但也有相同用處，例如：立王時兩者也可使用（參撒下十五10；王下十一14）。在使用上兩者最不相同的地方是使用者的身分。按聖經記載，號是由祭司吹的（十8；參代上十五24），至於吹角，聖經卻沒有指明甚麼人才可以。此外，號也有一個特色，是「**鍾出來**」。會幕中的基路伯及燈臺也是「**鍾出來**」的（參出二十五18、31）。按照民數記，銀號的兩個用途，分別是用來招聚百姓及宣告拔營起行（十2下）。這兩個用途是與以色列人在曠野行程有關的。

第5至6節上則指出另一種的吹號如何示意民眾起行。當第一次「**吹出大聲**」，東面的營要起行，而第二次吹之時，則南面的營起行。雖然經文沒有再提及第三或四次吹號時是哪一營起行，不過其安排已清楚表達，接著的會是**西面及北面**。有學者理解「**吹出大聲**」是與聲音的大小無關，而是與聲音的長短有關。「**吹出大聲**」就是吹出短的聲音。相對而言，招集民眾時吹的就是較長的聲音。❽ 第6節下至7節則將這兩個有不同吹號方式的不同的用途，清楚地作對比。所以，第3至7節呈現以下扇形結構：

第6節在「七十士譯本」亦有提及第三及第四次吹號，分別是指示西面及北面的營起行。

A　吹【長】號招聚會眾（3～4節）

　B　吹短號呼籲起行（5～6節上）

B' 吹短號是為了呼籲起行（6節下）

A' 吹【長】號是為了招聚會眾（7節）

最後指出只有祭司才有權吹號（8節上），也強調這是一條律例，永遠有效（8節下）。既然這是一條永遠有效的律例，則一個自然的問題就是，當以色列人進入應許之地後，吹號是否仍有這些功用？接著的兩節經文就回答這個問題。

3.5.2.2. 銀號在應許之地裏的用途（十9～10）

這段經文列出兩個以色列人在應許之地時吹號的用途。這兩個用途與上文提及的基本上一樣，不過論及的次序則剛好相反。第一、當以色列人在他們自己的地土上與攻擊他們的人打仗時，他們就要吹出短聲；這樣，他們就在上帝面前被「紀念」（9節）。在這個情況下，吹號既與打仗有關（參三十一6），也是向上帝的禱告，請求祂記念祂的百姓。在聖經中，「紀念」並不只是一個停留在腦海中的活動，而是會帶出實質行動的。所以，當以色列人「得蒙紀念」，則表示上帝要施行幫助，使他們「蒙拯救」。

第二、「快樂的日子」包括節期及月朔。在這些日子，以色列人要為燔祭及平安祭吹號。有學者認為若承接上一節，「快樂的日子」應指戰爭得勝的日子。無論如何，吹號的目的應是指呼籲會眾來參加聖會（參代上十五24；代下五12～14）。這裏沒有提及吹短號，所以吹的應該是長號。這些長號就在他們的「上帝面前作為紀念」。這短語可以有兩個解釋。第一個與上一節相似，是指這些號聲在上帝面前提醒祂去紀念以色列人。另一個解釋就是，這些號聲提醒以色列人在上帝面前紀念上帝。經文容許這兩個不同的理解。最後，經文以上帝的自我啟示公式「我是耶和華──你們的上帝」作結束。

銀號在曠野的用途可以擴展到將來在應許之地可有類似的用途。這個說法一方面強調上帝對以色列人的應許，指出他們必會到達應許之地，而另一方面則指出即使到了應許之地，吹號仍不會停止，他們仍要去紀念上帝，也要蒙上帝紀念。

隨著清楚交代起行的指引後（九15～十10），以色列人在起行前的預備也就完成了。整段經文描繪了一幅理想的圖畫：以色列人是一個以上帝為中心的羣體。無論在安營或起行時，代表著上帝同在的會幕都在他們正中心的位置。他們齊心保持營地的潔淨，因為上帝就在營中。他們自願為會幕獻上禮物，也將利未人作為搖祭獻上代他們辦會幕的事。利未人也因此成為以色列人的贖價。在起行前，以色列人一起慶祝逾越節，就如當年出埃及前守逾越節一樣。所以，在此值得留意的是，在民數記中，起行不是跟從上帝的第一步，敬拜上帝才是第一步。惟有如此，他們才有正確的眼光去面對行程中所遭遇的各樣困難。最後，有來自上帝的雲彩作為指引，有來自領袖的回應以吹號作為指示，萬事就緒，起行終於開始。

信仰反省

這段經文提出其中一個值得我們思想的地方，就是領袖的責任。領袖該如何配合代表著上帝的指引的雲彩，提醒會眾起行或是聚集？另一方面，領袖又如何提醒會眾去記念上帝的作為？如何來到上帝面前，請求祂記念會眾？

溫習及思考問題（3.3～3.5）在頁 110。

溫習及思考問題（3.1～3.2）

1. 七章1節這引言怎樣與五經其他書卷的 3 段經文相關？這對你認識民數記接著的經文有何幫助？
2. 第1節兩次提及「**抹了，使它成聖**」說出了為上帝所用的或是與上帝親近的，都必先要成聖。這對你有甚麼提醒？你是否願意親近上帝，為祂過成聖的生活？
3. 上帝怎樣吩咐摩西處理領袖所獻上的供物（4～9節）？所獻的禮物有何用處？你的奉獻是怎樣的？當你看見教會有需要時，你會怎樣獻上的你的禮物？
4. 你如何理解「富足的不可多出，貧窮的也不可少出」（出三十15）？在你的現實生活中應如何實踐出來？

5. 上帝吩咐摩西點燈之例是怎樣的（八1～4）？在論及利未人任職之前，作者卻要先交代點燈之例，他這樣鋪排，原因何在？

溫習及思考問題（3.3～3.5）

1. 上帝吩咐摩西要怎樣潔淨利未人（八6～12）？你認為上帝為何要這麼著重利未人的潔淨？
2. 以色列人的領袖按手在利未人的頭上，這是甚麼意思（5～13節）？利未人在以色列人中間有何特殊的身分？你如何看你教會的領袖？你以甚麼態度支持他們的事奉？
3. 利未人如何替以色列人贖罪（19節）？這種贖罪的方式可如何應用在今天的信徒當中？
4. 利未人與祭司有何分別？你認為神職人員應該要分等級嗎？
5. 利未人任職的年限是怎樣（23～26節）？按照民數記，他們有退休制嗎？今天我們的事奉可以有退休的日子嗎？
6. 上帝吩咐以色列人守逾越節之例是怎樣，令致任何人都可以守節（九6～14）？守逾越節之例如何看出上帝是位恩待所有人的神？
7. 那些應守而又不願意守節的人，會遭到怎樣的對待（13節）？從這一點看，你認為上帝是個怎樣的神？
8. 雲彩與以色列人起行及安營有何關係（17～23節）？這對你的信仰有何提醒？目的地與所走的過程何者更為重要？你認為若不按照上帝的指引行人生的路，會帶來怎麼樣的後果？
9. 「帳幕」表示上帝的同在同行，而「遵耶和華的吩咐」表示順服上帝。這兩者有何關係？這兩樣元素是否都是你信仰生活上的態度？
10. 銀號對以色列人的行程有何作用（十1～10）？我們怎樣分辨生命中的銀號？要跟從上帝行走人生路，我們需有甚麼預備？持怎樣的心態才是最重要的？

釋經短註

❶ 民數記在七章1節「和合本」的翻譯就像撮要：「摩西立完了帳幕，就把帳幕用膏抹了，使它成聖，又把其中的器具和壇，並壇上的器具，都抹了，使它成聖。」不過原文行文略有不同。若將這節經文以字面翻譯，應是：「當摩西完成立起帳幕後，他就膏它，使它及它所有的器具，與祭壇及它所有的器具成聖。他膏它們，使它們成聖。」所以，經文並不是說摩西先膏帳幕及其器具，使它們成聖，然後再膏壇及其器具，使它們成聖。經文最後一句「他膏它們，使它們成聖」是重複用語。這句子可能翻譯為「當他膏了它們，使它們成聖後……」，接著的就是第2節的內容。第1節「當摩西完成立起帳幕後……」及「當他膏了它們，使它們成聖後……」這翻譯對於理解這段經文是很重要的。詳情可再參本章接著的內容。

❷ 七章2節「當天」（*bəyôm*）這詞原文是出現在第1節，而10節和84節也有出現這詞。若將第10節「用膏抹壇的日子」理解為「壇被膏抹的當日」，這就與下文所說十二支派的領袖分開 12 日獻上禮物有點矛盾，因為若領袖分開 12 日獻祭，就不可能都在壇被膏那日帶來禮物。所以，第10節正確的翻譯應該是「當壇被膏之後」。第84節「用膏抹壇的日子」也應該用樣被解釋為「當壇被膏之後」。若再參考第88節，它清楚說明「用膏抹壇之後」，這可證明以上理解是正確的。

❸ 「行奉獻壇之禮」中「奉獻……之禮」（*ḥănukkāh*）意思應該理解為「首次使用之禮」。「首次使用」這短語也可用來指新建成的房屋（參申二十5），所羅門建成的殿宇（參王上八63），以及新建造完成的城牆（尼十二27）。密格朗指出「首次使用之禮」與「奉獻之禮」並不相同，因為後者有用油膏抹的。

❹ 學者對「除罪水」基本上有 3 種看法：第一、表示不知其實質是甚麼，只能肯定它是作為潔淨之用的水。第二、認為這水是出自會幕中院子裏的洗濯盆。不過，一般而言，洗濯盆只供祭司使用（參出三十17～21）。第三、這就是十九章提及的「除污穢的水」，用作潔淨因接觸死屍帶來的不潔。不過，在潔淨利未人時使用此水似乎有點不尋常，因為兩種潔淨的意義並不相同，而且兩個名稱都不相同。

❺ 八章12節「和合本」的翻譯「你要將……作……」的原文（*waʿāśēʰ*）是以命令式用語，所以「和合本」的「你」是指摩西。不過，八章21節則指出是亞倫為利未人贖罪。密格朗等指出 *waʿăśēʰ* 這希伯來文可解釋為被動式的動詞，故可把經文翻譯為「讓一隻作贖罪祭……」。若是如此，「你」這代名詞就沒有意思，而12節仍承接11節，繼續描述亞倫獻祭的工作。因此，亞倫仍然是主禮者。

❻ 有學者認為八章12至19節形成一個扇形結構：

A　為利未人贖罪（12節）
　B　辦理會幕的事（15節）
　　C　利未人歸上帝（16節上）
　　　D　代替首生的（16節下）
　　　　E　出埃及時的事件（17節）
　　　D'　代替首生的（18節）
　　C'　利未人歸祭司（19節上）
　B'　辦理會幕的事（19節中）
A'　為以色列人贖罪（19節下）

若將這段經文以扇形結構表達，會出現以下 4 個困難：首先，這結構突出位於中間的內容（17節），即上帝在出埃及時的救贖，殺死埃及人的長子，然後是祝聖以色列人首生的。不過，在一個扇形結構，中間位置的不一定就是這段經文的重點。其次，這結構明顯將5至13節及14至19節這兩個段落連在一起，但卻沒有關注到它們的差異。此外，這結構沒有將13至14節列入在內，這明顯有它不足之處。最後，這個結構似乎未能點出整段經文的主題。

❼ 九章2節「所定的日期」原文為 *môʿēḏ*。這字也出現在「會幕」的原文 *ʾōhel môʿēḏ* 中，對應著「會」一字。所以，「會幕」原意所指的並不單是上帝與人「相會」的地方，也是指（或更應是指）上帝與人在指定的時間相遇的地方。這些「指定的時間」所指的就是各個節期。而事實上，「節期」的原文就正好是 *môʿēḏ*。

❽ 十章5節「吹出大聲」（*tāqaʿ tərûʿāʰ*；「呂振中譯本」譯作「吹緊急聲」）這描述中的 *tərûʿāʰ* 這字或其動詞字根，多用來指喊叫聲，可以是在戰爭中（參書六5、20）或在敬拜中的呼喊（參詩八十九15；「和合本」譯作「歡呼」）。所以，當以色列人起行的目的是為打仗，以此聲音來作指引是很合適的。猶太人傳統認為這個「短聲」剛好是「長聲」的三分一那麼長。另有學者因著這聲音與打仗有關，故將這短語譯為「吹出警號」。

第二篇

從西奈到加低斯

（十 11 ～十二 16）

第二篇記錄以色列人重新在曠野出發的第一段路程。以他們從西奈曠野出發為開始，直至他們到達加低斯為結束。經文記載以色列人起行時的列隊方式，及即時面對由誰作帶領者的問題（十11～36）。接著在以色列人羣體中出現一系列背叛的事情，牽涉的人物由百姓到領袖（十一1～十二16）。讀者或許不禁會問：以色列人為何會這樣呢？他們能到達應許之地嗎？

第四章
離開西奈的曠野（十11～36）

- 以色列人的第一段行程
- 首次起行的安排
- 摩西邀請何巴同行
- 約櫃指引行程

若從整卷民數記來看，十章11至12節可以說是擔當著一個很重要的角色，因為它就如一條分界線，將整卷書分為兩大部分。第一部分是有關行程前的預備（一1～十10），而第二部分則是行程的經過（十11～三十六13）。在一章1節至十章10節記載以色列人只是停留在西奈這一個地方，但十章11節至三十六章13節則記載以色列人的行程中曾停留過的多處地方。雖然如此，這個記載並不是一般的行程日誌，把每個停留的地方及在其中發生的事情都記載下來，而是有選擇性地將一些特別的地點及事情記錄下來。第一部分所記載的事情只發生在 19 日當中，但第二部分就差不多有 39 年。兩者的敘事時間可謂相差甚遠。

作為第二部分的首段記錄，十章11至36節清楚指出了以色列人開始起行之事。以色列人的行程有 3 個特性：第一、這是一個有目標的行程。以色列人從一個地方走到另一個地方，向著目標進發。第二、這是一個宗教性的行程。他們無論在安營或起行時的安排，都顯示出他們的宗教取向。首先，他們的生活模式是以會幕為中心；其次，他們重視祭司及利未人；再者，他們依靠雲彩作為起行安營的指引。這一切強烈地反映出這是一個宗教性的旅程。第三、這是一個帶著軍事目的的行程。第一章的數點人數就是為了知道可以打仗的人有多少。在整個行程中以色列人會遇到不同民族，與他們打仗。這 3 個以色列人行程的特徵，都在十章11至36節中給初步表達出來。

分段大綱（十11～36）

1. 以色列人的第一段行程（11～12節）
2. 首次起行的安排（13～28節）
3. 摩西邀請何巴同行（29～32節）
4. 約櫃指引行程（33～36節）

4.1. 以色列人的第一段行程（十11～12）

「第二年二月二十日」，雲彩就從會幕上升起（11節），這表示以色列人要拔營起行（參九15～23）。從這個日期可見以色列人只用了 19 日進行數點人數（參一1）。這個日期也指出以色列人離開西奈曠野是在出埃及 13 個多月之後，亦表示他們逗留在西奈的曠野約有 10 個多月的時間（關於這些日期標記，可參 3.1.2.1 的日期表）。

接著，「**以色列人就按站往前行，離開西奈的曠野**」。這表示以色列人並不只是起行，且是「**按站往前行**」，其意思是指行程中有多個站口。起行後，「**雲彩停住在巴蘭的曠野**」（12節）。按民數記的記載，以色列人先到基博羅・哈他瓦，然後到哈洗錄，最後在巴蘭的曠野安營（十一35，十二16）。所以，巴蘭的曠野似乎是這一段行程中最後一站。若是這樣，十章12節便是十章11節至十二章15節所記錄的行程的總結。不過，亦有學者認為巴蘭的曠野是指西奈半島上半部一帶，位於約旦河東米甸的西面及埃及的東面（參王上十一18）。其北面可延伸到加低斯（參民十三26）或伊勒・巴蘭（參創十四6），南面應在西奈的曠野以北。所以，按民數記的記載，以色列人大部分時間在巴蘭的曠野中流浪。無論選擇那個解釋，這節經文應該不是記載以色列人首天的行程，或是首段的行程，而是有多個站的行程。

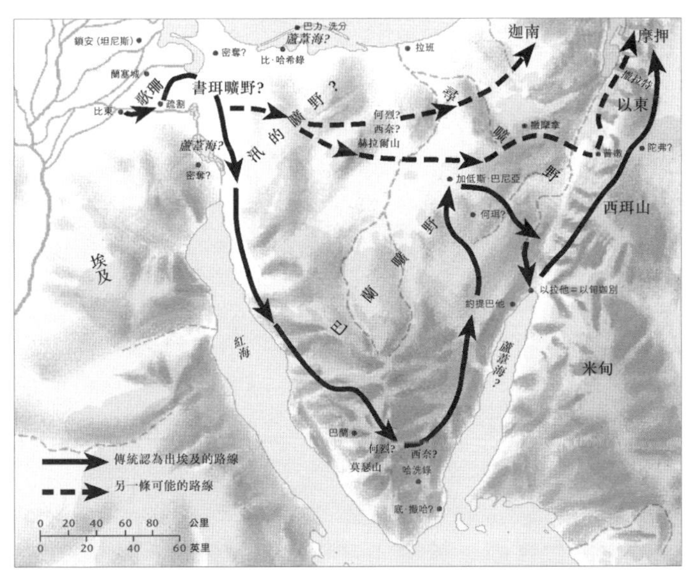

以色列人在曠野飄流。參約翰・斯特蘭奇：《實用聖經地圖集》（香港：基道，2003），頁30，圖30以及羅慶才、黃錫木編：《聖經通識手冊》（香港：基道，2005），頁154。但讀者需留意，學者對此路線圖之確實位置，仍持不同看法。

4.2. 首次起行的安排（十13～28）

在西奈曠野停留一段時間後，以色列人「*初次*」往前行，而13至28節則說明這次以色列人前行時模式是怎樣。13節重申這是照「**耶和華藉摩西所吩咐的**」。第一隊以猶大支派為首，同行的有以薩迦及西布倫兩支派。第二隊是利未支派中革順族及米拉利族，他們用牛拖拉著車運送會幕之物（參四21～33）。第三隊以呂便支派為首，同行的有西緬及迦得兩支派。第四隊是利未支派中哥轄族，他們用肩頭抬著聖物。第五隊以以法蓮支派為首，同行的有瑪拿西及便雅憫兩支派。最後一隊，即第六隊，以但支派為首，同行的有亞設及拿弗他利兩支派。所以，整個前進的隊形如下：

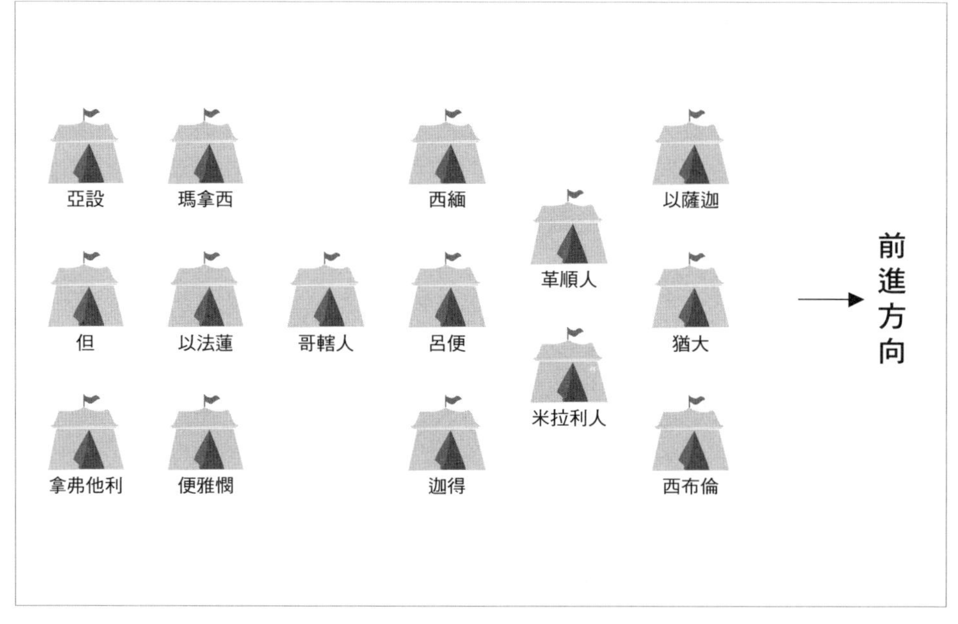

行軍的位置（民十11~28）

除了利未支派的位置外，其餘 4 隊中的支派編排、各支派的領袖及先後位置與二章1至31節內容沒有分別。在第二章，利未支派位處諸營中間（二17），而第十章則指出利未支派會分為兩隊，先是革順族及米拉利族，後是哥轄族（參左圖）。這樣先後次序的安排，目的是當以色列人要安營時，革順族及米拉利族可先到達，並立起會幕，然後由隨後來的哥轄族人帶來聖物安放在會幕中（十21）。有學者認為這個安排不一定與二章17節的描述有衝突，原因有二：第一、因為第二章仍未說明利未支派的 3 個家族及他們的職責，所以，當時未有清楚指明他們的具體列隊位置。第二、二章17節只描述「**利未營在諸營中間**」，而「**中間**」這詞不一定指正中央的位置，也可以說是「在其中」。這樣的理解也不無道理。接著的28節總結這個段落，指出以色列人就是以「**這樣**」的安排起行前進。

4.3. 摩西邀請何巴同行（十29～32）

緊接於以色列人起行，便是摩西邀請何巴同行。當摩西首次邀請何巴與他們同行，何巴的答覆是負面的（29～30節）。後來，摩西再作邀請，但經文並沒有記載何巴的回應（31～32節）。

這段經文其中一個富爭論性的地方就是何巴的身分。究竟他與流珥及葉忒羅的關係為何，又與摩西有甚麼關係？另外，士師記四章11節指出何巴是個基尼人，而民數記則說他是米甸人（參出十八1）。究竟他是甚麼人呢？❶

摩西的岳父

究竟摩西的岳父是誰呢？在回答這個問題前，先將聖經有關的資料臚列出來。第一、士師記四章11節清楚說明摩西的「岳父」（*ḥōṯēn*）是何巴。第二、出埃及記三章1節及十八章1節同樣地清楚指出摩西的「岳父」是葉忒羅。第三、出埃及記二章16至22節間接指出摩西的岳父是流珥，但經文沒有使用 *ḥōṯēn* 一字。第四、民數記十章29節「**摩西對他岳父─米甸人流珥的兒子何巴─說**」可按原文字面翻譯為「摩西對何巴說，他是米甸人流珥的兒子，摩西的岳父」。所以若按原文理解，摩西的「岳父」可以是流珥或何巴。

對於這個問題，學者提出的解決方法有 4 個。第一、由於經文來自不同的傳統，所以對於摩西的岳父是誰，會有不同的看法。誰人才是摩西的岳父這問題難以從經文得出答案。第二、既然經文清楚指出何巴及葉忒羅都是摩西的岳父，那麼，他們應該是同一個人，只不過他有兩個不同的名字而已。不過，這難以解釋出埃及記二章16至22節指出流珥才是摩西的岳父。第三、有學者認為 *ḥōṯēn* 一字除解作「岳父」外，也可解作「內兄弟」。所以，稍為修改第二個解釋為流珥是摩西的岳父，而何巴／葉忒羅是摩西的內兄弟，是流珥的兒子。所以，民數記十章29節「摩西的岳父」所指的應該是流珥，而不是何巴。一個屬於這個看法的變體是流珥與葉忒羅是同一個人，是摩西的岳父，而何巴則是摩西的內兄弟。第四、有學者認為流珥曾經是一個人名，不過在以上的經文中則是一個族的名稱（參創三十六17；代上一35）。並且，*ḥōṯēn* 應修訂為 *ḥāṯān*，即「女婿」。因此，民數記十章29節所指的是：何巴是屬於米甸人中的流珥族人，是摩西的「女婿」。不過，這解釋必須假設摩西有一個從來沒有在經文中提及過的女兒。

32節「耶和華有甚麼好處待我們」可直譯為「耶和華有甚麼好處厚待我們」，如此便能浮現出兩個「好」字。

無論怎樣回答這兩個問題，摩西確實邀請了何巴與他們一同前往上帝答允賜予他們的地方去。摩西承諾厚待何巴，指出以色列人必然會給何巴好處，因為上帝已經應允給予他們好處。短短的4節經文重複使用「好」這字，有3次是動詞（*yāṭaḇ*；29節「厚待」，32節「好處待……」兩次），另兩次是名詞（*ṭôḇ*；29節「好處」，32節**「和合本」沒有譯出來**）。這樣表達的目很清楚是要將上帝給予他們的好處與他們給予何巴的好處相提並論。從上下文可見，上帝給予他們這好處是指要賜給他們的土地。這表示摩西願意與何巴分享上帝所應許賜給他們的土地（可以包括在這地土上所得的好處）。何巴的回答明顯針對摩西所提出的內容。何巴拒絕摩西的邀請。他一方面指出他不去，另一方面則說他要回去自己的地土。他拒絕摩西究竟是因為掛念自己族人的地土，或因為輕看上帝所應許之地，又或因為不認同摩西的觀點，這就不得而知了。

接著，摩西以再次提出邀請來回應何巴的回答。摩西先請求何巴「不要離開」他們，然後坦白地講出他邀請何巴同行的目的。因為何巴知道他們可在哪裏安營，所以摩西希望何巴可作他們的「眼目」（31節）。最後，摩西再次應允將上帝給予他們的好處給予何巴（32節）。❷ 若第一次邀請何巴同行的重點是為著何巴個人的好處，那麼，第二次邀請的重點就是為著以色列人的好處。這段經文特別之處是它沒有記載何巴的回應，也沒有指出最後他究竟有沒有與摩西同去。不少學者回應這點時指出若參考士師記一章16節，便可知道最終何巴答允與摩西同行。另有學者指出記載這段經文的目的，是指出摩西願意與他人分擔作領袖的責任或特權，並引用民數記十一章4至35作為支持。作者記載這段事迹，究竟要帶出甚麼信息？從這段記載的上下文來看，似乎學者所提出的以上兩個看法都不是這段經文的重點。

首先，經文的重點意不在於指出摩西願意與他人分享作領袖的特權。若參考十一章4至35節，則可發現持這論點的學者忽略了一些事情。這段經文清楚指出，是上帝自己吩咐摩西設立長老分擔他管理百姓的責任。而且，摩西關注到需要更多人管理百姓，是在他們埋怨沒有肉食而引起的。這兩點已說明摩西不是在沒有任何事情發生的情況下，自願提出分擔領袖工作的需要。

此外，經文的重點也不在何巴是否願意與以色列人同往。事實上，在29至32節之前的11至12節已清楚指出當雲彩升起，以色列便要起行。這明顯符合九章15至23節的記述。此外，雖然十章1至10節提及以銀號作為起行的指示，但重要的是經文清楚指出起行這吩咐是來自「**耶和華曉諭摩西**」（1節）的。至於吩咐安營方面，11至12節亦同樣清楚指出雲彩停在巴蘭的曠野，這已說明以色列人要在這裏紮營。按九章15至23節，以色列要在哪裏安營是在乎「**雲彩在哪裏停住，以色列人就在那裏安營**」（九17下）。由此可見，至十章為止經文從沒記載過除了以雲彩作為安營及起行的指引外，以色列人還需要其他人或物去幫助他們決定安營或起行的地點及時間。因此可斷定九至十章的內容從沒有認同摩西邀請何巴同行作以色列人的「**眼目**」這原因。另一方面，接著在29至32節之後的33至36節則指出「**耶和華的約櫃在前頭……為他們尋找安歇的地方**」（33節）。這段經文的具體內容將在下段解釋，但表面看來，經文說明指引百姓停下來的地方也不由人決定，而由上帝的約櫃決定。

雖然作者沒有記載何巴最後的回應是甚麼，也沒有記載上帝對摩西這次行動的評價，但不可忽視的是經文的編排所帶出來的信息。當29至32節被置放在11至12節及33至36節中間，可以說是為貼著它上下文的內容作一強烈的對比──耶和華帶領以色列人或何巴作帶領。所以，經文的重點並不是強調摩西願意與他人分享作領袖的特權，也不是暗指何巴願意與以色列人同往，而是要透過這強烈的對比，指出在起行的初期，以色列人或摩西自己可能已經開始偏離一章1節至十章10節所描述的理想圖畫，就是以耶和華自己作為他們行程的帶領者！

4.4. 約櫃指引路程（十33～36）

若11至32節是描述以色列人從西奈再次起行的情況，33至36節則特別提及他們首 3 天的行程及約櫃在這個行程中的角色。

分段大綱（十33～36）

1. 首 3 天的行程（33～34節）
2. 約櫃的角色（35～36節）

4.4.1. 首 3 天的行程（十33～34）

這兩節經文提到以色列人首 3 天的行程，當中涉及雲彩、約櫃與行程的關係。這兩節經文的一個特點是強調耶和華的角色。有別於民數記其他內容，這裏特別稱呼西奈山為「**耶和華的山**」，約櫃為「**耶和華的約櫃**」，以及雲彩為「**耶和華的雲彩**」。這個特點與接著的兩節經文有明顯的關連。

以色列人離開耶和華的山後走了一段 3 天的路程。耶和華的約櫃則在他們前頭有 3 天的路程來「**為他們尋找安歇的地方**」（33節）。「**尋找**」一詞在民數記中多出現在第十三至十四章，指探子「**窺探**」迦南地。所以，這裏是指約櫃先他們行走有 3 天的路程那麼遠，為了幫助以色列人窺探前路，找出一個可以安歇的地方。而當約櫃離開以色列營，耶和華的雲彩仍在以色列人之上。❸ 這兩節經文補充了一直以來民數記所記載有關以色列人的行程及雲彩與行程的關係。第11至12節指出雲彩的行動決定以色列人起行或停留，但完全沒有提及約櫃。在這裏，經文指出耶和華的約櫃先行是為以色列尋找一個安歇的地方。記載這個補充資料的目的，是強調耶和華（以約櫃作為祂同在的代表）在整個帶領以色列人行程中的領導角色，而同時沒有抹煞雲彩繼續有的功用。

4.4.2. 約櫃的角色（十35～36）

這段經文講出約櫃的行動與耶和華的關係，並摩西對此的回應。無論約櫃起行或停住，摩西呼喚的對象都是耶和華。這表明約櫃代表耶和華。當約櫃起行，摩西就呼求耶和華「**興起**」，意思就是起來攻擊，以致祂的敵人四散離開祂（類似的呼籲可參詩六十八1）。當然，這裏所指上帝的敵人也就是以色列的敵人。摩西則祈求耶和華為百姓擊打敵人，擊散他們。以約櫃作為以色列人打仗時的聖物或代表上帝的同在，可以說是以色列人信仰中的一個傳統理念（參撒上四～六章）。

約櫃「**停住**」可能是指接續上節打敗敵人後的休息。在這時，摩西呼求耶和華回來，並稱呼耶和華為「以色列的萬軍」的神。❹ 這稱謂回應第一章以色列人中可以打仗的人的巨大數字。當然，這兩節經文並不表示以色列容讓約櫃被人直接看見，它很可能仍是被覆蓋著或放在營內。最後，這兩節經文清楚指出以色列人的行程是一個充滿著戰爭的行程。每一次約櫃起行或停住時，摩西都作出同樣的宣告，提醒以色列人，他們的行程有這個特性，及哪一位才是這個行程的領導者。

4.4.3. 小結

總結而言，十章33至36節帶出一個新的元素，就是在以色列人的行程中約櫃擔當著帶領的角色。這個角色並沒有否定雲彩的功用，而是作出補充。在十章11至36節整段經文中，33至36節可以說是用來回應29至32節摩西邀請何巴作「**眼目**」的行動。這段經文指出是耶和華自己（以約櫃作為代表）為以色列人尋找可以安歇的地方，不是由人——無論這個人是摩西或是何巴——代為尋找。經文指出雖然帶領以色列人整個行程的是耶和華自己，但以色列人卻期望有其他人作帶領的工作。所以，經文已將以色列人在行程中很可能會發生的問題預先呈現出來。十章11至36節整段經文，指出了整個行程的 3 個特色，就是這是一個有目的地的行程，一個宗教性的行程，以及一個有軍事意味的行程。接下來的內容不單提問誰是領導者，也繼續對這個行程的 3 個特色提出挑戰。從這個角度看來，十章11至36節對於接下來的內容而言，有著提綱挈領的作用。

信仰反省

這段經文讓我們再次思考我們的人生旅程。第一、我們旅程的目的地在哪裏？不少時候，人容易迷失於日常生活，忘記了整個行程的目標應該朝著一個目的地前進。這個目的地是上帝應許之地，是一個「好處」。這個目標提醒人在這個行程中應持有的態度：不要因為過程中的困難而感到困苦。第二、這個行程是否按著上帝吩咐而行？有否按著祂定下的優先次序而行呢？有否以祂的同在作為最重要的元素呢？第三、這是一個充滿著戰爭意味的行程。在這個行程中，有不少人或事阻礙著我們朝著目標前進，或是叫我們停下來，或是叫我們放棄。我們能否倚靠上帝的帶領，並相信祂會為我們爭戰呢？值得留意的是，在這個有不少爭戰的行程中，是上帝，而不是人自己，為人尋找安息之處，使人可以在途中休憩，得著能力繼續邁步。

溫習及思考問題

1. 這章記載的不是一般的日誌，而是選擇性地將一些有特別意義的地點及事情記錄下來。你認為作者這樣的記載手法有何特別意義？你有沒有定期地將一些在生活中經歷上帝的事情記錄下來？
2. 在起行時，第十二章記載利未支派的位置與二章的內容似乎有所不同（參二17，十21），原因何在？這樣的安排反映以色列人籌組列隊的位置很仔細，而且有其目的。這對教會領袖如何有智慧地按教會的需要及弟兄姊妹的恩賜而分配事奉崗位，有何啟迪？

3. 你認為摩西為何邀請何巴作他的眼目呢？這是否暗示摩西對上帝的帶領不夠信心？我們又會否經常勉勵人或自己要信靠上帝的帶領，但回到現實生活時卻沒有信心交託一切？
4. 當起行時，約櫃比百姓先行 3 天（33～34節），為以色列人尋找安歇的地方。你會否確信上帝在你的人生路程中先行，為你尋找可安歇之處？你又是否相信這真是個可安歇的地方呢？
5. 耶和華又稱為「以色列的萬軍」（35～36節），祂為以色列人爭戰。你有沒有想到當我們在工作上，或生活上，又或疾病中努力搏鬥之時，其實上帝已為你作戰，也願意與你一同作戰呢？

釋經短註

❶ 十章29節「何巴」的身分這個問題的其中一個解決方法是，將「基尼人」一詞理解為「從事鐵匠的人」（參創四22；「基尼」〔*qayin*〕，與「該隱」同詞）。所以，經文是指何巴是米甸人中從事鐵匠工作的。另外一個解釋是指出米甸人並不是指單一個民族，而是多個民族的聯盟。這就如中國人是由漢族人、滿族人、蒙古人等組成一樣。而基尼人就是米甸人中的一員。

❷ 十章29節下及32節形成以下的結構：

A　現在求你和我們同去，
　B　我們必厚待你，
　　C　因為耶和華指著以色列人已經應許給好處。（29節下）
A'　你若和我們同去，
　　C'　將來耶和華有甚麼好處待我們，
　B'　我們也必以甚麼好處待你。（32節）

結構中 B、C 及 C'、B' 的扇形對應就將這段經文清楚勾劃出來。

❸ 「和合本」翻譯第34節為「他們拔營往前行，日間有耶和華的雲彩在他們以上」，似是指出以色列人拔營起行時，耶和華的雲彩在他們頭上。但原文並不是「他們拔營往前行」，而是「當他們起程離開營時」。所以，離開營的應該是上文提及的耶和華的約櫃，而不是以色列人。

❹ 36節「和合本」翻譯為「耶和

華啊，求你回到以色列的千萬人中」，但原文並無介詞「到」連接「回」及「以色列的千萬人」。所以，「和合本」的翻譯並不成立。較可能的理解是將「以色列的千萬人」與「耶和華」看為並置詞，即耶和華的稱號是「以色列的千萬人」，這句意思其實是「耶和華，以色列的千萬人的，求你回來！」而「以色列的千萬人」這稱號亦可理解為「以色列的萬軍」。

第五章

第一代人的叛逆（一）：從百姓到領袖（十一1～十二16）

- 他備拉事件：發怨言
- 基博羅・哈他瓦事件：埋怨缺肉
- 哈洗錄事件：挑戰摩西的權威

承接十章11至36節，以色列人行了首 3 天路程，可能將他們帶到這章所提及的第一個地方——他備拉。第十一章開始記載一系列以色列人叛逆上帝的事件，而十一章至十二章則記載 3 件叛逆之事。首先，在他備拉百姓開始發怨言（十一1～3）。接著，到了基博羅．哈他瓦，百姓則埋怨沒有肉可吃（十一4～34）。最後，到了哈洗錄，摩西的姐姐米利暗挑戰摩西的權威（十一35～十二16）。這些事情都發生在西奈曠野至加低斯途中。

早在以色列人出埃及之後，他們曾對耶和華埋怨缺水飲（出十五22～26，十七1～7）及缺肉吃（出十六章），這些事情發生在他們到達西奈山之前。然而，離開西奈山後這類事情又再次出現。這系列叛逆的事會繼續發展下去，以致不能挽回，最後的結局就是第一代人差不多全死在曠野中。將前後發生的事情比較一下，就會引發出一個問題：為何以色列人在到達西奈山以前的埋怨不但沒有受到上帝的刑罰，反而得到所求；然而離開西奈山後，他們的埋怨卻招來上帝的刑罰呢？原因正在於發生在西奈山的事情。以色列人到達西奈山，在那裏上帝與他們立約，向他們頒布律例典章，並囑咐他們遵守。因此，以色列人應該知道上帝的法則，亦已接受，並以此去預備他們的行程（參一1～16）。所以，當以色列人再次不相信上帝時，上帝就把刑罰加在他們身上。這清楚表示以色列人不能輕視耶和華的律例，明知故犯的後果是很嚴重的。

5.1. 他備拉事件：發怨言（十一1～3）

在十一章1至3節所記載他備拉的敘事中，可以找到 6 個元素：埋怨投訴出現、上帝刑罰埋怨者、呼籲摩西代求、摩西代求、刑罰的止息及解釋地名的來源。這 6 個元素中首 5 個也出現在哈洗錄的事件中，成為這系列的 3 件事情的首尾呼應。

第一個元素是「眾百姓發怨言」。「眾百姓」（1節；*ʿām*）應翻譯為「人民」。用「人民」這個字來稱呼以色列人首次出現在民數記中，有別於早前多次出現的「會眾」（*ʿēḏāh*）。「會眾」有宗教性羣體的意思，而「人民」則帶較重政治性的意味。這些人在「**發怨言**」，意指他們作出投訴。經文沒有提及他們發怨言的原因，不過以色列人曾在出埃及後 3 日因為缺水而向摩西發怨言（出十五22～24）。同樣地，若將十一章1至3節與十章33至36節併著看，則發現起行 3 日後人民就「**發怨言**」。當然，不能因為它與出埃及記內容相似，就假設人民在這裏的投訴的原因是缺乏水喝。經文沒有記載人民為何投訴，可能是作者認為這並不是他記載的重點。

緊接著的是第二個元素。當這投訴到達上帝的耳中，上帝便發怒並使「**耶和華的火**」在他們中間焚燒。「**焚燒**」（希伯來文字根為 *ʾāḵal*；意思是「食、吃」）這詞是其中一個將這段經文與下段經文連起來的一個詞。這火「**直燒到營的邊界**」，似是形容火由中間開始燒起到邊界，但原文其實是描述火「燒毀了營地的邊界」（參「新譯本」），表示火在營的邊界出現。所以，這事件應是由營地邊界的人民惹起的，故此刑罰也在那裏出現。

第三個元素是人民向摩西「**哀求**」（*ṣāʿaq*）。「**哀求**」這詞經常用於人在困苦時向上帝請求幫助的處境中，這裏是指請摩西代人民向上帝請求幫忙。緊接著的第四個元素是摩西向耶和華祈求，這應有代求的意思。結果「**火就熄了**」，這就是第五個元素。最後第六個元素是解釋為何這地方叫「**他備拉**」。這是因為耶和華以焚燒的火「針對」他們（而非「和合本」所譯「**在〔他們〕中間**」）。作者在此運用了文字遊戲（word play），因為「**他備拉**」的原文（*taḇʿērā*^{h}）與第3節「**焚燒**」的原文（*ḇāʿărā*^{h}）寫法相近。

十一章35節的行程日誌只記載以色列人從基博羅．哈他瓦走到哈洗錄，卻沒有提及他們從他備拉走到基博羅．哈他瓦。再加上三十三章16節的行程日誌中並沒有出現他備拉的名字，所以，他備拉很可能是屬於基博羅．哈他瓦境內一個地方。

從內容分析，人民投訴的原因其實並不重要，重要的是人民起行後不久，便出現「投訴」這件事情。這事就是接下來一系列叛逆事情的「前菜」。

5.2. 基博羅．哈他瓦事件：埋怨缺肉（十一4～35）

這段經文記載百姓因為沒有肉吃而哭號，結果引來上帝的憤怒，同時亦引起摩西對承擔百姓這個擔子的不滿。上帝在此要分別處理這兩個相關的問題。整個記載的情節相當複雜，學者對經文的分段有很不同的看法。❶

分段大綱（十一4～35）

1. 問題的出現（4～15節）
   甲、百姓的哭號（4～10節）
   乙、摩西的不滿（11～15節）
2. 上帝的回應（16～23節）
   甲、回應摩西的不滿（16～17節）
   乙、回應百姓的哭號（18～23節）
3. 問題的解決：執行上帝的回應（24～35節）
   甲、解決摩西的不滿（24～30節）
   乙、解決百姓的哭號（31～35節）

5.2.1. 問題的出現（十一4～15）

5.2.1.1. 百姓的哭號（十一4～10）

「貪慾的心」（hiṯʾawwû taʾăwāʰ）這短語是由兩個ʾwh這同一字根形成的動詞及名詞組成，意指強烈的渴求。在原文這名詞可帶負面（參詩十3）或正面意義（參詩十17），但動詞則基本上是負面的（參申五21的第十誡；「和合本」譯作「貪圖」）。

問題的出現源於以色列人中間有「**閒雜人大起貪慾的心**」（4節上）。「**閒雜人**」可能指那些當以色列人出埃及時，混雜在他們中間的人（參出十二38），他們並不是以色列人。不過，經文沒有說清楚他們貪圖的是甚麼。接著，經文說「**以色列人又哭號**」（4節下）。雖然這是第一次形容以色列人「**哭號**」，但「**又**」這字似是指出這不是他們第一次的哭號，可能在他備拉事件中他們已曾哭號（參十一1～3），只是作者沒有記錄下來而已。他們哭號的原因是沒有肉吃。經文將閒雜人的貪心及以色列人的哭號並置，指出閒雜人的貪心應與吃肉有關，而以色列人似乎是受到這些閒雜人所影響，以致也為缺肉的問題哭號。「**哭號**」一詞是這個故事鑰詞之一，在十一章出現共5次（4、10、13、18、20節）。

第5至6節將他們「沒有肉吃」這事的背後動機表達出來。百姓發出「**誰給我們肉吃呢？**」這問題，表示他們將過去「**在埃及**」與「**現在**」在曠野的食譜作比較。過去不用花錢就有魚及多樣土產吃，但現在就只有嗎哪在眼前。所以，問題的核心並不單在於是否有肉吃，更在於現在的食物過於單調。此外，這些魚及土產都與水有關，而在曠野裏水明顯是較為缺乏的。因為沒有水，他們便形容自己為「**心血枯竭**」（*nepeš yəḇēšāh*；這短語原文意思是「喉嚨乾涸」）。所以，他們説「**現在**」喉嚨乾涸是因為覺得食物太單調和吃不到與水有關的食物。不過，以色列人帶著大量的牛羣羊羣出埃及（出十二38），他們投訴沒有肉吃很可能只因為他們不願意吃自己的牲畜而已。當然，他們亦可能確實埋怨沒有魚肉吃，而不是沒有牲畜的肉吃。若是這樣，他們之所以埋怨，是因為對吃有更高的要求——在曠野中竟要吃魚呢！

嗎哪（mān）原本的意思是「甚麼？」出埃及記十六章14至21、31節詳細描述嗎哪的特性。

第7至9節並不是題外話，其主要目的是指出**嗎哪**的特性並不如以色列人所投訴那樣。嗎哪的形狀像**芫荽的種子**，顏色像香膠（「和合本」譯為「**珍珠**」），可以用多種方法處理煮食。它的味道如「**新油**」般（「現代中文譯本」譯作「橄欖油烤的餅」），而且每晚都可以到營外收集，也不需花錢買。所以，雖然只有嗎哪，但其食法並不單調，且味道清新。再加上它降落在露水之上（「**隨著降下**」原文應譯作「降在其上」），所以應該滋潤，不會令人喉嚨乾涸。經文已初步指出以色列人對嗎哪的看法是有偏差的，因此他們對上帝的看法也同樣是有偏差的。

芫荽是一種源於北非的草本植物。它的果實屬分裂果類（schizocarp），因此它的種子就是它的果實。種子形狀如栗子，每一粒直徑只有3至5毫米。

最後，10節記載以色列人「**各在各家的帳棚門口哭號**」，表示所有人都公開地（而不是私下）表達他們的不滿。摩西沒有因為聽見他們的哭號而表示不滿，反而卻因為上帝的怒氣發作感到不悦。下面接著的經文將要分析他不滿的原因。

5.2.1.2. 摩西的不滿（十一11～15）

這段經文記載摩西對上帝的反應表示不滿。經文絕大部分的內容都是以問題方式出現，是摩西對上帝發出的一系列疑問。此外，原文用了不少獨立代名詞「我」及「你」，反映出摩西在此對自己的關注，並用來對比於代表上帝的「你」。這段經文的結構可列出如下：

A　管理百姓（11節）

x　摩西對耶和華說：「你為何苦待僕人？

y　我為何不在你眼前蒙恩，

z　竟把這管理百姓的重任加在我身上呢？

B　帶領百姓（12節）

B'　餵養百姓（13節）

A'　管理百姓（14～15節）

z'　管理這百姓的責任太重了，我獨自擔當不起。

y'　你這樣待我，我若在你眼前蒙恩，求你立時將我殺了，

x'　不叫我見自己的苦情。」

整段經文形成扇形結構。A 及 A' 段落與管理百姓的擔子有關。它們的具體內容亦可形成扇形結構：上帝「苦待」摩西的結果是摩西有「苦情」（x 及 x'）；y 的問題及 y' 的前題分句（protasis）都指出，摩西認為自己沒有蒙恩；z' 加強 z 的內容，強調這擔子是摩西獨自不能承擔的。置在中間的 B 及 B' 段落則具體說明何謂管理（或擔著）百姓，是指帶領百姓及在路程中餵養他們。所以，**管理百姓**的擔子太重與持續地帶領他們、應他們的要求、給予他們肉吃，兩者是有關連的。而且擔子過重這問題，是因要持續照顧他們的需要而引發出來的。

11節的「管理」（maśśā'）是名詞，可譯為「擔子」，而14節的「管理」（nāśā'）是動詞，多譯作「擔著」。原文兩字有相同字根。

摩西一開始便聲稱上帝苦待他，沒有恩待他，以致將百姓這個擔子放在他身上。摩西所指擔子的內容就在12至13節中說明出來。第一、摩西強烈指出懷胎及生下百姓的人不是他自己（原文用了獨立代名詞「我」作為強調），而是

上帝。但上帝卻要他「**抱**」著（*śā'ēhû*，應譯作「擔著」）他們在懷中，成為他們「**養育之父**」，教養他們的人（參王下十1、5；斯二7）。再者，起誓應許他們土地的也是上帝，但要一直擔著他們到這土地的卻是摩西。摩西指出雖然上帝對百姓有應許及委身，但實際的工作卻是由他自己負責。第二、這擔子也包括要找肉給所有這些哭著說「**你給我們肉吃吧**」的百姓。以上兩點的相同之處，是摩西要去承擔那本來不屬於他的擔子，而且只有他一個人去擔起「**這百姓**」的要求。

因此，當摩西再提及他要負起這百姓的擔子時，他特別強調「**我獨自擔當不起**」。他甚至寧願被上帝所殺，也不願繼續面對這個苦況。這個苦況所指的，正好就是當時要面對的處境——要為百姓找到肉吃。摩西最後的總結（14～15節）正好對應他起初時所提出的問題（參11節）。這個首尾呼應將摩西的不滿完整地表達出來。

5.2.2. 上帝的回應（十一16～23）

5.2.2.1. 回應摩西的不滿（十一16～17）

回應摩西因著百姓求吃肉一事而引發出來對承擔管理百姓的不滿，上帝的處理方法是先解決摩西「**獨自擔當不起**」這問題。上帝吩咐摩西從現有的「**長老和官長**」中招聚 **70 人**出來。摩西要將 70 人帶到會幕門口侍立等候，而上帝則會降臨會幕，與摩西講話（參七89），把摩西身上的靈保留一些賜給這 70 人。因為這靈是「**降於**」摩西身上的，故此，這靈應該不是指摩西自己的靈，而是上帝的靈（參十一29）。上帝這樣行目的是使那 70 人可以與摩西共同擔當百姓這個擔子。需留意的是，這 70 人並不是摩西從百姓中揀選出來作長老的，而是從已揀選的長老和官長中再挑選 70 人出來擔任這特殊的工作。當這 70 人有上帝的靈在他們身上，就表示他們與曾被揀選出來幫助摩西去審判百姓的那班人不同（參出十八25～26）。

在聖經中，70 這數字出現多次，包括：雅各後裔的數目（出一5），以色列長老的數目（出二十四1），基甸兒子的數目（士八30），亞哈兒子的數目（王下十1），以及泰爾被滅的年期（賽二十三15）。70 這個數字有象徵性的意思，代表一個較大的數目。

5.2.2.2. 回應百姓的哭號（十一18～23）

接著上帝就回應百姓哭號一事，同時亦解決摩西質問「**我從哪裏得肉給這百姓吃呢？**」這個問題（13節）。上帝先說明祂如何安排供應肉給百姓（18～20節），接著是回應摩西對此安排的疑問（21～23節）。

祂吩咐百姓要先祝聖自己，因為接著一天他們將會吃肉。祝聖自己很可能是指潔淨自己，當中包括洗澡、洗衣服及禁慾（參出十九10～15），目的是為了預備自己去迎見上帝。乍看之下，上帝給他們肉吃似是回應他們所求。然而，上帝引用他們的講話「**我們在埃及很好**」作為綜合以色列人在5至6節所講的內容，就表示上帝的回應並不純粹是答允他們所求。對上帝來說，對埃及存著好感肯定不是祂所認同的，因為留戀埃及就是否定上帝的帶領。所以，從上帝的回應已初步表示上帝給予他們肉吃，很可能帶有刑罰的意思。19至20節就把這點清楚地表達出來。以色列人「**不止吃一天、兩天、五天、十天、二十天**」，甚至「**一個整月**」，這是強調他們食肉時間是多麼的長，直至他們感到「**厭惡**」，意思是指反胃嘔吐，因為肉要從他們的「**鼻孔裏噴出來**」。結局如此是因為他們厭棄在他們「**中間的耶和華**」，到一個地步甚至哭號為何要從埃及出來（20節）。當他們否定「**出了**」（*yāṣāʾnû*）埃及的歷史時，肉就要從他們的鼻孔中「**出來**」（*yēṣēʾ*）。若他們認為在埃及是好的，他們就是把原來是惡的事看為是好的了。所以，上帝就要將有肉可吃這件原來對他們來說是好的事，轉變成為一件對他們來說是惡的事。這段經文的首尾均提及以色列人哭號及對埃及的正面評語，中間所記載的，就是上帝透過給他們肉吃，回應百姓這種行動及態度。

「出了」及「出來」原文都使用同一個動詞「出去」（yāṣāʾ），而接著這兩動詞之後的名詞，都附貼著同一個前置詞「從」。

接著，上帝回應摩西的質疑（21～23節）。摩西對此的回應，是指出他所在的民中，「**步行的男人**」就已經有60 萬，這數目與一章46節提及打仗的總人數相若。若從這方面理解，則這裏提及的 60 萬人只是打仗的男人，而全以色列人民的總數要再加上女人、孩子及利未人。另外，亦有認為若參考出

「步行的男人」這詞多用來指步兵（參士二十2；撒上四10，十五4等）。

埃及記十二章37節，這 60 萬人應指所有男人，所以總人數應只加上女人及小孩。按民數記的內容，前者的解釋似較合理。摩西說「**與我同住的百姓**」（21節）原文意思其實是「在百姓的中間」，這正是用來對比耶和華也是在他們中間（20節）。摩西這話的意思是：不單是你耶和華，我摩西也在他們中間，難道我不知道他們有多少人，不知道需要多少肉才能使他們吃一整個月嗎？為了回應耶和華的話，以及百姓早前提及在埃及地有魚可吃（5節），摩西指出不單牛羊（可能指他們擁有的牛羊），甚至海裏所有的魚都不足夠他們吃。上帝回應摩西，指出祂的「**膀臂**」（*yāḏ*；意即「手」）不是短的，表示祂並不是沒有能力（參賽五十2，五十九1），作者用「**現在**」這詞說明摩西很快便知這是否屬實。摩西對上帝的疑問可以說是反映出他的不信。摩西縱然是上帝的僕人，但他也不是完美的人，他的不信最終導致他不能進入應許之地（參二十1～13）。

5.2.3. 問題的解決：執行上帝的回應（十一24～35）

5.2.3.1. 解決摩西的不滿（十一24～30）

這段經文分為 3 部分：執行吩咐（24～25節）、伊利達與米達事件（26～29節）及結語（30節）。另外，第24至25節記載上帝如何執行第16至17節中的回應。這兩段經文有不少對應之處：

16～17節	24～25節
16耶和華對摩西說：	24摩西出去，將耶和華的話告訴百姓，
「你從以色列的長老中招聚七十個人，就是你所知道作百姓的長老和官長的，	又招聚百姓的長老中七十個人來，
到我這裏來，領他們到會幕前，使他們和你一同站立。	使他們站在會幕的四圍。
17我要在那裏降臨，	25耶和華在雲中降臨，
與你說話，	對摩西說話，
也要把降於你身上的靈分賜他們，	把降與他身上的靈分賜那七十個長老。
他們就和你同當這管百姓的重任，免得你獨自擔當。」	靈停在他們身上的時候，他們就受感說話，以後卻沒有再說。

這兩段經文最重要的差異在於最後一句。不過，若果將兩段經文的最後的一句看為是對應的，則這 70 人受靈及受感說話，❷ 可以說是表明上帝認同摩西所揀選的人，表示他們可以與摩西同擔管理百姓的事情。類似的情況也見於掃羅身上。雖然掃羅已被撒母耳膏立為耶和華產業的君（撒上十1），但他仍要經過「**受感說話**」這經驗才可以「變為新人」（*ləʾîš ʾaḥēr*；意即「成為另一個人」），成為以色列的王（撒上十5～8）。經文沒有提及那些長老受靈後說了甚麼，或有甚麼特別的行為改變。這明顯並不重要，重要的是讓其他人知道他們「**受感說話**」這行為是出於上帝的工作。這個現象並沒有持續下去，因為這刻的「**受感說話**」只用來確認他們這新的角色，而不是成為他們用來幫助摩西管理百姓的工具或方法。

當上述事情發生時，經文記載有兩個在「**被錄的人中**」的人——伊利達及米達，卻不知因何事沒有到會幕去。他們被稱為「**被錄的人**」，很可能是指他們屬於摩西所揀選的 70 個長老中的兩位，而摩西曾把他們的名單記錄下來。這兩人卻停留在營中「**說預言**」（*yiṯnabbəʾû*；原文與25節「**受感說話**」同）。這說明上帝的靈並不由人所操控，且可以在人所意料不到的地方出現。當他們正在受感說話時，摩西的助手約書亞便將這事告訴摩西，請求摩西「**禁止他們**」。約書亞這樣做是「**為我【摩西】的緣故嫉妒人**」，意思很可能是因為上帝的靈直接臨到那些人，使他們有特別的表現，於是約書亞恐怕他們會威脅摩西作為領袖的身分。摩西則指出他寧願耶和華的所有百姓都是上帝的「代言人」（原文不是動詞「**受感說話**」，而是名詞「代言人」），願「**祂的靈降在他們身上**」。摩西使用「代言人」而不是「**受感說話**」，反映摩西期望百姓不只有一刻短暫的「**受感說話**」（只是「好像」代言人般行動），而是真正成為上帝的代言人，而這身分當然要建基於上帝的靈之上。學者多認為這裏表示摩西願意與其他人分享帶領的工作。這樣的理解並非沒有可能，不過從上下文的處境中，摩西這個願望更可能是反映出**他期望所有百姓都有本質上的改變**，以致他不必單獨去承擔帶領百姓的工作。若所有百姓都是代言人，他們自然曉得應該如何行事，不必他操心呢！

「惟願耶和華的百姓都受感說話」（29節）原文在「百姓」前有「所有」。因此，這顯出摩西對所有百姓的期望。

最後，摩西與眾長老便回到營中（30節）。摩西的不滿終於得到完滿的解決。

5.2.3.2. 解決百姓的哭號（十一31～35）

接著，上帝回應百姓的渴求。經文刻意以「**有風從耶和華那裏颳起**」作為開始，因為「風」（*rûªḥ*）與「靈」原文是同一個字。耶和華的靈剛處理完摩西的問題，現在祂的風就處理百姓的問題。對應於百姓「起行」，風就從耶和華那裏「**颳起**」。這風把鵪鶉從海帶來。當百姓因著缺少與水有關的食物埋怨喉嚨乾涸時，上帝就為他們從海帶來食物。試留意創世記一章20節，它似是指出從水滋長的生物中包括了空中的飛鳥呢！

「颳起」（nāsaᶜ）原文與「起行」同一字根（參十5）。

經文用了 3 個方法去形容這些鵪鶉數量之多。第一、牠們堆積在地面上的高度為兩肘（約 1 公尺）。第二、牠們飛散在營的四圍，佔地約有一日的路程那麼遠（約 19 至 24 公里）。第三、百姓用了兩日一夜的時間去收取鵪鶉。收集得最少的人也得十賀梅珥（約為 2,000 公升）。若以 60 萬打仗的男丁作計算，收取的鵪鶉就遠遠超過 12 億公升！若按第一及第二點的數字去計算總體積，則是介乎 11 億至 18 億公升，這很合符第三點的約數。所捕的鵪鶉數量之多，使他們不得不將牠們「**擺列在營的四圍**」，目的似是想將牠們曬乾。

當百姓仍在享受著食物，當肉食仍未斷絕，❸ 上帝就向他們發怒，重重的擊打他們。經文沒有描述上帝以何方法擊打他們。不過，「**災殃**」（*makkāʰ*）原文意思是「擊打」，可用來指上帝在埃及地所施行的十災（參撒上四8）。所以，這擊打必定是指很嚴重的災難，包括瘟疫在內。當年上帝用「**災殃**」擊打不肯容讓以色列人離去的埃及人，現在上帝同樣用「**災殃**」去擊打那些認為自己不應該離開埃及的以色列人。另外一點值得留意的是，摩西是透過「**招聚**」（*ʾāsap̄*）70 個人來（16、24節），讓他們成為他的幫手，從而解決他所面對的問題。同樣地，百姓也是透過同一個動作（32節「**捕取鵪鶉**」：「**捕取**」一詞原文與「**招聚**」字根相同）來解決他們要吃肉的問題。不過，兩者不同的是，摩西的問題得到正面的解決，而百姓在吃肉之後就承受上帝的審判。

最後，經文解釋他們所停留的地方的名字。這地方稱為基博羅．哈他瓦（*qiḇrôṯ hattaʾăwā*^{h}），意思是「貪慾者的墳墓」。其中第二個字「貪慾者」（*hattaʾăwā*^{h}）與第4節（即本段落的開首）提及的「貪慾」（*taʾăwā*^{h}）有相同的字根。經文以這樣方式結束，回應這段落的開首。

經文以行程日誌結束此段落。縱然經歷過困難，以色列人畢竟還能向前走了一步，從基博羅．哈他瓦走到哈洗錄。

這個故事有不少與出埃及記相似而不盡相同的地方。出埃及記十六章記載以色列人因為沒有食物發怨言，結果上帝賜予他們嗎哪作為食物。直到他們進入迦南地，這供應才停止（出十六35；書五12）。本段經文與出埃及記不同的地方是這裏的百姓並不是缺乏食物，而是埋怨上帝只賜下嗎哪，而沒有他們心中渴想的食物。此外，出埃及記提及摩西設立首領，為了幫助他自己斷定是非（出十八13～27）。這裏則指出摩西從長老中揀選人出來，與他分擔管理百姓的擔子。兩者最明顯不同的地方，是這裏強調上帝將在摩西身上的靈分予這些長老，以致他們可以「受感說話」。這代表著他們有新的角色。

5.3. 哈洗錄事件：挑戰摩西的權威（十二1～16）

這段經文記載亞倫及米利暗挑戰摩西作為先知的權威，也挑戰他在上帝面前的獨特地位。這段經文與十一章1至3節有幾乎完全相同的元素：埋怨投訴的出現（1～2節上）、上帝懲罰埋怨者（9～10節上）、呼籲摩西代求（10下～12節）、摩西代求（13節）及懲罰止息（14節）。這段經文沒有解釋故事所在那地名的來源，但卻指出行程因此事而受阻（15節）；最後加上行程日誌作結（16節）。

分段大綱（十二1～16）

1. 米利暗及亞倫的不滿（1～2節上）
2. 上帝的回應（2下～10節上）
3. 代求及回應（10下～15節）
4. 結語（16節）

5.3.1. 米利暗及亞倫的不滿（十二1～2上）

經文開始就指出米利暗及亞倫講話針對摩西，是因為摩西所娶的那個古實女子（1節）。「說話」（「和合本」譯作「**毀謗**」）這動詞附帶的主語是以陰性單數表達，而且在詞序上，米利暗這名字在先，所以很可能這事的主謀是米利暗，而亞倫只是同謀。

對於這個古實女子的身分，有兩個較為可能的理解。第一、若古實是指位於埃及南面的一個地方，則這女子不可能是摩西的妻子米甸人西坡拉（參出二16～22），而米利暗的不滿可能與摩西再娶有關。第二、若古實與米甸所指的地方相同（參哈三7；「古珊」即「古實」），則這裏的「古實」並不是指埃及的一個地方，而是指米甸。因此，這古實女子就是摩西的妻子西坡拉。米利暗針對她應該不是因為她是非洲人這個種族問題。若米甸人屬「**閒雜人**」的一員（十一4），則米利暗的不滿就有其理由。不過，更可能的是以下的解釋。

摩西曾將妻子及兒子留在米甸地，後來他的岳父才把他們帶到西奈山與摩西相見（參出十八1～6；參 4.3 的專欄：「摩西的岳父」）。「**古實女子**」這個稱謂的重點並不在於具體指出摩西的妻子屬哪一種族，而在於表示她是外來人，暗示她根本不屬於以色列人這羣體。摩西的妻子及岳父的出現——尤其是他的岳父曾經獻策選立官長（出十八13～27）——使到摩西家庭的人際關係有所轉變。再加上接下來摩西又邀請他的內兄弟何巴（他岳父的兒子；參民十29～32）同行。對米利暗來說，這個外來的女子、她的父親與兄弟似乎較得到摩西的重視，遠遠超過她這個曾經救過他（出二1～10），又在出埃及時與他並肩，鼓勵以色列人的姐姐（出十五20～21）。相對而言，亞倫並沒有像米利暗般受影響，畢竟他是以色列人中的大祭司，仍然十分受到摩西及百姓重視。所以，米利暗對自身地位不保而感不滿就是一件自然不過的事情。

米利暗及亞倫引起的另外一個爭論，就是他們質問為何上帝只與摩西講話，而不與他們說話。❹ 這不滿在上下文的處境中尤其有意義。米利暗既是摩西的姐姐，也被稱為「女先知」（出十五20），而摩西也希望全以色列民都是代言人（民十一29），那麼為何上帝只與摩西講話呢？若西坡拉的來臨令到米利暗的地位有所改變，而 70 個長老受感說話的經驗也同樣挑戰米利暗的地位，則第1及2節的兩個針對摩西的原因也就不是沒有關係。這兩件事情對米利暗的影響尤大，這也就可以解釋為何她是主謀，而亞倫只是同謀，也同時解釋為何後來米利暗比亞倫明顯地受到懲罰。

5.3.2. 上帝的回應（十二2下～10上）

這段經文提及上帝 3 個行動：聽見（2節下）、口頭回應（4～8節）、施以刑罰（9～10節上）。

經文簡單地記載上帝的第一個反應是祂「**聽見了**」，意指祂知道這事，並會對此作出進一步行動。第3節是補充資料，指出摩西為人「**極其謙和，勝過世上的眾人**」。「**謙和**」（*ʿānāw*）通常翻譯為「貧窮、受壓迫」，多用來指那些依靠上帝，以祂為樂的人（詩二十二26，六十九32）。因此，上帝會聆聽他們（詩十17），救助他們（詩七十六8～9，一四九4），不會忘記他們（詩九12，十12）。所以，這個詞不是用來說明一個人的性格，而是強調他與上帝的關係。若這樣理解這詞，又從上下文看，第3節便用來解釋為何上帝要發言為摩西辯護，因為上帝正是如此對待這些人。

「忽然」這詞多用來指在沒有任何警告之下出現的攻擊或審判（參書十9，十一7；詩六十四4；賽四十七11等）

接著，上帝對此事作出口頭回應（4～8節）。首先，上帝「**忽然**」吩咐他們 3 人從營中出來，走到會幕那裏，3 人就依吩咐出去。上帝就降臨會幕，特別**呼叫「亞倫及米利暗」**。基於之前曾有 70 人站在會幕前，上帝的靈降臨在他們身上以致受感說話，所以亞倫及米利暗可能以為上帝這次也會如此對待他們，作出補償行動。不過，他們很快就知道事實並非如此。

「召亞倫和米利暗」這短句應更準確翻譯為「他叫：『亞倫和米利暗！』」這樣清楚地回應他們的不滿，意思是「我【上帝】現在不也與你們講話嗎？」

現將第6至8節表列如右（依原文修改「和合本」）。❺

在右頁的結構中，A 及 A’ 把「**我的僕人摩西**」與一般先知作對比，指出他們的不同。他們的不同之處可見於 B 及 B’ 段中所說明上帝與他們的交流方式。這交流方式可分為眼看及說話兩方面。x 與 x’ 的對應在於強調看見，而且「**異象**」（*marʾāh*）與「**明說**」（*marʾeh*）原文幾乎一樣。y 及 y’ 的對應在於

[6]耶和華說：「你們且聽我的話：

A　若他是你們的先知，

B　x　我耶和華必在異象中向他顯現，

y　在夢中與他說話。

A'　[7]我的僕人摩西不是這樣；他是在我全家盡忠的。

B'　y'　[8]我要與他面對面說話，

x'　乃是明說，不用謎語，並且他必見耶和華的形像。

你們毀謗我的僕人摩西，為何不懼怕呢？」

強調說話，而且都有「與……說話」（*ḏibbēr bə*）這個短語。以上的對比最後帶出一個問題，這問題亦同時回應第1節米利暗及亞倫「毀謗」（即「以說話針對」）摩西一事。

耶和華聽過米利暗及亞倫的講話，現在他們要聽祂說話。上帝先指出祂與一般先知的交流方式是怎樣的。若亞倫及米利暗中間有耶和華的代言人出現，則上帝就會在「異象」中讓他們認識祂，他們也會「在夢中」聽見上帝的說話。「異象」一詞的字根與「看見」（*rāʾāʰ*）同，所以在此強調的是以看見作為啟示方法。此外，以夢境作為啟示的工具在聖經中是可接受的方法（參創二十6～7，二十八12～16；王上三5～15等），而這裏則指出聽見的方法是透過作夢。但以上兩個啟示方式只是適用於一般的耶和華代言人，對於摩西而言則大大不同。

第7節則轉而強調摩西的獨特性。首先指出他並不是剛提及那類的代言人，上帝稱呼他為祂的「僕人」。接著就指出這個僕人的特點是他在上帝「全家盡忠的」。「上帝全家」可以有兩個解釋。第一個是指以色列人（參何八1），所以強調摩西是在全以色列人中是最忠誠的。第二個是指上帝的在天上的議會（參賽六章；以賽亞曾在這個議會中得見上帝的榮耀）。上帝的代言人也曾被稱為上帝的僕人（參王下九7），而民數記十一章12節暗指百姓是上帝的孩子（另參14節「父女」的比喻），是祂家中的人。所以，在這個上下文的處境中，第一個解釋較為可取。

正因為摩西有這特別的身分，上帝與他溝通的方式也與一般的代言人不同。上帝是與他「**面對面**」（原文字面應翻譯為「口對口」）説話的。「口對口」這短語在聖經中只出現這一次，其意思明顯是強調講話雙方的親密程度。這樣的説話方式當然比在夢中説話來得直接。此外，從看見的角度出發，摩西可以看見上帝的「**形像**」（$t\partial m\hat{u}n\bar{a}^h$）。「**形像**」在聖經中基本上是指上帝外在可見的形像。在出埃及記只有摩西才可以見到上帝（出三十三11、17～23，三十四29～35）。「**乃是明說，不用謎語**」中「**明說**」（$mar^{\text{ʾ}}e^h$）的字根意思是「看見」，但其母音則刻意與「**異象**」（$mar^{\text{ʾ}}\bar{a}^h$）的不同，表達兩者的對比。「**明說**」這詞可指一個人的容貌（創十二11，二十四16），意思是可為人看到的外表。「**謎語**」是針對講話而言，在這裏可能引申為需要猜想的事物。整個句子的意思是摩西能看到上帝的外在形像，就如肉眼可以看見人的容貌一樣，不需要作出任何猜想。值得留意的是在這個結構中，x' 及 y' 都比對應的 x 及 y 為長，且有更豐富的描述，指出無論在視覺及聽覺方面摩西對上帝的認知，都遠勝一般的代言人。既然如此，米利暗及亞倫難道可以説話針對摩西而不懼怕嗎？

最後，上帝以刑罰回應他們（9～10節上）。講完話後，上帝向他們「**發怒而去**」。這意味著將會有事情發生。透過使用「**不料**」，經文清楚表達事情的突發性。上帝刑罰米利暗，使她患上大麻瘋，「**有雪那樣白**」。因此，有些學者認為上帝使米利暗的膚色變白，作為報應她不滿摩西的古實妻子的黑色皮膚。不過，這個觀點不能成立，因為原文並無「**那樣白**」這形容詞。所以當形容大麻瘋像雪時，重點不是雪的顏色（即白色），而是雪的形狀，即是碎片狀。

出埃及記四章6節及列王紀下五章27節也有形容大麻瘋像雪，但原文同樣沒有「那樣白」這等字眼。

5.3.3. 代求及回應（十二10下～15）

當亞倫轉頭看見米利暗，就發現這是大麻瘋。經文刻意指出作為祭司的亞倫，在此證明米利暗所患的確實是大麻瘋病（10節下）！於是亞倫請求摩西不要把因他們的愚昧而犯罪所得的刑罰，加在他們身上。他的講話清楚表示他與米利暗兩人都有犯這罪，應當承擔後果（留意「**我們**」一詞），但同時亦指出這是因為「**愚昧**」而犯的錯，是出於無知（參賽十九13；耶五4），而非出於惡意。亞倫稱呼摩西為「**我主**」，承認摩西比他們尊貴，表示他要收回他的投訴。他懇請摩西不要讓米利暗如死胎一般。這是因為患大痲瘋者的皮膚潰爛，看上去如死人般。透過向摩西提出這個請求，亞倫承認摩西的獨特性。亞倫很可能是因為承認他犯的罪並承認摩西的獨特性，所以他沒有如米利暗般受到懲罰。亞倫沒有受這樣刑罰的另一個原因，可能是與他作為大祭司的身分有關。若他受了大痲瘋這刑罰，這只會使他不配作大祭司，甚至令到大祭司的職事受到輕視。

摩西應允亞倫所求，於是向耶和華「**哀求**」（與十一章2節的「**哀求**」同詞），請求上帝醫治她（13節）。上帝應允摩西的代求，醫治了米利暗的大痲瘋。當年米利暗曾在河邊救了初生的嬰孩摩西，現在摩西可說是作回報了。由於患大痲瘋的病者都要被帶出營外（五2～3），所以，米利暗要「**在營外關鎖**」（十二14）。不過，就如患了大痲瘋而痊癒的人一樣，她要在營外 7 日，之後還要行潔淨之禮才可「**領她進來**」（參利十四1～20）。患大痲瘋病原本並不是一件羞恥的事，但米利暗受大痲瘋的刑罰，就如受父親「**吐唾沫在她臉上**」（14節），這就成為一件羞恥的事（將吐唾沫視為侮辱及被吐唾沫為羞恥，可參申二十五9；賽五十6）。當米利暗投訴，說自己也當像摩西般有上帝與她說話，上帝的回應就是使她在營外，表示沒有上帝與她說話，也沒有其他人與她說話。

米利暗被關鎖在營外的那 7 日期間，以色列人沒有向前行。這表示以色列人因為她犯罪的緣故，行程也因此而停頓了。領袖的行為對所屬羣體的影響是明顯的。

5.3.4. 結語（十二16）

這段經文以行程日誌作為結語，指出以色列人終於可以從哈洗錄起行，並停在巴蘭的曠野。

從他備拉起，經過基博羅．哈他瓦，然後到哈洗錄。而犯事者原本只有百姓，後甚至領袖。在他備拉犯事的是住在營地邊緣的人，在基博羅．哈他瓦犯事的是閒雜人及在營中的百姓，而在哈洗錄，犯事的竟是以色列的領袖米利暗及亞倫。從邊緣到核心，可見以色列人開始潰爛。這樣的舖排，將十三至十四章帶入高潮。

這 3 個叛逆故事中有不少相似的主提及用字，作者似乎有意將這 3 個故事當作一個整體來看。它們之間主題相似方面，在十一章1至3節提及 6 個元素中（參 5.1），有部分出現在十一章4至35節和十二章1至16節。而用字方面，則有「耶和華聽見」（十一1，十二2；參十一10）及「耶和華……發怒」（「和合本」或譯作「耶和華……怒氣……發作」）（十一1、10、33，十二9）。

信仰反省

這 3 段經文的信息十分清晰。人很容易埋怨，埋怨的理由也自覺合理。而且，人的埋怨是有傳染性的。由營邊界的人開始，到閒雜人，到以色列人，到同為領袖的手足。這埋怨的程度在傳染的過程中會加劇。埋怨使人專注在自己身上，認為上帝或別人對他們不（夠）好，未有滿足他們的要求。因此，埋怨既扭曲人對事物的看法，也反映他們對事物扭曲了的看法。原本是好的嗎哪，竟然成為令人厭煩的食物；出埃及離開為奴之家竟然成為被迫離開「美食天堂」，在上帝「眼前蒙恩」竟然成為被上帝「苦待」，獨特的領袖竟然被看為不外如是者。當人認為凡事一帆風順比在困苦中有上帝同在更為重要，人就會產生埋怨。當人認為自己應該比別人好，而沒有勇氣面對自己的真面目時，人就會埋怨。當人沒有好好看清楚上帝是一個怎樣的神，人就會埋怨。從人所埋怨的內容可以看出他們心中真正所想的，以及反映他們是怎樣的一個人。當其他人遇著一些埋怨的人，則不應與他們一同埋怨，反而要為他們代求。被人埋怨的，要繼續承擔自己的責任，並要為埋怨者代求，也要相信上帝會聽見，為自己辯白伸冤。

溫習及思考問題

1. 試從他備拉事件中，找出以色列人起行後多少天就開始發怨言。你認為他們為何這麼快便發怨言？他備拉事件（十一1～3），包含哪 6 個元素？

2. 在基博羅．哈他瓦，以色列中間有哪些人起哄？有甚麼事情挑動了他們起哄？你有沒有經歷教會中有一些不屬教會的人在教會中起哄？
3. 在民數記十一章出現哪一個鑰詞？共出現多少次？這反映當人在埋怨時，有何反應？
4. 百姓埋怨沒有魚吃背後真正的原因是甚麼？為何貪慾會導致人產生埋怨？
5. 在基博羅．哈他瓦事件中，摩西所不滿的是甚麼事情？你認為他所提出的不滿合理嗎？上帝又怎樣回應摩西的不滿？
6. 上帝給百姓肉吃，百姓以為是祂回應他們所求，然而這卻帶來懲罰。你有否經歷過類似的事情，那看來的好的，其實是不好的？你又有否經歷過剛好相反的事情，那看來是不好的，其實卻是好的？
7. 米利暗及亞倫為何對摩西產生不滿？上帝如何回應米利暗的不滿？教會領袖會因何事犯罪？你又如何看待這類事情呢？
8. 在他備拉及哈洗錄事件中，作者都記載摩西為犯事者代求。摩西處理事情的方法對你有何提醒？你認為作「代求者」容易，抑或「埋怨者」容易？

釋經短註

❶ 有學者提出以下扇形結構：

A 百姓的哭號及上帝的憤怒（4～10節）
　B 摩西的不滿（11～15節）
　　C 上帝的回應（16～23節）
　B' 回應摩西的不滿（24～30節）
A' 回應百姓的哭號（31～34節）

在以上的分段中，A 及 A' 與百姓的哭號有關，B 及 B' 則與摩西的不滿有關，而中間 C 項則是上帝與摩西講話。在這個結構中，C 項是處理問題（A 及 B）及解決方法（B' 及 A'）的轉接點。整段文字以上述扇形結構勾劃出來，成為一個相對地獨立的單元。可惜的是這個結構沒有將 C 項中提及百姓哭號及摩西不滿這兩點清楚說明出來。

❷ 「受感說話」（25節）來自名詞「先知」（或應正確地翻譯為「代言人」）的動詞其中一個詞形的變化，意思是「像代言人般行動」。這樣的「受感說話」是可以從其他人身上感染到的，是一種偶發性行

為，也會引致不受控制的出神表現（參撒上十5～6、10～11，十九20～24）。發生這情形不一定來自上帝，也可以出於惡靈（參撒上十八10的「胡言亂語」）。所以，「受感說話」可以有正面或負面的意思（另參結十三17）。

❸ 第33節「尚未嚼爛」希伯來文是 *ṭerem yikkārēṯ*。動詞 *yikkārēṯ* 的字根是 *kāraṯ*，通常解作「切斷」。所以，「嚼爛」肯定不是這字最通常的翻譯。若參考舊約其他書卷對這動詞的理解，它可解為「斷絕」（書三16；撒下三29）。故此，這裏所指的，是他們的肉食供應還未斷絕。

❹ 十二章的原文使用了文字遊戲。希伯來文短語 *ḏibbēr bə* 在這段經文中共出現 5 次，但有兩個不同的用法。第一、在第1及8節下，這個短語翻譯為「毀謗」，嚴格來說應譯為「以說話針對」。第二、在第2、6及8節上出現時就翻譯為「與……說話」。有學者認為這樣表達並不單純是「與……說話」的意思，而是指對話的雙方有較密切的關係，無論這關係是正面的或負面的。所以，米利暗（及亞倫）是因為上帝「很密切地與摩西說話」而「以說話針對摩西」。

❺ 另有學者提出以下扇形結構（按原文修改「和合本」）：

A　[6]耶和華說：「你們且聽我的話：
　B　若你們中間有耶和華的先知，
　　C　我必在異象中向他顯現，
　　　D　在夢中與他說話。
　　　　E　[7]我的僕人摩西不是這樣；
　　　　E'　他是在我全家盡忠的。
　　　D'　[8]我要與他面對面說話，
　　C'　乃是明說，不用謎語，
　B'　並且他必見耶和華的形像。
A'　你們毀謗我的僕人摩西，為何不懼怕呢？」

B 及 B' 的對應是因為兩者都有與耶和華有關的事物。C 及 C' 的對應是因為「異象」與「明說」的原文幾乎是一樣。這個扇形結構也有其可取之處。其中包括將全段經文的重點，就是摩西的獨特性，置放在結構中心處（E 及 E'）。不足之處是 A 與 A'、B 與 B' 及 E 與 E' 的對應較弱，而且將 C' 及 B' 分開似乎不大合理。

第三篇
在加低斯時期
（十三 1 ～十九 22）

從西奈曠野出發途中，以色列人經過 3 個叛逆的事情。他們終於來到巴蘭曠野的加低斯（十三26）。十三至十九章記載以色列人停留在加低斯時所發生的事情，其中包括探子事件（十三1～十四45），這事是全卷書中最重要的事件之一。這事帶來的嚴重後果是第一代以色列人（除了迦勒及約書亞外），全都不能進入應許之地。不過，緊接著記載的卻是一系列在得地後獻祭的補充之例（十五1～41），這似乎表示以色列人還有進入應許地的希望。然而，以色列人的叛逆仍未完結，利未後人中有一部分人挑戰亞倫作祭司的合法性，這自然引來更多的懲罰（十六1～十七11）。回應這事，經文一方面重述一些與祭司及利未人有關的律例，而另一方面則指導以色列人如何制造除不潔之水去處理接觸屍體帶來的不潔（十七12～十九22）。經過這些事情後，以色列人再度起行。

第六章

第一代人的叛逆（二）：拒絕進入迦南地（十三1～十四45）

- 探子的行程及歸回
- 探子的回報及回應
- 即時的刑罰及後果

十三至十四章記載以色列人到達巴蘭曠野的加低斯後，按上帝的吩咐派人窺探迦南地。探子回報的內容引起軒然大波，有人堅持要進去這地，但更多人認為不可進去。在他們仍在對峙時，上帝出現作出審判，並宣告要將百姓除滅，使他們不得進去這應許地。然而，摩西為百姓代求，終使上帝將刑罰修改為不容出埃及第一代的人進入應許地，而應允帶領第二代人入去。宣告審判過後，叛逆的探子立時死在當場，而接著的第二天有人擅自要強行進入迦南地，結果遭擊敗。

探子的故事在整卷書中佔有極重要的位置。它承接著十一至十二章一系列叛逆事件，並將之帶到高潮。它記載以色列人首次直接建議要回到埃及去。所以，這事件重要之處在於反映他們如何看上帝的應許，以及他們對上帝的信心有多大。它解釋為何以色列人不能在離開西奈曠野後不久便可進入迦南地，為何以色列人要在曠野流浪差不多 40 年的時間。從文學結構的角度出發，這記載既回應民數記第一章的數點人點（參十四28），同時亦指向第二次數點人數的事件（參二十六2～65，尤其注意63至65節）。及至後來有支派要在河東得地的要求，探子事件更成為衡量以色列人不忠程度的量尺（三十二6～15）。

這段長達兩章的經文包含如下 3 個中心信息：❶

1. 探子的行程及歸回
2. 探子的回報及回應
3. 即時的刑罰及後果

6.1. 探子的行程及歸回（十三1～26）

這段經文記載上帝吩咐摩西派人去窺探迦南地、摩西的遵命及探子在迦南地的行程。

分段大綱（十三1～26）

1. 上帝的命令（1～2節）
2. 摩西的執行（3～20節）

甲、摩西揀選探子（3～16節）

乙、摩西吩咐探子（17～20節）

3. 探子的行程（21～24節）

4. 探子的歸回（25～26節）

6.1.1. 上帝的命令（十三1～2）

1節「我所賜給」原文使用獨立代名詞「我」及分詞「正賜給」來強調這是一個現在進行中的過程。

經文以「**耶和華曉諭摩西**」開始一個新的段落。上帝吩咐摩西派人窺探迦南地，這地是上帝「**正在賜給**」他們的。所以，與其說「**窺探**」（2節）那屬於別人的地方，不如更正確地說是「察看」那現在已是屬於他們，但他們仍未有機會見過的地方。這察看的行動可以說是一個接受上帝所賜予的地的第一步。

去察看迦南地的人是從每一個支派中選出來的領袖。過去上帝曾親自點名指定那些負責數點人數的領袖（一5）；到入迦南之前，亦有點名指定那些協助分地的人（三十四17）。不過，差派探子時，做法似乎不是這樣。「**每支派中要打發一個人**」原文是指「你們要從每支派中差一個人」，這「你們」可能指摩西及各支派中的人，而且由他們決定揀選及差派哪一個人去探地。

6.1.2. 摩西的執行（十三3～20）

6.1.2.1. 摩西揀選探子（十三3～16）

摩西聽了上帝的吩咐，便去揀選及差各支派的領袖從巴蘭曠野出發。這些領袖的名字依次列出（參後表）。

這名單上的人與幫助數點以色列民數的領袖（參一5～15）沒有一個是相同的。這兩批領袖的關係如何不大清楚，可能各支派再另選適合這次任務的領袖，來代表自己的支派。這名單中除了何希阿（即約書亞）及迦勒外，❷ 其他的名字都頗為罕有。如民數記所記載的其他領袖名單一樣，利未支派沒有出現。這是因為利未支派在禮祭上的獨特身分，而且他們不能分地，所以在窺探

支派	首領	希伯來文	首領名字的意思
呂便	沙母亞	*šammûaᶜ*	被人聽見的
西緬	沙法	*šāpāṭ*	他審判
猶大	迦勒	*kālēḇ*	狗
以薩迦	以迦	*yigʾāl*	他贖回
以法蓮	何希阿	*hôšēaᶜ*	拯救
便雅憫	帕提	*palṭî*	我的拯救
西布倫	迦疊	*gaddîʾēl*	上帝是我的富裕
瑪拿西	迦底	*gaddî*	我的富裕
但	亞米利	*ᶜammîʾēl*	我民的上帝
亞設	西帖	*səṯûr*	隱藏
拿弗他利	拿比	*naḥbî*	我的藏身處〔？〕
迦得	臼利	*gəʾûʾēl*	上帝的尊榮

地土一事上無分參與。這名單上的支派的次序在民數記裏是獨特的。若與一章5至15節的次序比較，便發現這裏將以薩迦及西布倫分隔開，並將以法蓮及瑪拿西分隔開。若將西布倫及瑪拿西移到以薩迦之後，便顯出這名單的特別之處只是將以法蓮與瑪拿西位置倒轉。無論如何，學者未能為這次序找出一個合理的解釋。第16節總結這就是探子的名單，並補充何希阿即是約書亞。

6.1.2.2. 摩西吩咐探子（十三17～20）

接著，摩西詳細吩咐探子要作的事情，吩咐內容可以用扇形結構表達出來：

A　17「你們從南地上山地去，

　B　18看那地如何，

　　C　其中所住的民是強是弱，是多是少，

　　　D　19所住之處是好是歹，

　　C'　所住之處是營盤是堅城。

　B'　20又看那地土是肥美是瘠薄，其中有樹木沒有。

A'　你們要放開膽量，把那地的果子帶些來。」（那時正是葡萄初熟的時候。）

在這個結構中，A 及 A' 的對應是在「**去**」那地方及從那地方回「**來**」；B 及 B' 的對應是關於那地方的情況；C 及 C' 是關於當地的居民及居所的情況。而中間的 D 也正好是這段經文的重點（也是整個探子記載的重點），就是他們要去評價這地是好是歹。

摩西首先吩咐他們的是「**去**」的行程。「**從南地**」原意是經過「**南地**」，然後目的地是山地。山地是指從北到南約 48 公里的山區。不過，經文並沒有說清楚，而摩西亦可能不知道究竟探子要沿山地北上到哪個位置為止。

「南地」（negeḇ）意指「乾旱之地」，是指別是巴稍北從西到東一帶。從迦南地的角度看，這地位於南面，所以「和合本」多譯為「南地」。

其次，摩西吩咐他們要察看的事物。這基本上有兩方面，分別是地土及居民的情況。「**看那地如何**」意思是指審視那地方「**是肥美是瘠薄**」，後者表示地土能否有豐富的出產。此外，他們要去看當中的居民「**是強是弱，是多是少**」及他們所住的城市「**是營盤是堅城**」（「**營盤**」可譯作「不設防的營地」；參「現代中文譯本」），意思是指這些是地方是如「**營盤**」般沒有甚麼特別的建築物作保護之用，抑或是有建固保障的住處。整個觀察最重要的問題是這個地方「**是好是歹**」。「**是好是歹**」或「是好是壞」所指的並不是指這裏的土產是多是少，也不是天氣是好是壞，而是指對那地一個整體的評價。這點才是整個探察中最重要的地方。探子如何回答這個問題，亦成為整件事情發展的核心。

最後，摩西囑咐探子要「**放開膽量**」。這詞與察看當地人「**是強是弱**」的「**強**」為同字根（*ḥzq*）。探子的「強」是用來回應當地人的「強」，只是後來探子強調的是別人的「強」而沒有自己的「強」（參十三31）。「**放開膽量**」的結果，就是拿些當地的果子回來。經文亦指出當時應是葡萄成熟的時候，即約在七、八月期間。這表示以色列人從西奈起行至當時已有約 2 至 3 個月的時間。

6.1.3. 探子的行程（十三21～24）

第21節先將整個行程作一個綜合報告。探子從尋的曠野出發，這地點應位於巴蘭曠野以北，而加低斯是處於這兩個曠野的交接處，所以加低斯亦可算是處於尋的曠野（參二十1）。他們向北走，直至巴勒斯坦最盡的地方，就是哈馬口的利合。按三十四章8節，哈馬口是屬於應許之地北面邊界，這地方也剛好位於大衛及所羅門管治時期以色列國的北面邊界之上（王上八65）。所以，探子已由南到北察看這地。❸

希伯崙約在耶路撒冷西南面 29 公里，位於水平線以上約 900 多公尺。

第22節則指出探子在途中所看到與當地居民有關的事情，所指途中其實是**希伯崙**。探子在其中見到亞衲人中的 3 個種族，分別是亞希幔族、示篩族及撻買族。亞衲人出名是身材高大的（參申二21，九2）。聖經提及亞衲人時往往將他們與希伯崙連在一起（參書十五13～14，二十一11；士一20）。至於希伯崙，民數記在此再補充多一點資料，它比埃及人的鎖安城還早建 7 年。由於鎖安是個出名的埃及城市（參賽十九11；結三十14），所以經文的目的是借鎖安來強調希伯崙的地位。

第23至24節則指出探子按摩西的吩咐取走當地的果子。他們在以實各谷砍了一枝葡萄樹幹，在上有一掛葡萄。這一掛葡萄大到要兩個人用槓才可以抬走；同時，他們也取去一些石榴及無花果。這記載表示探子有照著吩咐，留意地土是否肥沃（參20節）。至於以實各谷的具體地點確實不詳，但應該位於希伯崙以北。因為「**以實各**」原文就是「**一掛**」（*ʾeškôl*），故以此來解釋地名的出處（24節）。

6.1.4. 探子的歸回（十三25～26）

探子來回一共用了 40 天的時間。❹ 從尋的曠野起到北面的哈馬口，來回的路程可能有 800 公里。經文記載探子 3 個行動。首先，他們回到摩西、亞倫及以色列全會眾那裏。由於他們是由摩西及各支派差出去的，所以，他們先回到這些人那裏，而摩西等人就在加低斯。26節「**到了巴蘭曠野的加低斯，見摩西、亞倫，並以色列的全會眾**」原文的語序是先提人物，後提地方，意即「來到摩西、亞倫，並以色列的全會眾那裏，就是在巴蘭曠野的加低斯」。這樣表達顯示探子是從以色列人那裏出發，而他們很可能是在那裏安營等候的。其次，探子回來就要向摩西等人及全會眾報告這事。至於報告的具體內容會在下文說明出來。最後，探子亦將帶回來的果子給他們看。

6.2. 探子的回報及回應（十三27～十四35）

探子歸回後便向眾人報告探察的結果。這段經文的主要內容就是記述探子兩個不同的報告，以及這些報告引起的回應。整個問題的核心，是對地是好或歹作判斷，開始時是探子的判斷，接著是詳細描寫百姓及領袖回應對地的判斷。

分段大綱（十三27～十四35）

1. 客觀的報告及回應（十三27～31）
2. 主觀的報告及回應（十三32～十四35）
   甲、主觀的報告（十三32～33）
   乙、百姓的回應（十四1～4）
   丙、領袖的回應（十四5～10上）
   丁、上帝的回應（十四10下～35）

6.2.1. 客觀的報告及回應（十三27～31）

十三章21至24記載探子探地時所選擇的兩個地方，以及在其中所發生的事情，這都與摩西吩咐探子要去察看地土的質素及居民的情況有關。探子回來後作了一個口頭報告。在這報告中，探子回應摩西的吩咐，後者曾吩咐他們察看那地土及居民這兩方面的情況。關於地土，探子認同迦南地「**果然是流奶與蜜之地**」（27節）。「**果然是**」是用來強調其真確性的。「**流奶與蜜之地**」在聖經中是對迦南地的一個公式化的描述（參出三8、17；利二十24；申六3；書五6；耶十一5等）。奶與蜜分別與畜牧及園藝有關，它們是以色列人定居在迦南地後3個與經濟有密切關係的行業中的兩個（還有一個是種植土產）。「**蜜**」並不是指蜂蜜，而是指從葡萄或棗而來的糖漿。「**流**」更可能指「滴下」，這短語是用來形容土地肥沃的程度。這觀察並非毫無支持，他們隨即用帶回來的果子作為證明。接著他們便回應有關當地的居民及住處的觀察（28～29節）。這個報告可以用扇形結構表達如下：

A　[28]然而住那地的民強壯，

B　城邑也堅固寬大，

A'　並且我們在那裏看見了亞衲族的人。[29]亞瑪力人住在南地；赫人、耶布斯人、亞摩利人住在山地；迦南人住在海邊並約旦河旁。

A及A'段是有關居民，而B是有關住所。經文以「然而」開始，有對比的意思，表示探子對該情況持保留的態度。他們先指出那地的民是強壯的，然後在A'更詳細說明這些民所包括的民族，就是亞衲族的後裔。這首先包括住在南地的亞瑪力人。亞瑪力是以掃的後人（創三十六12），他們佔據著從南地延至西奈半島一帶之地，這也是以色列人從西奈去迦南地所經之處，所以也曾與他們發生衝突。以色列人從埃及到西奈山途中曾與亞瑪力人爭戰並得勝（出十七8～16）。所以，亞瑪力人與以色列人可以說從開始就是敵人。

其次是赫人、耶布斯人及亞摩利人，他們住在山地。山地應指在迦南地中的山脈，從別是巴北上，當中包括山脈兩旁的平原。早在亞伯拉罕時期，赫人已住在迦南地，亞伯拉罕曾向他們族人買下「麥比拉、幔利前、以弗崙的那塊田和其中的洞，並田間四圍的樹木」（創二十三17）。耶布斯人住在早期的耶路撒冷及其周圍的地方。這城直到大衛時期才被攻佔（撒下五6～7）。亞摩利人在聖經其他書卷多被視為迦南人（創十五16；申一7），他們似乎是住在約旦河東之地（參民二十一21、31～32）。

最後，迦南人住在海邊及約旦河旁。一般而言，「迦南人」多用來指迦南地的居民，但這裏似是指他們其中一族。

探子報告中提及的南地、山地、海邊及約旦河旁實際上就是指整個迦南地。所以，意思就是說迦南地是被這些不同種族的人四面包圍著。這就可以解釋為何探子一開始便用了「然而」。

除了提及當地居民外，探子也指出他們所住的城市是「堅固寬大」。「堅固」（*bāṣûr*）原文字根與摩西吩咐他們探察住處是否「**堅城**」（*mibṣār*；19節）相同，它意思是指有城牆保衛城市。有學者指出早期迦南城市的城牆的高度有 9 至 15 公尺，厚 4.5 公尺。這些城市不單有強大的保衛城牆，而且其面積也是非常大的。

雖然探子將所觀察到的報告眾人，但仍未就這個觀察作出總結，評價這地「**是好是歹**」。這在接著來的講話中，就漸漸給顯露出來。

這個客觀的報告引來兩個不同的反應，探子中間也開始分成兩派，各人表達他們對是次探察作出的評價。首先表達意見的是迦勒。他先「**安撫百姓**」，意思是要他們安靜下來（30節）。這可能因為百姓聽見探子的報告後起哄，所以在他講話前先安靜眾人。然後他呼籲眾人「**立刻上去**」佔領這地，因為他有信心「**足能得勝**」。迦勒的講話沒有否定探子的報告，但用了很堅強及肯定的語氣表達他的觀點及鼓勵眾人。❺ 當中沒有出現約書亞，這可能是因為迦勒成為代表發言。

「安撫」（hāsah）為動詞。在整本聖經只出現一次。但相關字 has 則出現 7 次，表達呼籲人安靜（參士三19〔「和合本」譯作「迴避」〕；尼八11；摩六10，八3；哈二20；番一7，二17）。

接著表達意見的就是其餘的探子。當迦勒說「要上去」及「必能夠」時，其餘探子則用同樣字眼去作出相反的宣稱「**不能上去攻擊那民**」。這些曾「**上去**」的探子，現在卻說不能上去。他們認為原因是「**他們比我們強壯**」，而「**強壯**」一詞正好是摩西曾用過的字眼（*ḥzq*；參18節）。值得留意的是他們從原先形容當地人是「**強壯**」（*ʿaz*； 28節）這字眼改為使用另外一個「**強壯**」（*ḥzq*；31節），目的似是對應摩西的吩咐而言的。所以，雖然迦勒及其他探子有同樣的觀察，但是這兩批人卻有不同的結論。

6.2.2. 主觀的報告及回應（十三32～十四35）

6.2.2.1. 主觀的報告（十三32～33）

這些認為不能上去的探子，他們的反面結論開始影響他們所觀察的內容。他們將對地土及居民的觀察扭曲，目的是希望這些「新」的資料能夠支持他們的觀點。所以，他們說的都是「**向以色列人報惡信**」（32節）。「**惡信**」

（$\underline{d}ibb\bar{a}^{h}$）這詞原文並沒有獨立的形容詞「惡」（$r\bar{a}{}^{c}\bar{a}^{h}$），但在十四章37節「惡信」才有這個形容詞。無論如何，它基本上有負面的意思，其中也包括對所描述的對象有不盡不實的宣稱。❻他們對地土的觀察由「**流奶與蜜之地**」改為「**吞吃居民之地**」，意思是指這地方不能耕種，沒有土產，是個荒場。❼他們強調這地土是他們曾經「**經過**」及「**窺探**」的，表示是他們親眼看見的事實。他們的宣稱當然是自相矛盾，因為他們同時宣稱看見不少居民住在這地上。若這地土真是那麼差劣，豈會有這麼多人居住！

對當地居民的觀察，他們首先把之前所說的「**強壯**」改為「**身量高大**」，藉此加強視覺的效果。他們再次提及這是他們「**在那裏所看見的**」，重複表示這是他們的親身經驗。其次，他們再次強調「**在那裏看見……**」，所看見的就是「**偉人**」，然後才指出亞衲族人是**偉人的後裔**。「**偉人**」是指上帝的兒子與人類的女兒結合所生的後裔（參創六4）。所以，當他們說看見「**偉人**」，他們就賦予所看見的亞衲族人一個特別的身分——即「上帝的兒子們和人的女子們」交合所生的。這樣說法的目的當然是要令聽眾感到害怕。不過，這同時也扭曲了所察看到的事物，把地上的民族改為神明的後人。在這個觀點之下，他們先看自己如同蚱蜢，然後推論到那些偉人也會如此看他們！蚱蜢是以色列人可吃之物中最小的一種。他們將自己比喻為蚱蜢，不但暗示他們的細小，同時也指出他們是可被吞吃的。他們的心態不單嚴重地扭曲了他們眼所看到的地土及居民，也同時扭曲了他們眼所看到的自己。這個扭曲很可能是因為沒有將眼目放在上帝身上，因而未能正確地看事物。他們同時也多次強調自己的第一身經驗，為了去說服聽眾接受他們的觀點是正確的。

若把原文直譯，則第33節上是「在那裏我們看見偉人——亞衲族人是出自偉人的。」

6.2.2.2. 百姓的回應（十四1～4）

這些探子的報告帶來各人不同的反應。由於這些被選為探子的人都是各支派的領袖，所以他們的報告對百姓來說甚有影響力。百姓的回應亦因此一面倒地是負面的。然而，約書亞及迦勒則堅持正面的看法。上帝的回應則是對百姓採取刑罰。

經文用了 4 個動詞去反映百姓的口頭回應。首兩個動詞是「提高」（*nāśāʾ*）及「發出」（*nāṯan*）聲音。「和合本」結合這兩個動詞，將它譯作「**大聲喧嚷**」。第三個是「**哭號**」（1節）。十一章曾 5 次記載以色列人哭號，這哭號全都是為著要吃肉。十四章更進一步指出他們提高他們的聲音叫嚷。在民數記中，夜間是上帝用像火般的雲彩帶領他們的時間，是降嗎哪的時間，也是上帝在以色列人懵然不知的情況下指示巴蘭的時間（二十二章）。夜間原是上帝特別保護及賜予食物給以色列人的時間，現在卻成為以色列人哭號及否定上帝保護的時間。第四個動詞是「**發怨言**」（*lûn*），指他們向摩西及亞倫「**發怨言**」。這動詞**在民數記是第一次出現**，但在出埃及記中已出現多次（出十五24，十六2、7、8，十七3）。所以，若將出埃及記及與民數記併在一起去看，民數記是將以色列人這次的反應，視為在出埃及時及早些時候的反應的總結。

民數記其地方出現這詞的有：十四27〔2次〕、29、36〔2次〕，十六11、41，十七5。雖然「和合本」十一章1節出現「怨言」這詞，但原文是 ʾānan，與十四章的不同。

接著會眾表達他們的想法，情願死在埃及地或是死在在曠野中。他們質問為何耶和華要帶他們到迦南地，以致倒在刀下。他們特別關注到他們的妻子及孩子會在那地成為別人的戰利品，所以他們認為回到埃及去是「**好**」的。由出埃及到當時為止，以色列人過往一直的投訴都只與他們在曠野中生活的苦況有關，但這次是埋怨為何要面對迦南地的危險。這危險使他們情願回到埃及去。而這也是他們從出埃及以來第一次清楚表達要回埃及去。上帝曾表示百姓會因為怕打仗而情願回到埃及去（出十三17），這裏的內容正好應驗當初上帝的想法。百姓甚至為這個想法提出一個實際的建議，就是要「**立一個首領**」帶領他們「**回埃及去**」。

「立一個首領」（nātan rōʾš）這短語可直譯為「設立一個頭」，即「設立一個首領」，但也可解釋為「列隊」（參士七16）或「立定心意」（尼九17）。在民數記，「立定心意」也是一個可取的解釋。

當百姓有這些想法，便反映他們對上帝有以下極大的否定：

1. 他們否定上帝帶他們離開埃及是出於祂的拯救，以致他們情願死在埃及或曠野。
2. 他們否定上帝透過摩西的帶領，以致要求另立領袖。

3. 他們否定上帝賜予迦南地給他們這應許。
4. 他們否定上帝對這地土的評價。
5. 他們否定上帝的性情是美善的，而認為祂帶他們進入迦南地是為了使他們倒在刀下。

寧願回到埃及，可以說就是以上 5 個否定的總結。當百姓對未來的事情感到恐懼，便寧願回到曾經熟悉的境況中。無論這境況是多麼的不理想，可見恐懼及不信扭曲著人對事物的看法，以致人不願意向前踏出新的一步。

6.2.2.3. 領袖的回應（十四5～10上）

面對百姓有這樣的反應，經文記載不同領袖的回應。這段經文可分析如下：

1. 摩西及亞倫的回應（5節）
2. 約書亞及迦勒的回應（6～9節）
   甲、行動回應（6節）
   乙、口頭回應（7～9節）
      i. 地土與耶和華（7～8節）
      ii. 居民與耶和華（9節）
3. 會眾回應領袖的回應（10節上）

■ 摩西及亞倫的回應（十四 5）

首先，摩西及亞倫「**俯伏**」在地上（5節）。這行為可以指他們是俯伏在以色列人面前，又或是在以色列人前面他們俯伏在地上。若是前者，則可能是指因為百姓有這樣的反應，所以摩西及亞倫表示尊重、或懼怕、或無助、或失望、或憂愁（參書七6）。若是後者，則是指出摩西及亞倫雖在眾人面前，但他們俯伏的對象則是上帝，因為他們知道上帝會因為百姓的反應而施行審判。從事件的發展，就證明後者的原因較為合理，也暗示他們的想法是正確的。

■ 約書亞及迦勒的回應（十四 6 ～ 9）

接著約書亞及迦勒就發表他們的看法（6～9節）。他們先「**撕裂衣服**」，因為百姓的反應而表示哀悼及憂愁（6節）。接著，他們就提出另外一個對迦南地土及當地居民的看法（7～8節），指出這也是他們的第一身經歷，所用的字眼「**我們所窺探、經過之地**」與其他探子所用的完全相同（十三27，十四7）。他們指出他們親身經過的地土是「**極美之地**」（*ṭôḇāʰ hāʾāreṣ məʾōḏ məʾōḏ*；意思是「非常非常好的地」）。摩西曾吩咐探子要留意這地「**是好是歹**」（十三19）。基於其他探子的主觀報告，百姓就認為回到埃及是「**好**」（十四3），但約書亞及迦勒則清楚回應摩西的提問，指出這地不單是「好」，而且是「非常非常好」。他們亦重申這地是「**流奶與蜜之地**」（8節下），而不是所指的「**吞吃居民之地**」（十三32）。置放在這兩個對地土的評價中間的就是上帝與以色列人的關係（十四8上）。約書亞及迦勒認為若上帝「**喜悅**」他們，就會領他們進入這地，將這地賜予他們。他們相信不是以色列人自己進去那地，而是上帝帶領他們進去。所以，能否得地的關鍵在於上帝與他們的關係如何。透過這個講法，約書亞及迦勒已暗示當地居民的情況如何並不重要。這點就在第9節已說明出來。

約書亞及迦勒表達對土地的看法後，就轉而論及當地的居民（9節）。他們在講話中用了 3 句否定命令語句表達：「**不可背叛耶和華**」，「**不要怕那地的居民**」，以及「**不要怕他們**」。第二句似是解釋第一句的意思。「**背叛**」（*mārad̲*）這詞多用來描述附庸國企圖反叛宗主國而爭取獨立的情況，不過結果往往都是不成功的。約書亞及迦勒提醒百姓不要企圖爭取獨立於耶和華以外。這個「**不可背叛耶和華**」的命令即時的行動便是「**不要怕那地的居民**」。接著這短語之後出現「**因為**」這連接詞，帶出兩個不要怕的原因。第一個原因與那地的居民的本質有關，解釋為何「**不要怕那地的居民**」。他們指出那地的居民是他們的「**食物**」，這正好是否定其他探子所言以色列人是這些居民眼中的蚱蜢這看法。第二個原因則跟耶和華與以色列人的關係有關，從中得出接下來「**不要怕他們**」的結論。約書亞及迦勒以「**蔭庇他們的**

「蔭庇」（ṣēl）一般指樹蔭，可引申出來指在神明或權威人物的蔭下（參詩九十一1，一二一5），意即指受神明的保護。

已經離開他們」及「**耶和華與我們同在**」這對比的方式，説明耶和華與以色列人的關係。他們宣告那些居民的保護者已經轉離他們，相反地，「**耶和華與我們同在**」。保護這些居民的神祇會離去，而且已經離去，但耶和華則仍然與以色列人同在。因此，約書亞及迦勒得出這個結論：「**不要怕他們**」。

約書亞及迦勒與其他探子對地土（甚至是居民）有相同的觀察，但卻得出兩個完全相反的結論，最重要的原因是其他探子完全沒有想到上帝這個因素。他們報告指出迦南地是摩西「**所打發**」他們去探查的（十三27），而不是上帝「**所賜給**」他們的地土（十三2）。正因如此，他們扭曲對地土的看法。也因此他們所看到的只是迦南地的居民與他們自己的對比，而沒有看見上帝在當中的位置。相比之下，無論是論及地土或是居民，約書亞及迦勒都指出耶和華與他們的關係，才是考慮整個問題的核心，而這也是察看事物的出發點。

■ 會眾回應領袖的回應（十四 10）

面對約書亞及迦勒的反對意見，會眾起哄，宣稱要以石頭打死他們二人（10節上）。以石頭打死人是懲罰一些嚴重的罪行，例如：獻兒女給摩洛（利二十2），引誘人離開上帝（申十三10），悖逆父母（申二十一18～21），但這裏可能是反映約書亞及迦勒的意見引起公憤，致使羣眾要執行私刑（參撒上三十6；王上十二18）。

6.2.2.4. 上帝的回應（十四10下～35）

正當眾人要打死約書亞及迦勒時，上帝便出現作回應，要宣告立時毀滅以色列人。摩西也立刻代求，結果，上帝願意修改祂的刑罰。這段落分為以下 3 部分：

1. 上帝宣告刑罰（10下～12節）
2. 摩西為民代求（13～19節）
3. 上帝修改刑罰（20～35節）

■ 上帝宣告刑罰（十四10下～12）

正當眾人要在喧嚷，提出執行私刑時，上帝向百姓顯現，祂的榮耀出現在會幕中。所提上帝的「**榮光**」在民數記是首次出現。出埃及記曾將西奈山上耶和華的榮耀形容為「形狀如烈火」（出二十四17）。

上帝兩次說「**要到幾時**」，指控以色列人持續以負面行為待祂。這負面行為是指以色列人的「**藐視**」及「**不信**」。「**藐視**」（*nāʾaṣ*）一詞亦可有「拒絕、厭棄、排斥」的意思；「**不信**」是指沒有信心或信任。經文沒有說「**這一切神蹟**」是指甚麼，但應包括出埃及事件。「**神蹟**」（*ʾôṯ*）原文意思是「記號」，意思是一件指向自身以外的其他人或物的事物。值得留意的是當年上帝差摩西去埃及帶領祂的子民出來時，祂指出以色列人定會因為摩西所行的 3 個神蹟而相信（出四1～9）。不過，現在縱然有所有神蹟在他們中間，他們仍是不相信。於是，上帝提出 3 個可能的行動作為回應（12節）。這回應同時也邀請摩西作出思考，甚至代求。第一個行動是用瘟疫擊打他們。出埃及記九章15節指出瘟疫可以將一個民族完全除滅，也可以與刀劍及飢荒一起代表上帝對人施行的（完全的）刑罰（參耶二十四10；結六11）。

第二個行動是「**使他們不得承受那地**」（需留意原文並無「那地」）。這句子的解釋可以有 3 個：第一、指不容許他們承繼擁有迦南地；第二、要毀滅他們（參出十五9；「和合本」的「殺滅」原文與「**不得承受**」相同）；第三、使他們不再成為耶和華的產業。若參考上下文，第一個解釋較為合理，尤其是十三章2節已提及上帝正將迦南地賜予給以色列人，到了這裏，上帝則否定這行動。

第三個行動是使摩西成為大國（「和合本」多譯作「**的後裔**」），甚至比以色列還強盛。除了民數記有記載上帝要除滅以色列並從摩西另建大國這說法，出埃及記也有類似的記載，就是在金牛犢事件中（出三十二10）。金牛犢事件（出三十二～三十四章）及探子事件可以說是五經記載以色列人叛逆事件中最重要的兩件。當申命記重述以色列人歷史之時，也只提及這兩件叛逆事情（申一22～45，九12～25），並以它們作為鑒戒。不過，這兩件事帶來的結局有差異。探子事件後，上帝指出從摩西而出的國度比以色列的還要大，而拜金牛犢事件後，上帝卻沒有作這比較（出三十二10）。此外，還有更重大的差異是，在金牛犢事件中，以色列人只想去敬拜那個領他們「出埃及地」的神明（出三十二8）；然而，在探子事件中，百姓卻要求立一個首領帶他們「**回埃及去**」（十四4）。這可見探子事件是「反出埃及」事件。這足以證明百姓的叛逆程度可謂到了極點，也因此惹來上帝極大的憤怒。

■ 摩西為民代求（十四 13 ～ 19）

面對上帝提出來的 3 個可能行動，摩西以為百姓代求作為回應。他代求的理據有兩個，分別建基於上帝的名聲（13～16節）及上帝的本性（17～19節）之上。

第一個代求的理據的結構是由別人會「**聽見**」及別人會「**議論**」這兩個行動組成的，其基本意思可以用以下列方式表達出來：

「和合本」將「這地的居民」誤譯為「迦南地的居民」。

1.	（若耶和華殺害百姓，）	
	A	埃及人就會*聽見*（13節上） ——因為上帝曾以大能領百姓從他們中間出來（13節下）
	B	埃及人就會與**這地的居民***議論*（14節上） ——他們曾*聽見*耶和華與以色列人的關係有 3 個特點（14節下）： a.「你耶和華」是在這百姓中間； b.「你耶和華」是向人面對面顯現，且有雲彩在百姓頭上； c.「你」日間在雲柱及夜間在火柱中，在百姓前面行。
2.	若耶和華殺害百姓（15節上），	
	A'	就會有列邦會*聽見*耶和華的名聲（15節下）
	B'	這些列邦就會*議論*：上帝是因為無能力領百姓進入迦南地，所以在曠野殺了這百姓（16節）。

以上經文編排中，有幾點值得留意。第一、A 與 B 都沒有將「**聽見**」及

「**議論**」的內容明顯表達出來的；不過，A’與 B’卻將「**聽見**」及「**議論**」的內容清楚地表達出來（14節下、15節上）。

第二、14節下「**聽見**」耶和華與以色列人在曠野的關係這動詞的主語，在原文並沒有明顯地表達出來。它既可指埃及人，也可是「這地的居民」，但若參考15節所用「**列邦**」這詞，它很可能包括兩者。不過，無論是哪一些人，又或是兩者，其實都不要緊，因為重點仍在於有人已「**聽見**」。

第三、當摩西提及耶和華與以色列人的關係的 3 個特點，都採用了獨立代名詞「你」。所以摩西的回應強調耶和華這個「你」與以色列人的關係。這關係的基礎就是上帝的同在。這同在可從 3 種方式闡釋出來。首先，耶和華是處於百姓中間的。其次，耶和華是**面對面**向百姓顯現，而這個顯現以雲彩停在他們頭上的方式出現。最後，上帝以雲柱及火柱的顯現方式在百姓前面行走，帶領他們。這 3 點分別強調上帝同在的空間位置、親密程度，以及帶領功用這 3 個層面。

「面對面」（ʿayin bəʿayin）原文意思為「眼對眼」，這更加對應「看見」這個動作。

第四、這個代求的理據是基於耶和華的「**名聲**」。這名聲是建基在摩西回答中所暗指的 3 個神學信念之上，分別是：上帝帶領以色列人出埃及的拯救（13節下）；上帝的同在同行（14節下）；上帝帶領以色列人進入迦南地（16節）。從時間角度來看，它們分別代表上帝在過去（出埃及）、現在（同在），以及將來（入迦南）為以色列所作的。

「你的名聲」（šimʿăḵā）這詞原文字根是 šmʿ，與「聽見」（šāmaʿ）同一字根。

第五、當這 3 個神學信念未能實現，上帝的名聲就受到損害。於當時，首兩個信念已經實現，不過，第三個仍未實現。若上帝在曠野「輕易地」[8] 除滅百姓，則第三個信念就不能成立，所以上帝的能力就受到質疑，名聲也受損。

摩西第二個代求的理據是基於耶和華的本性（17～19節），這可從兩件過去的事情中顯示出來的，就是在西奈山上耶和華自己所宣告的（17～18節），以及在曠野的旅程中耶和華所表現出來的（19節）。摩西首先請求上帝「**大顯能力**」，目的是指出祂可以照祂所說的去行。第18節所提及耶和華的屬性似是取自出埃及記三十四章6至7節，是耶和華自己在金牛犢事件後復造法版時宣告的。現將兩段經文作對比如下：

	出三十四6～7	民十四18
A	[6]耶和華，耶和華，是有憐憫有恩典的上帝，	耶和華
B	不輕易發怒，	不輕易發怒，
C	並有豐盛的慈愛和誠實，	並有豐盛的慈愛，
D	[7]為千萬人存留慈愛，	
E	赦免罪孽、過犯，和罪惡，	赦免罪孽和過犯；
F	萬不以有罪的為無罪，必追討他的罪，自父及子，直到三、四代。	萬不以有罪的為無罪，必追討他的罪，自父及子，直到三、四代。

將兩段經文相比，雖然民數記的較簡短，但它不可以解釋為是撮寫出埃及記的內容，而應從摩西在民數記代求的目的去解釋：

1. 摩西沒有提及耶和華恩慈的屬性（A 及 D），這表示摩西並不期望上帝會完全免去刑罰以色列人，而是請求上帝減輕或延遲刑罰。

「誠實」（ʾĕmeṯ）這字意思為「真理」。

2. 摩西沒有提及「**誠實**」（C）這詞，因為他的重點在於堅持對錯之分是屬於「上帝的公義」這個屬性，所以在代求時不宜提及。
3. 摩西也沒有提及「罪惡」（*ḥaṭṭāʾāʰ*），這可能是因為這字的其中一個理解是「無意的過犯」（參創二十9；出三十二21），而這在此並不適合。

所以，摩西引用上帝在金牛犢事件後在西奈山上自我的宣告來作他的禱文，可能是期望金牛犢事件可以作為上帝行事的一個先例，就是祂沒有完全除滅以色列人，也沒有完全免去以色列人的刑罰，而只是延遲祂的刑罰（參出三十二34）。

承接著上文的分析，摩西再以上帝在曠野旅程中的行為作為代求的依據。他先請求上帝照祂的「**大慈愛赦免這百姓的罪孽**」（19節）。「**大**」及「**慈愛**」這兩個詞分別出現在17及18節，而「**赦免**」（*sālaḥ*）這動詞原文與18節及

19節下所用的「**赦免**」（*nāśā*ʾ）不同。在聖經中，凡出現 ***sālaḥ*** 這動詞，都以上帝作為主語，因此只有上帝才有這種赦免的特權，而 *nāśā*ʾ 一般意思是「提起、擔起」，指上帝擔起百姓的過犯。在這禱文，摩西指出上帝這次施行的赦免，只照他「**從埃及到如今常赦免他們一樣**」，他在此要強調上帝慈愛性情的一致性。從出埃及到現在，上帝並沒有完全除滅犯罪的以色列人。祂或許只回應他們的需要，供給他們食物，或如金牛犢事件般只刑罰部分的人，又或如民數記所記載這事之前所發生的事件中，仍然只刑罰部分的人。由此可見，上帝是「**赦免**」人的神。當上帝質問以色列人得罪祂「直到幾時」（*wəʿad ʾānāʰ*），摩西就期望祂赦免他們如祂所行，是「直到今時」（*wəʿad hēnnāʰ*）。

■ 上帝修改刑罰（十四 20 ～ 35）

聽過摩西的代求後，上帝正式宣告祂會如何處理以色列民中那些不聽從祂及聽從祂的人。這個宣告可分為兩部分。第一部分是回應摩西的代求（20～25節），而第二部分稍為詳細回應羣眾所發的怨言（26～35節）。

在第一個部分，上帝先表明祂已按摩西的話赦免以色列民（20節）。這個赦免包括兩方面：對不信者施加刑罰，以及向相信者發出應許。在處理不信者的刑罰，上帝以起誓的形式講出祂對犯事者的處理（21～23節）。這個誓言能夠實現的基礎是「**遍地要被我【指耶和華】的榮耀充滿**」。這代表上帝的權能要在全地被彰顯出來，「**遍地**」所指的就是上文提及過的「**列邦**」（15節）。這個誓言的內容是針對那些曾見過耶和華的榮耀及神蹟，但又「十次試探」上帝，不聽上帝的話的人。上帝起誓要令他們一個也不得看見應許之地。上帝所說「十次試探」❾是指他們多次測試上帝是否有能力帶領他們進入迦南地。❿上帝稱呼這些人為「**藐視**」祂的人（23節），並重申他們斷不能看見這地。「**藐視**」這詞明顯是回應上帝在第11節所說的。經文不是說他們不能進入，而是不能「**看見**」那地。經文在此清楚地將兩個「**看見**」並置及對立起來（22、23節）。這些原來「**看見**」上帝榮耀的人，因為仍然試探上帝，因此就不能「**看見**」應許之地，意思是不能「**看見**」被上帝榮耀充滿的地方。⓫

「和合本」在第21節結束時加上句號，因此未能將第21節及22節的關係表明出來。

接著，上帝就向相信祂的人——迦勒——發出應許（24節），使他能夠進去那地，他的後裔亦可得地。上帝評價他是一個「另有一個心志」的人，與其他人的心志不同。他也是一個「專一跟從」耶和華的人。⓬ 最後，上帝指出既然他們害怕亞瑪力人及迦南人，而他們當時仍住在谷中（在南地附近的區域），那麼，在第二日以色列人便應沿紅海的路折返回曠野去。意思是既然他們要回到埃及，那麼就按此路回去吧！

第二個部分稍為詳細記載上帝的回應，主要是針對百姓在2至3節的講話。這兩段經文有「發怨言」（2、27節）、「死在這曠野」（2、29、32節）、「孩子」（3、31節）及「擄掠」（3、31節）等重複字眼。現將經文內容分析如下：

A	上帝對摩西及亞倫說：	這是「惡會眾」的行為（27節）
B	上帝對百姓說： 1. 刑罰的原則 2. 刑罰的對象	 「照你們……的話待你們」（28節） x　百姓「必倒在這曠野」（29～30節上） y　迦勒及約書亞可以進入迦南地（30節下） y'　婦人及孩子必被領進那地（31節） x'　百姓「必倒在這曠野」（32節）
	3. 刑罰的時期	孩子在曠野飄流的日子（33節） 百姓在曠野的日子（34節）
A'	上帝對摩西及亞倫說：	這是「惡會眾」的結果（35節）

多數學者認為35節仍屬上帝透過摩西向百姓說話的內容。不過，「這惡會眾」及「他們」等字眼則是上帝對摩西說話時，以第三身來指會眾。

經文首次以「惡會眾」這稱謂去取代一直所用的「全會眾」，這是因為當百姓認為地是惡之時（參十三章19節摩西所言的），上帝就稱呼他們為惡的。這羣惡會眾的特點是愛「發怨言」（十四27）。⓭ 因為上帝聽見他們的怨言，所以對他們說話。上帝首先指出祂處理他們的原則：「照你們……的話待你們」（28節）。這可以說是「同態復仇法」（*lex talionis*）的一個模式，是上帝在施行刑罰時常用的原則（參出二十一24；利二十四20；申十九21）。不過，其具體應用在不同情況下則有所不同。這裏的應用是環繞著兩個焦點：刑罰的對象及刑罰的時期。

第29至32節說明刑罰的對象是哪些人。經文呈扇形結構（參左表）。扇的外圍是描述不能進入迦南地的會眾，內圍的是可以進入迦南地的兩個領袖及會眾的孩子。⓮ 由於叛逆的人曾埋怨說巴不得「**死在這曠野**」及「**倒在刀下**」（2～3節），所以上帝就照他們所說的對待他們，指出他們的屍首「**必倒在這曠野**」（29節）。當提及「**向我發怨言**」的人就是那些被數點、20歲以上的人，其目的不像是指出當中可能有人沒有發怨言，而是要描述這羣人的本性（參27節）。不過，當中亦有人會被豁免，其中最明顯的是利未人，因為他們不在這些數點的人中，也沒有參與察看迦南地。而亞倫的兒子以利亞撒在當時很可能已經超過 20 歲（參三32，四16），也在承繼亞倫的職事後進入迦南地。經文清楚說明這羣惡會眾不能進去那片上帝有能力使他們定居的地方（30節上）。⓯ 然而，雖然這羣人不能進入那地，但仍有例外，首先是迦勒及約書亞（30節下），作者沒有特別解釋原因，可能因為上帝這個回應是針對百姓的埋怨，而不是回應他們兩人。接著就以較長的篇幅來說明可以進去那地的另一批人，就是這些埋怨的會眾的「**孩子**」。這些會眾曾擔心他們的「**孩子**」會被「**擄掠**」，上帝就應許必領他們進入那地。經文並沒有明言上帝這樣行的意義是甚麼。不過，須留意的是：第一、這些孩子不是自己進去，而是由上帝領他們進去的；第二、進入那地的目的似乎不在於拯救這些孩子，而是讓這些孩子知道這會眾所「**厭棄的那地**」是怎樣的；第三、經文沒有明言他們在那地會否被擄掠。不過，若果按照上文，上帝曾使用「同態復仇法」原則行事，故此，當會眾說他們的孩子「**要被擄掠**」，則可能上帝領他們的孩子進去，是要容讓他們被擄掠呢！

「飄流」（$r\bar{a}{}^{c}\bar{a}^{h}$）通常解作「牧養、牧羊」，這裏可能引申為牧羊人四處漫游的行動。

第33至34節說明刑罰的時期有多長。經文的重點不在於他們還有多久才可以進入那地，而是還有多久他們的「**屍首必倒在這曠野**」（32節）。這個刑罰究竟需時多久才是核心問題。經文指出會眾的兒子要「**在曠野飄流四十年**」，並在這段時間「**擔當**」這些會眾「**淫行的罪**」。聖經常用行淫來比喻以色列人離棄耶和華去敬拜偶像，民數記所指會眾所犯的罪正是這樣。「罪」亦可解作因犯罪而來的後果或刑罰，所以，「擔當罪行」就是指承擔後果或刑罰。在曠野飄流 40 年就是會眾的兒子所承受他們的父母親所犯之罪的刑罰。這刑罰會持續直到會眾的「屍首在曠野消滅」，這說話的意思不是指等到屍首腐化，而是指有關的人完全死掉。所以，在曠野這 40 年是因犯罪所受的刑罰（參三十二13）。接著，經文便解釋為何是 40 年。這是按著探子探地所花的日數，以一年代替一日而得出來的結果。這 40 年在曠野的生活也是犯事者要承擔的刑罰。這個計算方式可以說是「同態復仇法」的一個演繹方法。這經歷使他們知道上帝是與他們「疏遠了」，意思是指他們會經歷由上帝帶給他們的沮喪，或是上帝與他們相交時所經歷的沮喪。

最後，上帝轉向摩西及亞倫講話，這是以上整段講話的總結。上帝重申祂定必執行所說過的，對付這「惡會眾」，他們至終會在這曠野中消滅，也會在此死亡（35節）。

6.3. 即時的刑罰及後果（十四36～45）

上帝已宣告修改他的刑罰，不立即用瘟疫完全殺死全以色列人，而是要這些第一代的以色列人在曠野 40 年流浪至死，然後祂才會帶領第二代以色列人進入那地。即使如此，以色列人仍然要即時面對上帝的刑罰結果。接下來的兩段經文就是記述這點。

分段大綱（十四36～45）

1. 刑罰報惡信探子（36～38節）
2. 擅進地者的命運（39～45節）

6.3.1. 刑罰報惡信探子（十四36～38）

雖然第一代的以色列人要在未來 40 年間才逐漸死在曠野，但上帝仍立即對探子採取行動。這段經文在原文呈現扇形結構如下（依原文修改「和合本」）：

A [36]摩西所打發、窺探那地的人，

B 他們回來，叫全會眾向摩西發怨言，

C 透過報那地的惡信。

D [37]他們死了

C' ——這些報惡信的人——因為瘟疫，在耶和華面前。

B' [38]其中惟有嫩的兒子約書亞和耶孚尼的兒子迦勒仍然存活，

A' 從那些去窺探那地的人中。

這段經文的重點是報惡信的探子即時死亡的事實。這段經文的扇形結構的中心點亦正好確認這個重點，從而強化這個信息。

有探子報告關於地的「惡信」，它之所以「惡」（37節）是因為他們說地是惡的。因這「惡信」，這些探子令致全會眾發怨言。所以，這些探子在上帝面前遭遇「瘟疫」而死。「瘟疫」是上帝用來刑罰人的工具之一。⓰ 這些主謀並沒有因為耶和華修改刑罰得以延遲死亡，反而立即「死在耶和華面前」，也就是死在會幕面前。相對之下，經文清楚指明在那些察看迦南地的人，即 12 個探子中，只有約書亞及迦勒得以存活。

6.3.2. 擅進地者的命運（十四39～45）

當以色列人聽到上帝對他們的刑罰，便以為若回心轉意進入那地，就能夠扭轉命運。不過，上帝的話語不會更改，他們強行上去只會帶來惡果。

承接上文內容，經文指出當以色列人聽到上帝對他們的刑罰，他們就「甚悲哀」（39節）。作者先綜合以色列人的行動（40節），然後再具體說明詳情（41～44節），最後陳述行動的結果（45節）。第二天早上，他們原應照上帝吩咐，轉回走向曠野（參25節），但他們卻一再違命「上山頂去」。這裏意思可能是指他們朝著希伯崙進發，因為希伯崙是該地區的其中一個高山。他們這樣做是因為他們自覺有罪，希望藉著改變自己的行為上去那地，就能改變上帝的決定。不過，人的改變不一定能帶來上帝的改變。當上帝心意已決，則再無扭轉的餘地了。所以，摩西指出這

「違背」（ʿōḇrîm）原意是「越過、經過」。這裏使用分詞，表達持續的意思。所以，摩西指出以色列人「持續地違背耶和華的吩咐。」

是「**違背耶和華的命令**」，⑰所以，他們的行動是不會成功的。摩西命令他們「**不要上去**」，並指出其原因。這原因可以扇形結構表列出來（依原文修改「和合本」）：

A　[42]……**因為耶和華不在你們中間，**

B　你們不要被殺敗

C　在你們的仇敵面前。

C'　[43]因為亞瑪力人和迦南人在那你們面前，

B'　**你們必倒在刀下；**

A'　因你們轉回不跟從耶和華，**所以他必不與你們同在。**

經文清楚指出以色列人的仇敵就是亞瑪力人和迦南人（C 及 C'），「被殺敗」就是「**倒在刀下**」（B及 B'），上帝不在以色列人中間就是指不與他們同在（A 及 A'）。原本耶和華是在他們中間的（11、14節），但現在已經不是了。若然他們堅持這樣做，則他們必「**倒在刀下**」，如他們所曾說一樣（3、43節）。不過，這並不是因為耶和華領他們上去的結果，而是因為他們自己要上去！這是一個例子，點出上帝按他們所說的話去對待他們（參28節）。在這個結構中沒有對應元素的是「因你們轉回不跟從耶和華」，這是用來強調他們失敗的原因，他們的行動正好與迦勒的「完全地跟從」上帝是相反的（24節）。

然而，百姓沒有聽從摩西，在摩西及約櫃仍沒有移動離開營地的情況下「**擅敢上山頂去**」。約櫃先行是表示耶和華替他們爭戰（十35），所以現在他們的爭戰是沒有耶和華支持的。他們「**上**」山去，但結果是亞瑪力人及迦南人「**下來**」「**擊打**」他們，殺敗他們直到何珥瑪。⑱這負面的結局間接證明迦勒及約書亞所言「**有耶和華與我們同在**」就不用怕是對的（9節）。百姓的違命並不單只是在於他們持有「反出埃及」的想法（2～4節），也在於有「反聖戰」的想法，意即他們堅持當與敵人爭戰時，耶和華的同在是無關重要的。這些想法是他們致命之因。

「擊打」（nāḵāh）這詞原文與12節「擊殺」相同。

信仰反省

當以色列人停留在加低斯，上帝命令他們派人去察看那地。摩西則具體指出他們要察看那裏是一塊如何的地土，所住的是怎樣的居民。簡單而言，就是察看那地「是好是惡」。探子的行程順利，也安全歸來。他們第一個報告是客觀的，不過，卻帶來探子們兩種不同的回應。迦勒的回應是可以上去，但其他的卻回應不可以。於是其他探子就有第二個報告，是主觀的。這報告同樣帶來人民兩種不同的回應，就是會眾要求回埃及地，而迦勒與約書亞則堅持要上去。從客觀的報告轉到主觀的惡信，探子仍然強調這是他們第一身的經驗，不過他們忽略了「耶和華同在」的重要性，以致扭曲自己所看見的事物。惟有如迦勒及約書亞般將「耶和華的同在」放在觀察事情的出發點，人才能清楚看到事物的真相，看見這地是「極好」。當這些探子認為迦南地是惡的，會眾便受了影響，也認為這地是惡的。這會眾因而扭曲他們的看法，認為埃及地才是好的。所以，他們推論耶和華是惡的，是使他們全家都受害的神。正因如此，上帝稱他們為「惡會眾」。正當埃及人及迦南人都聽見耶和華與以色列人同在，在他們中間之時，以色列人本身反而忽略這點。這些會眾縱然曾經看見過上帝的榮耀及神蹟，經歷過上帝的恩典，卻仍然未能看清這地是好是歹，這位神是好是歹。因此，他們遭受上帝的刑罰，以致不能看見這應許之地。經文清楚指出當人忽略自己與上帝的關係，便會扭曲自己對上帝、對其他事物，甚至對自己的看法。他們想要救自己的生命，但卻喪掉生命。站在加低斯的以色列人正面臨人生一個重要的抉擇，要相信上帝抑或不相信祂。這也是他們整個行程的一個契機，就是他們可以進去應許之地成為大國。不過，不信使他們把這個契機變成為危機，以致要在曠野流浪 40 年。可見在不信之時做的抉擇原來可以有這麼深遠的影響。當我們面對一個人生抉擇時，我們能否以上帝為出發點，去審視面前的情況呢？

經文也指出代求者的位置。代求的基礎就是上帝的名聲或榮耀，及祂慈愛的本性。來到上帝面前的祈求是為著祂的榮耀的緣故，就是使其他人可以看見祂的能力及威榮而尊祂為主。代求者不能容許自己的利益成為為他人代求的障礙，而是全心為著他人的好處出發。代求也是建基在上帝慈愛的本性之上。祂的慈愛會使祂不照著人的過犯待他們，但上帝正需要代求者將這點向祂說明，提醒祂呢！

溫習及思考問題

1. 摩西如何揀選探子去迦南探地？這些探子既是領袖，當然是成熟的人，也為百姓所尊重。然而，他們的報告卻引致百姓遭刑罰。這如何反映出揀選領袖的重要性？領袖如何影響整體教會？
2. 摩西吩咐探子主要察看哪兩方面的事情？這些事情對以色列人有何意義？當教會需要發展福音事工，差派你作先頭部隊，你會看重哪些元素呢？
3. 作者怎樣描述探子的行程（參十三21～24）？這樣的描述有何特別意義？
4. 探子如何回應第一個報告？為何百姓只會受負面回應的影響，對迦勒及約書亞的回應卻聽不入耳？
5. 經文用了哪 4 個動詞去反映百姓的口頭回應（十四1～4）？這 4 個動詞如何生動地描述以色列人的感受？當人在逆境之時，是否也會有以上的反應？
6. 百姓決定返回埃及這行動，如何反映他們對事物的看法是扭曲的？你的信仰生活中，是否也發生過類似的事情？
7. 當以色列人發怨言，摩西、迦勒及約書亞如何回應他們？他們的回應與其他人的回應有何不同之處？這如何反映他們與上帝的關係？
8. 試比較十三章2節及27節。以色列人為何將入迦南看為人要執行的一個工程，而不是上帝的恩典？為何在他們的思想中會失去了上帝的位置？在你的信仰生活中曾有類似的經歷嗎？
9. 在混亂的境況中，摩西如何為百姓祈禱？從他的禱告中，你能否找到一個代求者所應有的氣質？
10. 上帝如何刑罰那 10 個探子及發怨言的群眾？你認為上帝公平嗎？從審判中能看見祂的慈愛嗎？你心目中的上帝是否也是如此？

釋經短註

❶ 密格朗提出以下扇形結構：

A 探子的行程（十三1～24）
B 探子的回報（十三25～33）
C 百姓的回應（十四1～10上）
B' 上帝的回應（十四10下～38）
A' 百姓的行程（十四39～45）

在這結構中，對應較強的是 A 及 A' 段，因為兩者都與進入迦南地的行程有關，A 段是上帝所吩咐的，而 A' 段則是上帝所禁止的。所以，結果也迴異。但 B 及 B' 的對應則較弱，而且 C 及 B' 都是對探子回報的回應，硬將這兩段經文分為兩個大段落並不妥當。

❷ 十三章6節提及的「迦勒」被稱為基尼洗族人（三十二12；參書十四6、14）。基尼洗族人是以東的後裔（創三十六9～11）。不過，可能在歷史發展過程中，基尼洗人已融入猶大支派（參書十四6），故此，基尼洗族人也就成為猶大支派中的人。

❸ 亦有學者認為十三章21節及十三章22至23節是來自兩個不同的傳統，它們對探子的行程有截然不同的看法。第一個傳統認為探子已察看全地，而第二個則認為探子只是去到希伯崙（參書十四6～15）。這個討論並不是本書所關注的，故在此省略。不過，從內容編排角度出發，第21節是綜合整個行程，而第22及23節則點出途中值得留意的事情。這樣的編排就如十章12節是以色列人由西奈到巴蘭曠野行程的綜合，而十一章就點出行程中3 個地點所發生的事情一樣（參1.2.4.2）。

❹ 聖經中多處出現 40 天這個數字。如洪水在地上的時間（創七17）、摩西留在西奈山上的時間（出二十四18）、歌利亞叫陣的時間（撒上十七16）、以利亞逃命到何烈山所需的時間（王上十九8）。這可能是用來代表一段不是太短的時間，但卻是一段試煉的時間。

❺ 十三章30節「上去」（*ʿālōh naʿăleh*；字根是 *ʿālāh*）及「能夠勝過」（*yāḵôl nûḵal*；字根是 *yāḵōl*）原文這個動詞之前都有一個與其動詞相同字根的「獨立結構型不定詞」（infinitive absolute）。這是用來加強語氣，強調動詞所表達的行動的必然性。所以，迦勒的意思是「我們一定上去，無論如何，都要上去」及「我們一定得勝，不論怎樣，我們能夠得勝」。

❻ 十三章32節「惡信」（*d̲ibbāʰ*）在聖經中出現 9 次。只有兩次加上獨立形容詞「惡」去形容它（創三十七2；民十四37），而另外 7 次的用法中，它的意思可以包括讒謗、指控、詆毀，基本上都有「中傷人」的意思。所以，即使沒有加上「惡」這形容詞，這詞帶著負面的意義。

❼ 十三章32節「地土吞吃人」這個主題出現在兩個處境中。第一個意思是指地土荒涼、沒有出產，以致人不能活在其中（參結三十六8～15）。第二個是「仇敵之地要吞吃你們」，意思是指以色列人在仇敵的地方會被敵人消滅（參利二十六38）。這兩個意思都可以應用在民數記這段經文中。但若考慮到探子同時針對地土及居民兩個主題，則第一個理解較為可取（另參十四3）。

❽ 十四章15節「如殺一人」原文可直譯為「如同一人」。這短語在聖經出現 9 次，它有兩個基本意思。第一、若將行動者的行動形容為「如同一人」的行動，它則強調有一羣人有同一個目標，能夠一致地行動（士二十1、8、11；撒上十一7；撒下十九14；拉三1；尼八1）。第二、若將施加於一羣人的行動形容為施加於「如同一人」身上，則是指施加行動的人能夠輕易達到行動的目的（士六16）。這裏所指的應該屬於第二個，意思是指耶和華殺害百姓，如同殺害一個人那麼輕易。

❾ 猶太傳統認為這 10 次試探是：過紅海（出十四11～12）、在瑪拉（十五23）、在汛的曠野（出十六2）、兩次在加低斯（出十六20、27）、在利非訂（出十七2）、在西奈山（出三十二章）、在他備拉（民十一1～3）、在基博羅．哈他瓦（民十一34），以及探子事件。

❿ 「試探」（*nāsāʰ*）這詞有多個用法。當描述一個人試探另一個人，這是指看看受試的人是否名乎其實（王上十1；代下九1；但一12、14）。當描述上帝試探人，是要看看受試的是否可靠，或他們的動機如何（申八2、16，十三3；士三4）。當人試探上帝，是要求上帝證明祂的能力，通常是透過行神蹟（出十七2；詩九十五9；賽七12）。

⓫ 「看見」這動詞在整段探子事件中佔有重要位置。十三章18節已經提及這是摩西命探子所作的事情，它也是用來表達探子親身經驗的字眼（十三28、32、33）。上帝是清楚地「眼對眼」被以色列人看見

（十四14），他們也曾看見上帝的榮耀（22節）。不過，因為他們的不信，沒有在這件事中看見上帝的位置。因此，那些曾看見迦南地的探子就沒有機會再見那地，而未曾見過迦南地的第一代百姓也沒有機會看見那地。

⑫ 十四章24節「專一跟從」這短語可直接翻譯為「充滿著在某人後面」，意思是「完全地在跟在某人後面」。這個短語在聖經中共出現8 次，多用在迦勒身上或對比他的態度（十四24，三十二11、12；申一36；書十四8、9、14）。列王紀上十一章6節是指所羅門沒有如大衛般「完全地跟從」上帝。

⑬ 十四章27節「這惡會眾向我發怨言，我忍耐他們要到幾時呢？」原文應是「這惡會眾向我發怨言要到幾時呢？」所以，原文完全沒有提及耶和華的忍耐，而只表述會眾不停發怨言這事實。

⑭ 十四章29及32節「你們的屍首必倒在這曠野」這句子原文呈扇形結構。按原文用字的次序應是，29節：「在這曠野／倒下／你們的屍首」，而32節：「你們的屍首／倒下／在這曠野」。這首尾呼應刻意將29至32節勾劃成一個較為獨立的段落。

⑮ 十四章30節「起誓」（*nāśāʾṯî ʾeṯ-yāḏî*）原文直譯為「我提起我的一隻手」，而不是民數記其他地方出現「起誓」（*šāḇaʿ*；參五19，十一12，十四16，三十2等）這詞。現存許多中英文的譯本多誤以為這行動代表起誓。然而，當用在耶和華身上，它是指上帝以祂的能力參與或介入某事件中（賽四十九22），是要施行刑罰（結三十六7；「和合本」譯作「起誓」），又或是提出幫助（詩十12）。

⑯ 十四章37節「瘟疫」（*maggēpā*^{h}）有在戰爭中被「擊打」的意思。這詞與12節「瘟疫」（*deḇer*）一詞並不相同。37節用了 *maggēpā*^{h} 一詞可能是為配合42節「殺敗」（*nāḡap̄*）一詞，它與 *maggēpā*^{h} 為同字根。摩西的意思很可能是指若他們遭仇敵殺敗，這也是出於上帝的擊打。這個用法亦將36至38節與39至45節這兩段經文相連起來。

⑰ 十四章41節「違背」即「越過、經過」（*ʿāḇar*）。這詞在探子這個記載中出現 3 次。第一次是那些報惡信的探子強調他們自己「經過」那地（十三32）；第二次是迦勒及約書亞回應指出他們自己也「經過」那地（十四7）；第三次則是41節，是指出以色列人「經過」耶和華的命令，即違背祂的命令。

⓲ 「何珥瑪」（*ḥormāʰ*）這名詞字根（*ḥrm*）的意思是「盡行毀滅」。這專有名詞原文附有定冠詞的，這情況較為罕見。所以，有學者認為經文是指以色列人被殺敗直到他們盡行毀滅為止。

第七章

律例（十五1～41）

- 進應許之地後的獻祭：條例補充
- 誤犯事與蓄意犯事者的處理
- 衣邊綴繸之例

在探子事件後（十三～十四章），經文記載了一系列看似獨立的律例。它們包括獻素祭及奠祭之例（十五1～16），獻初熟的麥子磨麵之例（17～21節），誤犯事者獻祭之例（22～29節），蓄意犯事者的處理（30～31節），犯安息日者的處理（32～36節），以及衣邊綴繸之例（37～41節）。整段經文以這樣的次序編排並非無意義。它安放在探子事件之後，可視為回應探子事件。而其中一點是：探子事件帶來的後果是第一代的人將會死在曠野，而這些律例是以色列人到了上帝賜給他們的地土後，才需要遵守的（2、18節）。所以，對第二代以色列人來說，透過這些律例，上帝向他們表明祂仍然會賜地予他們及帶領他們。這些律例既是給他們的安慰，也是對他們的應許。其他與十三至十四章相關的地方，則會在下文各段析讀內容中，再作說明。

7.1. 進應許之地後的獻祭：條例補充（十五1～21）

第1至21節是一系列有關獻祭律例的補充規定，到以色列人進應許之地後，這些規定才生效。

分段大綱（十五1～21）

1. 獻素祭與奠祭之例（1～16節）
   甲、引言：進應許之地後的獻祭（1～3節）
   乙、素祭及奠祭的要求（4～12節）
   丙、對獻祭者的要求（13～16節）
2. 獻初熟麥子之例（17～21節）

第一段落指出進地後，若他們自願獻上燔祭或平安祭，他們就要同時獻上素祭和奠祭。第二段落則指出進入應許之地後，他們必需要獻上由初熟麥子造成的生麵團，作為回報上帝的恩典。這兩個段落互相補充，說明了以色列人進地後無論是自願獻祭或是指定獻祭的處理方法。雖然這兩個段落的具體內容並不相同，但卻有不少相同的用詞或短語。這些包括：「獻」（*hiqrîḇ*；4、7、

9、10、13、27節）、「外人」、「寄居的」、「住在你們中間」（14、15、16、26、29、30節）、「世世代代」（14、15、21、23、38節）、「你們到了我所賜給你們居住的地／你們到了我所領你們進去的那地」（2、18節）、「作火祭（獻）給耶和華」（3、10、13、14、25節）、「給耶和華為馨香之祭」（3、7、10、13、14、24節）。這些相同的用詞或短語既點出經文所關注的事，亦將這兩個段落與接下來的內容連結起來。

7.1.1. 獻素祭與奠祭之例（十五1～16）

這段經文的主要內容是指出若獻上燔祭或平安祭，就要一併獻上素祭及奠祭。當以色列人仍在曠野，他們就不用獻上這些素祭和奠祭，這是因為這兩種祭所需的祭物是農耕產物。對正在曠野流浪的以色列人來說，要獻上這些祭物著實是困難的。這段落可以細分為以下 3 段：

1. 引言：進應許之地後的獻祭（1～3節）
2. 素祭及奠祭的要求（4～12節）
3. 對獻祭者的要求（13～16節）

7.1.1.1. 引言：進應許之地後的獻祭（十五1～3）

經文以「耶和華對摩西說」來開始一個新的段落。接著耶和華便說明所陳述的律例是在「你們【指以色列人】到了我【指耶和華】所賜給你們居住的地」之後才需要遵守的。這個條件一方面指出以色列人仍在曠野，但另一方面則指出他們必會進到迦南地，並居住在那裏。在這個情況下，他們可以把牛羊作「火祭」獻給耶和華。「火祭」這詞應該不是指在火上獻上的祭，而是指「禮物」。

這些禮物可藉「燔祭」或是「平安祭」的方式獻上，而獻上的原因可以是「還特許的願」，如拿細耳人的願（參六2），或「甘心祭」（即自願獻上的祭），又或在節期獻上的祭（參二十九39）。這些祭都被稱為「馨香之祭」，意思是這些祭都是耶和華所接納的。❶

「平安祭」（zeḇaḥ）這詞泛指「祭」（參創四十六1；出三十四15），但亦是平安祭（zeḇaḥ šəlāmîm）的簡稱（比較利三1、3、6、9及七16、17的用字）。

火祭

因為「火祭」（ʾiššeʰ）與「火」（ʾēš）這詞的原文相近，所以多被譯為「火祭」，指經由火燒而獻上的祭。不過，祭司在平安祭中所得祭牲的胸（利七30～31、35～36）及陳設餅（利二十四7、9）都稱為「火祭」，然而這些祭物卻是沒有經火獻上的。奠祭也曾稱為「火祭」（民十五10），但同樣地這些酒並沒有經火而獻上。相反地，一些必然透過用火來獻的祭就從來沒有被稱為ʾiššeʰ，贖罪祭就是一個例子（但也有例外；參利四35，五12）。現代學者多認為 ʾiššeʰ 很可能與烏迦列文有關，意思是「禮物」。所以，贖罪祭自然不是ʾiššeʰ，因為贖罪祭不可能是禮物。

7.1.1.2. 素祭及奠祭的要求（十五4～12）

上一段落提及獻祭的類別在利未記中有詳細說明（參利一～七章），接下來就是補充利未記的內容，指出獻這些祭的時候，要附加上素祭及奠祭。這些獻上的素祭及奠祭的分量與同獻的牲畜的種類有關。現將其內容表列如下：

經文	祭牲	素祭（細麵＋油）	奠祭（酒）
4～5節	綿羊羔	1/10 伊法＋1/4 欣	1/4 欣
6～7節	公綿羊	2/10 伊法＋1/3 欣	1/3 欣
8～10節	公牛	3/10 伊法＋1/2 欣	1/2 欣

「**細麵**」應該指用小麥製成的粉。經文沒有說明具體的獻祭方法，它很可能是依一般獻素祭的方法（參利六14～23）。獻奠祭的方法也不明確，學者對此有不同的看法。❷ 從獻上的素祭及奠祭的分量，可以再次見到祭司神學中的遞進程度的理念，就是祭牲愈大，同獻的素祭及奠祭也愈多（2.3.4.1 提及從覆蓋物件看會幕之物的神聖等次中，也略述這個理念）。

這吩咐以第11至12節作為總結，指出獻不同祭牲時應該要這樣的同獻上素祭及奠祭（經文在此加上「**山羊羔**」，其同獻之物應與綿羊羔相同），並強調動物的數目要有對應的素祭及奠祭。這個要求正用來回應探子事件中探子對地土的看法。探子的主觀報告表達了他們看迦南地為「**吞吃居民之地**」。這裏的回應卻指出這地土不是這樣，而是「**流奶與蜜之地**」，有足夠出產來供人獻祭。

7.1.1.3. 對獻祭者的要求（十五13～16）

說明與各類祭牲同獻的素祭及奠祭的數量後，經文就說明不同獻祭者處理以上的獻祭之例的要求。經文分別提及「**本地人**」（13節）、「**外人**」（14節）及總結（15～16節）。

首先，這是對「**本地人**」的吩咐，命令他們要按上文所指示的規定獻火祭給耶和華。「**本地人**」是指出生在一個屬他們地土的人。以色列人原本不是住在迦南地，但他們有「**本地人**」這稱謂可說是個應許，指出應許之地會屬於以色列人，而他們後代的人就因此成為那地方的「**本地人**」。

其次，寄居在以色列人的「**外人**」（*gēr*；原文意思是「寄居者」）也要守同樣的規定。❸ 再者，經文指出將來任何在以色列人中間的人若要獻祭，也需要守同樣的規定。這類人的其中一個例子是「**外人**」（參利二十二25）。雖然這些人在以色列人中間，但卻不一定「**住**」在他們中間（原文沒有「和合本」翻譯的「**住**」字），所以他們沒有「寄居者」的身分，也不能親自將祭牲帶到會幕前獻祭。

最後，第15至16節作出總結。第15節指出對於整個會眾（指以色列人）來說，他們要守的規例與寄居者的只有同一條例，也是一條「**世世代代**」在將來任何時間都要這樣守的例。第16節則重申這個講話，用的字眼由「**例**」（*ḥuqqā*^{h}）轉為「**條例**」（*tôrā*^{h}）及「**典章**」（*mišpāṭ*）。「**條例**」一詞在這裏強調的是「指導、教導」。這條例是上帝（經摩西）所教導的，所以以色列人要遵守。「**典章**」則強調其訴訟層面，由訴訟程序去決定何謂公義公正。

7.1.2. 獻初熟麥子之例（十五17～21）

「領……進去」原文是分詞。分詞包含正在進行或即將發生的意思。

經文以「耶和華對摩西說」（17節）引入一個新的段落，並說明接下來的命令，是在他們進到上帝即將**領他們進去**那地之後才要遵行的（18節）。命令的內容呈現下列平行結構（19～21節；依原文修改「和合本」）：

A　[19]吃那地的糧食，就要把舉祭獻給耶和華。

　B　[20]你們初熟的麥子磨麵，你要做餅當舉祭奉獻；

A'　好像禾場的舉祭，你們一樣舉上它。

　B'　[21]從你們初熟的麥子磨麵，你們要給耶和華舉祭直到世世代代。

這 4 句的下半部都有「舉」或「舉祭」的字眼（參 2.4.2 專欄：「舉祭」），獻祭的對象無論明言或暗示都是指耶和華。A 及 A' 的上半部分比較概略地提及食物；B 及 B' 的上半部分則較具體地說明這些食物是甚麼，它們的用詞幾乎是一樣的。

當以色列人進應許之地後，可以吃地的出產時，他們就有責任將舉祭獻給耶和華（19節），所獻之物就是用「初熟的麥子磨麵」造成的「餅」（20節上）。「初熟的」（*rēʾšîṯ*）原意指「首先的、重要的」，多用來指經過處理的首批土產，而不是指土地的「首批出產之物」（*bikkûrîm*）。至於「麥子磨麵」這短句的意義則不詳，可能指生麵團，即未焗以前之麵團。若是如此，整節經文的意思是：以色列人要將由初熟土產而成的生麵團，以餅的形式奉獻予耶和華。申命記十五章14節曾指出以色列人要從「禾場」中多多給予離去的奴婢，而民數記十八章27及30節則將利未人給予祭司的什一比喻為「禾場上的穀／糧」。**以色列人所獻上的生麵團就如所獻的祭**般，也如從農業土產中獻上祭物一樣（十五20下）。所以，這個吩咐的對象不是農夫，而是在家中處理土產的人。

經文指出這獻給耶和華的舉祭，最後由上帝給予祭司的，並且其獻上的結果是「福氣就必臨到你們的家」（參結四十四30）。

接著，第21節作最後的補充，指出以色列人要「從」這些生麵團中取一些獻上（「和合本」沒有譯出「從」字）。所以，並不是把所有都獻上，並指明這是到「**世世代代**」的定例。如上一條指令，這條例同樣回應探子事件中探子對地方的看法。這條例不單清楚指出以色列人可吃地土的出產（19節），亦指出人必須以這些出產回應上帝，就是把日常生活中最簡單造餅的生麵團奉獻予上主，以此成為敬拜生活的一部分。

7.2. 誤犯事與蓄意犯事者的處理（十五22～36）

當以色列人進入應許之地後，他們應以地土的出產為祭獻給上帝，成為祂面前馨香的祭，以此回應祂的帶領及恩典。這是以色列人應當首先關注的事。不過，他們亦會無意中犯例得罪上帝。若這個情況出現，以色列人就有責任重建這個關係。然而，若人蓄意犯例，藐視上帝，則這人必然被剪除。

分段大綱（十五22～36）

1. 誤犯者贖罪之例（22～29節）

   甲、引言：無意犯罪（22～23節）

   乙、會眾無意犯罪（24～26節）

   丙、個人無意犯罪（27～29節）

2. 蓄意犯者的處理（30～36節）

   甲、處理蓄意犯者的原則（30～31節）

   乙、處理蓄意犯者的例子（32～36節）

除了上文提及的一些共同用詞外，「**【一切】命令／吩咐**」（22、23、31節；參36、39、40節）及「**全會眾**」（24、25、26、33、35、36節）亦是這段經文出現次數比較多的字眼。這兩組字眼既點出「**命令**」這個主題，亦帶出「**全會眾**」在處理這兩類事情上的責任。

7.2.1. 誤犯者贖罪之例（十五22～29）

這段經文討論若有人無意犯了上帝經摩西所宣告的命令，他需要怎樣行才可以贖罪。經文亦指出有意犯事者所應受的對待。經文可以仔細分為 3 段：

1. 引言：無意犯罪（22～23節）
2. 會眾無意犯罪（24～26節）
3. 個人無意犯罪（27～29節）

7.2.1.1. 引言：無意犯罪（十五22～23）

引言帶出這段經文的關注，就是無意違例的問題（22～23節）。一般而言，「**有錯誤**」有兩方面的含意。第一、與律例有關，即犯事者清楚知道自己所做的是甚麼，但不知道這是違例。例如：犯事者清楚知道自己在第二日吃為感謝而獻上的平安祭牲的肉，但卻不知道這是違例的。第二、與行動有關，即犯事者清楚知道某條律例的要求，但卻因為無意或錯誤理解所做的事，以致違反律例。例如：犯事者清楚知道不能吃不潔之物，但卻錯誤地相信所吃的是潔淨之物，以致違例。

這段經文應指出這些無意犯的是「**耶和華所曉諭摩西的這一切命令**」，即上述第一類情況。在上下文的處境中，「**這一切命令**」可能指1至21節的命令。不過，第23節將這些命令擴展，指所有耶和華經摩西吩咐的命令，包括耶和華吩咐不可行的（prohibitive commands）及必定要行的（performative commands）。

7.2.1.2. 會眾無意犯罪（十五24～26）

「照典章」是指依照9至10節所記述的規條。

「**會眾**」（可能指代表全會眾的領袖）有可能無意犯了耶和華所吩咐的命令。犯例時他們並不知道，但知道後，他們就要獻上兩個祭。第一個是燔祭，所需要獻上的是公牛，並加上「**照典章**」指明的素祭及奠祭。第二個是贖罪祭，所要獻上的是公山羊。這裏列出的次序是規範性的次序（關於「獻祭的次序」可參 2.4.4.4；另參利未記一章1節至六章7節列出的次序），而不是執行的次序（這次序是先獻贖罪祭，後獻燔祭）。經文依次稱它們為「**火祭和贖罪祭**」（25節），表明燔祭作為火祭是禮物，但贖罪祭並不是禮物。祭司會為他們獻祭贖罪，使他們得到赦免。最後，第26節便將這例擴展到在以色列人中間的寄居者身上。

7.2.1.3. 個人無意犯罪（十五27～29）

接著，經文指出個人無意犯例的處理方法，就是獻上一歲的母山羊作贖罪祭。祭司為他獻祭，使他蒙赦免。第29節與26節相同，都將這例擴展到寄居者身上。❹

7.2.2. 蓄意犯者的處理（十五30～36）

無意犯例者可以透過獻祭得與上帝重建關係，蒙上帝赦免，但蓄意犯者就有不同的結局。本段經文可細分如下兩段：

1. 處理蓄意犯者的原則（30～31節）
2. 處理蓄意犯者的例子（32～26節）

7.2.2.1. 處理蓄意犯者的原則（十五30～31）

> 「蓄意犯罪」是指嚴重對上帝的不敬之罪，與利未記六章1至7節所提及有意犯罪的程度不相同。後者可以經獻祭而得蒙赦免，但「擅敢行事」的就不行。

經文形容那些蓄意犯例者是「**擅敢行事**」的人。「**擅敢**」（*bəyāḏ rāmāh*）原文是「以高舉的手」。這短語原文除了在第30節出現，在聖經中只再另外出現兩次（出十四8；民三十三3；「和合本」將之翻譯為「**昂然無懼**」），都是形容以色列人出埃及時的狀況。這動作既表示能力，亦有攻擊之勢（「舉起手」參 10.2.2.4），同時有漠視對方的含意。這明顯對比於無意犯錯的行為。接著，經文用 3 句話去形容這些人。第一、他們「**褻瀆了耶和華**」。這有漫罵、辱罵耶和華的意思（參王下十九6、22）。第二、他們「**藐視耶和華的言語**」。這是指輕視上帝的話語，不把它當作一回事，亦與違反上帝的話語平行（參結十六59）。第三、他們「**違背耶和華的命令**」，這可能與上句平行，意思相若。

對付這些人的方法，無論他們是「**本地人**」或是「**寄居的**」，都要將他們「**剪除**」（參 3.4.2.2 對「**剪除**」的解釋）。原文在30至31節用了 3 次「**剪除**」，顯明這段經文的重點，指出處理蓄意犯例者的原則是將他們剪除。經文最後指出這樣做只為說明犯事者須承擔其刑罰。

7.2.2.2. 處理蓄意犯者的例子（十五32～26）

經文接著就提供一個「**擅敢行事**」的例子（32～36節），亦同時說明「**剪除**」可以有的意思。經文以「**以色列人在曠野的時候**」作為開始，清楚指出這是一件發生過的事情。有關安息日的吩咐，十誡已有提及（出二十10～11），亦曾指出干犯安息日者要被「治死」及「從民中剪除」（出三十一12～17）。另有一處經文則重提治死犯事者（出三十五2～3），說明在安息日「不可在一切住處生火」（參3節）。在這些背景下，有一個人被發現在安息日撿柴，這人就被帶到摩西、亞倫及全會眾那裏，並收在監中等候處理的方法。

這裏有一個關鍵問題，就是「**還沒有指明**」這短語的意思。究竟它是指摩西等人不曉得撿柴這個行動是否違反安息日，抑或不知應怎樣處置這個撿柴的人？雖然從來沒有經文明言在安息日撿柴是違反安息日的規例，但有兩個理由支持以色列人認為這是應該如此的。第一、以色列人既然知道在安息日出去收取嗎哪是不當的（出十六22～30，特別留意28～29節），那麼在安息日不應撿柴也是自然推理出來的結論。第二、以色列人已清楚知道在安息日生火是不容許的（出三十五2～3），而撿柴的目的當然是為了生火，所以也應不容許人在安息日撿柴。所以，這個人在明明知道的情況下撿柴，就是「**擅敢行事**」，而摩西面對的問題就應該是：如何處置這個人？上帝的回應及會眾的執行，形成扇形結構如下（按原文修改「和合本」）：

A　35耶和華吩咐摩西說：
　B　「總要把那人治死；
　　C　全會眾要用石頭打他
　　　D　——在營外。」
　　　D'　36於是全會眾將他帶到營外，
　　C'　用石頭打他，
　B'　他就死了，
A'　是照耶和華所吩咐摩西的。

經文以扇形結構表達出來，目的有兩個。第一、將這段經文清楚地勾劃為一個單元。第二、將上帝的吩咐及全會眾的回應點對點地表達出來，以示全會眾確實如上帝所吩咐般執行出來。雖然「**在營外**」被置放在扇形結構的中央位置，但難以認為這是經文的中心思想。在營外執行的目的是避免死屍帶來不潔，用石頭打死當事人的目的是在不用流人血的情況下執行死刑。這是一件「**全會眾**」都參與的事情，表示全會眾都認同這個刑罰，並共同承擔責任。

在探子事件中，全會眾曾打算要用石頭打死約書亞及迦勒，但現在全會眾就用石頭打死違反安息日者。這個對比正好指出全會眾可以違反耶和華的心意行惡，也可以遵命行善。

7.3. 衣邊綴繸之例（十五37～41）

為了以色列人能夠遵守耶和華一切的吩咐，上帝命他們在衣服上加上標誌作為提醒。這段經文可用扇形結構表達如下：

A　引言（37～38節上）
　B　成聖的標誌（38節下）
　　C　正面目的（39節上）
　　　D　負面目的（39節下）
　　C'　正面目的（40節上）
　B'　成聖的呼籲（40節下）
A'　結語（41節）

首先，他們要在「**衣服邊上做繸子**」（38節下）。在近東文化中，衣服邊或是衣服的綴繸代表著穿衣者的身分及尊嚴。所以，大衛在洞中割下掃羅的衣襟後感到自責，因為這行為就等於伸手加害掃羅（參撒上二十四1～7）。「**繸子**」一詞另外只出現在以西結書八章3節，「和合本」翻譯為「一綹頭髮」，所以它應該指一束穗狀之物。其次，以色列人要在這「**繸子**」上釘上「**一根藍細帶子**」。有學者認為「**藍**」應該指紫色或紫藍色。「**一根藍細帶子**」這短語在聖經只出現 3 次，除了民數記出現 1 次，在出埃及記也出現了 2 次，都是指那根用來將金牌繫在大祭司的冠冕的藍細帶子（出二十八37，三十九31）。現在，上帝要求所有以色列人都要將這樣的一條藍色帶子釘在衣服的綴縫上。所以，這種做法的重點不是在於裝飾，而是代表以色列人些微擁有大祭司那神聖的身分及尊嚴。

這個吩咐有正面及負面的目的。經文以 3 個動詞說明這正面的目的，就是「**看見**」、「**記念**」及「**遵行**」。這衣綴的藍色帶子是要讓人看得見的，表示這是一個容易見到的標誌。當以色列人看見這個標誌，就記念「**耶和華一切的命令**」。這「**記念**」的意思並不單是指在腦海中出現這些命令，也指以行動去回應。所以，接著就指出要「**遵行**」這些命令。至於負面目的，就是使他們「**不隨從自己的心意、眼目行邪淫**」。這句話更準確的翻譯是「不要隨從你們的心和隨從你們的眼目去窺探，就是你們時常隨從它們行淫」。這句子中出現的「**窺探**」一詞，在探子事件中出現 12 次之多。經文在這裏刻意使用這個詞去將合乎上帝心意的察看及出於自己內心及眼目的察看作對比。前者是值得鼓勵的，後者是要禁止的。「**隨從**」（*ʾaḥar*；是一個前置詞，意思是「在後面」）一詞也出現在探子事件中，分別用來指迦勒專心「**跟從**」上帝（十四24）及以色列人離開不「**跟從**」上帝（十四43）。同樣地，經文特意使用這詞來對比應當隨從的事物及不應當隨從的事物。「淫行」一詞與探子事件中用來形容以色列人所犯的「**淫行的罪**」為同一字根（十四33）。十五章使用這詞，可被視為提醒以色列人不要再犯如探子事件般的「淫行」。

在民數記，「窺探」這詞只在十章33節再次出現，「和合本」譯為「尋找」，指約櫃走在以色列人之前，為他們尋找可以安歇的地方。

在十五章40節上，重申穿帶這個看得見的標誌的正面目的，就是要以色列人記念及遵行上帝的一切吩咐。第40節下則指出這是要以色列人成為神聖歸予上帝。「成為神聖」（「和合本」譯作「**成為聖潔**」）可以有多重意思。從外觀而言，穿著這個與其他民族不同的衣服標誌，可將以色列人分別出來，容讓其他人知道以色列人是耶和華的子民。從以色列人的信仰層面看，當他們戴上這條只穿在大祭司衣服上的藍細條子，這就表示他們要追求屬於大祭司的神聖程度，甚至表示他們有「祭司的國度，神聖的國民」（出十九6）的使命及決心。最後，從這身分的本質這層面看，若他們能透過這標誌去遵守耶和華一切的吩咐，他們就能成為神聖。

這個衣著提醒以色列人，他們的責任，就是要成為神聖。這責任是從他們的特殊身分而來的，就是他們是上帝從為奴之家的埃及地領出來的。耶和華是他們的上帝，他們是屬於祂的（十五41）。從這個角度來看，遵命就是恩典的結果，恩典就是遵命的基礎。

從以上的分析來看，第十五章的律例內容可以用來回應十三至十四章的探子事件的內容。十五章1至21節的律例間接應許以色列人，上帝會帶領他們進入應許之地。然而，進地後他們要在自願及必須的獻祭上，回應上帝在那地土上豐富的賜予，以此維持他們與上帝的關係。經過探子事件後，經文以正面的提醒作為開始。接著，經文指出若然他們與上帝的關係因無意犯例而破壞，上帝會為他們定下復和之法。不過，對於蓄意犯例者，他們就會被治死，就如探子事件中的大部分探子般。以色列人可以選擇重建關係，或容讓關係惡化到不能挽回的地步。然而，更重要的就是能夠遵命以致成聖。若他們能夠透過衣綴的繸子提醒自己要遵守耶和華的一切命令，他們就能成為「祭司的國度，神聖的國民」了。

信仰反省

這段經文有一個很強烈的信息，就是人與上帝的關係往往透過很具體的表現來建立的。人要透過持續的獻祭這具體的行為表達對上帝的尊重。對經文提及的以色列人來說，這些獻祭的吩咐，如上文所言，是回應他們不相信可以得地，以及不相信那地土是富沃的。所以，若我們曾在一些事情上不相信上帝，過後我們也應該為這方面的事對祂作一些回應。沒有具體的行動，信念的真實性就受到質疑。

人要具體地為自己犯的罪贖罪。不少時候，當知道自己犯罪後，我們的行動只停留在向上帝口頭上的認罪，再也沒有任何進一步的表現，沒有補償任何實質的東西給受害者（除了法律的規定外）及上帝。耶穌為人的罪付上的代價是死，這是極沉重極昂價的，但我們卻輕易犯罪，把這代價看得極其廉價。

以色列人衣邊綴繸是一個具體表達他們身分的方法。如上文所言，這種外觀上具體的表達既表示上帝吩咐他們要守成聖的使命，也表示他們要有成聖的決心。

另一方面，具體的行為並不是停留在「只有外表行為，沒有內心更新」這層面。衣邊綴縫的吩咐，就指出了具體的行為能夠塑造人的價值觀及信念。當人戴上這縫子，內心便想起自己的身分，也提醒人透過遵守上帝的律例而成為神聖。持續獻祭的經驗幫助人更深經歷上帝的賜予，以致人更樂意奉獻。人若真誠地為所犯之罪獻上補償，人就更能體會到罪的嚴重性及傷害性。因此，這些外在行為的確能夠建立及深化人與上帝之間的關係。

溫習及思考問題

1. 在這一章，摩西補充了哪些條例？對獻祭者有甚麼要求？補充規條的意義何在？定立條例背後有教育意義，試思想這些律例如何幫助你去反省你的信仰。
2. 上帝吩咐以色列要怎樣處理進入迦南地後首批的土產？獻首批的土產有何意義？你怎樣處理第一份收入？
3. 民數記如何介定無意犯的罪及蓄意犯的罪？無意犯罪的贖罪之例是怎樣的？這些贖罪的方式對你的信仰有何反省？處理的原則是甚麼？你對這樣的處理方法有何意見？
4. 在安息日撿柴會遭到甚麼刑罰？為何要遭受如此重的刑罰？從這可反省到一件事情表面看來雖然似是小事，但背後可帶著非常重要的意義。你有類似的經驗嗎？
5. 在衣服邊上做縫子這個吩咐有甚麼意義？有何正面及負面的目的？人的身分可以憑著衣著表露出來，你認為衣著怎樣顯明你信徒的身分？你的行為如何反映你的價值觀，又如何倒過來影響你的價值觀？

釋經短註

❶ 十五章7節「馨香之祭」用來形容燔祭、平安祭、素祭，以及奠祭，其中只有一次是指贖罪祭，但從不應用在贖愆祭身上。所以，其基本意思應是指上帝所喜悅的祭，而沒有平息上帝憤怒的

意思。「馨香」可能一方面指燃燒祭牲時產生的香氣，但另一方面也可能指在獻祭時採用香料。祭司在燃燒牛的時候，也會在火中加上香柏木（十九6），在獻素祭時也會加上乳香（利二章）。

❷ 第5節「奠祭」（*nesek̲*）這字的字根的動詞，有「倒出」的意思。首先，有學者認為奠祭可以分為在聖所中進行（參二十八7）及在祭壇上進行兩類。民數記所指的應該與祭壇有關。其次，若是與祭壇有關，則奠祭可能是將酒澆在壇上的祭牲上，再燃燒獻上，又或把酒倒在壇座之處。

❸ 密格朗指出寄居者要守以色列人所不能犯的禁令，但卻不必守以色列人要遵守的吩咐。所以，雖然以色列人必須守逾越節，但寄居者卻不一定要守這節。不過，假若寄居者要守逾越節，他就不能在不潔的情況下守節，正如以色列人不能在不潔的情況下守節一樣（參九13～14）。

❹ 利未記四章1節至五章13節亦有論及因無意犯例而獻上的贖罪祭的處理。該段經文與民數記十五章的內容有些不同之處，可簡列如下：

	利未記	民數記
類別	大祭司、會眾、官長及個人	會眾及個人
處理程序	有列出	沒有列出
會眾所獻	一隻公牛贖作為贖罪祭	一隻公牛犢作燔祭加上素祭及奠祭；一隻公山羊作贖罪祭
個人所獻	一隻母山羊作贖罪祭	一隻一歲的母山羊作贖罪祭
應用對象	以色列人	以色列人及寄居者

第八章

第一代人的叛逆（三）：亞倫作祭司的合法性（十六1～十七11）

- 可拉等人的叛逆
- 揀選亞倫的確據

經過十五章的律例所帶來的應許及警告後，以色列人會否回轉便成為一個關鍵的問題。然而，答案卻是否定的。十六至十七章記載第一代人再次叛逆。這次的爭論點是該由誰來擔當祭司的職分。引發爭論的主角，竟然是屬於由十一章至十四章所記載一系列叛逆的事情中從未出現過的利未支派——哥轄族人可拉。這次叛逆事件雖由他一人引起，但他卻帶領 250 位領袖及全會眾一起來針對摩西及亞倫（十六1～35）。因著一個人的叛逆而帶來全會眾的叛逆，這確實有探子事件的影子。可拉事件結束後，並不表示事情完全結束。上帝指令制定記號作為提醒，但會眾仍不滿意，以致帶來瘟疫作為刑罰（十六36～40）。最後，上帝提出以杖作為測試，奠定亞倫為上帝所揀選的大祭司這身分（十七1～11）。

十六至十七章的內容複雜。學者多認為由幾個不同的故事結合而成，因為十六章提及引發叛變的人不但有可拉，也有大坍與亞比蘭。舊約其他書卷曾提及這件事，不過只提及大坍及亞比蘭，而沒有可拉（申十一6；詩一〇六16～17）。相反地，民數記二十七章3節則只提及可拉。所以，有學者認為原來有兩個故事，當事人分別是與屬呂便支派的大坍與亞比蘭，以及屬哥轄族的可拉有關。大坍與亞比蘭所不滿的，是摩西的帶領及管治；而可拉所關注的，是祭司職事的問題。不過，民數記作者以他獨特的寫作手法，將這兩件很可能是同時發生，但又不相同的叛逆事件，以交錯方式描述出來，形成了現存這麼複雜的經文。總括來說，這次的叛逆由在會幕南面安營的支派發動，攻擊摩西及亞倫這兩個領袖。

8.1. 可拉等人的叛逆（十六1～50）

十六章1至50節記載由利未人可拉帶領的叛逆事件，以及由此事引起的故事發展。可拉反對只有以亞倫為首的人才可以作祭司，大坍及亞比蘭則挑戰作為領袖的摩西，最後引致會眾挑戰摩西及亞倫兩人。這 3 次挑戰都用了「**聚集攻擊**」（*qāhal ʿal*）這個字眼（3、19、42節）。

分段大綱（十六1～50）

1. 可拉等人的挑戰及摩西的回應（1～17節）
   甲、可拉等人的挑戰（1～3節）
   乙、摩西回應可拉等人（4～11節）
   丙、與大坍及亞比蘭的對質（12～15節）
   丁、再向可拉等人提出測試（16～17節）
2. 可拉等人再挑戰及上帝的回應（18～40節）
   甲、可拉再挑戰摩西及耶和華的出現（18～19節）
   乙、會眾的結局（20～27節上）
   丙、大坍及亞比蘭的結局（27下～34節）
   丁、可拉等人的結局（35節）
   戊、記號的制定（36～40節）
3. 全體會眾的挑戰及上帝的回應（41～50節）
   甲、全會眾攻擊摩西及亞倫（41節）
   乙、上帝的刑罰（42～45節）
   丙、摩西及亞倫回應上帝的刑罰（46～48節）
   丁、結語（49～50節）

8.1.1. 可拉等人的挑戰及摩西的回應（十六1～17）

這段落記載可拉等人挑戰摩西和亞倫，以及摩西對挑戰者的多個回應。經文可仔細分為如下 4 段：

1. 可拉等人的挑戰（1～3節）
2. 摩西回應可拉等人（4～11節）
3. 與大坍及亞比蘭的對質（12～15節）
4. 再向可拉等人提出測試（16～17節）❶

現按此分段析讀內容如下。

8.1.1.1. 可拉等人的挑戰（十六1～3）

經文先列出與事件有關的幾位重要人物。第一位是可拉。經文列出他的家譜，目的是將可拉的身分說明出來。他與摩西及亞倫同為哥轄的後人，惟不同的是摩西及亞倫是哥轄長子暗蘭的兒子，而可拉則是哥轄次子以斯哈的兒子（參出六16～22）。按著長幼次序，摩西及亞倫之後便應輪到可拉。憑著這個身分背景，可拉自問可以合理地向摩西及亞倫提出質問。若再根據三章，哥轄族的領袖竟由哥轄的第四個兒子烏薛的兒子以利撒反擔任，而可拉作為哥轄次子以斯哈的長子卻未能成為領袖（參三27～32）。這也可能令可拉產生不快。除了可拉，這件事情的主角還有呂便的子孫大坍、亞比蘭及安。安這名字之後沒有再次出現。呂便是雅各的長子，他的後裔很可能認為他們應列在整個以色列隊伍之首，但他們卻被編排為次於以猶大後裔為首的隊伍。呂便的子孫大坍等人感到不滿也並非沒有原因。同時，呂便族及哥轄族在安營時同處於南面，可能使他們一起感到居於次位的不滿。最後提及的人物是以色列會中的 250 名首領，他們也是從會中揀選出來有名望的人物。這 250 人中除了屬呂便支派外，可能也有其他支派的人（參 8.1.2.4）。

這些人聚集攻擊摩西及亞倫，❷ 指責摩西及亞倫「**擅自專權**」，這短語原文意思是指他們「太過分了」。接著可拉等人便宣稱全會眾每個人都是聖的。這個宣稱因應著宣布「衣邊綴繸之例」（參 7.3）之後，便特別顯得有理。若所有以色列人都穿上有藍細帶子的衣綴作為代表他們都是聖的，那麼，可拉等人所宣稱的就是正確的，更何況上帝提醒以色列人要成為聖呢（參十五40）！接著，他們宣稱「**耶和華也在他們中間**」，這也是難以否定的。建基在以上兩個宣稱，他們質問為何摩西及亞倫可以抬高自己過於「**耶和華的會眾**」。他們選用「**耶和華的會眾**」這個稱謂，正想將摩西及亞倫孤立起來，暗指他們二人並不屬於耶和華，不能自以為能夠代表祂發言。可拉等人的質問本身看似合理，並沒有完全暴露他們提問的背後真正動機，但摩西的回應卻使之漸露端倪。

8.1.1.2. 摩西回應可拉等人（十六4～11）

面對可拉等人的質問，摩西的回應可分為下列內容：

1. 對可拉等人提出測試（4～7節）
2. 對可拉等人提出指責（8～10節）
3. 結語（11節）

在回應他們以先，摩西「**俯伏在地**」。這表示他等候上帝的回應，或是為他們的行為感到失望（4節）。他首個回應是針對可拉等人，有兩個主要部分，分別是挑戰（5～7節）及指責可拉等人（8～10節），然後加上結語（11節）。

首先，摩西挑戰可拉等人。他提出要進行一個測試（5～7節），要求他們在第二天帶香爐到會幕前，點上火，再放上香。這個香爐應該不是指那個在聖所中與燈臺有關的蠟花盆（出二十五38），而是屬個人的一個物件。耶和華要透過這測試來表明誰是祂所揀選的人。雖然經文沒有提及亞倫，但他也應會出席這個測試（參16節）。在耶和華面前獻香是祭司的專責。所以，雖然經文沒有清楚說明如何得知測試結果，但拿答及亞比戶的遭遇已可以作為參考（參利十章），而事實上也確是如此（35節）。摩西使用不同的字眼去形容這個特別的人：屬於上帝的、神聖的，是上帝使他「**親近**」祂的，以及是祂所揀選的。在這些字眼中「屬於上帝的」、「神聖的」及「**親近祂**」的都曾用來指利未人（分別參八14、17、10，十六9～10）。可以留意的是，這些字眼亦適用於以色列人身上。以色列人當然是屬於上帝的，也是神聖的，也可以「**親近**」上帝（指「帶來祭牲」，這兩個詞原文為同一個動詞）。惟一沒有使用過的，就是「**揀選**」。最後，摩西反指可拉等利未人「**擅自專權**」，用了他們指責他的字眼在他們身上。至此，摩西指出他們認為他們自己應該是被上帝所揀選的人這想法，實在太過分！

5節「揀選」（bāḥar）原文在民數記是第一次出現。「和合本」在這章之前出現「揀選、選」（lāqaḥ；三12、41、45，八6、16、18）這詞應譯為「取、拿、帶」。在祭司神學中，只有祭司才是耶和華所「揀選」的（參十七5）。

接著，摩西以稱呼可拉為「**利未的子孫**」而開始指責可拉等人。摩西指出上帝將利未人從以色列的會眾中分別出來（參八14），使他們可以「**親近**」祂，以致他們可以處理有關會幕的勞動工作及站在會眾面前去服事以色列人

（參八19）。摩西向可拉提出一連串修辭性問題（rhetorical question）（10～11節），目的是指出這並非小事，並指責可拉等人竟然要求祭司的職分。這個回應清楚指出可拉等人的動機。可拉等人並不甘於停留在利未人的身分及屈居在祭司亞倫及他的兒子之下，他們要求的是更高的特權，而不是更多對百姓的服事。最後，摩西以「所以」開始帶出這次回應的結論（「和合本」沒有將「所以」譯出來），就是可拉等人聚集起來攻擊耶和華。摩西說「亞倫算甚麼」是指出他們所針對的人是亞倫，但對摩西來說，他們其實是攻擊耶和華。這結論在用詞及內容意思上，與出埃及記十六章8節相似。那裏摩西指出百姓所針對的人，表面上是他及亞倫，但實際上卻是耶和華自己。

8.1.1.3. 與大坍及亞比蘭的對質（十六12～15）

回應可拉等人後，摩西轉而處理大坍及亞比蘭。當時摩西很可能是在會幕門口與可拉等人對話，而大坍及亞比蘭則仍留在自己的營中。所以，摩西打發人去召大坍及亞比蘭來。他們的回答可用以下結構表達出來（依原文修改「和合本」）：

A　12 我們不上去！
　B　x　13 這豈為小事？你將我們從流奶與蜜之地領上來，
　　　y　要在曠野殺我們，
　　　　z　你還要自立為王轄管我們嗎？
　B’　x’　14 並且你沒有將我們領到流奶與蜜之地，
　　　y’　也沒有把田地和葡萄園給我們為業。
　　　　z’　難道你要剜這些人的眼睛嗎？
A’　我們不上去！

他們的回答以「我們不上去」作為首尾呼應，表示他們決心不聽從摩西的差遣。B 及 B’ 都是對摩西作為領袖的指責，前者強調摩西使他們失去的，而後者則是摩西所不能給予他們的，兩段內容形成平行結構（x y z 對應 x’ y’ z’）。當摩西用「這豈為小事」指責可拉等人，大坍及亞比蘭則用類似的字眼指責摩西。若可拉等人所針對的是亞倫，則大坍等人所挑戰的就是摩西。

他們指出摩西使他們失去「**流奶與蜜之地**」。在聖經中，用來描述離開埃及地的動詞多是「出去」（*yāṣā'*），而較少用這裏所使用的「**上去**」（*'ālāh*；13節）。這是一個文字遊戲，因為摩西將他們從那裏領「**上去**」，所以，現在他們不會再「**上去**」見摩西。在聖經中，只有這裏將埃及地稱為「**流奶與蜜之地**」，可見他們的叛逆程度是何等的大！他們指責摩西使他們在曠野**失去性命**。不單如此，摩西還要成為他們的領袖去管轄他們（參出二14）。接著，他們再提出相類似的指控，指出摩西一方面使他們失去埃及這「**流奶與蜜之地**」，但另一方面卻不能領他們到迦南這「**流奶與蜜之地**」，給予他們另外一個地方作為補償（x 及 x'）。不單如此，摩西也不能給予他們「**田地和葡萄園**」作為產業，這句子的意思承接上一句，指進入美地得地土。「**田地和葡萄園**」正好與「**曠野**」相反。對大坍等人來說，以色列人有的是曠野，沒有的卻是「**田地和葡萄園**」（y 及 y'）。最後，他們質問「**難道你要剜這些人的眼睛嗎？**」「**這些人**」應是用委婉方式暗指他們自己。「**剜出……眼睛**」就是指使人看不見，有「蒙蔽、欺騙、誤導」的意思。無論是轄管他們或是誤導他們，摩西都是用不當方法去領導他們（z 及 z'）。對他們來說，正因為摩西不配當領袖，他們也就決意不聽從他的吩咐（A 及 A'）。

「和合本」翻譯「在曠野殺我們」中的「殺」字原文的意思不一定指摩西「殺」死他們，而是指「使他們死亡」。

當使者將他們的說話轉告摩西，摩西就非常苦惱（或憤怒）。他向耶和華訴求。這行動確認他當時不是與大坍及亞比蘭一起，而是在會幕前。摩西先請求上帝不要悅納他們的「**供物**」。按上下文，因為他們拒絕來到會幕前見摩西，摩西就請求上帝拒絕他們的供物，意思是指「不接納他們」（類似的字眼可參瑪二13）。摩西自認沒有以領袖的身分奪過他們一頭驢，也沒有欺騙他們，使他們任何一人受害（類似的用語可參撒上八16，十二3）。這正是回應他們的指控。

「供物」一詞狹義上指「素祭」，廣義上指「獻祭、禮物」。

8.1.1.4. 再向可拉等人提出測試（十六16～17）

隨後，摩西再次回應可拉等人，挑戰他們。這段內容雖與5至7節相近，但補充了一些細節。首先補充的是摩西要求可拉及他的會眾都要到耶和華面前（即會幕面前），然後再強調是「你、他們及亞倫」（「和合本」譯為「**你和你一黨的人，並亞倫**」），補上亞倫的名字（比較6及16節）。第二個補充是強調「**各人**」要帶香爐來（比較6及17節）。第三個補充是指出共有 250 香爐（比較6及17節）。第四個補充是再強調可拉及亞倫都要拿著自己的香爐（比較7及17節）。這些補充內容除了強調亞倫的出現是與他們一起接受測試外，也強調這 250 個首領全都要參與測試。

8.1.2. 可拉等人再挑戰及上帝的回應（十六18～40）

經文記載可拉等人再次挑戰摩西及亞倫。不過，這次由上帝親自回應他們，施行刑罰。經文可細分為如下 5 段：

1. 可拉等人再挑戰及耶和華的出現（18～19節）
2. 會眾的結局（20～27節上）
3. 大坍及亞比蘭的結局（27下～34節）
4. 可拉等人的結局（35節）
5. 記號的制定（36～40節）

現按此分段析讀內容如下。

8.1.2.1. 可拉再挑戰及耶和華的出現（十六18～19）

接續上文的發展，18節則記載第二天發生的事，亦即可拉等人都已按摩西要求到會幕面前，同時出現的也有摩西及亞倫。不過，摩西出現在那裏並不是為了參加測試，可能只為主持大局的人而已。在會幕面前，可拉招聚全會眾「**攻擊摩西、亞倫**」。這次情況與十六章3節記載的相似。地點很可能都是一樣，不過人數就更為強盛，因有「**全會眾**」的參與。經文強調招聚他們來到的是可拉。就在這時，耶和華的榮耀向全會眾顯現。在十四章10節的記載中，耶和華的榮耀同樣地在忠於祂的人受到攻擊時出現（另參十六42）。通常在這些情況下，祂的榮耀的出現後，上帝就宣告及施行刑罰。

8.1.2.2. 會眾的結局（十六20～27上）

面對全會眾被可拉召集來攻擊摩西及亞倫，上帝宣告要「**在轉眼之間把他們滅絕**」。不過，上帝吩咐摩西及亞倫先行「**離開**」這會眾（20～21節），免得受到牽連。「**離開**」（*hibbāḏlû*）原文與第9節「**分別**」為同字根，用來表示摩西及亞倫的特別身分。面對上帝的宣告，摩西及亞倫作出代求（22節）。在過去的叛逆事件中，代求者往往只是摩西一人。這裏特別提及亞倫，原因可能是這次事件特別與亞倫有關，同時亦預告亞倫作為上帝及凡人之間的中介角色（參41～50節）。他們稱呼上帝為「**萬人之靈的上帝**」（這詞另外只出現在二十七章16節），意指上帝既是創造「**萬人**」之上帝（「**萬人**」亦可翻譯為「凡有血氣的」），也是賜人「靈性」的上帝。這裏所強調的是上帝對所有人的主權，祂可以決定人的生死。基於這個主權，摩西及亞倫向祂求憐憫，以修辭性問題請求上帝不要因一人犯罪，就要向全會眾發怒。「**一人犯罪**」可能是專指可拉一人，但亦可能是慣用語，用來指多人。「**發怒**」有時會與「**瘟疫**」成為平行字眼（參十六46）。在這個事件中，不能說會眾沒有犯錯，但至少他們是受可拉唆使，以致犯罪。所以，摩西這裏的意思似是指會眾也許不應與可拉受同一樣的刑罰。

正如以往一樣，摩西及亞倫代求後，上帝便修改祂的決定（參 6.2.2.4）。祂命會眾「**離開**」可拉、大坍及亞比蘭的帳棚的周圍（24節）。「**離開**」（*ʿālāʰ*）這詞原文應譯作「上去」，與21節「**離開**」原文不同。當大坍及亞比蘭不願應摩西之命「上去」時，摩西就命會眾從可拉等人的營「上去」，離開他們的住處。❸ 不過，這命令的含意仍未清楚表達出來。於是，摩西就起來到大坍及亞比蘭所住之處。「**以色列的長老也隨著他去**」很可能指代表全會眾原本聚集在會幕門口的長老，現在跟隨摩西去看看事情的發展。到達後，摩西就吩咐會眾轉離這些人的帳棚，亦不可以摸他們的物件，免得會眾因為他們的罪而一起被滅（26節）。由於大坍及亞比蘭等會被除滅，屬他們的物件也會如

這可以用禁止接觸屬於上帝之物作為對比（參出十九12～13；民四15）。

此。所以，**觸摸這些物件就會被「感染」**，以致同受毀滅。會眾就聽命「上去」，離開可拉、大坍及亞比蘭的帳棚周圍（27節上）。上文已提及他們都安營在會幕的南面，所以離開的人的住處可能與可拉一黨人相近。會眾因著這樣的聽命，而不致受到接著來的毀滅。

8.1.2.3. 大坍及亞比蘭的結局（十六27下～34）

當眾人離開大坍及亞比蘭的帳棚周圍，大坍、亞比蘭及他們的家人都出來站在自己帳棚的門口，以此再次表示不會聽從摩西的吩咐，離開他們的住處。上次他們沒有聽從摩西上去會幕那裏（12～14節），這次他們則公開表示違抗摩西。

須留意28節「知道」及30節「明白」這兩個詞，它們的原文都是 yāḏaʿ，意即「知道」。

面對他們公然的違抗，摩西向會眾宣告將要臨到他們身上的刑罰（28～30節）。不過，這並不單純是一個刑罰的宣告，而是期望這些刑罰能帶來會眾有新的認知。這**認知**包括兩方面，分別是摩西與耶和華的關係，以及受罰者與耶和華的關係。第一個認知可見於第28至29節。摩西先說明藉著將發生之事，會眾將會知道兩件關於他自己的事。一方面，他們會知道是耶和華自己差摩西來作「這一切事」的，這一切事很可能包括膏立亞倫作祭司，使他高過其他利未人（3節）及摩西要作領袖帶領以色列人出埃及（13節）。另一方面，他們會知道摩西所作的並不是出於他自己的心意。這兩方面可以說是一枚硬幣的兩面，總意就是使會眾知道摩西是耶和華所差來為祂行事的。接著，摩西就指出這即將發生之事是很特別的（29節）。他指出大坍等人將會死，但他們的死與世人的死並不相同。他們所遭遇的，就是將會臨到他們的，也會與臨到世人的不同。摩西重申，若事情不是按此發生，他就不是耶和華所差來的。

第二個認知可見於第30節。摩西接著指出若耶和華「創作一件新事」（*bərîʾāʰ yiḇrāʾ*，名詞「一件新事」及動詞「創作」原文字根都是 *bārāʾ*，解作「創造」）。這事有 3 個相關部分，首先是地開口，其次是地吞下大坍等人及屬於他們的一切，最後就是他們是活生生「**墜落**」（*yāraḏ*；意即「下去」）陰間。經文再次採用文字遊戲，大坍他們既然不肯「上去」見摩西，那麼他們就要「下去」，且**下去到地的極處**——「陰間」。「陰間」是死人所在的地方，是活人不會去的。這事帶來會眾的認知，就是大坍等人「藐視耶和華」。聖經亦常常提及耶和華行了一些事情，而令到聽眾或觀眾因此而有所認知。不過，這絕大多數是指對耶和華身分的認知（以西結書對此特別明顯）。民數記特別的地方就是，這些認知完全與耶和華的身分無關，而是分別與摩西及大坍等人與耶和華的關係有關。這是用來強調這次事件的核心思想，就是這些人對誰（摩西及亞倫？可拉？）可以作耶和華的代表這立場上，有所衝突。上帝的介入就是作出訟裁，表明哪一個人才是祂所差派的。

「叫他們活活地墜落陰間」的說法在聖經只出現兩次，除了民數記十六章30節，就是詩篇五十五篇15節。它的意思是咒詛那些邪惡人的下場。

當摩西說完話後，刑罰就按他所言的即時實現（31下～33節上）。這段記載與第30節有不少對應，但亦有相異之處。現列出如下（依原文稍為修改「和合本」）：

30節（摩西的講話）	31下～33節（事件的實現）
倘若耶和華創作一件新事，	
	31他們腳下的地就裂開，
地分開它的口，	32地就開了它的口，
把他們和一切屬他們的都吞下去，	把他們和他們的家眷，並一切屬可拉的人丁、財物，都吞下去。
叫他們活活地墜落陰間，	33這樣，他們和一切屬他們的，都活活地墜落陰間；
	地口在他們上頭照舊合閉，他們就從會中滅亡。
你們就明白這些人是藐視耶和華了。	

這兩段經文有 3 點不同之處值得留意。第一、第31節下至33節用稍多的文字記載地的裂開，加強整件事情的戲劇性效果。第二、第32節指出不單是大坍、亞比蘭及他們的家屬，而且還有屬可拉的人，都被吞下去。這個補充一方

面指出屬於可拉的人的命運（包括他部分家人，但他的兒子是例外；參二十六11），另一方面則指出可拉並不在其中。經文暗示可拉應該仍與 250 個首領在會幕門口等著摩西。第三、地重合在他們頭上，表示整件事已圓滿結束，他們也因此從會中消失了。

這事情發生得太突然，也太有驚嚇性，以致在旁的以色列人在視覺上（看見他們被吞噬）及聽覺上（聽見他們的呼叫聲）都受到刺激，害怕得四處逃跑驚叫。他們的恐懼正回應上帝叫他們離開大坍等人住處的吩咐的意思。

8.1.2.4. 可拉等人的結局（十六35）

記載轉回會幕前拿著香爐的 250 人的命運。正如拿答及亞比戶當年獻「凡火」，以致有火從耶和華面前出來「吞噬」他們一樣（利十1～2），這 250 個非法「**獻香**」的人也被從耶和華面前出來的火「吞噬」了（「和合本」翻譯為「**燒滅**」）。不過，這兩者亦有不同之處，就是拿答及亞比戶是祭司，而那 250 人卻不是。雖然如此，這裏採用的字眼不少與利未記十章1至2節相同，目的是指出兩件事情所犯的錯誤都同樣嚴重。從這可見到，後世的人不一定會以過去的經歷成為他們的教訓呢！經文沒有特別提及可拉，但很可能他是與這 250 人一同被火燒死了（參十六40）。

8.1.2.5. 記號的制定（十六36～40）

經文以「**耶和華曉諭摩西**」開始一個新的段落（36節）。不過，內容明顯承接上文，提及可拉等被火殺死後應如何處理香爐的問題。經文可分為兩段：上帝的吩咐（37～38節）及執行吩咐（39～40節）。

透過摩西，上帝吩咐亞倫的兒子以利亞撒處理上文提過那 250 人的香爐。以利亞撒是亞倫當時仍健在的兒子中最年長的那位，日後亦是由他承繼亞倫作為祭司的職分（參 10.4 二十章22至29節「亞倫死在何珥」的分析），而他的兒子非尼哈亦會接續他的職分（參 12.2.2 二十五章10至13節「非尼哈之約」的分析）。以利亞撒首先要作的就是「**從火中檢起那些香爐**」。這裏的「火」（*śərēpāʰ*）並不是指火燄（*ʾēš*），而是指正在燃燒的物件或燃燒過後的物件。

這裏的「**火**」很可能是指那些被從耶和華面前出來的火所燒死的人的屍骸。以利亞撒就是要從燒焦的屍骸中檢起那些香爐。接著，他要「**把火撒在別處**」，意思是將那些仍在香爐上的不合規格的香撒到去遠處。這裏的「**火**」（ʾēš）一般意思是指火燄，亦可解作「炭」。在拿答及亞比戶的事件中，他們所獻的「凡火」意思是指他們獻上不合規格的香。同樣地，民數記指的「**火**」是指不合規格的香，所以不能保留它，只能撒在別處。上帝指出這些香爐是聖的，所以只能由祭司去處理，不能隨便任由其他以色列人接觸它們。按四章16節，在搬運會幕時以利亞撒所要負責的就是聖所中的器具，包括香料及香爐。所以，由以利亞撒處理這些香爐是最適合不過的。不過，經文到此沒有解釋這些原屬他們各人的香爐為何會是聖的，但在第38節便指出原因。這些香爐本屬於那些因為犯這事而死亡的人，但因為這些香爐是曾「**在耶和華面前獻過的**」，所以就歸上帝所有，也因此成為聖的，就如當人帶祭牲獻上給上帝，這祭牲的肉就成為聖的一樣。然後，以利亞撒要使這些香爐「**錘成片子**」。經文沒有說明該由誰來作這事，但肯定不能由一般人處理，因為這些是聖物。較可能的是由祭司及利未人一同處理。最後，要用這些片子包壇。「**壇**」可能是指祭壇及香壇。祭壇本已由銅包著（出二十七2），而香壇則用金包著（出三十3）。所以，較可能是在祭壇上再次包上這些由香爐錘成的銅薄片。這樣做的目的是為「**以色列人作記號**」，意思是成為一個可以見得到的記號及提醒。

以利亞撒就遵命而行（39節）。經文在此重提這些是「**被燒之人**」所獻的香爐，而這香爐是用銅造的。這個被重新用銅包著的祭壇就成為一個「**紀念**」（40節），即一個使人有回應行動的提醒。這記號提醒那些不是亞倫後裔的外人不可來到耶和華面前獻香，以免遭受與可拉等人同樣的結局。經文最後指出以利亞撒所作的，就如耶和華透過摩西所吩咐的一樣。

8.1.3. 全體會眾的挑戰及上帝的回應（十六41～50）

可拉、大坍及亞比蘭等人的叛逆事情已經了結，上帝亦吩咐祭司制定記號作為提醒，事情本應可告一段落。不過，會眾卻去攻擊摩西及亞倫。這段經文可分為以下 4 部分：

1. 全會眾攻擊摩西及亞倫（41節）
2. 上帝的刑罰（42～45節）
3. 摩西及亞倫回應上帝的刑罰（46～48節）
4. 結語（49～50節）

8.1.3.1. 全會眾攻擊摩西及亞倫（十六41）

「你們」在原文是用獨立代名詞，帶強調作用。

即使發生了可拉等人的事情，以色列會眾卻沒有受到記號的提醒。不足24 小時，會眾在沒有受人唆擺的情況下，自己聚集起來攻擊摩西及亞倫。他們埋怨摩西及亞倫，說：「**你們殺了耶和華的百姓了。**」他們指的當然是 250 領袖及大坍等人之死。從他們所提出的理由，可見會眾雖然曾因為摩西及亞倫的代求而不致和大坍等人一同受罰滅亡，但他們並沒有從大坍等人所受的刑罰中「**知道**」摩西是上帝所差的，也不「**知道**」大坍等人是藐視耶和華（28、30節），反而仍然堅持那些叛逆的人是「**耶和華的百姓**」。

8.1.3.2. 上帝的刑罰（十六42～45）

「會眾聚集攻擊摩西、亞倫的時候，向會幕觀看。」（42節），「和合本」於此沒有譯「轉身向著」這短語，它的意思似乎是指會眾看著會幕。

正當以色列人攻擊摩西及亞倫，他們二人**轉身向著**會幕，發現有雲彩遮蓋會幕，耶和華的榮耀出現，表示耶和華自己要作出回應。於是，他們二人走到會幕面前。那時，耶和華吩咐摩西及亞倫離開會眾，因為祂要在瞬間滅絕這百姓。上帝這裏的吩咐基本上與21節內容相同，但第45節的「**離開**」（*hērōmmû*）這詞原文與21節的並不相同。摩西及亞倫則俯伏在地上，應是作出代求的禱告。經文沒有記載他們代求的內容，這很可能因為他們來不及代求，刑罰就已經出現了。

8.1.3.3. 摩西及亞倫回應上帝的刑罰（十六46～48）

於是，摩西吩咐亞倫拿著他自己的香爐，從祭壇那裏取來炭火，用來點香，然後立即帶此到民中，為他們贖罪，因為瘟疫已經開始（46節）。亞倫立即按摩西的吩咐而行。經文描述他「**站在活人死人中間**」，瘟疫便停止了。在此有幾件事情可以留意：

1. 摩西及亞倫似乎與會眾有一段距離，以致摩西要吩咐亞倫去到人民中間。
2. 從壇中取火表示這是合法的火，亞倫也要按例而行。
3. 由於香基本上是不會在聖所以外獻上的，所以這次的做法很可能是摩西因應當時的危急情況而提出來的。不過，獻香作為平息神明怒氣的做法，也可見於近東其他宗教的禮祭中。
4. 這裏提及「**贖罪**」，其意思很可能是指香使上帝止息祂的憤怒，而不是指像贖罪祭般那類「**贖罪**」的功用。
5. 當上帝的憤怒發出或刑罰已施行後，瘟疫似是有自己的生命般任意進行殺戮，不會分辨它所殺的人是好是惡（所以上帝才吩咐摩西及亞倫要離開百姓），而惟有透過獻祭才可以止息它的行動。
6. 亞倫的行動就是以香作為工具，阻止好像擊殺者的瘟疫的行動。經文強調亞倫的角色，他的位置不能由摩西所替代。作為大祭司，他本不應因接觸死屍而帶來不潔。不過，他這次卻冒著性命的危險，承受違反不潔的規定的後果，為了要拯救百姓。

8.1.3.4. 結語（十六49～50）

當瘟疫停止後，亞倫就回到會幕門口摩西那裏。這次因瘟疫而死的有14,700人，這數目應遠超過在大坍事件死去的人數。

若將十六章1至50節內所記載的 3 次聚集攻擊摩西及亞倫的事件綜合來看，則不難發現在這 3 次事件中摩西及亞倫的角色，與上帝的角色之間的關係所呈現的變化。在第一次挑戰中（1～18節），回應此事的只有摩西一人，經文完全沒有提及亞倫及上帝有何回應。摩西向上帝的請求也同樣沒有任何明顯的回應。在第二次挑戰（19～40節），摩西的角色減少了，亞倫的逐漸增加，而上帝的參與就較為明顯。祂是施行刑罰的那位，不過祂的刑罰因著摩西及亞倫的代求而減輕了。在第三次挑戰中，摩西及亞倫似乎來不及代求而上帝的刑罰就開始了。在此亞倫的角色就更為明顯，他成為止息瘟疫的功臣。這個進程逐漸帶出亞倫的重要性及他作為上帝與人之間的中介者的角色。

這段經文指出「埋怨」似已成為以色列人的本質，他們不由自主地埋怨，凡事埋怨。他們受罰是應該的，也因此顯出上帝公義的一面。然而，上帝亦有祂憐憫的一面。祂接納摩西即時向亞倫提出用來止息瘟疫的方法。祂從來沒有吩咐過祭司可以在聖所以外獻香，但在此祂卻接受這樣的做法。這反映出上帝並不是律法主義者，也不要求會眾在任何情況下要絕對地守所有的律法。祂容許例外的情況出現。除了這事件，在上文記載守逾越節時，祂也曾容許例外的情況出現（九1～14）。不過，百姓必須知道這是例外、是恩典，不能以之為理所當然的事。在生死攸關的事上，總需要有人願意為別人付上代價，甚至是自己的性命。亞倫的行為一方面表現出他獨特的身分——為百姓代求，另一方面則顯示他是怎樣願意為著百姓的緣故付上自己的性命。祭司並非冷酷無情，只懂謹守禮儀，而是有血有肉，積極參與在人間苦難中的人。

8.2. 揀選亞倫的確據（十七1～11）

由可拉等人挑戰亞倫及其後裔所擔當祭司的職分，到亞倫為會眾代求以致瘟疫可以止息，經文都強調亞倫獨特的身分。亞倫的獨特性在十七章可說是達到高潮，因為他的身分不單是經摩西膏立而設立，更是由上帝行使神蹟來確立。十六章的內容強調亞倫作為祭司這身分是如何超越其餘利未支派的人，十七章則點出他作為祭司的身分，在各支派中是獨一無二的。接著的十八章所關注的，是他的獨特性使他可以帶領利未人為著其他百姓守衛會幕。

分段大綱（十七1～11）

1. 耶和華命令測試（1～5節）
2. 測試的執行（6～7節）
3. 測試的結果（8～9節）
4. 測試的目的（10～11節）

8.2.1. 耶和華命令測試（十七1～5）

經文以「耶和華對摩西說」開始一個新的段落。經文記載耶和華主動提出進行一個測試，分為 3 部分：執行測試的步驟（2～4節），測試的結果（5節上），以及測試的目的（5節下）。

上帝吩咐摩西所作的有 3 個行動。第一個是「取」，就是從以色列各人所屬的各「支派」中取來一根「杖」。「支派」（*bêṯ ʾāḇ*）可直譯為「父家」。民數記一章2節譯為「宗族」，原本指一個較細的單元，但在此卻與「支派」同義（參「和合本」一章4節的翻譯）。這根杖可以用來代表各支派的杖（參創四十九10），又或是幫助人走路的一根普通的杖（參創三十八18）。「杖」（*maṭṭeʰ*）原文亦有另一個意思，解作「支派」。這個用詞是刻意的，為要表示只要出於上帝的揀選，即使沒有生命的杖也可以發芽生長；同樣，上帝也可以揀選一個支派令它與別不同。摩西取來的杖共有十二根。

第二個是「寫」。摩西要將各支派首領的名字，而不是各支派的名稱，寫在每支派交出來的杖上。寫在利未支派之杖上的就是亞倫的名字。所以，這個測試表面上似是各支派之爭，但實際所關注的是哪一個人才是耶和華「揀選的那人」。這裏可能出現一個問題，就是究竟亞倫的杖是屬於十二根杖之內，抑或是第十三根呢？民數記一直以來數點的方式都是十二支派再加上利未支派的。若按這一貫的做法，則亞倫的杖就是第十三根了。

第三個是「存在」（*nûᵃḥ*），原文意思是「置放」，指將這些杖全放在「會幕內法櫃前」。「法櫃」是用來收藏代表上帝與以色列人立約的法版的（出二十五16，四十20），這法版寫上了十誡。所以，將這些杖放在法櫃前就是將這些杖放在至聖所中的法櫃前面。經文再補充說這個地方就是「我與你們相會之處」（4節）。「你們」在此所指的不是泛指以色列人，而是摩西及亞倫，因為直到目前為止，能夠進入至聖所與上帝相會的就只有他們兩人。這正要指出這個地方特別之處，也預示揀選的結果。

「與你們相會」原文是 ʾiwwāʿēḏ lāḵem。所使用的動詞 ʾiwwāʿēḏ 與「法櫃」的原文 ʿēḏûṯ 相近，這是一種文字遊戲。此外，這個動詞使用未完成式，表示「與你們相會」是經常發生的事。

接著，上帝說明測試的結果（5節上）。祂指出若是祂「所揀選的那人」，那人的杖會發芽。「揀選」這詞在民數記只出現 3 次，另外兩次在可拉事件中出現（十六5、7），都是應用在那個可以親近上帝，屬於上帝的神聖的人身上。那一次揀選的結果是亞倫，而這一次當然是從十二支派的領袖及亞倫中「揀選」出來。這裏再次出現「揀選」這詞，可能已暗示「那人」就是亞倫。

測試的目的是要使以色列人發怨言針對摩西及亞倫的情況逐漸減弱，甚至完全止息（5節下）。❹ 不單如此，也要使這怨言「不再達到」上帝那裏。「不再達到」原文意思也可指「不針對」。❺ 所以，這怨言並不單是針對摩西及亞倫，也是針對耶和華自己。不過，經文沒有說明如何可以達致這目的。雖然整個測試旨在說明亞倫是被揀選的，但摩西也往往牽涉在其中。可能摩西膏立亞倫作為祭司這事，成為其他人對他不滿的其中一個原因。這部分與5節上相同的地方是，上帝似乎已暗示這次測試的結果會是亞倫。

8.2.2. 測試的執行（十七6～7）

這段經文記載摩西奉命執行測試。摩西吩咐以色列人去作應作的事。對應著摩西要「取」（1節）來杖，十二支派的首領就把他們的杖「交給」他，而亞倫的杖也在其中。經文沒有特別提及摩西把首領的名字寫在杖上，但卻指出摩西將這些杖「存在」安置法櫃的帳幕內，即是「在耶和華面前」（6～7節）。

8.2.3. 測試的結果（十七8～9）

測試的結果要到第二天才出現。這情況與可拉事件相似，帶香爐到會幕前接受測試的結果也是在第二天出現的（參十六7、16）。當摩西進入放置法櫃的帳幕裏，便發現亞倫的杖「已經發了芽，生了花苞，開了花，結了熟杏」（十七8）。經文將整個由開花到結果的過程記載下來，可能表示能夠結成熟杏，是因為它經過之前的過程，所以摩西只看到熟杏。不過，這描述亦可表示在亞倫的杖上同時出現芽、花苞、花及熟杏這些不同的成長過程。❻

由於只有摩西（及亞倫）可以進到會幕裏法櫃前，所以為了使以色列人能夠知道結果，他就把所有杖都拿出來給眾人看（9節）。各支派的領袖看見結果後，便取回自己的杖。這結果已清楚顯示上帝所揀選的人就是亞倫。

8.2.4. 測試的目的（十七10～11）

由於上文沒有指出這測試是怎樣達致目的，使以色列人不再針對摩西及亞倫（及上帝）發怨言，接著這段經文就補充這方面的內容。

為了達到這個目的，上帝吩咐摩西將亞倫的杖放回法櫃前，給「**背叛之子留作記號**」。「**背叛之子**」（*bənê-merî*）在聖經只在此處出現，但以西結書中則多次使用「悖逆之家」（*bêṯ mərî*；結二5、8等）來形容以色列人，指出他們叛逆的本質。以這根杖作為「**記號**」就好像以那些銅香爐包祭壇作為「**記號**」一樣（參十六36～40），這其實是一個警告。當杖放回法櫃前之後，以色列人便當然不能看見這根杖。不過，當需要時，摩西就可以把這根杖拿出來，讓以色列人再看見這記號，而受警告。上帝再次指出這樣行的目的是「**使他們向我發的怨言止息**」。這裏指出以色列人發怨言所針對的真正對象其實是上帝自己，而這個警告記號就是令他們知道上帝所揀選的是亞倫，以此止息他們日後為此事再發怨言，「**免得他們死亡**」。所以，以杖作為測試，是與上文可拉等人及全會眾對摩西及亞倫的挑戰有關的。透過這個測試，亞倫作為祭司的身分就得以確認。最後，經文指出摩西按著上帝所吩咐的行了（11節）。

須留意第5節是「向你們（指摩西亞倫）所發的怨言」，而10節是「向我（指耶和華）發的怨言」。明顯指出以色列人發怨言的真正對象是耶和華。

信仰反省

十六至十七章有不少值得留意的信息。第一、可拉指責摩西及亞倫自高自大，大坍及亞比蘭指責摩西管轄他們。任何領袖確實要避免自高自大及管轄百姓這些「太過分」的行為。以色列的先知曾多次指責在位者利用他們的權力去奪取私利。權力實在是一件危險的禮物，很容易被誤用。然而，若能正確地運用權力，帶來的應是整個羣體的好處，而不是掌權者個人的利益。祭司及利未人的職事就是為了整體以色列人，使他們可以安全地接近上帝。祭司及利未人也成為上帝與人的中介者，將上帝的恩惠傳予眾人。他們的職事賦予他們權力，但這權力只會加重他們的責任，而不是成為他們的特權。一個人若羨慕作領導的工作，則應知道領導的工作是一種服事的工作，而不是專權的工作。他們對自己的要求要比其他的人為高。

第二、擁有權力的人當然可能會濫權，但以色列人不能因為怕有人會濫權就否定權力架構在他們羣體中存在的確實性，也不應否定不同的職事或階級是需要存在不同的職權的。從民數記第二章講述以色列人的安營的規條，已反映上帝為以色列人的社會定下不同的階級。這些階級與個人的能力及出生的次序沒有必然關係，而是由上帝所訂定的。不過，更重要的是每個以色列人必須知道自己的在羣體中的位置所在。值得留意的是，這次背叛不是由「平民」階層的人發動，而是由領袖階層發動。這些領袖一方面自己身為首領，但另一方面卻否認別人為首領。所以，他們表面是爭取全民皆為神聖，但實際上卻是反映出他們對權力的貪愛，期望自己能夠爬升到羣體中最高領導層！

第三、一般百姓應該學習如何成為跟隨者。不少人著書立說，教導人如何成為領袖，但鮮有人提醒人應如何作跟隨者。那 250 位首領為何成為可拉的跟隨者呢？為何會眾也會被可拉招聚去攻擊摩西及亞倫呢？為何可拉等人受罰後，會眾仍不明白，依然指控摩西及亞倫等殺害耶和華的百姓呢？這明顯指出跟隨者要認清他們所跟隨的領袖是個怎麼樣的人（例如可拉等人是一羣怎樣的領袖？），要認清自己跟隨領袖的原因，究竟是為著自己的好處抑或是為著合乎上帝的心意（例如以色列的百姓受到挑唆，會否是為爭取自己認為應有的神聖身分？），要辨明事情的真相（例如誰是耶和華的百姓？）。惟有這樣，跟隨者才能作出正確的跟隨。

第四、當領袖受到挑戰，這領袖有責任將事件公開處理。在爭拗當中，他們要將事情帶到上帝面前，上帝有主權作出裁決。他們要來到上帝與人相交的地方，等候上帝的指示。領袖亦需要為那些傷害他們的人代求，成為這些人與上帝的中介者，願意為他們付出，甚至到為他們犧牲性命的地步。領袖所須要關注的並不是自己的位分，而是那些由上帝交在他們手中，要他們關顧的羣體的好處。

溫習及思考問題

1. 可拉等人挑戰摩西及亞倫哪方面的事情？為甚麼可拉的挑戰是合理的？是否凡合理的事情都要爭取？
2. 摩西對可拉的回應主要有哪兩部分？摩西的回應對你有何屬靈的意義？
3. 可拉真正要爭取的是甚麼？在你所處的信仰羣體中，有沒有發生與可拉類似的事情？

4. 如何從十六章12至14節的結構中發現大坍及亞比蘭背叛的決心，以及顯出他們所挑戰的是摩西一人？人對領袖順服與否，往往可從他們的行為流露出來。若你是摩西，你的反應會如何？
5. 大坍及亞比蘭的結局是甚麼？你如何評價這樣的結局？
6. 可拉的結局如何？由誰人來處理善後的工作？你認為應由甚麼人來處理教會執行紀律後引起的情況？
7. 摩西以何方法救以色列人脫離瘟疫的危險？從亞倫聽命於摩西，以及冒生命危險救以色列人這行動，反映出亞倫是一位怎樣的領袖（參十六45～48）？這對現今教會有何含意？
8. 上帝如何藉著杖的測試來表明祂對亞倫的揀選？是否每個屬靈領袖都可以引證上帝對他的揀選？
9. 在十六至十七章，上帝為以色列人作了哪兩個記號？立下記號的意義何在？
10. 你的身上有沒有留下一些記號（疤痕）是令你一生難忘的？每當看見這記號時，你有甚麼感想？是否仍想起所受的傷害，抑或上帝的恩典？

釋經短註

❶ 第4至17節的內容亦可以下列扇形結構表達出來：

A　摩西對可拉等人提出測試（4～7節）
　B　摩西指責可拉等人（8～11節）
　B'　大坍及亞比蘭指責摩西（12～15節）
A'　摩西對可拉等人提出測試（16～17節）

❷ 十六章1節原文較為複雜。這節開始時出現動詞 *lāqaḥ*，一般翻譯為「取」、「拿」、「帶」，但這動詞卻沒有對應的賓語。學者對此有不同的看法。其中一個是如「新譯本」的翻譯，加上「人」作為賓語：「利未的曾孫……與以勒的兒子安，帶著人來。」另有學者認為 *lāqaḥ* 一詞在這裏應解作「定意」，或將經文稍作修改，理解為「自高、驕傲」。

❸ 既然「**全會眾**」是站在會幕面前（十六19），那麼，何以會命令他們離開可拉等人的住處呢？問題的解決在於如何理解「**全會眾**」一詞。這詞當然可以解作所有 20 歲以上的人，但亦可理解為全會眾的代表，包括25節提及的「**以色列的長老**」。事實上 60 多萬人如何能聚集在會幕門口呢？這是難以想像的。所以，解釋為全會眾的代表聚集在會幕門口較為合理，而上帝透過摩西的吩咐，卻是叫會眾離開可拉等人所住之處。

❹ 十七章5節「**使……止息**」這動詞原文字根是 *šākak*。在創世記八章1節出現時是指洪水慢慢退去。在以斯帖記二章1節及七章10節是指君王的憤怒慢慢停止。這個動詞在此處是使役（causative）動詞的形式，其意思是使人們所發的怨言逐漸停止。

❺ 第5節「**向你們**」（*ʿălêḵem*）原文是由前置詞 *ʿal* 加上後綴「你們」組成，可以有「針對你們」的意思。「**達到我**」（*ʿālay*）原文使用 *ʿal* 這同一個前置詞加上後綴「我」去表達「向我」或「針對我」，表示「針對耶和華」。同樣的字眼可見於接著的第10節。所以，「和合本」的「**不再達到我耳中**」未能完全反映原文意思。

❻ 「**杏**」（*šāqēḏ*）原文與「看守」（*šāqaḏ*）相近。杏樹在一年中很早結果，當見到它的果實就表示春天已經來臨。所以，可以說「杏樹」「看守」著春天的來臨。耶利米書一章11至12節就以耶利米看見「杏樹」作為代表上帝「看守」祂的話語，使之很快成就。聖所內的燈臺也是以杏樹的形狀出現，表示上帝看守祂的百姓，而祂的祝福亦很快臨到他們（參八1～4）。

第九章

回應可拉事件後果的律例（十七12～十九22）

- 祭司及利未人承擔責任
- 祭司及利未人當得之物
- 除去接觸屍體不潔之法

經過可拉等人受刑罰，以及會眾因攻擊摩西及亞倫受到瘟疫，導致 14,700 人死亡後，會眾明白到接近會幕是件危險的事。為此，上帝鄭重說明祭司及利未人保衛會幕的職責，以致危險不會臨到所有以色列人。祭司及利未人既然專心擔任這樣的職事，成為上帝與人民的中介者，他們生活所需就要由會眾提供。然而，雖然祭司及利未人有保衛會幕的責任，使之能夠保持潔淨，但一般的百姓亦同樣有責任保持他們所處的地方的潔淨，因為上帝是住在他們中間的。引來最嚴重不潔的其中一個源頭就是屍體。所以，經文在此特別說明應如何處理因接觸屍體而引致不潔的情況。從以上角度出發，這些律例並不是毫無關連的，它們環繞著保持潔淨這個主題，所包括的就是會幕及百姓的潔淨。

分段大綱（十七12～十九22）

1. 祭司及利未人承擔責任（十七12～十八7）
   - 甲、百姓的呼喊：挨近會幕的危險（十七12～13）
   - 乙、祭司及利未人擔當守衛的職責（十八1～3）
   - 丙、祭司及利未人的職責與以色列人（十八4～7）
2. 祭司及利未人當得之物（十八8～32）
   - 甲、祭司從百姓當得之物（8～19節）
   - 乙、利未人從百姓當得之物（20～24節）
   - 丙、利未人當獻予祭司之物（25～32節）
3. 除去接觸屍體不潔之法（十九1～22）
   - 甲、紅母牛灰的製造及使用原因（1～13節）
   - 乙、不潔之例及除污穢水的使用（14～22節）

9.1. 祭司及利未人承擔責任（十七12～十八7）

這段經文指出百姓會因侵犯會幕而帶來集體的死亡。故此，解決這個問題的方法就是由祭司及利未人承擔保衛會幕之責，並由他們承擔失職的後果。這部分可分為以下 3 段：

1. 百姓的呼喊：挨近會幕的危險（十七12～13）
2. 祭司及利未人擔當守衛的職責（十八1～3）
3. 祭司及利未人的職責與以色列人（十八4～7）

9.1.1. 百姓的呼喊：挨近會幕的危險（十七12～13）

「挨近」這動詞可指合律法規定及不合律法規定的接近。

百姓因為可拉事件發出呼喊。他們先以 3 個差不多只有動詞的短句來表達恐懼的心情：「**我們死啦**」、「**我們滅亡啦**」、「我們全**都滅亡啦**」（12節）。同時，百姓認為他們會因為「**挨近耶和華帳幕**」而死。百姓所恐懼的是以為即使合法地接近會幕，也可能會與可拉及 250 位領袖般，會因為獻香以致被視為侵犯會幕，受到從耶和華面前出來的火吞噬。為此，他們不禁問道：「**我們都要死亡嗎？**」（13節）接下來耶和華對亞倫的講話就是回應這個問題。

9.1.2. 祭司及利未人擔當守衛的職責（十八1～3）

在民數記中，耶和華直接對亞倫説話的情況只出現在本章1、8、20節（參利十8），其他都是經摩西傳話的（參六22～23，八1～2）。上帝在此直接對亞倫講話，原因有二，其一是因説話內容與祭司及利未人有直接關係，而亞倫是他們的首領。其二是再次回應第十六至十七章的內容，強調亞倫的身分是值得耶和華直接對他説話的。

這段有關保衛聖物及承擔責任的指示包括 3 方面。第一、祭司及哥轄族人要守衛聖物，並承擔一般百姓侵犯聖物的後果。第二、祭司自己同樣要負責保衛，並承擔因其他祭司侵犯聖物而引致的刑罰。第三、祭司及利未人要合作保衛聖物，以免利未人侵犯它們。

第一方面可見於第1節上。經文指出亞倫及他的兒子，以及他們「**本族的人，要一同擔當干犯聖所的罪孽。**」這句子有 3 個需要解釋的字眼：

若參考三章24、30、35節等經文，「族」（bêṯ-ʾāḇ）這詞的原文是指利未支派裏不同的「家族」，但只有在十七章2節，才是指「支派」。

- 「**本族的人**」所指的並不是所有利未人，而是**利未支派中屬亞倫家族之人**，也就是哥轄族人。
- 「**聖所**」（*miqdāš*）原文的意思應指「聖物」，而不是整個聖所（參十21「**聖物**」）。
- 「**罪孽**」（*ʿāwōn*）原文既可指罪行，亦可指因犯罪而受的刑罰。在此，後者的解釋較為適合上下文的意思。

所以，整個句子是指祭司及哥轄人需要擔當與聖物有關的刑罰。經文的意思就是指：若有人侵犯聖物，而那些應該保衛聖物的祭司及哥轄族人，卻未能制止那些侵犯聖物的人，則祭司及哥轄人就要擔當因聖物受侵犯而帶來的刑罰。百姓接觸祭壇等聖物就屬這些侵犯的行為。

第二方面可見於1節下。亞倫及他的兒子要「**一同擔當干犯祭司職任的罪孽**」。這句子的意思是指若有祭司因違反了祭司職事的規例而遭刑罰，其他的祭司也要擔當刑罰。這些違例包括：不合資格的祭司（如有殘疾的或沒有穿上指定衣服；參利二十一17～23）在壇上獻祭，或是祭司進入至聖所等。

第三方面可見於2至3節。第2節就引入利未人。他們是祭司亞倫所「**帶……前來**」的，意思是指由亞倫獻上給上帝（參八10～11）。這樣的動作目的是使他們與亞倫「**聯合**」，表示利未人是與祭司連繫著的，不是獨立的。當祭司在會幕前工作之時，利未人就前來「**服事**」祭司。這是理所當然的，因為利未人不能進入聖所，所以只能於會幕前工作。一般而言，這些工作包括：處理祭牲，負責會幕中的勞動工作，以及擔當守衛之職。接著的第3節就清楚指出這裏所關注的「**服事**」工作，就是「**要守所吩咐你的，並守全帳幕**」，意思是指擔當亞倫守衛的職責及守衛著整個帳幕（參一53）。不過，利未人則不可侵犯「**聖所的器具和壇**」（這些「器具」應指與祭壇有關的器具），否則，利未人及祭司都會遭致死亡，因為上帝將他們刑罰致死。這裏的意思應不是指當一個利未人侵犯聖物，所有利未人及祭司都會因此致死，而是

經文刻意使用「聯合」一詞，因為它與「利未」一詞的來源有關（參創二十九34）。

指那時正在當值的利未人及祭司會因一個利未人的違規而遭上帝所擊殺。此外，雖然上文第一及第二方面提及刑罰時，並沒有説明是甚麼刑罰，但推論所指的應該是由上帝執行的死刑。

以上 3 節經文説明祭司及利未人要擔當守衛的職責，以及他們失職後的結果就是死亡。接下來的經文則解説他們當守衛這職責與以色列人的關係。

9.1.3. 祭司及利未人的職責與以色列人（十八4～7）

第4節看似重複利未人擔當守衛會幕及當中勞動的工作，但經文帶出一個新的內容，就是指出「外人不可挨近你們【指祭司】」。這裏的「外人」很可能指非利未人。他們不可接近祭司所在之處，目的當然是避免他們侵犯聖物。第5節就接著指出祭司所要守衛之物，就是聖所和祭壇。所以，利未人負責守衛的是會幕前的位置，而祭司則負責院子中的祭壇及會幕內的聖所。這個守衛職責的目的是免得「忿怒再臨到以色列人」。「忿怒」曾經臨到以色列人身上（十六46），以致有 14,700 人死亡。祭司的守衛職責就是使這樣的情況不再出現。

接著，上帝強調是**祂自己**將利未人從以色列人中取出來給予祭司作為禮物，去處理會幕的勞動工作（6節；參八5～22）。對比之下，祭司亞倫及他的兒子就要守衛著他們祭司的職分，要處理「一切屬壇和幔子內的事」。這裏的意思並不是説祭司可以進入幔子內處理當中的物件，而是説祭司要守衛幔子內的物件，以及祭壇和相關的器具。「我將祭司的職任給你們當作賞賜事奉我」這句子的原文有些難以解釋的用字，「和合本」提供其中一個解釋方向。不過，另外一個較可能的解釋是指上帝將祭司的職事給予祭司，而這工作會為他們帶來「賞賜」。這些賞賜就是8至19節所提及祭司當得之物。經文最後再次指出「凡挨近的外人必被治死」。這裏「外人」的意思是指非祭司。

原文用了獨立代名詞「我」去強調講話者上帝，同時也用來對比第7節所用的獨立代名詞「你」——亞倫。透過使用這兩個獨立代名詞，作者強烈表達兩者的對立，以及兩者在所作的事上的關係。

總結而言，1至7節指出祭司及利未人擔任守衛的工作，目的是為了使上帝的憤怒不會因為有人侵犯聖物而臨到全體以色列人身上。當有人侵犯聖物，守衛的祭司或利未人便有責任將這人殺死，這就是「**凡挨近的外人必被治死**」的意思，不論這人是祭司、利未人或是一般百姓。然而，若有人（同樣地不論是祭司、利未人或是一般百姓）侵犯聖物，而當值的祭司或利未人未能阻止，當值的祭司或利未人就要受到刑罰，被上帝所擊殺。祭司及利未人的特殊地位，帶來的是特別重的責任。

這段經文正好回應十六至十七章的內容。它一方面描述要防止類似的事情再發生，另一方面又描述祭司及利未人要如何成為負責任者。可拉等事件的發生指出以色列人並不知道當他們來到上帝面前，他們應該因為上帝是聖的而產生恐懼。但另一方面，若以色列人恐懼到一個地步以致他們不願來到上帝面前時，就表示他們不知道上帝是有恩典的。以色列人似未能同時認識到上帝是聖的，同時也是有憐憫的。祭司及利未人看守會幕的職責就正是指出上帝這兩方面的屬性。

信仰反省

現代人已不如當年的以色列人般，體會到來到上帝面前應該帶著敬畏的心。在崇拜前，主席多呼籲會眾關掉響鬧裝置，但目的卻是為免崇拜受到打擾，而不是指出這是一個不尊重上帝的表現！正因如此，現今信徒對這段經文體會不深。然而，對教牧同工來説，這段經文提醒他們要守衛神聖這責任。若他們自己都不看重上帝的神聖，隨意冒犯而不以為然，他們就要擔當自己的罪了。若會眾因為教牧同工的輕率以致對上帝不敬，那麼，教牧同工的罪就更大了。當有信徒挨近聖物，教牧同工應該清楚直接把這事指出來。若教牧同工不提醒會眾，他們自己也會與犯事的信徒一同擔罪。會眾應知道上帝喜歡人來到祂面前敬拜祂。教牧同工保衛神聖這責任，正是指出人絕對可以來到上帝面前，只是不能任意而為而已。

9.2. 祭司及利未人當得之物（十八8～32）

承接上文論到祭司的職分是帶來「**賞賜**」的職事（7節），這段經文便詳述祭司可得到的賞賜是甚麼，這是他們當得的。正因為利未人是與祭司「**聯合**」的，所以亦提及利未人當得之物，以及他們該當獻上給祭司的。

分段大綱（十八8～32）

1. 祭司從百姓當得之物（8～19節）
2. 利未人從百姓當得之物（20～24節）
3. 利未人當獻予祭司之物（25～32節）

9.2.1. 祭司從百姓當得之物（十八8～19）

這段經文記載祭司從上帝那裏得到百姓獻予上帝之物。這些物件可以分為「**至聖的**」及「**聖的**」兩類，而祭司處理它們的方法亦有所不同。經文可以分為 3 部分：引言（8節）、祭司所得至聖之物（9～10節）及祭司所得聖之物（11～19節）。

這段經文以上帝對亞倫再次講話作為開始。在引言中，上帝強調是祂自己將百姓獻予給祂的舉祭，給予祭司亞倫及他的兒子（參 2.4.2 專欄：「舉祭」）。這些獻予耶和華之禮物當然是「**聖的物**」。「**交給你經管**」原文並不是指把這些禮物交給祭司去管理，而是指上帝給予祭司這些禮物，是因為他們負責管理及守衛會幕的工作。這些禮物就成為亞倫及他兒子的特別賞賜，也是永遠屬於他們之物，（8節「**受過膏**」這翻譯是「和合本」錯誤理解原文）。

「受過膏」（mošḥāh）這詞字根意思是「量度」，與「膏立」為同形同音，但是異義詞。所以，這裏意思是指「特別量度出來之物」。

接著，經文首先說明祭司從「**至聖的**」供物中所應得之物（9～10節）。這些就是從素祭、贖罪祭，以及贖愆祭中沒有經過火之物。利未記亦曾稱這些祭要獻上的祭品為「**至聖的**」（參利二3，六17，七1）。當百姓獻來素祭、贖罪祭或贖愆祭，所獻的祭品中有部分是不會在祭壇上經過火獻上的，而是給予祭司的。利未記二章2至3節指出素祭中只有一把是燒在祭壇上，其餘的都歸亞倫及他的子孫所有（另參利六15～16）。贖罪祭所獻上的羊只有脂油及血是獻上的，其餘的可歸祭司所有（參利四24～26），而贖愆祭則獻上血、脂油及一些內臟，其他的為祭司所有

除了素祭、贖罪祭及贖愆祭外，燔祭也被稱為「至聖的」。不過，祭司卻不能從燔祭中得著任何肉，有的最多只是皮（參利七8）。

（參利七2～5）。當祭司食用這些供物，他們「**要拿這些當至聖物吃**」，意思是指只有祭司才可以在會幕的院子中吃這祭牲（參利六16、26）。

跟著提及的就是「**聖的**」供物（參十八19）。第11及19節的內容形成首尾呼應，因為兩節都說明以色列人所獻給耶和華的舉祭及搖祭（參 2.4.3.2 專欄：「搖祭」），祂都賜給祭司及那些與他們在一起的兒女，「**當作永得的分**」。對吃這些祭物的人，有一個要求，就是他們要在潔淨的情況下才可吃。這些稱為「**聖的**」供物包括以下 3 類。

> *那些已經出嫁的女兒就不能享用這分（參利二十二12～13）。*

第一、地所出產的「**初熟之物**」（12～13節）：所指的是地土所出產，未經處理的「最初」之物——在時間上是首先出現，在質量上是最好的（13節）——及最初經過處理之物（包括油、新酒及五穀）（12節）。

第二、「**永獻的**」物品（14節）：「**永獻**」之物（*ḥērem*）可以是動物、地土或是人。這詞有負面及正面的理解。若是負面理解，則表示要將該人或物毀滅，故它有時翻譯為「當滅的物」。當以色列人戰勝迦南人，他們就要將迦南人及他們的牲畜盡行毀滅，因為這些都是「當滅的物」（書六18、21；參利二十七29）。申命記七章1至2節提及與以色列人打仗的迦南地 7 個民族的人，以色列人要將他們「滅盡淨盡」。「滅盡淨盡」（*ḥāram*）這動詞的原文與名詞「永獻的、當滅之物」（*ḥērem*）原文同一字根。若從正面的理解，則表示這些物件將永遠屬於耶和華。這些物件包括在戰爭中得來的金及銀的器皿（書六19），或人願意永獻的土地或牲畜。凡永獻的土地或牲畜都不能贖回（利二十七28）。若有人因祭祀別神而被治死，則他們產業亦成為永遠歸與耶和華之物（參出二十二20；書七16～26）。這裏所指的當然是正面的理解，指出永獻之物要歸祭司所有。

第三、首生的人及動物（15～18節）：「**頭生的**」指的應是男人或雄性動物。這些凡是獻給耶和華的都歸為祭司所有（15節）。這類別可再仔細分為 3 種。第一是**首生的人**。他們原本是屬於耶和華的（參民八17），但他們都必須由他們的父母贖回來（15節下），而贖來的銀錢就歸祭司所有。他們每人的贖價是五舍客勒（16節；參 2.3.3 論及利未人代替首生的職事）。第二是**不潔牲畜的首生的**。因為牠們是不潔的，所以不能獻在壇上。這些不潔的牲畜可以由主人贖回（15節下）。這裏沒有提及贖回之例，但按利未記二十七章27節，主人要付給祭司「所估定的價值加上五分之一贖回」，否則祭司就可按這估定之價將牠賣掉。出埃及記十三章13節曾提及驢這一種不潔的牲畜，而贖回的代價就是羔羊（參出三十四20）。第三是可作為祭牲的牲畜的首生的。這些必然是潔淨的，其中包括牛、綿羊及山羊。這些牲畜都不可以贖回，而要獻上給耶和華。實際處理這些牲畜，可有兩方面。首先是將牠的血灑在壇上，以及將牠的脂油放在壇上化為煙獻予上帝，作為馨香的火祭（參 7.1.1.1 專欄：「火祭」）。這與一般處理祭牲的方法無異。其次是牠的肉全歸祭司所有。這樣的處理與平安祭相似。當一個人獻上平安祭，祭牲的胸及右腿都歸祭司所有，而其他肉則歸獻祭者（參利七15、28～34）。由於這些首生的牲畜是屬於祭司的，所以按平安祭的條例，整個祭牲的肉都歸祭司所有（18節）。

當提及首生的人，經文是用獨立結構型不定詞加上同字根的未完成式動詞（pāḏōh ṯip̄deh）強調他們必須被贖回。不過，當提及不潔動物時，就只用未完成式動詞（ṯip̄deh），表示可以贖回，但不一定要如此。

第19節是這段落的總結。它稱以上的 3 類歸祭司之物為「聖物」。這些祭司所應得「聖的」物與「至聖的」物明顯有所不同。「至聖的」應得之物只能由祭司享用，但「聖的」就可以由祭司及他家中的兒子及女兒享用，而對他們的要求就是他們享用時必須是在潔淨狀態下。經文補充指出這給亞倫及他的後裔「作為永遠的鹽約」。**鹽**有保存食物的作用，是所有素祭所要求加上的（利二13）。鹽既有「保存、持久」的意思，「永遠的鹽約」就是指出這是個永遠的安排。

以西結曾提及要在潔淨祭壇時所獻的燔祭上加上鹽（結四十三24）。

9.2.2. 利未人從百姓當得之物（十八20～24）

這段經文以耶和華再對亞倫講話作為開始（20節），亦引入這段經文的主題：利未人所得之產業。由於25節出現「耶和華吩咐摩西說」這話，所以這段經文以24節作結。再加上20及24節都提及利未人在以色列人中「不可有產業」，這成為首尾呼應，將這段落界定出來。整段經文可以分為 3 部分：主題（20節），上帝賜予利未人什一的原因（21～23節上），上帝賜予利未人什一的結果（23下～24節）。

第20節上帝對亞倫的講話內容以扇形結構方式表達出來（依原文試譯如下）：

A　耶和華對亞倫說：「在他們境內，你不可承受產業，

　B　也不可有分在他們中間。

　B'　我就是你的分，

A'　是你的產業在以色列人中間。」

這扇形結構的表達，目的是說明亞倫的分不在於以色列人中，而在於上帝那裏。耶和華對亞倫這次的講話，並沒有提及他的兒子，所以很可能亞倫這裏的身分是作為利未人的代表而不是祭司。「**產業**」及「**分**」都是指以色列人進入迦南地後所分予各支派的土地（參書十八5～7），而利未支派則不會有分。❶

原文所用的詞是「所有」，而沒有「和合本」翻譯的「出產」。「和合本」似乎只是指地中的出產，而不包括牲畜。

21至23節上講述上帝賜什一予利未人的原因。由於經文開始時提及利未人，故可以證明20節上帝對亞倫講話是因為他是利未人的代表。經文先說明上帝將以色列人中所有「**出產**」的十分之一賜予利未人。所謂十分之一，是指以色列人要將農產的十分之一及牛羊的十分一歸給耶和華為聖（利二十七30～33）。而這裏則指出這些都是耶和華賜予利未人為產業的。這解釋了何謂上帝是利未人的分或產業。這賜予利未人的什一並不是禮物，而是作為他們在會幕中勞動工作的報酬。這些工作包括協助祭司處理祭牲，搬運會幕及守衛會幕，而這裏特別強調的是第三類的工作。因為利未人的守衛工作，以色列人便不會因為個別以色列人挨近會幕而「**擔罪而死**」，就如剛發生的可拉事件一樣。而且，利未人要「**擔當罪孽**」，意思是擔當刑罰。這是指若他們未能阻止人侵犯聖物，其他以色列人不會因此被上帝刑罰，但利未人自己卻要為此承受刑罰，被上帝擊殺。所以，利未人有責任將侵犯者殺死

（參 9.1）。最後，經文以「這要作你們世世代代永遠的定例」（23節上）作為結束。❷

第23節下至24節則說明上帝把什一賜予利未人的結果，就是利未人在以色列中不應有產業。這點也就成為這段落的首尾呼應。❸ 經文指出因為這什一是上帝賜予利未人為產業的，所以利未人在以色列人中間不會另有產業。

9.2.3. 利未人當獻予祭司之物（十八25～32）

以色列人要獻上什一予上帝，而這些就成為上帝賜予利未人的產業。然而，利未人也要獻上他們所有的什一予上帝。所獻給上帝的，就成為上帝給予祭司的分。這段落以「耶和華吩咐摩西說」開始，這有別於第1、8及20節是對亞倫說話。這可能因為亞倫作為祭司是這個命令的得益者，所以對摩西講話就避免利益衝突。這段經文分為兩部分：第一部分說明利未人當獻什一予祭司（25～29節），第二部分則說明獻祭後餘下來之物的處理（30～32節）。

在第一個部分，摩西吩咐利未人要從以色列人得來的什一，以舉祭獻給耶和華。經文分別說明利未人所獻的舉祭的數量（26節）、對象（28節）及質量（29節）。按原文字詞的次序，這 3 節經文都先指出利未人要從所得的獻上部分給耶和華為舉祭，然後再加上補充資料。現按原文試譯如下：

	從以色列人得來 ＋ 獻舉祭給耶和華	補充資料
數量	26你們從以色列人中所取的十分之一，就是我給你們為業的，要從其中獻舉祭獻給耶和華，	就是從那十分之一中的十分之一。27這就算為你們的舉祭，像場上的穀及像酒醡中滿滿的酒。
對象	28這樣，你們要作舉祭獻給耶和華，從你們所有的十分之一中，就是你們從以色列人中取來的。	你們要從其中將耶和華的舉祭送給祭司亞倫。
質量	29從奉給你們的一切禮物，要獻給耶和華所有的舉祭，	就是從其中至好的，就是分別為聖的。

從上表可見經文 3 次說明利未人要將他們從以色列人所得來之物，以舉祭獻予耶和華，而這 3 次的重複內容也以扇形結構方式出現如下：

- 26節：從以色列人得來 ＋ 獻舉祭給耶和華（A + B）
- 28節：獻舉祭給耶和華 ＋ 從以色列人得來（B + A）
- 29節：從以色列人得來 ＋ 獻舉祭給耶和華（A + B）

第26節的補充資料說明利未人所獻的數量是他們所得來的十分之一。所以，他們獻上的與以色列人獻上的比例是一樣的。因此，第27節就指出利未人所獻上的，就如是以色列人所獻上的穀和酒般。第28節的補充資料則說明利未人所獻給耶和華的舉祭實際上是給予祭司亞倫的。「**祭司亞倫**」所指的應不是亞倫一個人，而是指由他所代表的祭司。第29節的補充資料則說明利未人所獻上的應是「**至好的**」。因為這是獻予祭司的，所以獻上的也就是「**分別為聖的**」。故此，給予祭司的是聖的，而給予利未人的則從來沒有被稱為「聖的」。這點就反映出祭司及利未人身分上的差異。

第二部分以「你要對他們說」作為新段落的開始（原文並沒有「和合本」的「**利未人**」），其主題是說明利未人要怎樣處理獻上什一後所餘下之物。經文兩次提及「**你們從其中將至好的舉起**」（30、32節），其後果與處理餘下之物有關。第30節指出當利未人獻上至好之物後，餘下之物對利未人來說就如「**場上的糧**」及「**酒醡的酒**」，意思是這些餘下的是屬於他們的。他們及他們的家屬可在任何地方享用這些物，因為這些全都屬於他們工作的酬勞（31節）。由於這些物資不需要在會幕內吃，也沒有限定只有男性才可享用，所以表明了這些物件並不如祭司所得之物般那麼神聖。當32節上再次提及獻上至好之物，而經文接著指出其後果是利未人便不會「**因這物擔罪**」，意思是指利未人不會因為享用餘下之物而「**擔罪**」（即「承擔刑罰」）。這些由以色列人獻上給耶和華的物品原本是聖的，但當利未人獻上他們當獻的什一後，利未人便可以在非神聖的地方享用餘下之物而不必怕因此擔當刑罰。相反地，若他們沒有獻上當獻的什一而享用所有從以色列人獻的什一，他們就是「**褻瀆以色列人的聖物**」，原因是他們沒有把這些聖物當作聖物般處理。凡非祭司者，都不能接觸

「罪」（ḥēṭ'）原文並不是普遍指「擔當罪孽」中的「罪孽」（ʿāwōn）。ḥēṭ' 既可解作「罪」，亦可解作「罪的結果」，亦即因犯罪而帶來的刑罰。

或是享用聖物的，故其結果就是「死亡」。

第8至32節指出祭司及利未人因著他們特殊的身分，他們可透過從百姓所獻予耶和華的聖物中得到賞賜，作為他們生活所需，以致他們可以專心一意幹上帝吩咐他們要作的工。這是他們應得的，而百姓也有責任獻上他們的什一。❹ 這個吩咐再次暗示以色列人定能得地土，並有豐收。因為地土是屬於耶和華的，而以色列人也要把從地土而出的獻上什一予上帝作為回應。

信仰反省

按民數記首四章的記載，以色列十二支派中 20 歲以上的共有 603,550 人，而一個月以上的利未人則有 22,000人，兩者的比例約為 1：0.036。若計算所有十二支派的人與所有利未人的比例，則應比上述比例為小。這個計算說明利未人的總人口雖佔全以色列人總數不足 4 個百分點，但以色列人卻要獻上出產的 10 個百分點予利未人。然而，聖經不時把將利未人與孤兒寡婦一併提及（申十四29，十六11）。這正是指出以色列人沒有按吩咐善待利未人。上述數字及現象提醒我們去反思我們是如何對待我們的傳道及教牧同工，亦同時提醒我們有否把我們所得的看為是上帝的恩賜，以致能夠衷心獻上，回應上帝。

9.3. 除去接觸屍體不潔之法（十九1～22）

可拉等人叛變一事帶來其中一個後果，就是百姓不敢再接近會幕，因為恐怕因此帶來死亡。十八章便回應這個問題，安排祭司及利未人守衛會幕。所以，當有人侵犯聖物，一是侵犯者被守衛的祭司或利未人殺死，一是祭司或利未人因為失職而被耶和華擊殺。無論如何，其他以色列人不會因此受到牽連。第十九章則回應另外一個可拉事件的後果，就是如何處理大量百姓的屍體所引來的不潔。在所有不潔的源頭中，屍體帶來最強的不潔（參 2.4.1 專欄：「簡論不潔的類別」）。然而，民數記第五章並沒有提及潔淨之法，而十九章便補充這點，說明如何潔淨那些因死屍而不潔的人，同時亦解釋何謂因死屍而引致不潔。

分段大綱（十九1～22）

1. 紅母牛灰的製造及使用原因（1～13節）
   甲、製紅母牛灰的程序步驟（1～6節）
   乙、完成後的人及物的處理（7～10節）
   丙、使用除污穢水的重要性（11～13節）
2. 不潔之例及除污穢水的使用（14～22節）
   甲、接觸屍體者的不潔之例（14～16節）
   乙、不潔者的潔淨及不潔淨（17～21節上）
   丙、參與潔淨者的潔淨方法（21下～22節）

9.3.1. 紅母牛灰的製造及使用原因（十九1～13）

這段經文說明如何製造紅母牛灰及使用這些灰的主要原因。經文可分為以下 3 段：

1. 製紅母牛灰的程序步驟（1～6節）
2. 完成後的人及物的處理（7～10節）
3. 使用除污穢水的重要性（11～13節）

9.3.1.1. 製紅母牛灰的程序步驟（十九1～6）

經文以耶和華對摩西及亞倫講話開始一個新段落（1節）。這講話以「**律法中的一條律例**」（*zōʾṯ ḥuqqaṯ hattôrāʰ*；可譯作「這是律法中的條例」）引入條例的內容，其意思是指這是所教導中的條例。這短語只另外出現在三十一章21節，也是與潔淨接觸過屍體的物件有關的。

製造紅母牛灰的步驟，首先是以色列人帶來一頭牛給摩西。這一頭牛有以下特點（2節）：

1. 沒有殘疾的：這是對所有獻祭的牲畜的要求（參利二十二17～25）；
2. 未曾負軛的：意思是這頭牛未曾作過一般的工作，所以它不是「凡俗」的，可以分別作為聖的用途（參申二十一3）；

3. 純紅色的：所指的應該是紅啡色，有學者認為這裏要求的是整頭牛都是紅啡色而沒有雜色的。它的重點當然是象徵血，因為血是作潔淨之用的；
4. 雌性的：按第9及17節所用的字眼，這是一個「贖罪祭」。❺ 利未記四章22至35節指出為個人所獻的贖罪祭牲都是雌性的，而在祭牲中最大的就是牛。所以獻上母牛，以致能得到最多的灰。這裏不能採用公牛，因為這是大祭司（或會眾）的贖罪祭牲，故此並不適合。

第二、摩西及亞倫將這頭牛交予祭司以利亞撒（3節上）。這表示將要執行的是禮祭的一部分，需要祭司在場。這裏由以利亞撒而不是亞倫執行，可能是避免亞倫受到玷污，或是以利亞撒已慢慢開始擔當重要的角色（參民十六36～40）。

第三、由人將這頭牛帶到營外，並將這頭牛交給**祭司以利亞撒**，並在他面前宰殺（3節下）。將牛帶到營外而不是在祭壇前宰殺表示這並不是一般的贖罪祭。不過，接下來的處理程序與大祭司所獻的贖罪祭牲仍有不少相似之處。在營外執行很可能是為了保持營地潔淨。

「和合本」將那位把牛牽到營外的人視為以利亞撒。「帶出去」這動詞希伯來文是個單數動詞，但沒有指明其主語。較為正確的理解應是指「某人」。

第四、「**以利亞撒要用指頭蘸這牛的血，向會幕前面彈七次**」（4節）。由於這是在營外處理的，所以以利亞撒只能向著會幕方向彈血。學者對這個動作的意思有不同的理解。❻ 透過這個行動，祭司將這個不是在會幕中舉行的禮儀，與會幕及在會幕中進行的禮祭連繫起來，表示這個沒有一般禮祭元素的儀式其實也是一個禮祭。❼

第五、這頭母牛的所有部分，包括「**皮、肉、血、糞都要焚燒**」在以利亞撒面前（5節）。這做法就如處理大祭司（或會眾）的贖罪祭牲一樣（利四11～12、21），惟一不同之處是母牛的脂油及血都不是獻在壇上，而是在營外焚燒。這樣做目的有兩個。一、是把血也燒在其中，強調這些灰潔淨的功用。二、盡量產生最多的灰作為日後之用。

第六、祭司將「**香柏木、牛膝草、朱紅色線**」與母牛燒在一起（6節）。雖然實際處理這 3 樣物件的手法並不相同，但它們也用在潔淨痲瘋病人身上

（利十四3～4）。這可能表示這些物料有潔淨的功用。加上朱紅線的目的可能是因為其顏色如血，表示可以加強這些灰的潔淨能力。

9.3.1.2. 完成後的人及物的處理（十九7～10）

經過以上的程序後，紅母牛灰的製造就完成了。接著就要關注善後的工作。第一樣善後工作是如何處理燒盡紅母牛而成的灰。經文指出需要有一個潔淨的人將灰收起，並「**存在營外潔淨的地方**」（9節上）。這個人未必是祭司，但必須是個潔淨的人，否則就會引致這些灰成為不潔。「**存在**」並不單指保存，也有「守衛」的意思。這些被守衛著的灰，是為以色列人的緣故配製「**除污穢的水**」時會用到的（9節下），其使用方法則在下文才作說明。

第二樣的善後工作就是要潔淨 3 類因參與在這個過程中而引致不潔的人。第一是祭司，他的不潔淨可以透過等候到晚上，洗衣服及用水洗身得以除掉，然後他就可以進回營地（7節）。這個潔淨程序針對很輕微的不潔（參利十五16～18）。第二是負責燒牛的人，他的不潔程度與祭司相同，所以也是透過等候到晚上，洗衣服及用水洗身就可以得到潔淨（8節）。第三是處理灰的人。他也是透過等候到晚上及洗衣服而得潔淨。不過，經文沒有提及他需要洗身，這表明他的不潔程度比上述兩類人還要低。經文並沒有指出宰牛的人是不潔的，這可能因為惟有是將這牛的血祝聖後，就是使牛成為贖罪祭後，處理它的人才會不潔。

「和合本」在第9節的翻譯「這本是除罪的」這短語的原文更準確的翻譯應是「這是贖罪祭」（參NRSV）。

從上述內容可見這紅母牛灰特別之處，就是它既可作潔淨的用途，但亦同時令到處理它的人成為不潔。密格朗指出紅母牛灰之所以能夠潔淨是因為紅母牛基本上是一個**贖罪祭**，縱然牠與一般的贖罪祭略有不同。贖罪祭的目的是除去不潔，而方法是將不潔轉移到祭牲身上。所以，這不潔的祭牲並不能在壇上獻予上帝，而需要在營外焚燒（參利四12、21）。因此，接觸這祭牲的人就受玷污成為不潔。在贖罪日所獻上為贖罪祭的公牛，以及公山羊同樣也不能獻在壇上給上帝，而是要帶到營外焚燒。負責焚燒的人同樣會因此而不潔，他們潔淨自己方法也是需要洗衣服及洗身（利十六27～28）。

最後是指明這處理方法對於以色列人及寄居者都是「**永遠的定例**」。民數記的作者有極強的包容性，容讓寄居者與以色列人一同參與這禮儀（參九14，十五15）。

9.3.1.3. 使用除污穢水的重要性（十九11～13）

有學者認為這段經文有轉折功用，將上文描述除污穢水的製造轉接到下文具體的使用方法。亦有學者認為這段經文是大綱式地交代使用除污穢水的步驟，而下文就仔細地說明使用步驟。不過，這些理解都未能正確地說明這段經文的重點。由於第1至10節完全沒有提及這些由紅母牛灰調製出來的除污穢水的用處，所以這段經文的重點就是說明這些除污穢水的重要性（而不是其執行步驟或程序），就是能潔淨因屍體而不潔的人。

經文首先指出接觸人的屍體的人，都會不潔七日（11節）。這表明那是較嚴重的不潔，有別於上文提及的人只是不潔到晚上。其他有類似程度不潔的情況包括產子（利十二2）、大痲瘋病（利十四9）及漏症（利十五13、28）。然而，經文很快就作出補充，說明這樣嚴重的不潔不能只是透過等候 7 日就可得潔淨，還得需要使用除污穢的水行潔淨之禮。第12節以兩句平行句子指出正面的結果及負面的結果（按原文修改「和合本」）：

他在第三天及第七天要用它【指除污穢的水】潔淨自己，他就潔淨了。
若他在第三天及第七天不潔淨自己，　　　　　　　　他就不潔淨了。

明顯地經文的重點不在於指出執行的程序是甚麼，而是強調潔淨禮儀（在第三日及第七日作潔淨行動）與能否潔淨是有必然關係的。

最後，第13節就以扇形結構的方式說明潔淨的重要性：

A　凡摸了人死屍、
　B　不潔淨自己的，
　　C　就玷污了耶和華的帳幕，
　　C'　這人必從以色列中剪除；
　B'　因為那除污穢的水沒有灑在他身上，
A'　他就為不潔淨，污穢還在他身上。

A 及 A' 指出當事人不潔的狀態，B 及 B' 則指出他沒有行潔淨之禮，而 C 及 C' 則指出其後果。這裏所指的不去潔淨自己應是有意的決定，而不是無意的。C 指出不去潔淨自己對會幕造成的後果，就是引致耶和華的帳幕受到玷污，因此這不潔的影響是很嚴重的。C' 則指出不去潔淨自己對自己造成的後果，就是從民中剪除（參 3.4.2.2）。B' 及 A' 就指出除污穢水的重要性。11至13節，經文呈現一個進程。它先說明接觸屍體會帶來的不潔，然後指出潔淨禮儀是必須的，再說明不去潔淨自己帶來的嚴重後果。經文以「**因為**」指出使用除污穢水的重要性（B'）。所以，這段經文的重點不在於說明潔淨的程序，而是指出使用除污穢水作為潔淨的重要性。

9.3.2. 不潔之例及除污穢水的使用（十九14～22）

這段落是說明那些與接觸死屍有關的不潔之例，以及如何使用由紅母牛灰製造出來的除污穢水。經文可仔細分為 3 段：

1. 接觸屍體者的不潔之例（14～16節）
2. 不潔者的潔淨及不潔淨（17～20節）
3. 參與潔淨者的潔淨方法（21～22節）

9.3.2.1. 接觸屍體者的不潔之例（十九14～16）

14節原文是以「這就是律法」（zōʾṯ hattôrāʰ）這詞作這吩咐中最先出現的短句。所以它是指14至16節內容，而不是「和合本」所理解，將之侷限為單指「人死在帳棚裏」的條例。

雖然上文指出觸摸人的屍體會帶來不潔，但沒有具體說明詳情。這段經文就陳述人在哪種情況下會被視為受屍體玷污而不潔。所以，經文以「**這就是律法**」作為開始引入下面的條例。

這些條例可以分為兩個情況。第一是室內發生的（14～15節）。若有屍體在帳棚內，其不潔似是彌漫在帳棚內的空氣中，以致所有在帳棚內的人或物都受影響。在帳棚內的人，無論他有沒有直接觸摸屍體，都會因此而不潔 7 天，就如一個摸過屍體的人一樣。而在帳棚內沒有上蓋的器皿也同樣成為不潔。經文沒有指出應如何處理這些器皿，因這不是這裏討論的重點。不過，利未記六章28節則指出若這些器皿是瓦的，則必須將其打碎，因為它們已不能被潔淨（參利十一33，十五12）。若是其他物料做成的器皿，則另有處理方法（參14.1.2.2談論潔淨的條例）。經文似是指出蓋上蓋子的器皿雖為不潔，但仍是可以潔淨過來的。

第二是在室外發生的情況（16節）。若是在室外，譬如在「**田野**」，則人必須接觸到屍體才算不潔 7 日。人會接觸到的，可能是：

1. 「**被刀殺的**」：指死於暴力，而且沒有被人埋葬的；
2. 「**屍首**」：也許是指死於自然的（「和合本」18節譯作「**自死的**」），但同樣地是沒有被埋葬的；
3. 「**人的骨頭**」：指出屍體是會永久帶來不潔的，無論是剛死的或死了很久只剩下骨頭的；
4. 「**墳墓**」：埋葬死人的地方也被視為會帶來不潔。

凡接觸過上述物件的人，都會不潔淨 7 天。

9.3.2.2. 不潔者的潔淨及不潔淨（十九17～21上）

具體說明在甚麼情況下會因屍體而成為不潔後，經文接著來指出潔淨的禮儀（17～19節）及不潔淨的後果（20節），並以宣告這是「**永遠的定例**」作結（21節上）。

潔淨的第一步是調製除污穢水。方法是將上述製成的紅母牛**灰**（這裏稱之為「燒過的贖罪祭的塵土」）放在器皿中，再加上「**活水**」（指從水源取來的水，而不是從水缸中來的）。第二步是由一個潔淨的人執行，他不一定是祭司，其目的可能是保持祭司的潔淨（參 9.3.2.3 中21節下的析讀）。他與將牛膝草蘸在這除污穢水中，然後將水「**灑在**」不潔的人或物之上。以牛膝草作灑水之用的做法可能很普遍（參詩五十一7）。這行動要在第三

*「灰」其實是指「塵土」（*ʿ*ăpar*），而不是9、10節所指的「灰」（*ʾēper*）。「塵土」可能是用來形容紅母牛灰的形態。*

*「灑在」（*nāzāh*）與13節的「灑」（*zāraq*）不是同一個詞。後者是指將大量的液體倒出去，而前者是使用小量的液體。*

日及第七日執行，以致可以在第七日潔淨不潔之人。然而，灑過水後，不潔者仍要在當日洗衣服及洗身，到了晚上就成為潔淨。經文同樣地沒有提及物件的處理（參 9.3.2.1）。整個過程所表達的是一個循序漸進的潔淨過程。第三日灑除穢水是潔淨不潔者的開始，然後經過第七日的灑除穢水後，不潔者的不潔程度已經降低至輕微的不潔。所以，最後經過洗衣服及洗身後就可以除去剩餘的不潔。

第20節則指出不潔者若不去潔淨自己，便會「**從會中剪除**」。這節經文在行文上與第13節基本上相同，其不同之處是第20節先提及被剪除，後指出「**因為他玷污了耶和華的聖所**」。所以，這裏強調點與第13節不同。第13節強調使用除污穢水的重要性，而這裏則強調不潔淨的後果，就是玷污聖所，以致被剪除。

最後，經文以宣告上述的吩咐為「**永遠的定例**」來結束這段落（21節上）。

9.3.2.3. 參與潔淨者的潔淨方法（十九21下～22）

這段落作了一些最後補充。正如在製造紅母牛灰過程中的參與者會因此而不潔，這裏也指出使用除污穢水的人也會因此而不潔（21節下）。那灑除污穢水的人會因為接觸這水而引致不潔。不過，這不潔程度不高，只需要洗衣服便可。而摸這水的亦會帶來不潔，但這不潔程度就比灑水的更低，只需等候到晚上就得潔淨。第22節上提及「**不潔淨**」的人所摸的人或物都成為不潔。究竟這個「**不潔淨**」的人指因接觸屍體不潔的人，抑或指因接觸除污穢水而不潔的人呢？前者的理解較為可能。第22節下則倒過來指出觸摸因屍體不潔的人會因此成為不潔，他只需要等候到晚上就可得潔淨（但按利未記二十二章4至6節，他亦需要洗身）。❽

這章經文有一些值得思考的地方。因接觸死屍而帶來不潔可以是有意的（就如必須有人處理屍體）或是無意的。所以，無論人承認與否，人都會因此而不潔；無論人願意與否，人都需要得著潔淨。但重要的是，上帝已為人預備了潔淨的方法。這潔淨的方法不但適用於過去，也是持續地適用於將來。

上文提及贖罪祭似是將不潔轉移在祭牲身上，然後將這祭牲在營外焚燒，以示將不潔燒毀。紅母牛作為贖罪祭的特別之處是雖然牠被燒在營外，但被轉移到牠身上的不潔，卻不是早已存在、而是屬於日後所有接觸屍體的人的。意思就是說，儘管這些不潔是在將來出現，但它已經穿越時間轉移到這隻被焚燒的紅母牛身上，以致它的灰可以成為日後因接觸屍體而不潔的人的潔淨材料。同一個道理，負責燒牛的人及處理灰的人的不潔，原來是受後來因接觸屍體而不潔的人的不潔所影響，以致不潔。這指出昔日的一個獻祭，已能夠使日後許多的人得著潔淨。同樣，後來的人的不潔，原來可以影響他之前的人。

信仰反省

無論有意或無意，人都會成為不潔，這是人生存在世上必然會發生的。一個不潔的人不是必然地得著潔淨。除非他知道自己是不潔的，並且願意去潔淨自己，他才能因著早前的一個獻祭，得以潔淨。然而，這並不表示從此他不會再成為不潔。他仍有可能，且甚為可能，再因為接觸屍體成為不潔。不過，可以肯定的是他仍能得著潔淨，以致能夠再次來到聖所前朝見耶和華。其實上述理解並不只適用於接觸死屍帶來的不潔的人身上，也適用於今天我們每一個每日都不論有意或無意犯罪的人身上。

溫習及思考問題

1. 上帝為甚麼不經過摩西而直接與亞倫說話（參十八1、8、20）？這對亞倫有何意義？
2. 上帝指示祭司保衛聖物及承擔責任的指示包括哪 3 方面？試詳述其內容。今天作為教牧的在甚麼情況下同樣要承擔會眾侵犯上帝的罪？
3. 祭司及利未人要互相守望，免得有人侵犯聖物。這對現今的教牧同工來說有何意義？
4. 從看守聖物的規條中，祭司及利未人若失職必使他自己遭致刑罰。這反映出上帝是怎樣看他們的職分？試思想其中的神學意義。
5. 耶和華所吩咐「聖的」供物，包括哪 3 類？其中永獻的物是指甚麼？它有何特別之處？若應用在今天，怎樣獻的物才算是永獻的？

6. 首生的人及動物可分為哪 3 類？在甚麼情況下可以贖回？你如何獻上你的「首先」（如：你的第一份收入，你的第一個兒女）？
7. 從百姓獻什一，利未人獻什一，表示上帝的指示是有次序的，這次序背後有何意義？除了獻上什一，上帝也要求利未人獻上的是怎樣的祭物才會被悅納？這表明上帝是如何看待祭司呢？
8. 為何耶和華吩咐摩西製造紅母牛灰？試描述製造的步驟。如何處理於製造紅母牛灰的過程中產生不潔的人？從耶和華如此仔細的吩咐中，上帝對人保持潔淨的要求是怎樣呢？
9. 除污穢水有何重要性？若應用在今天，它有何屬靈的意思？
10. 上帝如何吩咐以色列人守這潔淨的條例？這些條例如何應用在今天的信仰生活中？

釋經短註

❶ 密格朗指出各支派所分到的土地，就是指可耕種的土地。所以雖然利未人分到 48 座城及附近郊野之地（參三十五1～8），這也不算是違反利未人不能承受土地這吩咐。

❷ 有學者視十八章23節上「這要作你們世世代代永遠的定例」為下文的引言，而不是上文的結束語。然而，「（作你們世世代代）永遠的定例」在聖經其他書卷出現時，多有總結或結束的功用（參出十二14、17；利七36，十9，十六31等）。例外的情況，可參利未記三章17節。

❸ 第23節下及第24節下「在以色列人中不可有產業」（*bəṯôḵ bənê yiśrāʾēl lōʾ yinḥălû naḥălāʰ*）原文句子完全一樣，並用了動詞「承受產業」（*yinḥălû*）及同字根的名詞「產業」（*naḥălāʰ*）來強調這個意思。

❹ 申命記十四章22至29節提供與上述不同的什一之例。第一、人要每年將十分之一的土產及牲畜，都在耶和華「選擇要立為他名的居所」享用。人亦可將這十分之一變為金錢，並以此按個人喜愛買食物在這地方享用。第二、每 3 年要將土產十分之一取來供應城中的利未人及

孤兒寡婦。有學者認為申命記所言的是除了給予利未人的什一以外的另外一個什一。

❺ 十九章9節「**這本是除罪的**」原文直譯是「這是贖罪祭」，而第17節「**燒成的除罪灰**」原文直譯是「燒過的贖罪祭的塵土」。然而，這裏的贖罪祭與利未記四章所描述的贖罪祭略有不同，下文再作解釋。

❻ 學者對「**要用指頭蘸這牛的血，向會幕前面彈七次**」（十九4）這行動有兩個主要的看法。第一個觀點認為這行動與血本身有關係。透過這行動，祭司便將血祝聖，同時亦將這母牛祝聖，以致日後能夠作為潔淨之用。第二個觀點則認為這行動是與被血所彈的物件有關係。祭司朝著會幕的方向彈血，表示以血來潔淨會幕。由於要避免死屍的不潔會玷污會幕，所以需要先行潔淨會幕。

❼ 祭司將一個不是在會幕中舉行的禮儀，與會幕及在會幕中進行的禮祭連繫起來，以此表示這個沒有一般禮祭元素的儀式，其實也是一個禮祭。這個觀點出自：William K. Gilders, "Why Does Eleazar Sprinkle the Red Cow Blood? Making Sense of a Biblical Ritual," *Journal of Hebrew Scriptures* 6 (2006), Article 9。

❽ 學者對十九章22節有不同理解。某些認為所指的，是接觸到因屍體不潔的人所接觸過的物件而引致不潔（參「和合本」），但另些學者則認為所指的是接觸到因屍體不潔的人而成為不潔。前者所述的不潔帶來傳染的程度比後者為高。學者賴特（D. P. Wright）在他的著作曾評論，正確的理解應為後者。參他的著作：*The Disposal of Impurity*; SBLDS 101 (Atlanta: Scholars Press, 1987), 196～200。

第四篇

從加低斯到摩押平原

（二十1～二十二1）

經過探子及可拉事件後，以色列人再次起行。他們從加低斯出發，前往摩押平原。在這段行程中，以色列人再次經歷失敗，但同時亦初嘗到成功的滋味。由位於營地邊緣的以色列人起至全會眾，再到領袖米利暗（十一～十二章），由揀選出來的以色列人領袖到分別出來歸予上帝的利未人（十三～十七章），可以說以色列中各階層的人都曾叛逆上帝。在這次的旅程中，經文記載第一代作領袖的離世，其中包括米利暗及亞倫，以及第一代的領袖中最尊貴的摩西及亞倫也因得罪上帝以致被罰不能進入應許之地（二十1～29）。差不多所有以色列人都曾叛逆上帝；然而，事情似乎開始有些逆轉。隨著亞倫離世，以利亞撒承繼大祭司的職事，成為第二代人其中一位領袖。這表示第二代人已開始踏進歷史舞台。他們的出現使以色列人嚐到遵命帶來勝利的滋味，然而以色列人卻又禁不住埋怨上帝，以致招來刑罰（二十一1～二十二1）。最後，他們終於來到摩押平原，安營在處於應許之地中的耶利哥城對面，而相隔兩地的只是約旦河。

第十章

第一代領袖的離去（二十1～29）

- 米利暗的離世
- 米利巴水事件
- 以東不允過境
- 亞倫死在何珥

第二十章記載第一代以色列人的領袖不能進入應許之地的事實及原因。經文先記載米利暗的死，然後指出摩西及亞倫因為得罪上帝，以致被罰不能帶領以色列人進入那地。縱然摩西繼續帶領以色列人往前走，但他們的行程卻因為以東不允他們過境以致再一次受到阻延。在這個行程中，以色列人的第二位傑出的領袖亞倫亦離世，他的職事由他餘下的兒子中較年長的以利亞撒來接續。這一章的經文帶著很濃烈哀痛的味道。雖然摩西不是完全人，但這位「**極其謙和**」的人未能進入那地，確實為以色列人的前途亮起紅燈。若第一代人不能進去，若摩西也不能，那麼，第二代的人確實能夠進去嗎？

分段大綱（二十1～29）

1. 米利暗的離世（1節）
2. 米利巴水事件（2～13節）
   甲、問題的出現（2～5節）
   乙、問題的解決（6～12節）
   丙、結語（13節）
3. 以東不允過境（14～21節）
   甲、第一次請求遭拒（14～18節）
   乙、第二次請求遭拒（19～20節）
   丙、結語（21節）
4. 亞倫死在何珥（22～29節）

10.1. 米利暗的離世（二十1）

自從十章11節之後，民數記再沒有記載行程的日期，直至二十章1節。

這一節經文**重提以色列人的行程**，指出他們來到了尋的曠野，住在加低斯。提到日期標誌，經文只說是「**正月間**」，卻沒有提及年分及日子。不過，事情很可能發生在出埃及後第四十年，也就是以色列人在曠野流浪接近結束之時。其原因主要有兩個：第一、第12節似是指出以色列人將要進入那地，而

14至21節指出他們朝向迦南地出發，所以應該接近流浪日子的完結。第二、根據三十三章36至38節，以色列人安營在尋的曠野中的加低斯，然後再出發到何珥山，到以東地的邊界。而且，亞倫就在出埃及後四十年五月初一日死在何珥山上（參38節）。這個記載與二十章22至29節的內容相近，所以，二十章記載的日期標誌，應是指第四十年。❶ 若是這樣，就表示以色列人在早期之前曾在加低斯停留，但經過多年後，他們又重臨加低斯（參十三26）。

就在這接近在曠野流浪日子的終結時，米利暗便死在加低斯，並且埋葬在那裏。這個精簡的記載有力地訴說第一代人的命運——死在曠野中。

10.2. 米利巴水事件（二十2～13）

這段經文記載以色列人因為沒有水喝而攻擊摩西及亞倫。耶和華為此吩咐他們二人回應以色列人的渴求。雖然最終以色列人得以解決缺水的問題，但摩西及亞倫卻因為得罪上帝而不能進入那地。

分段大綱（二十2～13）

1. 問題的出現（2～5節）
2. 問題的解決（6～12節）
   甲、摩西及亞倫初步反應（6節上）
   乙、耶和華的顯現及指令（6下～8節）
   丙、摩西及亞倫回應指令（9～11節）
   丁、上帝評價摩西及亞倫（12節）
3. 結語（13節）

10.2.1. 問題的出現（二十2～5）

這段經文指出會眾面對沒有水的情況（2節上），以及他們的回應（2下～5節）。首先，經文客觀地描述「會眾沒有水喝」（2節上）。從經文的記載，上帝並沒有因為會眾的表現而懲罰他們，可見以色列人這次的訴求是合理的。

面對沒有水喝的情況，會眾以行動及話語作出回應。行動方面，他們「**聚集攻擊**」（2節下；*qāhal ʿal*）摩西及亞倫。「**聚集攻擊**」在民數記出現 4 次，另外 3 次是在可拉事件中（十六3、19、42）。除此以外，另有一次是在金牛犢事件中（出三十二1：羣眾聚集攻擊亞倫）。在民數記二十章2節，羣眾便聚集與摩西「**爭鬧**」。這「**爭鬧**」多數指在訴訟的場合中起的爭論（參出二十三3、6），但亦可指採用暴力表達的爭拗（參出二十一18；申三十三7；詩三十五1）。

雖然「和合本」二十七章3節也出現「聚集攻擊」（ʿyāʿaḏ ʿal），但它原文的寫法與第2節的不同。

會眾以話語回應方面，他們先表達寧可早死，意思是與已死去的弟兄同死（3節下）。這些「**曾死在耶和華面前**」的「**弟兄**」是指在可拉事件中被上帝刑罰致死的人。他們稱呼這些人為「**弟兄**」，表示爭鬧的人仍是第一代的人。他們質問摩西及亞倫為何「**把耶和華的會眾領到這曠野**【尋的曠野】」，使他們及他們的牲畜都死在那裏（4節）。以「**耶和華的會眾**」（*qəhal* YHWH）來稱呼以色列人，在民數記只出現**兩次**（十六3，二十4），兩次都是百姓與摩西及亞倫爭鬧時對自己的稱呼。他們這樣表達目的是強調自己是屬於耶和華的，相對於此，摩西及亞倫則不是屬於耶和華的。會眾藉此表明他們所針對的不是耶和華，而是不屬於耶和華的摩西及亞倫。

3節下的「死」（gāwaʿ）與第1節的「死」（mûṯ）不同。前者在民數記只另外出現在十七章12至13節及二十章29節，它全都帶「受罰而死」的意思。

「和合本」二十七章17節及三十一章16節雖然出現這短語，但原文與二十章4節的不同。

接著，他們將這個問題的內容發揮。他們再次質問摩西及亞倫為何把他們「**逼著……出埃及**」（原文意思是「從埃及地帶上來」），然後「**領**」他們「**到這壞地方**」（5節上）。他們所發出的問題暗示了出埃及地是個錯誤的決定，更不諱言現時所處的是個「**壞地方**」。他們稱這地方為「**壞**」，與當年大部分探子報惡信時，看迦南地為「惡」相同（十三32），因為，「惡」與「壞」的原文為同一個字。他們指出這地方既不能種植，也不會有從迦南地帶回來的無花果、葡萄及石榴（參十三23），更是一個沒有水可喝的地方（二十5下）。這一方面解釋為何目前的曠野是個「惡地方」，另一方面也提出為何他們會死在這裏。所以，以色列人在投訴沒有水喝的背後，其實是指摩西和亞倫的領導有問題，認為他們兩人竟然帶領他們來到這個鬼地方！

10.2.2. 問題的解決（二十6～12）

經文接著記載這個危機的解決方法及過程。這段落可以分為 4 段，再按此分段析讀內文。

1. 摩西及亞倫初步反應（6節上）
2. 耶和華的顯現及指令（6下～8節）
3. 摩西及亞倫回應指令（9～11節）
4. 上帝評價摩西及亞倫（12節）

10.2.2.1. 摩西及亞倫初步反應（二十6上）

正如摩西及亞倫過去面對這類情況一樣，他們來到會幕門口，俯伏在地上（6節上），既可能是向耶和華求問，也可能是等候祂的指示。

10.2.2.2. 耶和華的顯現及指令（二十6下～8）

耶和華的榮耀就向他們顯現，正如以前一樣（參十六19），並對他們發出一系列的命令。第一、「**你拿著杖去**」。這短句原文可直譯「拿起那杖」。「**杖**」這字原文附有定冠詞，表示這是一根特別的杖。這杖可能是摩西自己一直以來使用的，也可以是指在法櫃前亞倫的杖。認為是摩西的杖的，是因為摩西有一根慣用的杖，而且第11節「**杖**」原文是「他的杖」。不過，這「他的杖」亦可以解作當時摩西手中拿著的杖，而不一定指屬於摩西的杖。認為杖是亞倫的，因為摩西「**從耶和華面前取了杖去**」（9節），這已暗示要去法櫃前取亞倫的杖（參十七10）。故此，屬亞倫的杖這個解釋較為可能。上帝在此並沒有提及這杖的用途是甚麼，這很可能是作為代表上帝，顯示權威之用。不過，亞倫的杖也曾在埃及地十災事件中，作過擊打的用途（出七9、20，八16～17）。

雖然原文中「拿杖」及「招聚會眾」的動詞都以單數表達，但原文亦可容許指接下來的「你及你的兄弟亞倫」這兩個動詞的主語。

原文亦可理解為「對著在他們眼前的磐石說話」。不過，「在他們眼前」應是形容摩西及亞倫講話的情形，過於指磐石的位置（參12節「在以色列人眼前」）。

第二、「招聚會眾」。這意思是使會眾來到磐石面前。負責**招聚**會眾的可以是摩西一個人或摩西及亞倫兩人。第三、「在他們眼前吩咐磐石」。這句可直譯為「你們要在他們眼前對那磐石說話」。「磐石」這詞原文附有定冠詞，似乎是特指一塊磐石。值得留意的是「說話」這個動詞的主語是「你們」，所以摩西及亞倫兩人都要對著磐石講話，更可理解為摩西及亞倫一起「命令」磐石發出水來。而且，是要在「**他們眼前**」行出來的，目的似乎為了使以色列人可以親眼看見上帝的供應。摩西及亞倫這個行動會使「磐石發出水來」。第四、「水就從磐石流出」。這句子原文可直譯為「你就使水從那磐石出來」。這裏只有「你」這單數代名詞，表示由摩西使水出來。這個命令承接著上一個，所以摩西及亞倫對磐石說話後，磐石就發出水，然後摩西就使水從磐石出來。不過，經文沒有清楚說明的是第四個指令與第三個的關係。若第四個指令是獨立於第三個指令，則摩西如何使水出來呢？第五、「給會眾和他們的牲畜喝」。這句原文可直譯為「你就給會眾和他們的牲畜喝」。這與上一個指令相同，這指令的執行者是摩西一人。

10.2.2.3. 摩西及亞倫回應指令（二十9～11）

於是，摩西就從耶和華面前拿了杖。第9節清楚說明這是「照耶和華所吩咐的」。然後，摩西及亞倫便招聚會眾到那磐石前（10節上）。到目前為止，摩西及亞倫所行的都是按照耶和華的指令。不過，接下來的卻不然。摩西及亞倫沒有如耶和華所吩咐的對磐石說話。亞倫沒說任何話，摩西有說話，不過對象卻是以色列人。他一開口就稱呼以色列人為「背叛的人」，呼籲他們聽他說話。他接著說「我們為你們使水從磐石中流出來麼？」（「新譯本」）。原文用字可以有以下幾個略為不同的意思：

1. 我們會為你們使水從磐石中流出來嗎？

2. 我們能為你們使水從磐石中流出來嗎？
3. 我們應為你們使水從磐石中流出來嗎？
4. 難道要我們，而不是上帝，為你們使水從磐石中流出來嗎？

無論是哪一個意思，摩西及亞倫在此已經違反了上帝的吩咐。接著，摩西「舉起他的手，用他的杖擊打磐石兩下」（按原文翻譯）（11節上）。同樣地，這也是上帝沒有吩咐過的。然而，「**有許多水流出來，會眾和他們的牲畜都喝了**」（11節下）。雖然摩西及亞倫沒有依照上帝的吩咐去行，但水仍然從磐石中出來使會眾及牲畜可以喝。會眾的渴求得到滿足，但事情卻未完結。

10.2.2.4. 上帝評價摩西及亞倫（二十12）

這一節是耶和華對摩西及亞倫的講話，它有典型的審判神諭的形式：指控（12節上）及審判（12節下）。上帝的指控以「**因為**」作開始，說明摩西及亞倫的過錯，就是他們不相信祂，以致他們沒有在以色列人眼前尊祂為聖。「**信**」有「值得信賴」的意思。在民數記裏，這詞只另外出現在探子事件上帝對百姓的負面評價中（十四11）。縱然上帝為百姓行神蹟，但他們仍然不相信祂。所以，結果就是他們不能進入迦南地。當上帝指出摩西及亞倫不「相信」祂，他們不能進入迦南地似乎是一件可以預計的事情。正因為摩西及亞倫沒有相信上帝，所以他們的行動就沒有在以色列人眼前顯明上帝是神聖的，是獨特的及有能力的神。上帝的審判以「**所以**」開始，宣告摩西及亞倫不會帶領這會眾到祂賜給他們的土地。

一直以來，釋經家都認為這是一段令人費解的經文。主要的問題就是究竟摩西及亞倫所犯何罪，以致他們不能進入迦南地？他們如何不相信上帝，又如何不尊祂為聖？在未提供任何解釋前，必需先引用前人所講過的一句話作為提醒：「摩西只是犯了一條罪，但釋經家卻給他加添不少罪行，他們每個人都為他製造出一條新的罪行來。」

現先討論亞倫的過錯。上帝對摩西的指示中清楚指出摩西及亞倫兩人要向著磐石說話。不過，明顯地亞倫在此沒有說任何話。摩西是以色列人的最高領袖，而亞倫往往只是擔任次要的角色。然而，隨著可拉事件的發生，亞倫的角色定位就愈見清楚及重要。可是，亞倫在這次事件中保持緘默，既沒有按上帝的吩咐講話，也沒有回應摩西的講話。他的沉默反映出他沒有作他應當作的事（sin of omission）。所以，民數記後來重提這件事的時候，上帝兩次指出亞倫及摩西兩人「違背」上帝的命令（二十24，二十七14）。正因如此，亞倫就不能進地。若果亞倫違命是因為沒有去作所應當去作的事，那麼摩西違命就是因為他作了不應去作的事（sin of commission）。現提出以下幾點作為考慮。

第一、他稱呼以色列人為「背叛的人」（10節）。「背叛」（*mārā^h*）原文為動詞。在民數記中只另外出現 2 次（二十24，二十七14：「和合本」翻譯為「違背」）。其同字根形容詞（*merî*）在民數記只出現 1 次（十七10）。值得留意的是惟有在二十章10節是摩西宣稱別人是背叛的，而另外 3 次都是上帝對百姓（十七10）或是對摩西及亞倫（二十24，二十七14）的評價。即使在探子事件中稱呼百姓為「惡會眾」的也只是上帝自己（十四27、35）。因為百姓背叛的對象是上帝自己而不是其他人，所以，惟有出於上帝的特權才可評價百姓為「背叛者」。在這次事件中上帝沒有對以色列人有任何刑罰，這暗示會眾的訴求是合理的。所以，摩西在這裏對百姓的評語既反映他對百姓的訴求有錯誤的理解，亦同時指出他篡奪上帝的特權。❷

第二、摩西誤用亞倫的杖作擊打磐石的用途。當上帝吩咐摩西取去在「耶和華面前」（9節）的杖，目的應是以這根杖來表示摩西的權威，是一個可見的記號，表示上帝的權能。所以，拿著這根杖正表示摩西是耶和華的代表，他所作的是代表上帝所作的。雖然這根杖在埃及地時曾經用作擊打的用途，但這些都是在耶和華的吩咐下進行的。在可拉事件後這杖就只成為一個記號。若這根杖代表上帝的認可，則當摩西濫用這根杖時，他可以說是漠視上帝的揀選。若這根杖是為上帝所用的，則誤用這根杖就是對上帝的不敬。若這根杖因為放在耶和華面前而成為聖的時候，摩西的誤用也就是干犯聖物，得罪上帝了。

第三、他沒有依耶和華吩咐對磐石講話，反而用杖擊打磐石兩次。他的做法明顯是違命，這點是顯而易見，不必多作解釋，但卻要問為何他要這樣作。在此先提出兩點值得留意的地方。第一點是經文提及「摩西舉手」

（*wayyārem mōšeʰ ʾeṯ-yāḏô*）。擊打磐石前「舉起手」看似是個很自然的動作。不過，擊打磐石前要「舉起手」其實並不是個自然或必然的動作。相反地，這個動作是摩西用來顯示自己的能力，甚至可能有「**擅敢行事**」的意味。摩西顯示他的能力對象可以是會眾或是耶和華。若是前者，則摩西是強調自己的能力過於反映上帝的能力；若是後者，則摩西明顯是叛逆上帝了。經文兩次強調「在以色列人／他們眼前」就指出前者的理解較為可能。第二點是摩西擊打磐石兩次。以擊打磐石代替向磐石説話可能表示摩西相信採用上一次的成功方法，可以同樣令他成功（出十七1～7），也可能表示他並不相信單靠上帝的話語就可以成事。他重複擊打似是因為第一次擊打時，水仍未出來，表示未能成功，故此再多作一次。這樣的重複代表著他依靠自己的能力多過單是上帝的能力。摩西這處的行動可能反映他內心的不滿或沒有耐性，但更重要的是使會眾的注意力集中在他的能力，而不是在耶和華的能力之上。

舉起手

「舉起手」這個動作在舊約有幾個不同的意義。其中只有一次是表示祈禱（創十四22），其餘都是表示當事人用來顯示他的能力。以色列人出埃及時曾「舉起手」（出十四8；民三十三3：「和合本」譯為「昂然無懼」），這是他們向埃及人顯示他們的能力。「舉起手」也是攻擊別人的動作（出十七11；王上十一26、27；詩八十九13；賽二十六11；彌五9）。在民數記十五章30節，這動作是用來描述當事人「擅敢行事」，以致被上帝剪除（創世記四十一章44節中「舉起手及腳」亦有「和合本」所譯為「擅自辦事」的意思）。另一方面，出埃及記中記載摩西用杖擊打磐石時並沒有指出他要先「舉起手」（出十七6），而出埃及記中提及用杖擊打河水時也沒有提及要先「舉起手」（參出七17、20）。因此，摩西在二十章作此行動，極可能有反對權威的意思。

綜合以上各點，摩西的罪行就在於他高舉自己多過上帝，使會眾的注意力集中在他能力之上，多過集中在耶和華的能力之上。他沒有依靠上帝去行事

（「**不信**」上帝），以致沒有在會眾面前顯明耶和華是聖者，是那位有能力以及與他們有別的上帝。若果摩西的行動表示他主動地「**違背**」上帝的命令，則亞倫的沉默就表示他被動地「**違背**」上帝的命令。為此，他們要付上的代價就是不能進入應許之地。

10.2.3. 結語（二十13）

經文最後解釋發生這事的地方的名稱的來源。這些水叫作「**米利巴水**」，這是因為以色列人與耶和華「**爭鬧**」。雖然上文提及以色列人與摩西爭鬧，但這也就表示是與耶和華爭鬧。「**米利巴**」的原文（*mərîḇāʰ*）與「**爭鬧**」的原文字根（*rîḇ*）相似。不過，這地方的名稱可能是「**米利巴水**」而不是「米利巴」（參民二十24；申三十三8；詩八十一7，一〇六32）。此外，因為這地方是在加低斯，所以稱為「加低斯的米利巴水」（參民二十七14；申三十二51）。在這裏，耶和華「**在他們面前**」自顯為聖。「**在他們面前**」的原文可以解作「透過他們／它們」。因為上句提及米利巴水，所以很可能是指上帝透過米利巴水（它們），顯明祂是聖的。意思就是縱然摩西及亞倫沒有聽從耶和華的吩咐，但祂也把水賜給以色列人，以致顯明祂是有能力、分別出來的神明。「**顯為聖**」或「**尊……為聖**」的原文字根（*qāḏaš*）與加低斯一詞的原文（*qāḏēš*）是相關的。

10.3. 以東不允過境（二十14～21）

在探子事件中，以色列人在未得耶和華容許下擅自從南面上去攻打迦南地，以致被亞瑪力人及迦南人擊敗（十四39～45）。現時，在曠野流浪的時間已接近結束，以色列人再次尋找方法進入迦南地。這次的計劃是從加低斯出發往東面走，然後往北經過在約旦河東的以東的地方，再從東面進入南地。這段經文是記載他們這個嘗試，但結果是失敗的。這做法應是從加低斯出發到迦南地的行程的次佳選擇（最理想的行程是從加低斯往北出發，但在十四章 39 至 45節，這已表明是行不通的）。然而，摩西這做法與上帝吩咐以色列人要「**轉回，從紅海的路往曠野去**」（十四25）並不相同。把這段經文放在這個位置可能是想指出摩西（及亞倫）作為領袖違背上帝的命令後（二十2～13），他自行決定要走這條進入迦南地的路，但這是注定會失敗的。這就如在探子事件中，當探子作為領袖違背上帝的吩咐後，他們自行決定從南地上去迦南地的行程是失敗的一樣。兩件事情都同樣指出領袖的錯失，不單為他們自己招來刑罰，更因此阻延以色列人的行程。

分段大綱（二十14～21）

1. 第一次請求遭拒（14～18節）
   甲、請求：准允過境（14～17節）
   乙、回應：拒絕請求（18節）
2. 第二次請求遭拒（19～20節）
   甲、請求：准允過境（19節）
   乙、回應：拒絕請求（20節）
3. 結語（21節）

10.3.1. 第一次請求遭拒（二十14～18）

摩西從加低斯差遣眾使者去見以東王，請求准允以色列人過境。在這個請求中，透過自稱為「***你的弟兄***」（14節），摩西提醒以東人，他們與以色列人並不是仇敵的關係，而是相親的關係，並希望這個關係有助以色列人得到准許。摩西的具體講話先交代他們為何在目前的位置（15～16節），然後便提出過境的請求（17節）。這個講話以「**你，你知道**」作為開始，目的是有禮貌地説明以東所未必知道的事情。首先，以東知道以色列人「***所遭遇的一切艱難***」，這說法是用來引起以東的同情。接著，15至16節上就簡單交代以色列人的過去。摩西認為這部分內容是以東需要知道的，重點就是去表明以色列既不是個強盛，也不是具侵略性的民族。當中最特別的地方是指出上帝差派使者領以色列人出埃及（16節上）。這

原文使用獨立的第二身單數代名詞「你」，來強調以東自己對以色列人景況是有所認識的，目的是建立以東及以色列人的關係。

可能反映出埃及記的傳統（參出十四19，二十三20，三十三2），但其目的可能是用來向以東說明他們目前所走的路程並不是出於他們自己的意思，而是由他們的神明差派來的使者所帶領的。摩西接著指出以色列人「**如今**」就在加低斯。「**如今**」（*hinnēʰ*）的原文有時譯作「看哪」，可用來表達講話者對所發生的事情感到突然。所以，摩西想說明以色列之所以來到這裏，對他們來說也有點突然，非他們所事先計劃的。他們位於以東「**邊界上**」這個說法不是用來提供具體的地理資料，而是指出以色列人已位於接近以東的位置。所以，當摩西交代以色列人的過去及現在所處的位置時，摩西著意指出他們是沒有侵略性，也不是刻意來到以東的邊界的，目的自然是要令以東不用擔心以色列會威脅他們的安全。

簡單交代後，摩西就提出請求（17節）。他希望以東容讓以色列人「穿過」（*naʿbərāʰ-nnāʾ*）他們的土地，並承諾以色列人不會「穿過」（*naʿăḇōr*）他們的「**田間和葡萄園**」（原文兩次使用同一個動詞「穿過」）。當摩西發出這請求時，正值與正月相距不遠（參1節），亦即是收成的時間，則這個承諾就有特別意思了。以色列人也「**不喝井裏的水**」。水在當地當然是很重要的資源，聖經中亦曾記載人因為水而起爭執（參創二十一25；出二16～19）。這兩個承諾的目的當然是表示以色列人不會侵佔或破壞以東的任何東西，也不會成為以東的負擔。當然，這樣數量的以色列人不可能在一、兩天內穿過以東的境界，他們也需要一定分量的生活所需如食物及食水。摩西沒有提及他們的人數及所需品，目的與上述一樣是免得以東擔心受到威脅。摩西同時應允以色列人只會行走在「**王道**」（*dereḵ hammeleḵ*）上，不會伸延到它的左手邊或是右手邊的地方，直到他們「穿過」以東的境界（原文第三次使用「穿過」一字）。後來，當以色列人要經過亞摩利人的地方時，也類似地表明不會進入田野和葡萄園，不會喝井的水，只行走在王道上（22節）。這可能表示這些說法是一些標準用語，未必有字面上的意思。值得留意的是摩西沒有提到他們的目的地是迦南地，免得使以東有所顧忌。

王道是一條聯繫大馬士革到埃及的經商主要道路。這路經過一些主要綠州，途中有堡壘保護守衛。

以東的回應是截然的否定，並以爭戰作為警告（18節）。回應以色列人從埃及地「**出來**」，以東警告說他們會「**出去**」攻擊以色列人。以東一點兒也沒有對以色列人的人數或力量有甚麼恐懼，這與後來摩押人的情況明顯不同（參二十二3）。因著以東的拒絕，以色列人再次提出請求。

「出來」一詞與2至13節有關連。縱然摩西認為他自己可以使水從石中「出來」，但卻不是他帶以色列人從埃及「出來」，他也不能禁止以東「出來」攻擊他們。

10.3.2. 第二次請求遭拒（二十19～20）

以色列人再次提出允准過境的請求，並作出讓步（19節）。第一個讓步是他們承諾他們只會行在「**大道**」上。這「**大道**」（*məsillā*^{h}）並不是王道，可能是一些沒有大石的主要通道（參賽六十二10；耶三十一21），只能用腳走在其上，不能用坐騎。第二個讓步是以色列人承認可能會飲用以東人的水，但願意付上代價。這是一個誘使以東答允他們請求的方法。最後，他們只希望可以用腳「穿過」而已，而「不是甚麼事」。這表明他們沒有軍兵使用的馬車，只有步行的人而已。

這次，以東一方面口頭回應不准以色列人穿過，另一方面則以行動回應，帶來「**多人**」及「**強硬的手**」（意即「以強大的力量」；參出三19，六1）出來攻擊以色列人。從第一次拒絕及作出打仗的警告到第二次拒絕及有打仗的行動，以東不容以色列人經過的反應明顯加強了。比較之下，第一次請求過境的記載較為強調以色列人的請求，而第二次則較為強調以東的拒絕。

10.3.3. 結語（二十21）

經文沒有指出以色列人與以東人爭戰，只是記載因為以東拒絕讓他們「穿過」，他們就離開以東。這段經文也沒有說明以色列人為何不與以東人爭戰，不過，這段經文與探子事件後以色列人因擅自北上而招致失敗有明顯對比。這次，以色列人沒有強行爭戰，而選擇另外的行程。

10.4. 亞倫死在何珥（二十22～29）

以色列人繼續他們的行程。在途中耶和華宣告亞倫的離世及吩咐摩西安排以利亞撒為承繼者。

分段大綱（二十22～29）

1. 引言（22節）
2. 耶和華的吩咐（23～26節）
3. 摩西執行吩咐（27～28節）
4. 結語（29節）

以色列人繼續他們的行程，從加低斯出發來到何珥山，而它是位於以東的邊界（22節）。這個地理背景一方面承接上文指出以色列人繞過以東境地行走，另一方面則指出這並不是在迦南境界內，因為亞倫不能進入那地。

就在這處，上帝對摩西及亞倫講話。首先指出亞倫離世的時候到了，他要「歸到他本民那裏」（24節上；「和合本」作「**歸到他列祖那裏**」）。這用語只出現在五經中，應用在亞伯拉罕（創二十五8）、以實瑪利（創二十五17）、以撒（創三十五29）、雅各（創四十九33）、亞倫（民二十24；申三十二50）及摩西（民二十七13，三十一2；申三十二50）身上。這用語的意思未能確定，但應不是指死亡或是被埋葬。較可能是指亞倫會在陰間與他的民相會，縱然他是在應許之地以外被埋葬。講完這話後，接著就指出他不能進入上帝所賜之地的理由（24節），就是他及摩西在米利巴水「**違背**」了上帝的命令。那時上帝的審判，就在這裏應驗了（參12節）。

其次，上帝吩咐摩西帶亞倫及他的兒子以利亞撒上何珥山。然後將亞倫的衣服「**脫下來**」，穿在以利亞撒身上（25～26節）。這衣服應不是指普通的衣服，而是大祭司的聖衣（參利八7～9）。「**脫下來**」（*hap̄šēṭ*）這詞多用來指「剝去」祭牲的皮或是人的衣服。剝去人的衣服基本上是一種侮辱或刑罰的表示（參撒上三十一19；伯二十二6；結十六39，二十三26）。這裏也可能有刑罰的意思。以利亞撒是亞倫剩下的兒子中最年長的，一直協助亞倫處理祭司的工作，甚至也有代替亞倫（如預備紅母牛灰，參十九3～9）。所以，他很自然成為亞倫的承繼者。最後亞倫就要死在那處。

摩西就按耶和華的吩咐而行。記載他所行的用字差不多完全與耶和華的吩咐一樣，但有兩點稍為不同。第一、經文指出摩亞、亞倫及以利亞撒上山時是「**當著會眾的眼前**」，目的是指出會眾見到他們上山，但下山時則只有摩亞及穿著聖衣的以利亞撒，所以就知道亞倫「**死了**」。不過，承接著米利巴水的事件，也許「在會眾眼前」還有一個意思，就是對比摩西及亞倫沒有在以色列人眼前遵命而行及這裏他們按耶和華的吩咐而行。第二、經文指出亞倫「**死在山頂那裏**」。於是全會眾就為亞倫哀悼 30 天。一般哀悼的時間為 7 日（參創五十10；撒上三十一13）。為亞倫及後來為摩西（申三十四8），則是哀悼30 日，這可能表示對他們的尊重及他們的重要性。

「死了」（gāwaᶜ）的意思，參 10.2.1 對二十3「死」一語的解釋。

信仰反省

這段經文記載以色列人尊重的第一代領袖的失敗及離世。一個領袖很容易對他所帶領的羣眾作出批評，例如指責他們不受教或是背叛上帝。然而，在這個過程中，領袖將自己放在一個公義審判者的位置上，以為自己可以擔當上帝的角色，能隨意評價其他人為「背叛者」，甚至認為自己才是惟一忠於上帝的人。當他這樣行之時，可能已忽視羣眾真正的需要，以為只是他們屢勸不改。這其實只是反映出他不相信耶和華是一位有恩典的、真正掌權的及有能力施行拯救的上帝。另一方面，人民的合理訴求亦應以合理的方式提出，以致領袖能夠明白他們的真正需要。若他們常以不合理的方式去表達自己的需要，並任意衝擊領袖的權威及身分，以致領袖最終也忍受不了，這帶來的只是兩敗俱傷的結果而已！

一個領袖亦很容易在帶領的過程中，過分重視或表現自己的能力，要會眾的注意力集中在自己身上，而不是視自己為上帝行事的器皿，以及上帝恩典流通的管子，並期望會眾可以透過自己的行動，看見那行奇事的上帝。一個不能在「會眾的眼前」尊上帝為聖的領袖，才是一個叛逆上帝的人。

這段經文亦同時提醒人應該將信心放在誰身上，是上帝抑或是地上的領袖？偉大如米利暗、亞倫及摩西也會犯錯，也會離去（他們離世的次序正好是他們出生的次序呢！）。然而，有憐憫的上帝會為軟弱的人預備下一代的領袖，繼續做帶領的工作。不過，這新一代的領袖也不會是完全人。所以，惟有相信那完全的上帝，人才能穩妥地走這條曠野的道路。

溫習及思考問題

1. 米利暗的死估計是在甚麼時候及地方發生？這些資料代表了以色列人當時處於甚麼境況？
2. 流浪了 40 年後，以色列人處於甚麼狀況中？「缺水」事件如何將他們的心態表露出來？
3. 會眾為何將「缺水」這事歸咎於摩西？他們如何用言語攻擊他？這是否人正常的反應？
4. 從以色列人對摩西的質問中，他們看埃及是一個怎麼樣的地方？甚麼促使他們有這樣的想法？
5. 40 年前「探子事件」中，會眾曾出現反出埃及的情緒（參 6.2.2.2），今天他們仍出現類似的問題。這情況反映了他們與上帝的關係是怎樣的？沒有長進的信徒的生活有何特徵？
6. 面對著會眾的攻擊，耶和華向摩西發出了哪一系列的命令？
7. 為何摩西沒有按耶和華吩咐擊打磐石，而磐石仍會流出水來？耶和華在此為何沒有指責以色列人？
8. 在這事件中，耶和華用了哪一個詞來評價摩西及亞倫？學者又用了哪兩個詞來描述摩西及亞倫的過錯？你又如何評價他們的過錯？
9. 以色列人如何嘗試說服以東人讓他們過境？你認為他們失敗的原因何在？以色列人失敗後的反應如何？他們如何從歷史中汲取教訓？
10. 試描述亞倫死的過程？你如何評價這位屬靈領袖的死？

釋經短註

❶ 有學者認為二十章記載的事件，並非發生在出埃及後第四十年。理由有兩個。第一、申命記二章14節指出以色列人離開加低斯後到撒烈溪期間共有 38 年。這表示他們並不是在第四十年才到加低斯。第二、民數記二十章3節所指死去的「弟兄」很可能是指在可拉事件中死去的人。若是如此，則講話者應與可拉等為第一代的人（參5節「逼著我們

出埃及」）。所以，這事應發生在可拉事件後不久。不過，須留意的是，產生這樣的分歧很可能因為申命記的記載反映著另外一個不同的傳統。此外，第二個理由不足以否定二十章的事件發生在第四十年，因為第一代人的完全離去很可能發生在第二次數點人數之前（參二十六章）。

❷ 有學者認為二十章10節摩西的講話「**我【們】……使水……出來**」中的「我們」（原文是複數）是表示他將行神蹟的榮耀歸與他們自己而不是上帝。這論點有商榷餘地。首先，上帝的命令中有吩咐摩西使水出來，用的是同一個動詞（參10.2.2.2 中提及的第四個指令）。其次，若是強調「我們」，則原文很可能會使用獨立代名詞，但事實上卻沒有。

第十一章

新舊交替：兩代人的遵命及違命（二十一1～二十二1）

- 在何珥瑪的勝利
- 火蛇與銅蛇事件
- 從何珥到毗斯迦
- 奪取河東之土地
- 安營在摩押平原

第一代以色列人的領袖米利暗及亞倫相繼離世。而第二代的大祭司以利亞撒登場，成為第二代以色列人的領袖之一，這指出第二代以色列人已經出現。然而，第一代人仍未完全成為過去，這要到第二十六章才發生。所以，二十一至二十五章記載著第一代人及第二代人交替時期的事情。在這段時期裏，以色列人嚐到因遵命而得到勝利的滋味，但同時亦經歷到因埋怨上帝或是離棄上帝而受罰的苦況。從加低斯到摩押平原的行程中，這兩代以色列人既經歷成功，亦品嚐失敗。這正好反映這兩代人在過渡時期所面對的不穩定性。同時，在這段時期中，摩西的角色慢慢淡出，直至他將領導的職事交予接棒的約書亞及他離世為止。

11.1. 在何珥瑪的勝利（二十一1～3）

當以色列人轉離以東境界後（二十21），他們似乎應當往紅海處走，繞過以東（參二十一4）。不過，經文卻在此指出他們在南地遇迦南人亞拉得王，並與他爭戰。當年在探子事件中，以色列人在未得上帝准許下擅自攻上迦南地，以致受到亞瑪力人和迦南人打敗直到何珥瑪這地（十四39～45）。約 38 年後，他們重臨這個地方。再次與迦南人爭戰。不過，這次他們卻是得到勝利。這次勝利成為他們一系列爭戰勝利中的第一炮。

經文首先指出住在南地的迦南人亞拉得王得悉以色列人從亞他林路來，於是就攻擊他們，並擄了他們一些人（1節）。以色列人向耶和華發了一個有條件性的願，就是若耶和華將這些迦南人交在他們手中，他們就將這些迦南人的城邑「**盡行毀滅**」（2節；參 9.2.1 討論「永獻的物品」）。這表示以色列人願意將戰利品完全燒毀作為獻予上帝的禮物。有學者指出古時行軍的人是沒有薪金的，他們基本上是靠戰利品過活。所以，願意將戰利品呈獻予上帝，就表明他們願意放棄自己的利益去得著上帝的幫助。或者，更重要的就是表明這是上帝的戰爭，所以，戰利品應該屬於上帝。因此，上帝應允以色列人，將迦南人交在他們手中，他們亦按所許的願，將迦南人及他們的城市完全毀滅（3節上）。經文最後解釋這個地方的名稱的來源，就是因為迦南人被「**盡行毀滅**」（原文字根：*ḥāram*），所以這地方（而不是一個城市）就稱為「**何珥瑪」（*ḥormāh*）。

二十章22至29節指出以色列人位處於何珥山，而二十一章4節則記載以色列人從何珥山起行。所以二十一章1至3節將這兩段記載連續的行程的經文分開。這個表達有明顯的神學意義。它的重點是指出當年第一代以色列人在何珥瑪失敗，但如今當第二代人出現，便在何珥瑪帶來勝利。這不單指出第一代人與第二代人不同，也說明這兩者的差異在於這個過程有否得到上帝的認同。經文清楚指出信靠上帝的幫助才是成功的主因。此外，若把這段經文與十四章39至45節比較，這裏只提及迦南人而沒有亞瑪力人。這個省略也似乎有意思，因為亞瑪力人是以掃的後人。所以，當以色列人轉離不與以掃的後人以東人打仗，他們也不與以掃其他的後人打仗，包括亞瑪力人。最後須留意的，就是摩西在此事中沒有任何角色。這意味著隨著第二代人興起，摩西的角色也漸漸淡出。

11.2. 火蛇與銅蛇事件（二十一4～9）

這段經文承接二十章22至29節的行程記載，指出以色列人從何珥山起行，繞道經過以東。經文記載以色列再一次叛逆及其後果。組成這段經文的基本元素與十一章1至3節（或十二章1至15節）相似。這些元素是：埋怨投訴出現（4～5節），上帝刑罰埋怨者（6節），會眾呼籲摩西代求（7節上），摩西代求（7節下）及醫治的方法（8～9節）。經文也沒有提及刑罰的止息，而是以醫治的方法代替。

分段大綱（二十一4～9）

1. 埋怨投訴出現（4～5節）
2. 上帝刑罰埋怨者（6節）
3. 摩西代求（7節）
4. 醫治的方法（8～9節）

11.2.1. 埋怨投訴出現（二十一4～5）

經文先提出以色列人從何珥山起行自然是接續上文的行程，但特別的地方是他們「**往紅海那條路走**」（4節），為的是繞過以東地。這句子清楚反映十四章25節上帝吩咐以色列人要作的事：「**亞瑪力人和迦南人住在谷中，明天你們要轉回，從紅海的路往曠野去。**」所以，二十一章4節記載的目的，是說明以色列人到了現在才願意遵命，走在上帝吩咐的行程上，而不是選擇從南地北上去迦南地，或經過以東的北面到約旦河東等較短的路程。這可能與第二代人的興起及他們的遵命有關。這也可用來解釋為何以色列人戰勝迦南人後沒有沿此路繼續北上的原因（1～3節）。然而，以色列卻因為這條路而失去耐性，「**心中甚是煩躁**」（4節「和合本」多譯「**難行**」二字）。他們有這感受其實並不難理解，原本可以走更方便的路程，現在卻要行一條更長的。不過，失去耐性的結果就是他們「**怨讟**」（原文意思是「說話針對」；參 5.3.1 討論「說話針對」）上帝和摩西。以色列人在過去多次的埋怨中，對象都是摩西（及亞倫），從來沒有一次是直接埋怨上帝。這裏是第一次出現，也是最後一次，這可能表示以色列人終於確認到他們所經歷的一切都是出於上帝自己。這次埋怨的原因與過去的無大差異，都是涉及上帝和摩西領他們從埃及地上來，到「**沒有糧，沒有水**」的曠野，令他們死在那裏，而說「**我們的心厭惡這淡薄的食物**」。「**淡薄的**」（*qəlōqēl*）原文字根解作「輕的」，其意思可引申為「無重要性的、可藐視的」。「**心**」原意可解作「喉嚨」。所以，他們指出他們的喉嚨厭惡這些可藐視的食物。他們沒有說清這些食物是甚麼，或許是嗎哪，或許是曠野中可找到之物。無論如何，這些東西對他們來說都不能算是食物，所以他們認為自己「**沒有糧**」（5節）。

> *「煩燥」原文意思是「短」。這樣的用語也在其他書卷出現（士十16，十六16；亞十一8；另參伯二十一4；箴十四29）。這詞基本意思是指「失去耐性」。*

11.2.2. 上帝刑罰埋怨者（二十一6）

很可能因這次埋怨是直接針對上帝，上帝在沒有甚麼口頭的回應下便直接差派「**火蛇進入百姓中間**」，而「**進入**」（前置詞：*bə*）的原文在這裏更準確的翻譯可能是「攻擊」。這些蛇被稱為「**火蛇**」可能是因為被牠們咬過後會有火灼燒的感覺。蛇咬傷百姓，以致以色列中有多人死亡。這次刑罰的特別之處是被蛇咬的人不會立刻死亡，這有別於過去的刑罰會帶來即時的死亡。

11.2.3. 摩西代求（二十一7）

於是，百姓請摩西代求。在他們的請求中，他們先承認自己因說話針對耶和華及摩西而犯罪。接著他們請求摩西向耶和華祈禱，使那些蛇轉離他們。在民數記中，犯事者承認自己有罪，並非每一次都會出現。在哈洗錄事件中，亞倫承認犯罪，並請摩西代求醫治米利暗（十二11）；在探子事件中，百姓承認自己有罪，但轉眼間卻擅自攻擊迦南人（十四40）。所以，承認自己有罪不一定帶來正確的行動（參二十二34），重點仍在於有否將事情的主權交回上帝的手中。摩西就「**為百姓禱告**」，但經文沒有記載摩西祈禱的內容。

11.2.4. 醫治的方法（二十一8～9）

因摩西的禱告，上帝指示醫治的方法（8節）。祂所吩咐摩西的與摩西所行的幾乎一樣，惟一不同的是，上帝吩咐摩西造一條「**火蛇**」，而摩西以「**銅**」造這蛇。選擇用銅作為物料的原因，可能是因為其顏色與火蛇相近，或是因為「**銅**」（*nəḥōšeṯ*）及「**蛇**」（*naḥāš*）原文相近，可以增加其治療的力量。被咬的人若要能活著，就要「**望**」這掛在杆子上的銅蛇。以蛇作為刑罰的工具可能並不是隨意的，蛇在埃及代表能力。「杆子」也不單純指可以放銅蛇上去的柱子。它的原文通常翻譯為「大旗、旌旗」，是用來宣示它的擁有者的能力。所以，藉著將銅蛇放在大旗上，耶和華是顯示祂的能力勝過埃及人的能力，而祂的能力可帶來死亡，亦可帶來醫治。上帝所提供的醫治方法，並不是立時將所有人治好，而是要那些想得著醫治的人以行動去表明自己願意活著才可得醫治。所以，經文使用兩個不同的「**望**」字去強調這點。上帝吩咐中的「**望**」（*rāʾāh*）是一個很普遍的用詞，但百姓的「**望**」（*nāḇaṭ*）就有「專注地看」的意思，有時翻譯為「觀看」（參創十五5）。經文沒有提及那些蛇有否離開以色列人，但可假設是這樣。若是這樣，則上帝為百姓所作的就遠比他們

所要求的為多。他們只是要求蛇離他們而去，但上帝所作的，更是為那些被咬而未死的人提供醫治的方法。❶

這段經文並沒有將犯事的百姓分為第一代人或第二代人。所以，將埋怨者歸為第一代人並不合理。不過，1至3節及第4節的遵命，確是由第二代人開始參與後才出現的，而自第十一章起經文就不停記載第一代人的叛逆。無論如何，遵命及埋怨同時出現便反映出這是第一代人及第二代人並存的情況。

信仰反省

有時遵從上帝的命令所帶來的，不是更輕省的做法或更容易走的道路，反而是要去面對更複雜的事情或更難走的道路。遵命是要付出代價的，其中一樣，就是帶著忍耐去面對過程中的艱難。然而，當人失去耐性，人就很容易找到埋怨的借口，同時將自己的苦況誇大，並扮演受害者的角色。人必須在艱苦中繼續相信上帝是有能力的，也是掌權的。對於不相信的人，上帝的能力就成為他們的咒詛，但對相信的人，上帝的能力就成為醫治。上帝是有恩典的，祂為人所作的是超過人所期望的。人所需要去行的，就是持續地相信這位大能的上帝，轉眼並專注地望著這個恩典的源頭。若人要得著醫治，單有醫治的方法仍不行。重要的是，人要主動求得著醫治，觀望銅蛇，那麼人才得存活。

11.3. 從何珥到毗斯迦（二十一10～20）

這段經文是以色列人的行程誌。從何珥山起行到毗斯迦為止，是在約旦河東的行程誌。其目的是指出以色列人已到達亞摩利人及摩押境地，這為接下來描述以色列與約旦河東的亞摩利及摩押兩民對峙，提供背景資料。

分段大綱（二十一10～20）

1. 到達摩押邊境（10～11節）
2. 到達摩押及亞摩利人的邊境（12～15節）
3. 到達摩押境內的毗斯迦（16～20節）

11.3.1. 到達摩押邊境（二十一10～11）

10至11節記載以色列人從何珥山出發到達摩押邊境中兩個停留的地點，就是阿伯及以耶．亞巴琳。以耶．亞巴琳在曠野，從「日出之地」的方向看，它位於摩押邊境旁，❷ 意思就是以耶．亞巴琳是在摩押邊界的東面。亞巴琳是一系列山脈的總稱，可用來代表約旦河東之地（參二十七12；申三十二49）。民數記三十三章41至49節也有記載這段行程。不過，相比之下，第三十三章列出更多在這段行程中以色列人停留的地方，而這裏則比第三十三章列出更多亞摩利境地的城市。所以，這個比較指出這裏的行程誌想盡快指出以色列人已來到亞摩利境地，同時特別關注這處地方的情況。

11.3.2. 到達摩押及亞摩利人的邊境（二十一12～15）

接著，以色列人到達撒烈谷。這谷約位於以東北面邊界及摩押南面邊界中間。這谷長年有水流著，並流進死海的東南面。從這谷出發，以色列人到達「亞嫩河那邊」（13節），即亞嫩河的北面。亞嫩河位於摩押及亞摩利人邊界的中間，並流入死海東面約中間的位置。這地區原屬摩押王所有，但後來被亞摩利王西宏奪去（26節）。以色列人與亞摩利王的爭戰，很可能是在以色列人來到這處時才發生。不過，經文選擇先將整個行程誌記錄下來，然後才補充在行程中發生的事情。這處以「所以」（14節）引出一本名為「耶和華的戰記」的內容（14～15節），目的是確證行程誌所提及的內容。這引文提及的一些地方如蘇法，它們的所在位置難以確定。不過，重要的是引文指出亞嫩河的眾谷伸延到「亞珥城眾谷的下坡」（原文意思是「亞珥的社區」），是「靠近摩押的境界」的。「耶和華的戰記」記載的，可能是耶和華指令以色列人參與的戰爭或是耶和華為以色列人的爭戰。從上下文的處境來看，這引文另外一個目的是指出接著來的戰爭也是「耶和華的戰爭」，當中的成功也是出於耶和華的。

11.3.3. 到達摩押境內的毗斯迦（二十一16～20）

以色列人從「那裏」（16節；應是指亞嫩河）出發，到達比珥（16節上）。這地點特別之處是耶和華曾在這處供應水予以色列人，這是值得紀念的。耶和華吩咐摩西「**招聚百姓，我好給他們水喝**」（16節下），即百姓要在此掘井，而得水喝。「**比珥**」這個名稱的由來就是因為這井（「**比珥**」及「**井**」的原文都是 *bəʾēr*）。當時以色列人為此歌唱（17～18節上）。在這首歌中，以色列人先呼籲水要從井中湧上來，以及要對它歌唱。然後，他們指出這井是用百姓的「**首領**」及「**尊貴人**」的「**圭**」及「**杖**」所掘出來的。「**圭**」是指權杖，而「**杖**」則是指普通使用的杖。這首詩歌一方面解釋為何這地方稱為「**比珥**」，另一方面則表明因為以色列人在此掘井。所以，這地方是屬於以色列人的。

「和合本」譯為「曠野」，但一般翻譯為「曠野」的原文是 midbār，並不是這裏所用的 yəšîmōn。現翻譯為「荒野之地」。

餘下的經文（18下～20節）則繼續點出以色列人行程中曾經過的地方。最後，他們到達一個在「**摩押地的谷**」，這谷是在「**毗斯迦的山頂**」。從這處他們可以下望**荒野之地**。毗斯迦很可能是上文提及亞巴琳山脈中的一個高山，處於摩押境內（參二十三14）。這荒野之地應指死海北面，在約旦河東面及西面之地。當以色列人在此看見這些荒野之地，似是指出他們在看這曠野之地最後一眼。再加上第18節指出以色列人離開曠野，這似是說明雖然以色列人仍在曠野，但已踏上離開曠野的路程了。

信仰反省

對不少人來說，這個行程誌無大意義。不過，從整卷民數記皆以記載以色列人在曠野中的行程為主這點來看，這裏的行程誌就有特別意思。這處記載第一代人及第二代人接近在曠野的流浪中最後的行程。第一代人知道他們要在曠野流浪40 年作為懲罰他們在探子事件中的罪過。所以，最後這段路程與他們之前所行過的 40 年，對他們來說是無意義的，因為他們最終都要死在曠野，不能進入應許之地。對第二代人來說，他們在曠野的流浪只為承擔第一代人犯罪的結果，這也是無意義的。從這個角度出發，這個行程誌有 3 點值得留意的地方。

第一、這個行程誌見證著上帝為以色列人爭戰的事實。「**耶和華的戰記**」就是耶和華為他們爭戰或耶和華與他們一起爭戰的事件簿。在這個行程誌中提及這書卷，就是要指出當人走在這個似乎是無意義的行程中時，上帝的恩典及過去的幫助仍然是值得記念的，值得重溫的。它甚至可以成為鼓勵，讓人在面對將臨的爭戰時能夠以上帝過去的幫助作為支待，繼續戰勝下去。

第二、這行程誌指出上帝的恩典及幫助，也顯現在祂為口渴的百姓提供食水這事上。在這個似乎是無意義的行程中，上帝仍會為疲乏的人賜下恩典，給予他們能力繼續走下去，讓他們完成他們的使命。正因為這賜予及恩典，人可以在曠野中歌唱。這樣，人就得著鼓舞，繼續走下去。

第三、上帝的賜予必須由人來承擔，特別是首領及尊貴人。他們有責任將上帝的恩典落實出來，成為對百姓有益處的事物，並要為此付上自己的尊嚴及力量。這是他們的責任。

若這行程的目的是為進入迦南地，則這對第一代人來説是沒有意義的。若這行程只是因為要承受上一代人的罪過，則這對第二代人來説也是意義不大的。然而，經文強調行程本身就是一個經歷上帝的契機。正因為這樣，這個行程就很有意義了。

11.4. 奪取河東之土地（二十一21～35）

這段經文記載以色列人在約旦河東北上的行程中，戰勝亞摩利王西宏及巴珊王噩，並成功奪取約旦河東之地。這地原不屬於上帝應許予以色列人之地，但後來卻由呂便、迦得及瑪拿西半個支派承受為他們的產業（參三十二章）。

分段大綱（二十一21～35）

1. 奪取亞摩利王西宏之地（21～31節）

   甲、請求西宏准予過境（21～22節）

   乙、西宏的回應（23節）

   丙、戰爭的結果（24～30節）

   丁、結語（31節）

2. 奪取巴珊王噩之地（32～35節）

11.4.1. 奪取亞摩利王西宏之地（二十一21～31）

經文以以色列人差遣使者到亞摩利王西宏作為開始，以佔據他所有的地土作結束。如上文所言，這事件很可能是發生在以色列人在亞嫩河的時候。以色列人本來沒有奪取亞摩利人土地的意圖，而是只求過境，因為這並不屬於上帝應許之地。不過，最終卻佔據這地，亦承受為業。現按此段落仔細析讀。

開始時是以色列人，而不是摩西差遣使者去見亞摩利王西宏（21節）。這點顯示摩西漸漸淡出的現象。這些使者請求西宏准許以色列人過境。他們所講的説話，內容基本上與之前向以東所講的相似（22節；參10.3）。

經文記載西宏以 5 個行動回應以色列人的請求（23節），分別是：一、不容以色列人經過；二、招集他所有的民；三、出到曠野要攻擊以色列人；四、到了雅雜；五、與以色列人打仗。經文精簡地將這些行動一個接一個地講述出來，表示西宏果斷及迅速的負面回應，完全不像以東那次事件中看似還有討價還價的機會，也沒有以東的先警告後行動的情況（參二十14～21）。雅雜位處摩押平原（參耶四十八21），所以，至少有部分以色列人不在曠野，而是在平原上。這承接著上文，表明以色列人已開始離開曠野，他們在曠野流浪的日子將快要完結。

「多有堅壘」原文引起學者不少討論。有學者認為這裏有文本抄寫錯誤，「多有堅壘」原本指「雅謝」這城市。所以，原文應譯為「雅謝是亞捫人的邊界」（參「新譯本」）。

面對西宏的攻擊，以色列成功打敗他，並得到他的地土，就是從南面的亞嫩河到北面的雅博河中間的地土，而東面則是直到亞捫人的境界為止（24節）。經文沒有特別提及西面，因為明顯西面是以約旦河為邊界，故西面自然是約旦河。以色列人奪取一切的城邑，並住在其中，尤其是希實本及鄰近的鄉村（25節）。以色列人沒有再前進，因為「**亞捫人的境界多有堅壘**」。

第26至30節看似與以色列人奪取亞摩利人的土地無甚關係。不過，其重點是指出亞摩利人奪取了摩押人的土地，然後以色列人就奪取的亞摩利人的地方。有學者認為經文刻意記載此事，目的是表明以色列人沒有直接從摩押人手中得地，因為這是上帝所不容許的（參申二9）。第26節先解釋希實本屬於亞摩利王西宏，是因為西宏與摩押的先王爭戰而奪來的，他奪取的土地遠至亞嫩河。第27至30節是一首詩歌，它很可能出自亞摩利人，用來歌頌西宏的勝利。不過，現在卻被以色列人採用，並將它修改，以致能表達以色列人的信念。耶利米書四十八章45至46節的內容與這裏28至29節內容相當接近，這兩段經文幾乎可以肯定是有關係的。第30節很可能是以色列人加上的，將這首亞摩利人詩歌變為他們自己的讚歌。第27節以「**所以**」開始，表示接下來的內容可用來確認第26節提及的資料。第27節下至28節基本上有兩種理解方向。第一種是如「和合本」的翻譯，將第27節下的原文動詞看為祈使式「**願……被修造，被建立**」（「新譯本」翻譯為「願……重建」及「願……堅立」）。所以，作者呼籲聽眾來建造及堅立希實本。第28節就指出戰火剛燒毀希實本，而這戰火已從希實本漫延到摩押的其他地方。這節的第二種理解，是將第27節下的原文動詞看為陳述式，所以作者呼籲聽眾來看看希實本是如何穩妥地建造及堅立，並稱之為「西宏的城」，以示尊重西宏對這城的貢獻，就如耶路撒冷被稱為「大衛的城」一樣。而第28節以平行體的形式指出西宏從希實本出發，就如火從其中出來，是為了要毀滅摩押其他城市（按原文稍作修改）：

A　因為有火　發出　從　希實本，
A'　有火焰　　　從　西宏的城，
　B　燒盡　摩押的亞珥，
　B'　吞滅　亞嫩河的巴末。❸

後者的理解較符合上下文的意思。承接這個意思，第29節就指出摩押地人民的遭遇。因為摩押的神明是**基抹**，所以摩押人也稱為基抹的子民（就如以色列人也稱為耶和華的子民般）。他們都因為亞摩利人的王西宏的攻擊而成為逃難者或是被擄者。若第30節中的「**我們**」是指以色列人自己，使得這節的重點在於指出縱然西宏從摩押人手中得著希實本及其他摩押之地，但以色列人卻從他手中奪過這些地來。因著以色列人的攻擊，從希實本直到底本都遭毀滅了；因著他們的毀壞行動，從挪法到米底巴都成為荒場。❹

原文很可能是指基抹這神明將他的百姓交給西宏。在近東文化中，一個國家所遭遇的災難通常都被視為出於他們的神明，或由於自己的神明的能力不及別國的，而致遭害。

第31節是結語，重述第25節中所言，指出以色列人住在亞摩利人的地方。

11.4.2. 奪取巴珊王噩之地（二十一32～35）

戰勝亞摩利王西宏後，以色列人再在約旦河東取勝。這次他們所戰勝的對象是巴珊王噩，並奪取屬他的土地。

首先，值得留意的是第32節應屬於這段落多於屬於上一段落。原因如下：

「亞摩利人的城邑」原文應譯為「亞摩利人所有的城邑」。

1. 31節重提以色列人住在亞摩利人之地應是一個總結。
2. 25節指出以色列人奪取「**亞摩利人的城邑**」，也住在他們一切的城市中。既然如此，則第32節所言的雅雜就不在其內。
3. 32節與33至35節的內容都指出以色列人沒有任何外交行動出現，這明顯與21至31節不同。
4. 32節提及以色列「**趕出**」亞摩利人，而35節則說以色列人「**得了**」巴珊王的地。兩者都沒有提及以色列人住在其中。而且，「**趕出**」及「**得了**」的原文字根相同（*yāraš*），這兩行句子可以說是一個銀幣的兩面。

以上的論點指出第32節應看為屬於32至35節的段落中，其功用是引入第二階段的行動。這節經文提及摩西，指出是他差以色列人去「**窺探**」雅謝。❺接著就是以色列人佔據雅謝附近區域的城鎮，但沒有提及有否佔據雅謝本身（但參三十二34～36）。

「轉回」（pānāh）不是指轉回頭（如「和合本」的翻譯所暗示），而是指改變方向的意思。

這事以後，以色列人便**改變方向**，繼續北上朝著往巴珊的方向走（33節）。這樣走的目的是尋找一處可以從東面進入迦南地的地方。有學者指出以色列人已不必再尋求其他民族的准許去讓他們繼續北上，因為基本上河東之路已因為戰勝**亞摩利王西宏**而得以安全。不過，**巴珊王噩**卻與他所有的民出來，在以得來與以色列爭戰（33節），以得來約位於加利利湖以東 48 公里之處。

聖經其他書卷將巴珊王噩及亞摩利王西宏都視為亞摩利王（參申三8，三十一4；書二10，九10，二十四12）。

耶和華出現向摩西講話（34節）。祂先鼓勵摩西：「**不要怕他！**」其背後理念是指出爭戰是在乎耶和華的能力而不是以色列人自己的能力。接著，耶和華應許將巴珊王噩，他所有的民及他的地都交在摩西手中，意思就是應許以色列人會戰勝敵人。最後，耶和華指出對待噩的做法與對待西宏的一樣。第35節指出這個做法就是如第2節提及的「**盡行毀滅**」，縱然上文沒有提及要這樣對待西宏。

最後，經文記載以色列人將噩、他的兒子及他所有的民都殺了，並補充指出「**沒有留下一個**」，意思是將巴珊全民「完全滅絕」。不單如此，以色列人還「**得了**」噩的地土。經文刻意將何珥瑪的勝利及巴珊的勝利以「盡行滅絕」這個處理手法連結起來，甚至中間戰勝西宏也暗指有這做法。這是以耶和華為以色列人的戰士的看法，因此所有戰利品都屬於耶和華。

不過，與噩的戰爭跟與西宏的戰爭一個重要的不同點是，這裏提及耶和華的參與及肯定，相對而言，與西宏的戰爭似是完全出於以色列人自己。其中一個原因可能是噩的土地是耶和華應許的地土的一部分（參三十四10～11），所以祂會如命令佔據迦南地一般，命令以色列人佔據這地。

信仰反省

這一章經文中提及的 3 場戰爭，以色列人都得到勝利。這 3 場戰爭都有一個共通點，就是強調以耶和華為戰士。很多時候，人面對困難時都是從自己的能力出發，去看看能否解決問題或勝過困難。這是一件很自然的事情。不過，這段經文指出的是人原來需要依靠上帝，相信惟有祂才是為人爭戰的戰士。摩西差人去窺探雅謝地後，竟然不再有如當年探子事件般叛逆耶和華的事件出現，而是帶來成功佔據地土及耶和華的鼓勵。這是因為他們以耶和華為他們的戰士才去爭戰所帶來的結果。上帝並沒有叫人不使用自己的能力爭戰，但首要的就是先以祂為元首，以祂為帶領者，然後倚靠祂去爭戰。因此，人必須將成功後得來的奉獻予上帝。爭戰開始時，耶和華是帶領的主；爭戰結束後，祂是值得人去奉獻的主。

11.5. 安營在摩押平原（二十二1）

這節經文簡單記載以色列人再度起行，並安營在摩押平原，就是位於耶利哥城那部分約旦河的另一邊。這表達方式是從耶利哥的角度出發，似是指出以色列人已開始從應許之地的角度去看事物。此外，以色列人已經到達一個他們可以從那裏進入迦南地的地方。在民數記中，到達摩押平原是以色列人行程的最後一站。然而，在這裏發生的事情仍然對以色列人有重要影響。

溫習及思考問題

1. 試分析以色列人在何珥瑪打勝仗的原因。它帶來了甚麼屬靈的原則，好讓我們效法？
2. 以色列人因繞路而失去耐性並發怨言。我們的人生有否同樣地走了許多冤枉路？我們可如何理解這個過程？可如何審視我們與神的關係？
3. 上帝醫治以色列人其中一個重要的原因是有摩西的代求，在此再次凸顯摩西的角色。這對於作為教會領袖的人，有甚麼提醒？
4. 16至20節看似是一個行程點滴，但背後卻暗示一個經歷上帝的契機。我們經常強調在大事發生時才思想到上帝的同在，但這一段經文使你有何特別的反省？
5. 按二十一章記載 3 場進入迦南前的戰爭，可發現以色列人對上帝的認識加深了嗎？試略述之。這段經文怎樣幫助我們去思想基督徒生命的成長？

釋經短註

❶ 列王紀下十八章4節提及希西家打碎摩西所造的銅蛇，因為百姓仍向銅蛇燒香。這可能是由於這銅蛇作為得醫治工具後，被誤解為具有醫治能力的物件，而不是作為上帝手中醫治的工具。不過，這節經文與民數記的關係怎樣，則仍有待研究。

❷ 二十一章10節「與摩押相對」中的「相對」（*ʿal-pənê*）原文可有多

種解釋。其中一種是「在其上」，這明顯與這裏的地理環境不合。第二種解釋是「對著」。不過，「對著」的意思可以是遙對或是就在旁邊對著。若參三十三章44節，則以耶・亞巴琳應是在摩押境地的旁邊，而不是遙對著摩押地。

❸ 28節「亞嫩河邱壇的祭司」中「祭司」（*baʿălê*）多譯為「主人」。有學者依據「七十士譯本」將這字的兩個字母倒轉，成為 *bālәʿāh*，意思是「吞滅」。它與「燒盡」（*ʾāḵᵊlāh*；意思是「吞吃」）成為工整的平行意思。「邱壇」原文的意思是「高處」，因為人多在高處建壇，所以理解為邱壇。不過，在此裏強調的應是不同城市，而不是「邱壇」。「巴末」與「邱壇」的原文相同（*bāmôṯ*；參二十一19），故可能這裏要清楚說明這個巴末是位於亞嫩河的巴末。

❹ 有學者認為這節經文中差不多每一個字都有問題。所以，這處沒有作出詳細的討論，只提供一個可能的理解。

❺ 32節「窺探」（*rāgal*）原文與探子事件中的「窺探」（*tûr*）並不相同。所以，這兩個「窺探」行動並不相同。後者（*tûr*）與迦南地有關，主要是看這地是好是歹，知多一點關於這地及人的情況。但前者（*rāgal*）則在迦南地以外，與計劃奪取該地有關。

第五篇

在摩押平原時期（二十二 2 ～三十六 13）

從從加低斯出發，以色列人在途中終於經歷到戰爭的勝利。他們既打敗迦南人，亦擊敗亞摩利王西宏及巴珊王噩，並佔據這兩個王的地土。然而，在途中並不是只有勝利，也有因為要行的路程發怨言而受罰。最終以色列人來到摩押平原。二十二章至三十六章，大概而言，都是記載以色列人在摩押平原發生的事情。這部分先記載以色列人受摩押及米甸人的攻擊，其中包括摩押王巴勒聘請巴蘭來咒詛以色列人，以及米甸人誘使以色列人敬拜他們的神明（二十二2～二十五18）。這事以後，上帝命令以色列人再次核點全民人數，這標誌著第二代以色列人完全已取代第一代人。經文接著的內容所關注的則愈來愈在地土之上，包括婦女承繼地土，在迦南地上的節期安排（二十六1～三十16），兩個半支派要求在河東得地（三十一1～三十二42）以及一些與在迦南地上居住時有關的律例（三十三1～三十六13）。

第十二章

第一代人最後的挑戰（二十二2～二十五18）

- 摩押及米甸的攻擊（一）：巴蘭的咒詛與祝福
- 摩押及米甸的攻擊（二）：與巴力・毗珥的連合

隨著第二代以色列人興起，第一代人漸漸淡出，二十二章2節至二十五章18節記載第一代以色列人最後面對的挑戰。這段經文所記載的兩個挑戰都與摩押及米甸攻擊以色列人有關。第一個攻擊是出自摩押王巴勒，他禮聘巴蘭來咒詛以色列人。第二個攻擊是藉著女子來誘使以色列人敬拜摩押的神明及與她們行淫。按此，這段落可以分為兩大部分：

1. 摩押及米甸的攻擊（一）：巴蘭的咒詛與祝福（二十二2～二十四25）
2. 摩押及米甸的攻擊（二）：與巴力．毗珥的連合（二十五1～18）

12.1. 摩押及米甸的攻擊（一）：巴蘭的咒詛與祝福（二十二2～二十四25）

往摩押平原的行程中，以色列人戰勝的消息傳到摩押王巴勒的耳中，令他感到不安。於是他請來巴蘭去咒詛以色列，但巴蘭反倒祝福以色列，並指出摩押將會遭難。在這段經文中，以色列人及摩西完全沒有出現。外邦人巴蘭似乎取代摩西成為耶和華的代言人，而以色列人也在他們毫不知情的情況下得著上帝的保守。

分段大綱（二十二2～二十四25）

1. 巴勒禮聘巴蘭（二十二2～21）
   甲、禮聘的原因（2～6節）
   乙、第一次禮聘（7～14節）
   丙、第二次禮聘（15～21節）
2. 巴蘭行程受阻（二十二22～35）
   甲、驢3次躲開耶和華的使者（22～27節）
   乙、上帝開驢的口與巴蘭說話（28～30節）
   丙、上帝開巴蘭的眼看見使者（31～35節）
3. 巴勒接見巴蘭（二十二36～40）
4. 巴蘭7段講話（二十二41～二十四24）
   甲、第一段講話（二十二41～二十三12）

乙、第二段講話（二十三13～26）

丙、第三段講話（二十三27～二十四13）

丁、其餘的講話（二十四14～24）

5. 巴蘭歸回本地（二十四25）

12.1.1. 巴勒禮聘巴蘭（二十二2～21）

這段經文記載摩押王巴勒為以色列人的緣故，決定請巴蘭來咒詛以色列人。經文可以仔細分為 3 段如下：

1. 禮聘的原因（2～6節）
2. 第一次禮聘（7～14節）
3. 第二次禮聘（15～21節）

現按以上分段作析讀。

12.1.1.1. 禮聘的原因（二十二2～6）

經文首先指出摩押王巴勒知道以色列人向亞摩利人所作的一切，就是以色列人打敗亞摩利王西宏及巴珊土噩的事情（2節）。接著，經文用兩句平行句來強調摩押人的感受（3節；按原文修改「和合本」）：

摩押人因為這民大大懼怕，　　因為他們眾多；

摩押人因為以色列人心內憂急。

巴勒懼怕也不是沒有理由的。若果曾經打敗過摩押的亞摩利人也敵不過以色列人（2節），則摩押王擔心勝不過以色列就一點也不出奇了。「因為以色列人心內憂急」這短句在聖經中除了在此出現，也另外出現於出埃及記一章12節，指埃及人因為以色列人而「愁煩」，其原因同樣地是因為以色列的人數眾多。

摩押人為此向鄰近的米甸人（參創三十六35）訴說這情況，目的是描述摩押人為何懼怕以色列人（4節）。摩押人認為以色列人會「餂去」（*lāḥak*）他們四圍所有的，就如牛「餂去」田間的草。「餂去」這行動多用來形容卑下、下拜的意思（詩七十二9；賽四十九23；彌七17）。然而，這動作在這裏卻是強調完全的清除（參王上十八38；「燒乾溝裏的水」的「燒乾」原文意思是「餂去」）。

於是，巴勒就決定派人去「**大河邊的毗奪**」，就是位於幼發拉底河旁的毗奪，去到巴蘭的本鄉處去邀請他來。巴勒向巴蘭説明 3 點來意：

1. 邀請他來的原因（5節）：因為有一個從埃及出來的民，這民「**遮滿地面**」，並住在摩押人的對面，也比摩押人強盛。「**遮滿地面**」的原文除了在這章11節再次出現外，就只見於出埃及記十章5及15節，是用來形容臨到埃及人的蝗蟲。巴勒用了蝗蟲作暗喻，表示上述兩個對以色列人的看法，分別是人數眾多及完全消耗周圍環境的資源。
2. 邀請他作的事（6節上）：巴勒希望巴蘭能夠咒詛以色列人。
3. 期望達到的目的（6節下）：這個行動目的就是，這樣做「**或者**」可以擊打以色列人，並將他們趕離摩押人的地土。巴勒在這裏的目的，不是透過咒詛來除滅以色列人，而是使他們能力減弱或數目減少，以致能夠在戰爭中勝過他們。

最後，巴勒表明對巴蘭能力的信任，因為巴蘭「**為誰祝福，誰就得福……咒詛誰，誰就受咒詛**」。祝福及咒詛正好是整個巴蘭故事核心所關注的。在近東文化中，以咒詛來攻擊敵人是很普遍的做法。所以，若能夠掌握如何施行咒詛的竅門，就有把握爭戰敵人。從巴勒打算作出的邀請，已反映巴蘭有這方面的能力是列國所知道的。聖經中也有提及咒詛，其中包括上帝咒詛不遵命的以色列人，叫他們被敵人打敗（申二十八15）。巴勒所期望的很可能就是這類的咒詛。

12.1.1.2. 第一次禮聘（二十二7～14）

巴勒就差人去邀請巴蘭來到。內容呈下列扇形結構：

A　從巴勒處去到巴蘭處
　將巴勒的話告訴巴蘭（7節）
　B　巴蘭請使臣過夜
　　會轉告他們耶和華的話（8節）
　　C　上帝與巴蘭的對話（9～12節）
　B'　巴蘭早上起來
　　轉告使臣耶和華的話（13節）
A'　從巴蘭處回到巴勒處
　將巴蘭的話告訴巴勒（14節）

這個扇形結構呈現出這段經文為較獨立的單元。從內容出發，這段經文的重點當然是上帝向巴蘭講話，不容許巴蘭咒詛以色列人。從結構出發，這個扇形結構也將這個重點置放在中間位置，強化這個信息。

摩押及米甸的長老拿著「**卦金**」（即「占卜的器具」）❶出發到巴蘭處，將巴勒的説話轉告巴蘭。他們拿著這些器具，反映出他們自己很可能也是占卜師，並藉此表示對巴蘭這個占卜大師的尊重。巴蘭請他們過夜，説明他自己得先求問耶和華才可回覆他們。這表示巴蘭可能是透過在夢中得知信息（參十二6）。並且，他可能是透過巴勒知道以色列人的神明的名字，決定先與這位神明溝通一下。

上帝來到巴蘭處與他談話，這是經文記載上帝第一次與巴蘭講話。祂首先問的問題，似是無意義問題（9節），因為祂肯定知道答案是甚麼。所以，這個提問並不是為了讓上帝自己知道甚麼事情，而是為著被提問者（如創世記三章11節上帝詢問亞當「誰告訴你赤身露體呢？」）。上帝提問目的，是提醒巴蘭是否會接受他們的邀請，會否為著個人好處，聽從他們的召喚。對巴蘭來説，上帝的提問真的可能表示祂不知道實情，以致巴蘭交代巴勒的講話時有所保留。巴蘭轉述巴勒的講話時明顯略去兩點內容。第一點是以色列民只是與摩押「對居」，第二點是巴勒對巴蘭的評價。這兩點表示巴蘭有所隱藏，這態度在下文就更為明顯。上帝對巴蘭的回應有兩個「**不可**」，就是「**不可同他們**

去」及「**不可咒詛那民**」。因為「**那民是蒙福的**」，所以巴蘭就不應咒詛他們。這裏再次出現「咒詛」及「祝福」的字眼。

對應使臣過「夜」這點，經文就指出「**早晨**」。對應著將轉告予使臣耶和華的話，經文就指出巴蘭轉告予他們耶和華的話。巴蘭請使臣回去，並指出上帝「**不容**」（譯作「拒絕」較貼近原文）巴蘭與他們同去。但同樣值得留意的，就是巴蘭略去不轉述耶和華所說的某些內容，就是他自己其實不能咒詛那民，因為上帝已經指出「**不可咒詛那民，因為那民是蒙福的**」。這點就在故事發展後期出現，令到巴勒感到極度不滿。

於是這些使臣就回到巴勒處，傳遞巴蘭的意思，就是巴蘭「**不肯**」（應譯作「拒絕」，原文與「**不容**」同）和他們同去。這裏似是強調耶和華的「拒絕」就成為巴蘭的「拒絕」。這表達了信息在傳遞過程中一錯再錯。

12.1.1.3. 第二次禮聘（二十二15～21）

巴勒得悉巴蘭拒絕前來後，可能以為巴蘭想自抬身價或客套的表現，於是便差派更多（或可理解為更有權力）及更尊貴的使臣去，再次邀請巴蘭（15節）。經文沒有提及帶去更多的酬勞，這表示第一次邀請時並沒有帶去酬金。這次差派行動是著意表達對巴蘭的尊重多過只是用金錢誘使巴蘭答允幫助。

這些使臣向巴蘭傳遞巴勒的話，以使者公式「某某人這樣說」作為開始（16～17節）。這次講話的內容有 3 點。第一、以負面的方式請巴蘭不要因受到「**攔阻**」而不到巴勒那裏。所指的可能包括神明的攔阻。第二、以正面的方式鼓勵巴蘭來，指出巴勒會使巴蘭得著「**極大的尊榮**」，即極大的酬勞（參17節）。再者「**你**【巴蘭】**向我**【巴勒】**要甚麼，我就給你甚麼**」，可見巴勒開出一張任由巴蘭寫上金額的支票。這點是在第一次邀請中是沒有出現的，這可能對巴蘭有特別影響。第三、重申禮聘他來，目的是去咒詛以色列民。

巴蘭的回應可以分為兩部分（18～19節）。第一部分回應巴勒所差來的人所傳遞的話。巴蘭指出即使巴勒給予他金或銀，他無論在「**大事小事**」（原文是「小事或大事」）都「**不得越過耶和華——我上帝的命**」（原文直譯是「越過耶和華的口」）。「小事或大事」是一種文學手法，意思是指所有事情。「越過耶和華的口」這短語曾出現，指以色列人不肯聽從上帝的吩咐不去攻擊迦南人（十四41）。這個回應與第8節的宣告基本上相似，不過有兩點不同之處。第一、這裏用負面方式表達，而第8節則用正面方式表達。第二、第8節的遵命只限於回應使臣的邀請，而這裏將這個遵命擴展到其他方面。不過，巴蘭的回應是否真誠則令人懷疑，尤其是他接著來的回應。

第二部分則請巴勒的僕人過夜，巴蘭自己要看看耶和華「還要」對他說甚麼話。若果巴蘭完全接受上帝第一次對他的指令，則那會有甚麼「還要」說的話呢？這只表示巴蘭期望耶和華會改變想法，而這個期望很可能也是因為這些使臣指出巴勒答允給予巴蘭的支票。值得留意的是，這次巴蘭沒有對使臣指出他會向他們傳遞上帝的話。

當夜，耶和華再次來到巴蘭那裏（20節）。在這次向巴蘭的講話中，耶和華首先以條件式形式指出「這些人若來召你，你就起來同他們去」。這看似如巴蘭所願的。縱然這個條件明顯成立，但重點是上帝再次提醒巴蘭「是否若這些人召你，你就要去呢？」對巴蘭來說，這個提醒並不重要，重要的是他以為上帝已經改變心意。接著上帝就清楚指令巴蘭「要遵行我對你所說的話」。雖然咒詛及祝福是透過言語表達，但這並非純是話語，也是行動。所以，上帝這個指令可以說是用了一個巴蘭要遵守祂說話的原則來重述上次的第二個禁令（即不可咒詛以色列民）。但正因為這只是一個原則，而不是一個指明可以或不可以說甚麼的禁令，上帝也就沒有明言巴蘭可否咒詛以色列。對巴蘭而言，既然耶和華可以改變祂第一個禁令，祂就有可能改變第二個禁令。

到了第二日早晨，巴蘭就騎上「驢」（原文是「母驢」），與摩押的使臣同去。他既然沒有應承向使臣傳遞上帝的話，他就沒有說任何話就起行了。所以，對使臣來說，巴蘭應承他們同去就表示應允他們的請求，去咒詛以色列民。巴蘭一方面認為上帝沒有再明言不可咒詛以色列人，另一方面則令使臣認為他會咒詛以色列人。他就在這個情況下與使臣同去。

12.1.2. 巴蘭行程受阻（二十二22～35）

這段經文記載在巴蘭往摩押途中發生的事情。經文可以仔細分為3段如下：

1. 驢 3 次躲開耶和華的使者（22～27節）
2. 上帝開驢的口與巴蘭說話（28～30節）
3. 上帝開巴蘭的眼看見使者（31～35節）

12.1.2.1. 驢 3 次躲開耶和華的使者（二十二22～27）

「和合本」的「因」原文可理解為「當」，而「和合本」的「去」原文是個分詞，可以理解為「正在行走」。

經文開始就指出「**因他【巴蘭】去**」（原文可譯作「當他正在行走時」），上帝就發怒（22節）。經文仍未提及上帝發怒的原因（參32節的說明），但上文的解釋已暗示原因何在。於是，有耶和華的使者「**站在路上敵擋他**」。「**路**」（*dereḵ*）一字在這段經文有重要角色，它共出現 8 次，既代表一條實質上的路，也代表人的行徑及性格。「**敵擋**」（*śāṭān*）原文是名詞，指「敵對者」，多出現在政治或軍事的處境中（參撒上二十九4；撒下十九22；王上五4，十一14）。雖然巴蘭看不見站在路上的使者，但他的母驢卻可以，並看見這使者「**手裏有拔出來的刀**」。第一段行程是走在田間的路上。所以，為了躲開在路上拿著刀的使者，驢就離開那條路，跨進田野去。巴蘭在毫不知情下就擊打那驢，使牠走回路上去（23節）。第二段行程走在「**葡萄園的窄路**」上，而且兩旁都有牆。所以，這次為了要躲開站在路上的使者，驢就將自己的身體「**貼靠**」（即「壓著」）牆，以致把巴蘭的腳也「**擠傷**」（即「壓在牆上」）（25節；「**貼靠**」及「**擠傷**」原文為同一個動詞「壓」）。「**擠傷**」一字有時譯作「欺壓」（參出三9，二十二21；士二18，四3），所以表示用上相當強的力量，有可能將巴蘭的腳壓傷。於是巴蘭再次擊打驢。不過，經文這次沒有具體說明打驢的目的是甚麼。第三段行程走在「**狹窄之處**」，以致不能轉左或轉右。因為不能躲開這使者，於是驢就索性臥在巴蘭下面（26～27節上）。巴蘭因此第三次打驢。經文強調巴蘭是用杖打牠，因為他發怒（27節下）。在這 3 段行程中，巴蘭走的路愈來愈窄，驢可以躲開的行動空間愈來愈少，情況愈見危險，巴蘭的情緒愈見激烈。這段落似是指出雖然巴蘭是一個可以從上帝接受信息的人，或者是一個神明的代言人，是在這方面有國際名聲的人，但卻比他的驢更看不清屬靈的事物！在他未施咒詛傷以色列人之前，他自己竟然先被母驢弄傷呢！

12.1.2.2. 上帝開驢的口與巴蘭說話（二十二28～30）

耶和華就開母驢的口，讓牠可以說話。牠詢問巴蘭究竟牠向他所作何事，以致他打牠「三次」。❷ 巴蘭回答指出因為牠「戲弄」他。「戲弄」一詞亦有凌辱或虐待的意思（參士十九25；撒上三十一4；耶三十八19）。因此，若有刀在手，巴蘭甚至會殺死牠。但母驢先以一個修辭性問題反問巴蘭，牠是否他「從小時直到今日所騎的驢」，答案當然是「是」。接著，母驢問巴蘭「我素常向你這樣行過嗎？」巴蘭則回答「沒有」。「素常」一詞的意思很可能是「得著好處」。❸ 這母驢的意思是牠是巴蘭從小就騎的，但牠卻從來沒有嘗試從他身上得到任何好處，而巴蘭也同意這點。這隻母驢沒有向巴蘭提及牠看見持刀的天使，這點留待天使自己說出來。

這對話著意指出上帝可以令母驢開口講話，而當牠開口說話時，這個有名的巴蘭竟然也說不過牠。這裏指出，重要的是那個使驢開口講話的上帝。這既指出上帝有能力控制一切，同時亦指出巴蘭的屬靈洞見是有限的，因為這個警告要用刀殺死驢子的人，竟然看不見有使者拿著刀要殺他！

12.1.2.3. 上帝開巴蘭的眼看見使者（二十二31～35）

原文意思是揭開遮蓋他的眼目之物，以致他能看到他原本看不見那持刀的天使。

當巴蘭承認他可能錯誤理解驢的行動時，上帝便使他「**眼目明亮**」。他即時反應是「**低頭俯伏在地**」，這是身分較低下的向身分較高級的表示敬意的方式。天使先問巴蘭為何 3 次打自己的驢，其意思就是表明巴蘭的行動是出於對現實不理解，他出來是為敵擋巴蘭的，原因是「因你【巴蘭】所行的，在我【天使】面前偏僻」（32節）。「你所行的」（*hadderek̲*；意思是「這道路」）是指一個人的行徑。雖然巴蘭得耶和華的准許，與使臣再去走在一條往巴勒的路上去，但是巴蘭的「行徑」卻是「偏僻」的，是有問題的。經文沒有明言這問題是甚麼，但上文已指出這是因為巴蘭為著將會得到的金錢而心中順應了巴勒的意見，去咒詛以色列人，還認為上帝在第二次的講話中並沒有明言禁止這樣做呢！

原文有「因為」一詞連接著「我有罪了」及「我不知道你站在路上」，「和合本」漏譯此字。

天使指出若不是驢 3 次避開他走，他早已殺死巴蘭了。巴蘭的回應在此是值得留意的。他先承認他「**有罪了**」（參 11.2.3 討論民數記中自認有罪的記載），但犯罪的原因卻是：「**我不知道你站在路上阻擋我**」！所以，巴蘭仍沒有承認天使暗指他所犯的錯。值得留意的是「**阻擋**」一詞與「**召**」原文字根相同（*qārāʾ*）。也許巴蘭到此稍為明白整個行程中最重要的是，究竟是上帝抑或巴勒「**召**」他的？接著，巴蘭提出，你「**若不喜歡我去，我就轉回**」。這「**若**」明顯否認天使對他行為的負面評價，而你「**不喜歡**」則指出這只是天使個人的喜好，事實卻不一定是如此！巴蘭仍未放棄去巴勒那裏的期望，只是怕在天使的強權下他的期望未必能如願而已。天使仍容許巴蘭前去，但再次強調巴蘭要說上帝所對他說的話。透過這個經歷，上帝就更清楚向巴蘭說明他只能說上帝對他說的話。至此，巴蘭應更明白上帝的心意是如何的。

12.1.3. 巴勒接見巴蘭（二十二36～40）

當巴勒知道巴蘭來到，他就去到摩押京城迎接巴蘭（36節）。這城是在「**邊界上**」，靠亞嫩河邊，應在摩押地北面邊境。這城很可能是亞珥城（參二十一15～18）。這種描述強調巴勒既急不及待，也表示對巴蘭的尊重，故當巴蘭剛進入摩押境地就去迎接巴蘭。

巴勒輕責巴蘭為何拒絕他第一次的邀請，縱然那一次是「**急急地打發人**」去造訪巴蘭（37節）。巴勒發出一個修辭性問題「**我豈不能使你得尊榮嗎？**」這當然指他是能夠如此作的。同時，這也暗指巴蘭當初沒有應邀，可能是因為使臣沒有說明他將得的酬金是多少而已。巴蘭先說他已經來了，並回應巴勒的輕責是不必的。然而，尤其是經過遇見天使的事件後，巴蘭強調他沒有能力去說任何話。巴蘭曾宣稱他不能「越過耶和華的口」（參18節）。現在他則正面說明上帝「**將甚麼話傳給**」他（原文是「放在他口中的話」），他就只能說甚麼。這個表達更強烈指出他所說的是上帝的話（參35節）。

為了表示歡迎，巴勒請巴蘭同行到基列．胡瑣。這地方實際位置不詳，可能是在「**巴力的高處**」（41節）附近。在那裏巴勒獻上牛羊，然後將肉給予巴蘭及與他一起的使臣。在以色列的傳統中，這樣的祭只能是平安祭。不過，這並不表示摩押人一定有類似的祭。無論如何，巴勒的獻祭可能有潔淨自己的作用，為著預備去迎見神明，同時亦以祭牲去款待巴蘭。

12.1.4. 巴蘭 7 段講話（二十二41～二十四24）

這段經文記載巴蘭的 7 段講話。這 7 段講話可以分為兩類。第一至三段講話是回應巴勒的請求而說的（二十二41～二十三12，二十三13～26，二十三27～二十四13），而第四至第七段講話則是他自發性對巴勒所說的（二十四14～24）。第一至第三個講話有 6 個共同元素。現表列如下：

講話 元素	第一段講話 （二十二41～二十三12）	第二段講話 （二十三13～26）	第三段講話 （二十三27～二十四13）
從高處觀看	二十二41	二十三13～14上	二十三27～28
築壇及獻祭	二十三1～2	二十三14下	二十三29～30
巴蘭得話語	二十三3～6	二十三15～17	二十四1～2
巴蘭的講話	二十三7～10	二十三18～24	二十四3～9
巴勒的不滿	二十三11	二十三25	二十四10～11
巴蘭的回應	二十三12	二十三26	二十四12～13

其餘 4 段講話內容則沒有共同格式，但全都以他「**題起詩歌說**」作為引言（二十四15、20、21、23）。這個引言也可見於首三段講話中（二十三7、18，二十四3）。現按上述 6 個元素析讀巴蘭首 3 段講話。

12.1.4.1. 第一段講話（二十二41～二十三12）

到了早晨，「**巴勒領巴蘭到巴力的高處**」。「**巴力的高處**」很可能是指一個地方名，因為「**高處**」（*bāmôṯ*）原文與二十一章19節的「**巴末**」相同，所以這地方很可能叫「巴末巴力」，位於高處。去這高處目的很可能是因為

原文有「帶領上去」這個動詞，「和合本」沒有清楚表達出來。

施行咒詛時，若看到咒詛的對象，便會更為有效。從那裏巴蘭可以看見以色列的「**邊界**」。在此要處理的是「**邊界**」這問題。若巴蘭看到的是以色列人近處的邊界，所看見的只有小數以色列人；但若是遠處的，所看見的便是以色列人全營。這個問題的解答與另外兩段講話提到「從高處觀看」這個元素的解釋有關聯。這 3 段講話都提及巴蘭看見以色列人，問題的核心仍是究竟看到多少以色列人。這裏有兩個不同的看法：

1. 指巴蘭看到的以色列人愈來愈多。支持這看法的主要經文有兩段，認為二十二章41節巴蘭看到以色列營的「**邊界**」是指近處的邊界，而二十四章2節巴蘭看到的是以色列按著支派居住（即全營）。
2. 這與之前所提的剛好相反，指巴蘭看到的以色列人愈來愈少。支持這看法的經文也有兩段，認為二十三章13節所指的是巴蘭只看到部分，而不能看見全部以色列人，而二十三章28節巴蘭所看到的是曠野。

本書採納第二個理解。除了上述經文作為支持點外，還須留意以下兩點。第一、若果看見咒詛的對象，對施行咒詛來說是必要的，那麼看到愈多的對象就似乎愈是有利於施行咒詛，故此要先去一個看見最多人的地方。第二、巴蘭在這個講話中發出一個問題「**誰能數點雅各的塵土？**」（二十三10）故此，這較為支持第二個理解。

由於咒詛是需要神明的力量，所以獻祭自然少不了。巴蘭就請巴勒築「**七**」座壇，預備「**七**」頭公牛及公綿羊。「**七**」這個數字不單在以色列，而在近東文化中也有其重要性（參王下五10、14；伯四十二8）。預備好後，他們就在每座壇上各獻一頭公牛及公綿羊。可以留意的是實際執行獻祭的很可能是巴蘭，但獻祭者卻是巴勒自己。經文稱這些祭為「**燔祭**」。按以色列人燔祭的意思，這代表將祭牲完全獻上，是**完全獻給神明的禮物**。巴蘭吩咐巴勒站在他的燔祭旁（表示燔祭是屬於巴勒的），而他自己則走開。這可能表示他的走開是與「**求法術**」（二十四1），以及得著神明的話語有關（二十三5）。「**上一淨光的高處**」（二十三

須留意的是，以色列人所獻燔祭牲的皮是不燒在壇上，而是歸祭司（利七8）。不過，摩押人處理方式是否如此則沒有記載。

3）中的「**淨光的高處**」原文只出現一次，在此難以決定其意思。有學者認為應解作「單獨」或是「沉靜地」，意指巴蘭不想讓其他人知道他的行動。此外，「**上**」原文只是「行走」，沒有「上去」的意思。所以，這句子應譯為「巴蘭單獨走開」，目的是在不為其他人所知道的情況下去見神明。巴蘭期望上帝會「**迎見**」（4節）他，而「**迎見**」原文是指「沒有約定下的相遇」。因此，巴蘭只能期望上帝會出現與他相遇。當上帝出現與他相遇時，他就立即指出他已築壇獻祭，這既是邀請上帝出現的方法，亦是爭取上帝好感以致會向他講話的做法。耶和華就「**將話傳給巴蘭**」，原文意思是「將話放在巴蘭口中」（參二十二38），並命令他如此對巴勒說話。於是巴蘭就回到巴勒那裏，而巴勒及他的使臣就如巴蘭所吩咐站在燔祭旁等候。

巴蘭的講話以「**題起詩歌說**」作引言。「**詩歌**」（*māšāl*）一詞亦可翻譯為「箴言」（箴一1）、「比喻」（結十七2）或「哀歌」（彌二4）等多類型的講話體裁。他的講話內容多以同義平行對句的形式表達出來。用這個表達方式一方面可以強化講者想要表達的信息，另一方面則透過對句之間的差異帶出新的內容。

整個講話可以說是巴蘭的自傳，強調他自己的出身、所看見的事物及心願。第一個對句（7節上）說明巴勒從巴蘭出身的地方邀請他。第二個對句（7節下）則指出邀請巴蘭來的目的，就是咒詛及怒罵以色列。第三個對句（8節）承接7節下的目的，但指出巴蘭的能力有限，不能咒詛或怒罵耶和華所沒有咒詛或怒罵的。第四及第五個對句（9節）是巴蘭自己在高處對以色列的觀察，而這個觀察就帶來第六個對句的修辭性問題（10節上）。「**高峯**」及「**小山**」雖是平行，但意思略有不同，合起來就表示所有山峯。「**民**」及「**萬民**」相對，前者指以色列人，而後者指非以色列的國家。這第五個對句很可能與以色列的能力有關。「**不列在**」可以理解為因為以色列的身分獨特，所以與萬民不同，故不列在他們中間。不過，「**不列在萬民中**」也可以理解為以色列沒有與萬民結盟，而以色列是「**獨居的**」。「**獨**」可指與人分開，以致得以安全（申三十三28；耶四十九31；彌七14），或是受人排斥，以致悲哀（賽二十七10；耶十五17；哀一1，三28）。不過，「**居**」可以有軍事安營的用法，因此

「**獨居的**」也可指以色列獨自行軍。所以，第五個對句強調以色列不會與列國結盟，是靠自己能力行軍的。這帶出第六個對句的內容。首句「**雅各的塵土**」似是回應創世記十三章16節中指以色列人如「地上的塵沙」那樣多（「塵沙」及「**塵土**」原文為同一個字）。「**誰能計算……四分之一**」原文與「和合本」翻譯略有出入，❹ 學者對這句的理解各有不同。不少學者認為這句應理解為：「誰能數算以色列的沙塵？」當中「沙塵」一詞是指以色列行軍時揚起的沙塵（參結二十六12；這節所指「塵土」與「**雅各的塵土**」的「**塵土**」同）。所以，這個對句強調以色列人數眾多及軍事力量強大。這便可證明以色列得到上帝的祝福，因此產生了巴蘭在第七個對句中的期盼（10節下），就是可以如以色列人般有福氣。無論「我的終」是指巴蘭的將來（耶二十九11）或他的後代（詩一〇九13），他都期盼可如以色列人一樣。

巴蘭的講話自然引來巴勒的不滿。巴勒請巴蘭來目的是去咒詛他的仇敵以色列人，但巴蘭竟然為他們祝福（二十三11）。面對巴勒的不滿，巴蘭重申耶和華所放在他口中的話，他必定要守著（12節）。巴蘭表示他受到限制，只能說這些放在他口中的話語。

12.1.4.2. 第二段講話（二十三13～26）

巴勒再帶巴蘭去另外一個地方。巴勒選擇這個地方，目的是從這個地方，巴蘭可以看見以色列「**邊界上的人**」，但卻不能看見所有人。原本巴勒期望當巴蘭能夠看到所有以色列人，他的咒詛就會更為全面。但當他的期望落空後，他就調校他的做法，認為若巴蘭只看見少數以色列人，巴蘭就能咒詛以色列人。所以，巴勒請巴蘭「**在那裏**」為他咒詛以色列人。這個地方就是瑣腓田，在毗斯迦山頂。以色列人曾在毗斯迦山停留（二十一20），但瑣腓田的確實位置不詳。

如上次一樣巴勒在那地方築了 7 座壇，並在各壇上獻上一頭公牛及公羊（14節下）。

巴蘭則同樣命巴勒站在燔祭這邊，而他自己則去那邊看看會否遇見耶和華。與上次一樣，巴蘭同樣強調遇見耶和華一事是不可讓其他人看見的。經文較為簡單交代耶和華遇見巴蘭，將話語放在他口中，著他回去並將話告訴巴勒。這次，巴蘭對巴勒的解釋及對耶和華表達善意的話都減少了，反而多了巴勒問巴蘭：「**耶和華說了甚麼話呢？**」這指出巴勒已開始認知到以色列人的命運是與耶和華有關係的，而且巴蘭的講話也與耶和華的話語不能分開。

巴蘭這次的講話既承接上次講話內容，亦有添加新元素。有別於第一個講話以自傳式說話，這次講話特別對巴勒宣講，內容主要關於上帝的屬性及祂與以色列人的關係。內容強調上帝忠於祂對以色列人的應許，以致這民強盛到沒有法術可以傷害他們。這次講話共有 11 個對句，多為同義平行句。

第一個對句（18節）呼籲巴勒去聆聽，這是回應巴勒詢問巴蘭耶和華有甚麼話要說，而「**起來**」一詞不是指一個起來的行動，而是指「要留意」。第二個對句（19節上）強調上帝與人的不同。首先，祂不會「**說謊**」，這裏的意思更可能是指上帝不會變幻莫測或令人失望（參伯四十一9；耶十五18）。其次，祂不會「**後悔**」，意思指祂不會如人般那麼容易改變心意。所以，這裏的重點是指上帝不像人那般不可靠。第三個對句（19節下）承接上一對句，正面地強調上帝是可靠的，祂所說的必定成就。而這一點就應用在第四個對句（20節）所談及的上帝的祝福之上。若果上帝已經祝福以色列人，那麼巴蘭就不可能逆轉此事，他只能奉命去祝福而已。巴蘭在第二次被邀請時曾期望改變上帝祝福以色列人這念頭，第三及四兩個對句就正好指出這是不可能的，因此他就只能祝福以色列人。

第五個對句（21節上）可能有兩個理解。第一個理解認為上帝並沒有發現以色列有甚麼罪惡，所以不會容許人因此去咒詛以色列。第二個理解與哈巴谷書一章3、13節的理念很相似。哈巴谷書這兩節經文指出耶和華不應看見以色列人面對殘暴而不理會。所以，巴蘭的意思是強調上帝沒有看見殘暴在以色列中間，因為祂不會容許這些事發生在以色列身上的。第一個理解較能與第四個對句的意思連繫，而第二個理解則較能第六個對句的意思連繫。第六個對句（21節下）指出耶和華作為以色列的神會與他們同在，而在以色列人中間則有為著這個真正大君王而發出的「歡呼的聲音」。「歡呼的聲音」（*tərûʿāʰ*）原文可指吹號聚集或是行軍的聲音（十5～6），但亦可用作人的歡呼聲（參撒上四

5～6）。所以，這既可指因為耶和華在以色列人中間，以色列人為此發出歡呼聲，亦可指耶和華行軍爭戰的聲音在以色列人中間出現。

第七個對句（22節）的兩句的關係，並沒有以上對句般工整。首句承接第六個對句，以出埃及來顯明耶和華與以色列人同在。這句子補充巴勒宣稱以色列人是「**從埃及出來**」（二十二5），指出是耶和華帶領他們出來的。第二句「**野牛之力**」（*ṯôʿăpōṯ rəʾēm*）原文意思不詳。若與申命記三十三章17節比較，可理解為「野牛的角」。「角」代表力量（參申三十三17；詩二十二21，九十二10）。「和合本」的「**他們……有**」原文是「屬他」，可指屬耶和華或以色列。但這節首句「**上帝領他們……**」可見不是以「他」來代表以色列。再從上下文的處境，反映經文強調耶和華的力量，故這「他」用來指耶和華較為合理。至於對以色列的形容，則留到第23節才出現。第八個對句（23節上）很工整。作者轉了話題，從講述耶和華轉至描述以色列。「**法術**」及「**占卜**」基本上是指透過觀察徵兆來尋問將來發生的事。經文強調上帝保護以色列民，以致他們不會被這些方法所害。❺ 第九個對句（23節下）的句子並不工整，但基本意思仍算清楚。其意思是指人對以色列的關注由過去出埃及直到「**現在**」都一直被「**論及**」，而論及雅各及以色列時都說「**上帝為他行了何等的大事**」，這意思是指雅各及以色列都是上帝的作為。❻ 第八個對句是負面形容以色列，而第九個對句則正面形容它。第十及十一個對句（24節）以獅子比喻以色列（參創四十九9；申三十三20），指出牠滿有力量及十分凶猛，甚至戰無不勝，這全都因為以色列是上帝的大作為。

「咒詛」及「祝福」原文這兩個動詞之前都分別加上與它們同字根的獨立結構型不定詞，作為加強語氣之用。

巴勒聽過巴蘭的講話後，他的回應表現出他的無奈，只能向巴蘭吩咐「**一點不要咒詛**」及「一點不要**祝福**」以色列（25節）。這講法即是請巴蘭閉口不語，巴勒願意以取消咒詛以色列來換取巴蘭不去祝福以色列。

巴蘭回應指出他其實已曾經對巴勒說明他只能遵行耶和華所說的（26節）。不過，嚴格來說，巴蘭不曾用過這樣的字眼對巴勒說話。較接近這裏的用字的，就是在第二次邀請巴蘭時耶和華對他所說的話（二十二20下），而這話正好是當時巴蘭沒有向使臣傳遞的。

12.1.4.3. 第三段講話（二十三27～二十四13）

巴勒作最後一次嘗試。他提議將巴蘭帶到另外一處，並說「**或者上帝喜歡你在那裏為我咒詛他們。**」（二十三27）他用了「**或者**」一詞表示他的講話已沒有以往般肯定，言語間暗示了巴勒終於承認上帝的能力。於是他帶巴蘭到毗珥山頂上去。這個地點的描述與二十一章20節的相同，只是山的名字由毗斯迦改為毗珥。毗珥的具體位置不詳，但可能與二十五章3、5節提及的巴力．毗珥為同一個地方。從那裏可以下望「**曠野**」（原文意思為「荒野之地」；參11.3.3），所以這次巴勒帶巴蘭到一個看不見以色列人的地方，希望因此可以咒詛以色列人。

巴蘭第三次請巴勒築 7 座壇，並在各壇上獻上一頭公牛及公羊（二十三29～30）。

這次巴蘭得到話語的方式與過去兩次不同。這段經文有 3 點特別之處：

1. 經文先講述巴蘭自己的觀察結果，就是耶和華看祝福以色列人為好的（二十四1上）。
2. 巴蘭沒有叫巴勒站在燔祭旁而自己獨自走去與上帝相遇，如以往兩次那樣。但經文強調他「**不像前兩次去求法術**」（1節上），而是「**面向曠野**」（1節下）。原本巴勒帶巴蘭上毗珥山是下望「荒野之地」，但巴蘭則改為看著「**曠野**」。所以，他相反地看以色列人「**照著支派居住**」（2節上），意思是以色列按著支派安營預備行軍（參二十三9）。
3. 巴蘭接受上帝話語的方式不同以往兩次。這次是「**上帝的靈就臨到他身上**」（二十四2下）。

巴蘭的講話一貫地以他「**題起詩歌說**」開始。不過，有別於前兩次講話，這次講話的對象似是以色列（參二十四3、9下），此時巴蘭擔當著以色列先知的角色。這講話共有 12 個平行單元，大部分是對句，有一個是 3 行聯句（8節下）。12 個單元可能是應著以色列有 12 個支派。

首 3 個單元與巴蘭受感有關（3～4節）。首個單元（3節）中的「**說**」這詞原為名詞，多用來表示以色列先知宣講神諭完結時的「這是耶和華說的」

中使用（參耶二3，四17），但亦有用在開始神諭時使用（參詩一一○1；賽一24）。這字基本上用來指耶和華的講話，極少用來指人的講話（參撒下二十三1）。民數記這裏似是指出巴蘭成為上帝話語的代言人。「眼目閉住」（二十四3）中的「閉住」這詞意思不詳，可能解作「睜開」，如第4節所言。這單元指出接下來的講話是出自已經睜開心眼的巴蘭。第二個單元（4節上）說明巴蘭透過上帝的話語或異象而得著祂的啟示。第三個單元（4節下）用字簡單，但卻較難明白。「眼目睜開」中的「睜開」一詞亦可見於二十二章31節，指耶和華使巴蘭眼睛明亮，原意為揭開遮蓋他的眼目之物，而這裏是指他得見異象。「仆倒」可以指巴蘭因著上帝的靈臨到而「俯伏」在地的意思，它也可以指巴蘭在「睡眠」中得啟示（參創十五12；伯三十三15）。按上下文的處境，後者的解釋較可能。

第四至八個單元讚頌以色列的華美豐盛（5～7節）。第四個單元（5節）簡單稱讚以色列人的住所。第五個單元（6節上）以伸延開去、充滿著水和其他資源的多個山谷，以及位於充足水分河旁的園子來比喻以色列（的帳幕）。第六個單元（6節下）用沉香樹及香柏木作比喻，這些樹木生長高大茂盛，並有水及耶和華供應它們生長所需的。第七個單元（7節上）延續充足水分的比喻，指出有水從灌溉的桶子中流出來，而第6節提及的植物的種子也在多水中，從而指出它們有很好的生長環境。第八個單元（7節下）則提到以色列的王及他國度的強盛。二十三章21節曾提及「王」是指耶和華，這裏則指以色列地上的君王。因為以色列以耶和華為它的根源，所以它的君王比亞甲所代表的亞瑪力王朝（參撒上十五章）更為優勝。

第九至十一個單元繼續談到以色列，指出它力量的來源及表現（8～9節上）。第九個單元（8節上）與二十三章22節的經文幾乎完全一樣，其不同之處是該節經文首句是「上帝領他們出埃及」，而這裏是「上帝領他出埃及」。因此，該節經文的第二句是用來形容上帝的能力（參二十三22的分析）。不過，因為這裏是用「他」來代表以色列，所以第二句的「他」很可能是指以色列而不是上帝，這段內容則說明以色列有能力。整個單元的意思是：上帝領他（即以色列）出埃及，這就成為屬於他（以色列）的力量。承接第九個單元談及以色列的能力，第十及十一個單元基本上用動物來比喻以色列如何表現它的能力。第十個單元（8節下）中 3 行的動詞都是未完成式，表示以色列仍在顯示他的能力。這包括吞吃敵國，咬碎他們的骨頭及以箭為殺敵的工具。第十一個單元（9節上）承接二十三章24節所用的意象（參創四十九9），清楚使用獅子的比喻。「**惹**」（*yəqîmennû*）原文意思是「使……起來」，與二十三章24節的「**起來**」原文為同字根（*qûm*）。該節是指獅子起來找食，飽食後躺臥。這裏則指出縱然牠已飽食躺臥著，人也不敢隨便再使牠起來呢！

第十二個單元總結整個講話（9節下），再次帶出祝福及咒詛的主題（參創十二3，二十七29）。這裏似是指出咒詛以色列人的巴勒會被咒詛，而祝福以色列的巴蘭則會被祝福。

因為巴蘭這樣祝福以色列人，巴勒就「**生氣**」，並以拍手來表示他對巴蘭的嗤笑及叱責（參伯二十七23；哀二15）。這記載中的 3 個主角：耶和華、巴蘭及巴勒，至此都曾先後生氣發怒（二十二22、27）。巴勒重提他請巴蘭來的目的，但巴蘭卻祝福以色列人，並有 3 次之多。於是，巴勒就命巴蘭「**回……去**」（*bəraḥ*），原文有「逃」的意思（參「新譯本」），這似帶恐嚇之意，並指出即使他願意付酬金，耶和華也要阻止他。

最後，巴蘭回應巴勒的不滿。他差不多重複之前曾說過的話。第一句是重複他向第二次邀請他的人所說的（參二十二18）。不過，不同之處是將那次說的「**大事小事**」改為「**行好行歹**」（即「好事惡事」）。從用詞的不同表示他為所作的事下了一個道德判斷，暗指他作的是好事，而巴勒的是惡事。第二句是重複向巴勒曾說過的話（參二十二38，二十三12）。

12.1.4.4. 其餘的講話（二十四14～24）

接著，巴蘭說出最後的 4 段講話及其目的。巴蘭先表示要回去他的民那裏去。不過，在離去之前他要「**告訴**」巴勒「**日後**」以色列民會如何待摩押人（14節）。這就帶出接下來的 4 段講話。這些講話與上文所說的 3 段說話不同，既沒有它們有的 6 個共同元素，也不是回應巴勒的要求而說出來的。這 4 段話分別是：

1. 論以色列、摩押及以東（15～19節）
2. 論亞瑪力（20節）
3. 論基尼（21～22節）
4. 論亞述及希伯（23～24節）

現按上述分段析讀經文如下。

■ 論以色列、摩押及以東（二十四 15 ～ 19）

巴蘭的第四段講話有 8 個單元。首 3 個是關於他自己得啟示的情況，第四個是一個轉折，而最後 4 個則談及以色列的一位未來的君王。

第一至三個單元（15～16節）基本上與二十四章3至4節相同，它重複的目的是指出巴蘭繼續受上帝的靈的啟示而講話。這兩段經文不同之處是16節多了「**明白至高者的意旨**」（原文為「知道至高者的知識」），意義在於強調他除了從聽覺及視覺得知上帝的啟示，且可窺見至高者所知道的內容。這說法對他將要講出在極遠將來的事似乎特別適合。第四個單元（17節上）指出巴蘭所看到有關以色列的事並不是發生於現在或可見的未來，而是指發生在極遠將來的事。這單元所用的兩個有關看見的動詞「**我看**」、「**我望**」曾出現在二十三章9節。那裏是看見物質的事物，但這裏是指看見非物質的事物。

第五至八個單元（17中～19節）則指出巴蘭所看見的事，這是與以色列的一位未來的君王有關的。第五個單元（17節中）首行的原文意思，是指有一顆星從雅各中「**要出**」（*dārak̠*；原文意思可指「踏步」）來。「**星**」在近東文化中代表皇室人物（參賽十四12）。其平行句則指出從以色列興起的有代表管治者的「權杖」。第六個單元（17節下）首句指出這個君王能打敗摩押，第二句則指出他同樣能打敗塞特人。❼ 第七個單元（18節上）的對句清楚指出在摩押南面的以東或西珥都會成為一個人的產業，❽ 而這人應是指那位將來的以色列君王。這裏提及以東及塞特人似乎有點突然，不過這可能是用來表示創世記二十五章23節及二十七章29節上帝對族長的應許將會應驗。第八個單元（18下～19節）指出以色列是強大的，能消滅「**城**」的餘民。這城可能是指二十二章36節提及的摩押城。若是如此，則巴蘭清楚預告摩押會徹底地毀滅在以色列的手中。

■ 論亞瑪力（二十四 20）

第五個講話是關於亞瑪力人的。巴蘭「**觀看**」亞瑪力，意思是指他在異象中的觀看，不是肉眼看見亞瑪力。雖然亞瑪力在列國中是「**諸國之首**」，但他至終必滅亡。這「**之首**」可指時間上、地位上或力量上。亞瑪力人是個古老的民族，也是以色列人出埃及後首先遇見的敵人（參出十七8～16），這民族有強大的力量（參民十四25）。「**之首**」與第二句「**終**」（意即「末後的」）刻意相對。「末後的」一詞曾出現在二十三章10節，用於指巴蘭自己的「**終**」，意思為他的將來或後代。這裏也可有這些意思，説明亞瑪力人的將來或後代「**必沉淪**」（即「必滅亡」；參「新譯本」）。

■ 論基尼（二十四 21 ～ 22）

第六個講話針對基尼人。「**基尼**」與「該隱」相同。這經文首兩行的重點很清楚指出基尼人安全穩妥的住處。第三行則指出「**基尼必至衰微**」。「**衰微**」（*b̲āʿēr*）原文有兩個同形同音字，一個解作「焚燒」，另一個有「放牧、摧毀」的意思。這兩個理解都符合上下文的意思。第四行則指出基尼會被「**亞述**」所滅。所以，經文的重點似乎不是説以色列會除滅基尼人，而是指因為基尼人自以為穩妥，所以就會被除去。在這個講話中，「**基尼人**」、「**窩巢**」及「該隱」的原文字音字形相近（分別是 *qênî*、*qēn* 及 *qāyin*），這是作者使用的文字遊戲。

這裏所提及的「亞述」，很可能不是指公元前第八世紀出現在中東的超級大國，而是指迦南地上的亞書利族（參創二十五3；撒下二9）。

■ 論亞述及希伯（二十四 23 ～ 24）

第七個講話沒有明言所針對的對象。首行具體意思不詳，引來解經家多個不同的處理。第二及三行則內容稍為清楚。基提原屬塞浦路斯，這可能是指在西面的海軍力量。他們會「**苦害**」亞書利人及「**希伯**」。希伯所指何地並不清楚，有學者認為是指幼發拉底河西面之地（參書二十四2～3「大河那邊」）。但基提至終也會「**沉淪**」，這裏所用字眼也出現在第20節中，意思是指「滅亡」。經文沒有提及使基提滅亡的國家，可能是指以色列。

12.1.5. 巴蘭歸回本地（二十四25）

巴蘭講完最後一段講話，便起來「**回他本地去**」。驟眼看以為巴蘭是回到他的家鄉毗奪去（二十二5），但其實他去了毗珥（三十一8、16），幫助米甸人設計害以色列人。另一方面，巴勒則「走在他的路上」。這句子的基本意思是指巴勒在事情結束後再繼續他的行程（參創十九2，三十二1；書二16）。不過，經文沒有記載他究竟去了哪裏，或再作甚麼事情。

12.1.6. 小結

下文嘗試將整個巴蘭故事的不同部分內容之間的關係作出整理。

首先，可能有人認為巴蘭行程受阻這段經文（二十二22～35）與上下文的關係不大。不少學者認為經文的目的是恥笑巴蘭，指出他的屬靈洞見不如一隻母驢，在道理上說不過牠，情緒上也沒有牠那麼受控。不過，更可能的是這段經文是用來否定巴勒對巴蘭的看法，巴勒不應對巴蘭那麼有信心，所以，巴勒禮聘巴蘭這決定從開始便是一個錯誤。正如母驢比巴蘭更清楚看見的屬靈事物，巴蘭也比巴勒看得清楚。巴勒 3 次請巴蘭獻祭去咒詛以色列人，巴蘭 3 次違命。這就如巴蘭 3 次打母驢，迫使母驢走在他認為的正路之上，但母驢卻 3 次違命一樣。所以，這似是指出母驢之於巴蘭就如巴蘭之於巴勒。不過，這比喻不足之處是假設巴勒並不清楚周遭發生的事。這假設並不成立，因為從開始巴蘭就指出他只能說上帝傳予他的話（二十二38）。所以，另外一個觀點是將巴勒視為不如一隻母驢。母驢因為看見上帝的使者而 3 次在不同地方去逃避他，但巴勒卻無知地 3 次在不同地方想迫使巴蘭咒詛以色列。母驢所走的路愈來愈窄，就如巴勒帶巴蘭看到的以色列人就愈來愈少。母驢因為看見天使所以能指責巴蘭對牠的責打是錯誤的，但巴勒卻是出於無知而責難巴蘭。所以，這段經文在上下文中有其重要性。

其次，巴蘭的首 3 段講話中（二十三7～10、18～24，二十四3～9）可見上帝對以色列人的祝福既出現在過去，也在現在及將來。在過去，上帝使以色列多如塵土，不能數點（二十三10）；使他們強盛，能孤軍作戰（二十三9）；祂帶領以色列人出埃及（二十三22）；使他們強如獅子，戰無不勝（二十三24）。直至如今，上帝保守他們以致在他們中間不見有災難（二十三21），也不讓法術及占卜傷害他們（二十三23）；祂與他們同在，成為他們力量的基礎（二十三21）。在將來，上帝成為以色列的力量，以致他們可以打敗列國（二十四8）；縱然他們躺下休息，也沒有人敢來招惹他們（二十四9）。第四段講話（二十四15～19）則指出到了更遠的將來，從以色列而出的君王會徹底打敗摩押及得以東地為產業。對比之下，第五至七段講話（二十四20～24）就指出列國都要成為過去，無論是亞瑪力、基尼、亞書利或希伯，似是指出惟有上帝所祝福的以色列才能夠長存。

在這些講話中，對以色列的關注由全以色列開始到後來集中在一個特別的人身上，由這人成就大事。第一段講話中沒有提及以色列的君王。第二段講話提及王，但卻是指耶和華為王。第三段講話指出以色列的王必勝過亞瑪力人的王亞甲。第四段講話的主要內容就只是與一位君王有關。

若從以上的觀點出發去看巴蘭如何講述以色列，可見第一段講話較集中論及以色列的過去，第二段講話則包含以色列的過去及現在，第三段講話則多了以色列將來的元素，第四段講話就指向更遠的將來。以上的分析對理解巴蘭的角色也有幫助。在首兩段講話中，巴蘭不能說是有先知的眼光，因他基本上是描述以色列的狀況。由第三段講話起，巴蘭就有先知的能力，傳遞上帝給他看見有關以色列的異象，其內容也更接近祝福而不是描述。

按上下文，整個巴蘭故事（二十二～二十四章）佔有很重要的位置。整段經文沒有提及以色列人的參與，它強調耶和華在以色列人不知情下和在沒有任何參與下保護他們。一方面，這承接第二十一章所記載以色列人勝過河東的亞摩利王及巴珊王，指出以色列人將來也會勝過摩押。另一方面，這段經文指出縱然以色列人數眾多，但若沒有耶和華背後的保護，他們自身的力量也不能幫助他們。巴蘭故事同時與第二十五章形成強烈對比。當上帝保護以色列人免受

信仰反省

上帝在人毫不知情的情況中介入人的歷史中去保護人。不少時候，當人仍未警醒，上帝已為人警醒，因為祂從不打盹，也不睡覺（詩一二一3～4）。因此，人可以無時無刻信賴依靠這位上帝。祂的祝福必定成就，勝過人的咒詛。因為祂是神，所以祂能使用任何人或物成為祂的工具。外邦人巴蘭是一個例子。從他口中竟然可以傳出上帝的話語。原本打算咒詛以色列人的竟然講出祝福的話。上帝可以使惡變為好，這是人可以依靠的上帝的作為。同樣地，愚笨的母驢也竟然比智者看得更清楚屬靈的事情。在洞察屬靈的事上，地上的智者也不定會比愚人更有優勢。

巴勒似是一個有自信，對四圍發生的事瞭如指掌的領袖。他知道以色列人的出身、行程、位置、數目。他有決斷力及耐性，定意要請巴蘭來咒詛以色列人。他甚至親自去到邊界迎接巴蘭。他 3 次依從巴蘭的吩咐預備巴蘭接受上帝的話語，甚至願意轉換獻祭的地點，為要達成巴蘭去咒詛以色列人這目的。縱然他逐漸知道以色列的命運是在耶和華的手中，他仍然堅持己意，繼續要巴蘭咒詛以色列。最後的結果反而是自己被咒詛，會被自己所咒詛的對象除滅。巴勒所作的這一切都是虛空的、白費功夫的。人往往依著自己的心意去計劃及籌算。即使他們認知到生命是在上主手中，但人也往往堅持走自己選擇要走的路。然而，沒有上帝的參與及肯定，這一切都不會成就。

在往摩押的路上，巴蘭一定滿心以為他能得著巴勒的賞賜。他能言善辯，知道向不同的人說甚麼及不說甚麼，藉此誤導他人的想法。人很容易會像巴蘭一樣，用言語或行為誤導別人、操控別人，期望達到自己的目的。不過在路上他所遇見的事卻是他所不能理解的。騎慣的母驢的特別表現耽誤了他的行程，弄傷他的腳，阻礙著他的計劃。這原來全都是上帝的旨意，要巴蘭從「偏僻」的路上走回正路上，要他知道他所回應的，是人的「召喚」抑或上帝的「召喚」。經文多次指出巴蘭要講出上帝放在他口中的話語，這也是巴蘭在路上受阻的事件的一個重點。當人行走在自己定意要走的路上，以為回應人的召喚就可以得著利益，他所遇到挫折，可能是上帝提醒他的方法，要他反省他這樣做所為何事、誰是那「召」他的人、哪一位才是他生命的主及他所要說的是自己的抑或是上帝的話。這些關注對傳道者來說尤為適切。

溫習及思考問題（12.1）在頁 311。

巴蘭的咒詛時，以色列人卻自甘墮落，離棄上帝敬拜別神，中了巴蘭另外的計謀，以致招來上帝的刑罰，第一代出埃及的以色列人也因此完全死去。不過，因著上帝透過巴蘭所宣告的，以色列的第二代人仍有希望，仍會得著上帝的祝福，以致可以進入迦南地，最終勝過列國。

12.2. 摩押及米甸的攻擊（二）：與巴力·毗珥的連合（二十五1～18）

巴蘭事件後，經文再次記載以色列人的行事。這章經文與巴蘭故事有相關的地方。首先，兩段經文都是與摩押及米甸人針對以色列人有關。在巴蘭記載中，米甸的參與遠比摩押為少，但在這段經文中米甸的角色就較重。其次，雖然這章經文沒有提及巴蘭這名字，但後來當重提這事情時便指出這是出於巴蘭的計謀（三十一8、16）。所以，雖然巴蘭沒有如巴勒所盼望去咒詛以色列人，但巴蘭卻用另外的方法使以色列人陷在罪中，使他們被耶和華刑罰。這章內容還有一個特別的地方，就是記載著第一代人最後的事迹。第二十六章數點人數時清楚指出再沒有第一代人存留了。所以，這裏發生的事可以說是為第一代人作了最後的註腳，說明他們是何等的人。

分段大綱（二十五1～18）

1. 與巴力·毗珥連合及上帝的回應（1～9節）
   - 甲、問題出現：與巴力·毗珥連合（1～3節上）
   - 乙、耶和華的回應（3下～4節）
   - 丙、摩西的回應（5節）
   - 丁、非尼哈的回應（6～8節上）
   - 戊、問題的解決（8下～9節）
2. 非尼哈之約（10～13節）
3. 審判米甸人（14～18節）

12.2.1. 與巴力毗珥連合及上帝的回應（二十五1～9）

這段經文指出因為以色列人與摩押女子行淫，以致敬拜別神，與巴力．毗珥連合。最後他們被上帝刑罰。經文可以仔細分為如下 5 段：

1. 問題出現：與巴力毗珥連合（1～3節上）
2. 耶和華的回應（3下～4節）
3. 摩西的回應（5節）
4. 非尼哈的回應（6～8節上）
5. 問題的解決（8下～9節）

現按以上分段析讀內容如下。

12.2.1.1. 問題出現：與巴力毗珥連合（二十五1～3上）

「淫亂」（zānāh）這動詞可指犯姦淫（何二5）、敬拜偶像（參耶二20），或比喻與外邦人結盟（參結十六26、28）。這裏的原文加上了前置詞 ʾel，所以應是指犯姦淫。

事件發生時，以色列人「**住在什亭**」（1節）。「住」表示以色列人已經停留在那裏一段時間。「什亭」（*haššiṭṭîm*）原文有定冠詞，意思是「皂莢樹」。這地方可能與三十三章49節的「**亞伯．什亭**」相同。它處於摩押平原，約在耶利哥東南偏東 16 公里。約書亞也是在這裏差探子進地（書二1，三1）。在這裏色列人開始與摩押女子行「**淫亂**」，就是與她們犯姦淫（參利二十一9；申二十二21）。犯姦淫後，這些女子邀請以色列人「**一同給她們的神獻祭**」（2節），意思並不是叫以色列人與她們一起獻祭，而是參與她們獻祭後的宴會，一同分享祭牲。結果就是以色列人「**跪拜她們的神**」，這

「連合」原文在聖經以動詞形式出現只有5次（民二十五3、5；撒下二十8；詩五十19，一○六28）。其同字根名詞則解作「一隊、一對」。

個神稱為巴力．毗珥。巴力是迦南地的神明，他會在不同地方出現（「**巴力免**」三十二38，「**巴力．洗分**」三十三7；「**巴力．黑們山**」士三3；「**巴力．夏瑣**」撒下十三23）。在此諷刺的是以色列人在敬拜這神的所在地毗珥，就是巴蘭宣講他第三個講話的地方（參二十三28）！以色列人和巴力．毗珥「**連合**」（5節；ṣāmad），意思應

是指與這神結成緊密的一隊，或如一些學者建議的「同負一軛」。所以，這同時表示他們離棄了耶和華上帝。

12.2.1.2. 耶和華的回應（二十五3下～4）

這些以色列人的行動使耶和華向以色列人發怒（3節下）。於是，祂吩咐摩西帶來「**百姓中所有的族長**」在耶和華面前「**對著日頭懸掛**」。❾ 刑罰所有領袖是因為他們需要為百姓所作的負責。「**對著日頭**」的意思是指公開地（參撒下十二12），目的當然是強調這事的嚴重性。「**懸掛**」一詞在聖經中只出現 8 次，其意思並不完全清楚。較接近這裏的用法的可參考撒母耳記下二十一章6、9節。有學者認為這字應是指刺死並掛起。這樣的目的就是使耶和華的憤怒可以轉離以色列人。經文並沒有說明這憤怒以哪種形式表現出來，不過這可能是第9節提及的「**瘟疫**」（參三十一16）。若是這樣，則瘟疫已經開始爆發。如果將這吩咐與十六章41至50節的內容作比較，則發現兩者都將耶和華的憤怒與瘟疫相提並論（不過原文採用兩個不同的詞代表「憤怒」），並且已經爆發。在十六章，亞倫的行動可為民贖罪，以致瘟疫止息（48節）。在這裏耶和華吩咐要刺殺並懸掛所有領袖這行動，也可以同樣地理解為一個贖罪的行動，因為這可使耶和華的憤怒轉離百姓。

12.2.1.3. 摩西的回應（二十五5）

聽過上帝的命令後，摩西就吩咐「**以色列的審判官**」從他們各人管理之下的犯事者，就是那些與巴力．毗珥連合的人殺死（5節）。這些審判官很可能是摩西在他的岳父建議下設立作管理百姓的（參出十八13～26）。這吩咐較上帝說出的命令溫和，也較實際可行。而且，摩西的吩咐正指出不是所有人都有參與在與巴力．毗珥連合的事情中。不過，上帝以瘟疫方式去刑罰並沒有區分受罰者是善或惡。無論如何，至少到當時為止，耶和華的命令或是摩西的吩咐，結果都沒有執行出來。這似乎指出以色列會眾從領袖到百姓都在一片混亂之中，沒有人知道該如何做，也沒有人真正發動任何行動。

12.2.1.4. 非尼哈的回應（二十五6～8上）

正當全會眾在哭泣時，有一個以色列人當著摩西及以色列全會眾面前，將一個米甸女子帶到他的族人那裏去（6節）。這個行動背後的動機不清楚，他可能是向他的族人介紹這女子以作他的妻子。以色列人與摩押女子行淫，然後敬拜她們的神明，再與她們通婚似乎是很自然的事。當他正這樣行，摩西和以色列全會眾都在會幕門前哭泣。經文沒有提及他們為何哭泣，不過若參照第8節，很有可能當時瘟疫已經開始，則他們就很可能是為此在上帝面前哭泣，以示悔罪，並期望上帝停止刑罰。而這個以色列人竟然對此毫不關心，且「**當他們眼前**」，表示大膽到公開地帶這女子到會幕附近的地方。

有學者認為「腹」是指生殖器官。若是這樣，則可能當非尼哈殺死他們時，他們正在行淫，以致他們所受的刑罰對應於他們所犯的罪行。

當任何人都沒有任何行動時，經文就以 5 個短句來形容以利亞撒的兒子非尼哈的行動：他看見，從會中起來，手中拿著槍，跟著那以色列人到亭子去，將他們二人從腹中刺透（7～8節上）。這 5 個句子一氣呵成，帶出非尼哈的果斷及迅速的行動。「**亭子**」（*qubbāʰ*）這詞只在此出現，可能是指結婚帳棚。它的原文與「**腹**」（*qŏḇāṯāh*）原文相近。作者可能刻意使用相近字作為文字遊戲之用。當時，以利亞撒已經是大祭司，不能接觸死屍，所以這行動就只能由他的兒子非尼哈去承擔。

12.2.1.5. 問題的解決（二十五8下～9）

非尼哈這個行動並不是出自個人，而是背負著祭司和利未人的擔子，要保持聖所的神聖。此外，重要的是這個行動帶來的結果，就是「**在以色列人中瘟疫就止息了**」（8節下）。值得留意的是「**瘟疫就止息**」這短語在民數記只出現 3 次（另參十六48、50）。十六章指出瘟疫停止是因為亞倫所作的贖罪行動，那麼，這裏很可能就是指出非尼哈所作的也就是這樣的同一個行動，也就是上帝所悅納的贖罪行動。事實上，耶和華後來亦指出非尼哈的行動是「**為以色列人贖罪**」（13節）。從耶和華的命令，到摩西的吩咐，及至非尼哈的行動，所針對的對象遞次減少，先是所有首領，後到犯事的羣眾，最後是一個犯事的以色列首領（14節）。所以，非尼哈所殺的人可以說是耶和華及摩西所吩咐的結合體。這是耶和華所接納為代贖的行為（參13節）。

因這次瘟疫而死的共有 24,000 人（9節），遠比上次因瘟疫而死的14,700 為多（十六49）。這次死亡的應該包括所有第一代的以色列人，因為第二十六章數點人數時清楚指出再沒有一個第一代的以色列人（二十六64～65）。所以，這事件就標誌著第一代人從此從以色列人中消失，而第二代人就正式登場。

12.2.2. 非尼哈之約（二十五10～13）

瘟疫結束後，耶和華透過摩西宣告與非尼哈立約。耶和華先講出非尼哈的家譜，目的是帶出他那祭司的身分。接著指出他值得嘉許的行為，就是「**以我的忌邪為心**」，以致上帝「**不在忌邪中**」把以色列人除滅（11節）。「**忌邪**」的意思是指因為自己關心的人所作的事而產生一種強烈的情緒。從正面看，可翻譯為「發熱心」（參賽三十七32）；若從負面看，就理解為「嫉妒」（參結三十五11），民數記應指後者的意思。耶和華因為他所關心的以色列人與外邦神明連合，以致「嫉妒」，故祂要將以色列人除滅。但非尼哈有上帝這種「嫉妒」的心，以致他出手殺死犯事者。這樣，上帝的憤怒就離開以色列人，不去除滅他們。因此，上帝就將祂「**平安的約**」賜給他（12節）。這「**平安的約**」似是上帝單方面應許賜予非尼哈的。這約就是「**永遠當祭司職任的約**」（13節上），意即非尼哈及他的後裔可以永遠為祭司，可能是指作大祭司。

12.2.3. 審判米甸人（二十五14～18）

這段經文記載上帝吩咐以色列人去擊殺米甸人，因為他們藉著這事「**誘惑**」以色列人。

經文首先交代被非尼哈所刺死的人的背景。那個以色列人叫作心利，是西緬支派的一個宗族首領，那女子名叫哥斯比，是米甸一個宗族首領蘇珥的女兒。所以，這對男女都是比較有地位的人。上文沒有提及他們的名字，因為重點是在他們的罪行之上。值得留意的是「哥斯比」（*kozbî*）原文子音（*kzḇ*）正好與動詞「欺騙、說謊」（*kāzaḇ*）相同，用以反映她的行徑。

因為這事與米甸人有關，所以耶和華吩咐以色列人對付米甸人。祂直接命令以色列人「擾害」及「擊殺」米甸人（17節）。在民數記中，「擾害」（*ṣārar*）這詞除了出現在第18節，就只見於十章9節及三十三章55節。有趣的是，十章及三十三章的「擾害」都是指外邦人在以色列人的地土上對以色列人的滋擾，帶有軍事打仗的意味，但在二十五章，卻是以色列人在米甸人的地土上「擾害」他們呢！接著，上帝解釋這樣做的理由（18節）：他們用「詭計擾害」以色列人，所以，以色列人要「擾害」米甸人。米甸人「擾害」的方法就是用「詭計」對付以色列人，這「詭計」就顯明在毗珥及在哥斯比的事上。因此，以色列人與米甸女子行淫，以及與巴力．毗珥連合的事情，全都出於米甸人的計劃。所以，無論是在自己的或是在別人的地土上，面對別人的「擾害」，以色列人都要作出回應。最後，上帝指出這個哥斯比已在瘟疫中死去，祂也指出哥斯比是米甸人的「姊妹」，暗示米甸人可能會因此繼續「擾害」以色列人，而以色列人要回應這種情況。

12.2.4. 小結

若將這章經文的內容與第二十六章併在一起看，則可以發現這章經文記載著第一代以色列人最後的事迹。所以，這章的內容可以說是總結了第一代人的一生。另一方面，若將本章內容與二十二至二十四章並列來看，則可發現一幅這樣的圖畫：當上帝在山上透過巴蘭去祝福以色列人時，以色列人卻在山下的摩押平原上敬拜別神。這情景與當年摩西仍在西奈山上接受上帝啟示時，以色列民則在山下敬拜金牛犢相似。事實上，兩者在具體內容上亦有不少相似之處。現列出如下：

1. 不正確的敬拜：在金牛犢事件中以色列人以為牛就是耶和華（出三十二8）；在什亭事件中，以色列人就與外邦神巴力．毗珥連合（民二十五2～3）。

2. 外邦人的元素：鑄造金牛犢所需的金器是從埃及人取來的（出十二35，三十二2～3）；敬拜巴力．毗珥則是透過與摩押女子行淫而來的（民二十五1～3）。
3. 行淫隨從別神：金牛犢事件後，上帝吩咐以色列人不可敬拜別神，它具體的指令內容剛好就是以色列人在什亭事件中所犯的，其中包括使用「行淫」一詞，隨從別人的神及吃他們神明的祭物（出三十四14～17）。
4. 以瘟疫作刑罰：在這兩件事情中，上帝都以瘟疫作為刑罰的工具。出埃及記三十二章35節中「殺」（*nāgap̄*）原文與民數記二十五章8節的「瘟疫」（*maggēp̄ā^h*）原文的字根相同。
5. 呼籲執行死刑：在這兩件事情中，摩西都呼籲人將犯事的人「殺死」（*hāraḡ*；參出三十二27；民二十五5）。
6. 處死犯事的人：兩件事情都是透過殺死犯事的人，才得著解決（出三十二26～28；民二十五7～8）。
7. 執行死刑的人：在金牛犢事件中，利未人將犯事者處死，被殺死的有3,000 人（出三十二28）；同樣地，在什亭事件中，執行死刑的非尼哈也是個利未人（民二十五7）。
8. 為上帝所使用的人：因為利未人殺死犯事者，所以得著耶和華的祝福，擔任聖職（出三十二29；「呂振中譯本」翻譯為「你們授聖職與自己歸永恆主了」）；同樣地，非尼哈得著祝福，使他及他的後裔得著祭司的職分（民二十五12～13）。
9. 贖罪是必須的：金牛犢事件中，摩西為百姓「贖罪」（出三十二30）；非尼哈所作的同樣是「贖罪」的工作（民二十五13）。

什亭事件與金牛犢事件多項相似之處正指出第一代以色列人從沒有長進過，他們剛出埃及便犯金牛犢的罪。到了曠野行程結束時，他們仍然犯著同樣的罪。即使過了這 40 年，這第一代以色列人仍是老樣子，沒有丁點兒改變。究竟第二代以色列人會否與他們的上一代一模一樣，由始至終都叛逆上帝呢？

在這事件中，第三代人非尼哈的忠心提供了一線希望。當年他的祖父亞倫使以色列陷在金牛犢的敬拜中，但今日他卻平息了以色列人的背道及上帝的刑罰。這也許暗示以色列仍有希望。

信仰反省

民數記二十五章一個很強烈的信息：人是軟弱的。40 年過去了，第一代以色列人仍是老樣子。也許，人就是這樣。無論一個人在他的人生歷程中經驗過多少次上帝的恩典，但人的本性卻依然是犯罪離棄上帝。當然，在這過程中，人會認罪悔改。不過，是否這是膚淺的悔罪？抑或是人的本性本來就是那麼不可抗拒地犯罪，以致人從歲首到年終，有的都不是感恩，而是罪上加罪。當上帝正在祝福人之時，人卻可以用犯罪以回報上帝的恩典。這就是人了！

罪就是這樣吸引著人，敬拜別神尤其吸引嗎？是的，敬拜別神最大吸引之處是能夠即時滿足人種種肉體上的渴求，包括性的渴求及口腹的渴求。若敬拜這些神明能明正言順地使這些渴求得到滿足，那麼，還有比這更好的事情嗎？不少人認為真正的信仰是讓人得到解放，從一切的拘束中釋放出來，得著真正的自由。然而，這只不過是人尋找藉口去放縱自己而已。真正的信仰必定有所為及有所不為。有所不為是因為上帝的意思是如此，有所不為是因為人願意為上帝放下從其中而得的滿足感。

執行紀律並不是一件容易的事。執行者容易被人指控是第一個拿起石頭的人，是一個自義的人。無可否認，教會歷史中也有人以執行紀律的名義排除異己。然而，非尼哈所代表的並不是他自己個人對犯事者不滿而執行私刑，而是基於上帝對人的要求，這正顯示在十誡中的第一誡中。執行紀律從來就是吃力不討好的工作。執行紀律者要知道上帝的恩典可以去到哪一個地步，然後就要讓位予公義。然而，若沒有人執行紀律，人就愈加容易放肆，因此受害的人也就愈多。由等候領袖執行紀律到真正有人起來這樣做期間，有 24,000 人因此而死。從這個角度來看，罪從來就不只是一個「個人」的問題。一個人犯罪，所影響的不單是他自己或受害者，也包括他們的家人及朋友，甚至是他們所不認識的人。

溫習及思考問題（12.2）在頁 311。

溫習及思考問題（12.1）

1. 在摩押王巴勒差派巴蘭去咒詛以色列民這件事上，以色列人全不知情。從這件事，反映了當我們仍安然生活時，背後可能發生了另一些使我們陷入危險的事，而上帝在暗地裏保護著我們。你對上帝有沒有這信心？
2. 巴蘭如何有技巧地在第一次禮聘中拒絕了巴勒，而仍期望應邀？這如何反映人的心態？在第二次的禮聘中，巴蘭的心處於怎樣的矛盾？他以甚麼理由說服自己去接受邀請？名與利對於一個人的誘惑有多大？
3. 載著巴蘭的母驢遭遇甚麼？巴蘭如何對待牠？上帝如何藉著驢來諷刺巴蘭？神職人員是否在任何時刻都比平信徒更明白屬靈的事？他們有何盲點？將驢（卑微的）與巴蘭（尊貴的）相比，可想到上帝使用人的原則是甚麼？
4. 巴蘭首 3 段講話包含哪 6 種共同元素？巴蘭如何得話語？耶和華在那些尊貴人（巴蘭及巴勒）心中地位如何？上帝的作為是否只施行在信主的人身上？你可曾從未信的人身上看見上帝的蹤迹？
5. 巴蘭如何藉著其餘的 4 段講話，將一位獨特的君王引入他的講話中？你認為這位君王所指是誰？與你有何關係？

溫習及思考問題（12.2）

1. 以色列人與摩押女子行淫這事，至終都與巴蘭有關（參三十一8、16）。可見巴蘭至終都要陷害以色列人。你認為他如此行目的是甚麼？與個人利益或名聲有沒有關係？這對你有何提醒？
2. 以色列與摩押女子行淫的地方與巴蘭講話的地方有何相關之處？為何這是一個諷刺？這記載如何反映人的軟弱？
3. 當以色列會眾在哭泣之時，為何仍可有一個人在以色列人眼前犯罪？罪的誘惑是否很大？你有否這樣的體會？
4. 非尼哈作了哪 5 個行動，以致救了以色列全會眾？非尼哈是一個怎樣的人？上帝如何對待他？他對教會領袖有哪方面的鼓勵及提醒？

5. 什亭事件與金牛犢事件有甚麼相似之處？這反映出我們人性根本是怎樣？

釋經短註

❶ 二十二章7節「卦金」（*qəsāmîm*）原文一般意思是指「占卜」（參申十八10；王下十七17）。有學者認為這字亦可解作「為占卜而付出的酬金」。這解法是可能的。不過，聖經其他地方從來沒有出現過這個用法。而且，巴蘭似乎要完成他的工作後才可從巴勒處得著酬勞（參二十二17～18、37，二十四11），所以，摩押及米甸的長老去造訪巴蘭之時，不大可能已拿著這卦金。因此，這字解作「占卜的器具」更為合理（參15節的解析）。

❷ 二十二章28節「三次」原文只再見於出埃及記二十三章14節，所指的其實是 3 次上帝指令以色列人要作的行程，目的是在耶和華面前守節。這裏採用同一用詞，可能是用來表示巴蘭的行程也是一個上帝指令的行程，要執行上帝所吩咐的。

❸ 當「素常」（二十二章30節）（*sākan*）是 *qal* 形態，其意思是「有用、有益處」（參伯十五3，二十二2、21，三十四9，三十五3）。所以，其 *hip̄hil* 形態的意思會是「使成為有用、有益處」，即「得到好處、益處」。

❹ 二十三章10節「誰能計算……四分之一」原文沒有「誰」一字。此外，「計算」意思為「數目」。它是一個名詞，而不是動詞。「四分之一」原文這詞有異文的出現。因此，學者多對此句子作出修改，其中一個可能性是將之修改為「誰能數算……沙塵」。

❺ 二十三章23節原文沒有「害」這動詞。它是以一個貼於名詞之前的前置詞 *bə* 來表達。這前置詞通常都譯作「在」。若是如此，這句子便可解釋為一個禁令，即「在雅各中不可有法術」（參申十八10）。這禁令強調以色列並不需要以這些方法來求問上帝的心意，因為上帝會透過代言人直接教導他們。不過，這理解並不大切合上下文意思。因此，在此宜採納前置詞 *bə* 的另外一個翻譯，即是「針對」。

❻ 「論及」（*yēʾāmēr lə...*）原文可以有另外兩個理解，就是「對……

說」（參「新譯本」）及「稱……為」（參賽六十二4）。若是後者，則經文意思是指有人稱雅各及以色列為「上帝行了何等的大事」。此外，「和合本」多譯「為他」二字。

❼ 二十四章17節「四角」（*paʾăṯê*）原文是雙數，更可能是指「額角」。此外，「毀壞擾亂之子」（*wəqarqar kol-bənê-šēṯ*）原文更可能作少許修改，並翻譯為「一切塞特人的頭頂」（參「新譯本」）。這裏可能把摩押人視為塞特後裔中羅得的後人。

❽ 二十四章18節「仇敵之地」（*ʾōyḇāyw*）原文是「他的仇敵」。這裏有兩個理解。第一、「他的仇敵」中的「他」是指西珥，整句的意思是西珥將會成為他自己仇敵的產業。第二、「他的仇敵」中的「他」指以色列，整句的意思就是西珥是以色列的仇敵，而西珥亦會成為別人的產業，在此，「西珥」及「他的仇敵」被視為同位，這看法較為可能。

❾ 二十五章4節耶和華對摩西的吩咐：「將百姓中所有的族長在我面前對著日頭懸掛」，原文可直譯為「帶來百姓的所有首領，以及將他們在耶和華面前在日頭懸掛」。有學者認為「他們」不一定是指「所有首領」，而是指犯事者。那麼，耶和華便是吩咐摩西叫所有首領將犯事者懸掛起來。這個理解嘗試解決耶和華的吩咐及在接著的一節中摩西的講話內容出現的差異。不過，將「他們」理解為犯事者，這並不是對經文最自然的理解。

第十三章
第二代人的興起及預備（二十六1～三十16）

- 數點第二代以色列民之數
- 分配地土：婦女承繼之例
- 按立約書亞為摩西承繼人
- 節期的獻祭及許願之律例

經過巴力．毗珥事件後，第一代以色列人已經完全死掉，現在由第二代人作帶領。經文首先再提及數點人數，數點的是第二代以色列人，目的不單與攻地有關，也與分地有關。經文的重點已慢慢轉向土地的問題上。因此，一個引發出來的問題就是女兒能否承繼祖業。此外，若摩西不能進地，那麼就要另立領袖帶領以色列人進入迦南地。當以色列人仍在曠野時，他們會透過安營及行軍的位置去表達他們對上帝的敬拜。當他們進到迦南地後，這個空間上的規定就再沒有必要去保持，取而代之是一個時間上的秩序，就是透過遵守節期去表達對上帝的尊崇。而由此而引申出來的一個關注，就是許願的律例。整段經文可分為 4 個段落：

1. 數點第二代以色列民之數（二十六1～65）
2. 分配地土：婦女承繼之例（二十七1～11）
3. 按立約書亞為摩西承繼人（二十七12～23）
4. 節期的獻祭及許願之律例（二十八1～三十16）

13.1. 數點第二代以色列民之數（二十六1～65）

隨著第一代人的離去，再次數點以色列人去預備走下一步是一件必需要作的事情。這次數點如數點第一代以色列人般，分別數點非利未支派及利未支派，因為兩者將來在迦南地有不同的角色。

分段大綱（二十六1～65）

1. 上帝吩咐數點人數（1～4節上）
2. 非利未支派的數目（4下～51節）
3. 按人數及拈鬮分地（52～56節）
4. 數點利未支派人數（57～62節）
5. 結語：第二代的人（63～65節）

13.1.1. 上帝吩咐數點人數（二十六1～4上）

第1節「瘟疫之後」將接下來吩咐數點人數之事，緊緊地與第二十五章的什亭事件連結起來。所以，什亭事件中上帝使用瘟疫作為刑罰一事在民數記擔任一個重要角色，用來表示第一代以色列人的終結（參二十六64～65）。第一代人過去後，上帝便吩咐再次數點人數。這次的數點原則與第一次的數點並無不同，都是由 20 歲以上開始數起（2節）。但是，人物、地點及時間卻有所不同。首先，接受上帝吩咐的領袖已改為摩西及以利亞撒，因為亞倫已經死去，而承繼他作領袖的就是他兒子以利亞撒。其次，以色列人所處的位置是「在摩押平原與耶利哥相對的約旦河邊」（3節），而不是第一次的位置「西奈的曠野」（一1）。最後，雖然經文沒有直接提及，但第一次數點是在出埃及後第二年，而這次數點則是出埃及後第四十年，前後相差約 38 年半。

摩西及以利亞撒就在摩押平原向各以色列人宣告「你們中間從二十歲以外的」，正如耶和華所吩咐摩西的（4節上）。這個引言比較簡單，以致不少學者認為經文有殘缺。不過，它的基本意思仍是清楚的。

13.1.2. 非利未支派的數目（二十六4下～51）

第4節下「是照耶和華吩咐出埃及地的摩西和以色列人的話」原文並不是如「和合本」般理解。它是一個標題，帶出接下來各支派的數點。「新譯本」將這部分經文翻譯為「這是照著耶和華吩咐摩西的。從埃及地出來的以色列人計有：」。接下來數點民數的內容有幾點值得留意的地方。第一、在第一次數點人數中經文每次都說明「能出去打仗」有多少人（一20），但這次數點人數中「能出去打仗的」這短語只在上帝吩咐摩西時提過一次（二十六2）。所以，這次的數點人數的重點並不在於打仗，而是另有目的。第二、有別於第一次數點時只列出每支派的名稱及數點的總數，這次數點則多列出屬於每一個支派的部族，如呂便支派的哈諾族、法路族、希斯倫族及迦米族。這樣記載目的可能是強調在這次數點中確實加入了新的一代。另一個可能性是與接下來提及宗族分地有關。第三、承接第二點，屬各支派的宗族的名單，其實與創世記四十六章8至27節所記載下到埃及的以色列人的名字，差不多完全相同。可見當時一個人的名字，到現時已成為一個宗族的名字。當時是下埃及的人的名單，現時則是從埃及出來，並快要進入迦南地的宗族名單。第四、除了瑪拿西及以法蓮對調外，列出這 12 個非利未支派的次序與第一次數點時相同。原因可能是在這次數點中，瑪拿西的人數遠比以法蓮為多，所以排在前面。第五、差不多所有支派都只列出先祖的名稱及第二代人作為宗族的名字，只有瑪拿西支派列出由約瑟起 7 代人的名字。原因會在下文稍作解釋。現列出這次數點人數的資料（連同利未支派的數目），並與第一次數點結果作比較：

支派	族數	第二次點數	第一次點數	差異（百分數）
呂便	4	43,730	46,500	-2,770（-6.0%）
西緬	5	22,200	59,300	-37,100（-63%）
迦得	7	40,500	45,650	-5,150（-11%）
猶大	5	76,500	74,600	+1,900（+2.5%）
以薩迦	4	64,300	54,400	+9,900（+18%）
西布倫	3	60,500	57,400	+3,100（+5.4%）
瑪拿西	8	52,700	32,200	+20,500（+64%）
以法蓮	4	32,500	40,500	-8,000（-20%）
便雅憫	7	45,600	35,400	+10,200（+29%）
但	1	64,400	62,700	+1,700（+2.7%）
亞設	5	53,400	41,500	+11,900（+29%）
拿弗他利	4	45,400	53,400	-8,000（-15%）
總數	57	601,730	603,550	-1,820（-0.30%）
利未		23,000	22,000	+1,000（+4.5%）

現就經文對各支派的具體描述，提出一些需要留意的事情。在記載數點呂便支派時（5～11節），經文除了列出呂便支派的宗族及人數，也提及大坍及亞比蘭與可拉一事（8～11節）。經文簡單記載他們與摩西爭鬥，以及當時出現的兩個不同刑罰，分別是地開口吞滅及火燒滅犯事的人。於是，這些人就成為「警戒」（*nēs*）。這詞亦曾出現在二十一8、9節，翻譯為「杆子」，但更多時翻譯為「大旗」（參賽五26；耶四6；結二十七7）。這詞基本上沒有負面意思，所強調的是一個每人都可以看見的標記。呂便支派人數減少了 2,770 人，其中部分人可能是因為可拉事件而死的。在這段經文中，很值得留意的是

11節指出「**可拉的眾子沒有死亡**」。這暗示當日有部分可拉及呂便的後人聽了摩西之命離開可拉、大坍及亞比蘭的帳棚，以致能夠存活，縱然這表示他們要與族長劃清界線。雖然可拉犯罪，但他的後人卻仍然存留下來，繼續在以色列人的禮祭中擔任重要角色。這同時指出第二代人與第一代人的分別。雖然第一代人違背上帝，但第二代人仍是有希望的。

接著的是西緬支派。若將這支派的宗族名單（12～13節）與創世記四十六章10節比較（參出六15），則發現沒有了阿轄這名字。這可能表示什亭事件中的心利是屬於這個宗族（二十五14），而這個宗族亦因此事被滅。此外，西緬支派的人數減少了約三分之二（14節）。這也可能是什亭事件的後果。這標誌著西緬支派開始沒落，它最後歸入猶大支派之中（參書十九1）。

猶大支派的人數比上次微增 1,900 人，總人數仍是眾支派之冠。經文提及珥及俄南死在迦南地（參創三十八1～10），這事已記載在創世記四十六章12節的名單中。

如上文所說，這裏先提及瑪拿西，後是以法蓮。這裏是按著他們出生的次序排列，有別於上次數點是按著雅各祝福的次序。現在瑪拿西人數驟增，以法蓮則減少，以致兩支派人數相距甚遠。在記載瑪拿西支派的經文中一個特別的地方是記載多代的人，有別於其他支派只提及先祖名字及他們的第二代人。記載刻意提及希弗族的西羅非哈，他沒有兒子，只有 5 個女兒（33節），而這些女子剛好是從約瑟起計算的第七代人。提及這點是因為接下來有兩段經文是與她們承繼產業有關的，故在此先作預告（參二十七1～11，三十六1～12）。

雖然個別支派人數的減少可以從民數記中一些事情中得到解釋，如呂便及西緬支派，但其餘支派人數的改變，似乎沒有甚麼特別明顯的原因。整體而言，以色列總人數比上次略少 1,820 人，不足半個百分點，這反映上帝對以色列人的眷顧並沒有改變。

13.1.3. 按人數及拈鬮分地（二十六52～56）

經文以「**耶和華曉諭摩西**」開始一個新段落，這與分地有關。經文提及兩項分地的原則。第一項是按著人數多少去決定（54節）。第二項是用拈鬮的方法，使以色列人按著「**祖宗各支派的名字承受為業**」（55節），意思是各人是按著各自所屬支派去得地為業，而不是依據較小的單位如家室、宗族等去得地。這樣做目的是使同一支派內的各宗族可以定居在一起。這兩項原則似乎難以同時使用。不過，實際的執行很可能是先用拈鬮的方法決定各支派所得之地的地點，然後在各支派的地土內再按人數去決定每個宗族、家室所得之地。

以色列人數點人數後便提及分地的原則。這正是指出這次數點人數，以及提及各支派的宗族，並不單是與打仗有關，更是進一步關注到進入迦南地後應如何分配地土。

13.1.4. 數點利未支派人數（二十六57～62）

數點完非利未支派的人數後，就數點利未支派。經文先提及利未支派的 3 個宗族，分別是革順、哥轄及米拉利，這是依著長幼次序排列（57節）。不過，經文接著便再提及利未的 5 個宗族（58節上），其中 4 個與革順、哥轄及米拉利的 8 個後人中 4 個相同（參三18～20），分別是立尼族（革順）、希伯倫族（哥轄）、瑪利族（即抹利；米拉利）及母示族（米拉利）。沒有提及的 4 個後人是示每（革順）、暗蘭（哥轄）、以斯哈（哥轄）及烏薛（哥轄）。而第五個宗族可拉族則應是從以斯哈而來（參十六1）。經文特別提及「**哥轄生暗蘭**」（58節下），暗蘭是米利暗、亞倫及摩西的父親（59節）。不過，這兩位暗蘭並不是同一個人，兩者相距約 300 年。它的重點是指出摩西及亞倫是哥轄的後人，但卻與哥轄族有所分別。經文亦重提亞倫 4 個兒子中首兩個因為獻凡火而死（61節；參利十1～7）。最後，餘下的示每及烏薛可能已經沒有後裔可以數點。這處列出 5 個利未宗族，是表示他們與第一次數點時是不同的。

這次數點利未支派只提及一個數點的方法，就是數點「**凡一個月以外**」的（62節）。不過，這次數點也有與第一次數點不同之處。在第一次數點中利未人沒有和其他支派一同被數，因為前者是在聖所中服事而後者是與打仗有關。不過，這次利未人沒有數在其他以色列人中，原因則是「**沒有分給他們產業**」（62節）。數點結果是 23,000 人，比上次數點略為增加 4.5 個百分點。

13.1.5. 結語：第二代的人（二十六63～65）

在整個數點人數的記載的結語中，首先指出負責者是摩西及祭司以利亞撒。然後，指出進行數點的地方，就是在摩押平原這邊，與耶利哥相對的約旦河邊的地方。

經文清楚指出，這次數點沒有一個人是在約 38 年前摩西及當時的祭司亞倫在西奈的曠野時，曾被數點過的。這是因為在探子事件中，上帝命定除了迦勒及約書亞以外，第一代的以色列人必定死在曠野。因此，這處正表示上帝忠於祂的話語。同時，這亦暗示以色列人要開始進入迦南地。所以，接下來的經文就與得地有關，甚至是論及得著迦南地後的地土處理及生活方式。❶

信仰反省

什亭事件過後，第一代人也完全過去，然而以色列人的數點數目，竟然只是微跌不足半個百分點。隨著第一代人的過去，第二代人便興起來。這次數點的重點在於分地，並提出分地的原則。這已經假定第二代人能夠進地。上帝這樣的說法本身就是一個應許。上帝的恩典及祝福依然沒有改變。假如第一代人不能成就上帝的計劃，上帝便會使用第二代人。因此，沒有任何一代人或一個人能夠宣稱只有他們才能夠成就上帝的旨意。不過，這第二代人並不是無中生有地存在的。他們是第一代人的後裔，承繼著第一代的血統及信仰，第一代人的歷史就是他們的歷史。因此，他們承受著上帝對第一代人的應許及心意，而上帝亦願意祂的旨意成就在他們身上。

在上述記載中，有 3 件過去的錯事特別記錄了下來。第一件事是可拉事件。不過，經文刻意指出可拉的眾子沒有死亡。事實上，可拉的後人日後不單在聖所中擔任守門的職事（代上九19，二十六1），也藉著他們的歌聲與其他利未人一同讚美耶和華（代下二十19）。他們所寫的詩歌也收集在詩篇中（詩四十二～四十九，八十四，八十五、八十七，八十八篇），成為後人的鼓勵。儘管原來是不好的，但上帝總能在其中找著好的，以成就祂的心意。上帝的恩典實在超過人所能想像的。

第二件事是猶太兒子珥及俄南的事情。隨著他們的死，他們的名字亦在人間除滅，因為他們沒有後人。雖然如此，但猶大支派仍然昌盛，成為十二支派之首。

第三件事是亞倫的兒子拿答及亞比戶的事情。經文同樣指出他們因為犯罪而死，但祭司的職任仍然透過以利亞撒及他的兒子非尼哈延續下去。

這三件事一方面是一個警告，指出違背上帝旨意的人的結局會如何。不過，另一方面，這些事卻指出上帝的美意並不會因人的錯誤而不能成就。以色列人仍然能夠存活下去，成就上帝的旨意，這是因為上帝的恩典不受人的限制所限制。

13.2. 分配地土：婦女承繼之例（二十七1～11）

在數點瑪拿西支派時，提及其中一個名為西羅非哈的人，他沒有兒子，只有 5 個女兒（二十六33）。這就引來承繼產業及能否保存西羅非哈的名字的問題。這個記載所關注到的，就是地土應該如何分配，當中論及如何在尊重傳統及挑戰傳統之間作出平衡。

分段大綱（二十七1～11）

1. 問題：請求准許承繼父業（1～4節）
2. 解答：上帝准允承繼父業（5～11節）
   甲、摩西的提問（5節）
   乙、上帝的回應（6～11節）

13.2.1. 問題：請求准許承繼父業（二十七1～4）

原文先指出西羅非哈 5 個女兒前來，接著就重述由約瑟到西羅非哈 5 個女兒前後共 7 代的家譜（這與「和合本」記載的次序不同）。她們名為瑪拉、挪阿、曷拉、密迦及得撒。她們來到會幕門口，站在摩西、祭司以利亞撒及眾首領及全會眾面前。會幕門口是以色列人陳述他們案情的地方。進入迦南地後，這地點就改為在城門口（參申二十一19，二十二15；撒下十五2）。她們提出的案件是建基在 4 個論點之上。第一、她們的父親已經死在曠野。第二，她們指出他的死並不與可拉等人攻擊耶和華及摩西、亞倫以致受罰而死有關。這點似是指出可拉等人應因此而失去他們原本可以承受的產業，但她們父親的死並不應引致他的後人喪失他的產業。這可能是在指出，犯了嚴重罪行的人，如對耶和華（及後期對君王）不敬，他的產業就會被充公（參王上二十一1～16「拿伯事件」）。相反，她們父親「**是在自己罪中死的**」（3節）。類似的說法可見於申命記二十四章16節（參王下十四6；代下二十五4），所強調的是犯事者不因為他的父親或兒子的罪行而死亡，而是因為自己犯事而死。從這個角度出發，她們可能想強調縱然西羅非哈的父親可能因為參與可拉事件而死，但這不應涉及西羅非哈自己。他是因為別的沒有那麼嚴重的罪行而死的。第三、她們指出西羅非哈沒有兒子，亦即她們沒有任何兄弟。❷因為以上3個理據，按當時已有的律例，西羅非哈的產業就只能歸予他至近的男性親屬所承受。第四、一個人的名聲與他的產業是有關係的，沒有產業就表示沒有名聲。基於以上4點，她們便作出提問，質疑為何因此西羅非哈的名要「**從他族中除掉**」。「**除掉**」（希伯來文字根：*gāraᶜ*）一詞的基本意思是「從整體中減少、除去」（參出五8；利二十七18；民九7〔譯作「**被阻止**」〕），這裏的意思是指從希弗族中減去西羅非哈的名字。因此，她們請求從希弗族中（即「**我們父親的弟兄中**」）分「**產業**」予她們，以致可以延續她們父親的名字。所以，這裏的關注是比較個人性的，即著重家族的名聲多於擁有所屬宗族或支派的地（這點與三十六章延續這個問題的焦點有所不同）。

13.2.2. 解答：上帝准允承繼父業（二十七5～11）

由於西羅非哈5個女兒的要求未有先例，所以摩西就將她們的「**案件**」帶到耶和華面前，請祂作出判決（5節）。遇到沒有先例而需要向耶和華請求指示的情況，也曾出現在民數記中，例如：因為接觸屍體未能守逾越節應如何處理（九6～8）；應如何對待在安息日撿柴者（十五32～34）。

這次，耶和華的指示可以分為兩部分，分別是允准西羅非哈女兒的請求（7節）及定下產業承繼之例（8～11節上）。對於西羅非哈女兒的請求，耶和華的回應有3點。第一、上帝先指出她們所說的是「**有理**」，意思是「對的」。第二、接著祂吩咐摩西，「**你定要在她們父親的弟兄中，把地分給她們為業**」，她們可以作為產業的承

「分給」這動詞之前，加上一個與這動詞同一字根的獨立結構型不定詞以強調這個「分給」的行動。所以，「和合本」正確地翻譯為「定要……分給」。

繼者，意思就是從希弗族所分到的產業中，把產業分予西羅非哈的女兒們。第三、上帝指出要「**將她們父親的產業歸給她們**」。這句說話不是重複第二點。「**歸給**」（*haʿăḇarʾtā*；是 *ʿāḇar* 的 *hip̄hil* 形態，其字面意思為「使……越過」）原文意思是「轉移、轉交」。當提及將一個人的產業給予女兒時，經文就使用「轉移」這個字。若是給予兒子或是其他男性親屬，經文就使用一般解作「給予」（*nāṯan*）的這詞。所以，在這處境中，「轉移」這個字是指從一個範圍移到另一個不同的範圍。在父系社會中，父親與兒子或其他男性親屬為同一個範圍，而女兒則不是。所以，將產業給予兒子就是同一範圍內的事情，而交予女兒則不是，因此，是「轉移」產業給她們。

回應西羅非哈女兒的請求後，耶和華就為承繼產業清楚定下一條普通律例。這律例定下承繼人的次序，就是：兒子、女兒、弟兄、叔伯以及至近親屬。值得留意的是，將產業歸給女兒的目的，很可能是將產業再傳給她們的兒子，以致父親的名字能依舊沿著男性後裔保存下去（參代上二34～35）。不過，這條普通律例仍未能解決所有問題，例如家長離世時，剩下女兒及男孫，則產業該由誰去承繼？後來的猶太典籍嘗試解答這個問題。

經文最後指出，上帝宣告這條普通律例成為以色列人的「**律例、典章**」，成為以色列人處理這類事情的原則及規限（11節下）。

信仰反省

這段經文承接著第二十六章提及分地的主題，論及女兒能否承繼產業這問題。這個討論再一次強調上帝對以色列人賜地的應許。這個應許不會因為以色列人的叛逆而落空。此外，重要的是西羅非哈的女兒明白到這點。她們沒有像第一代的以色列人放棄進地的盼望。反而，她們緊緊地抓著上帝賜地的應許，並指出她們應該可以承繼父親所應分到的土地。她們相信上帝的應許，並按此而行。相對而言，現代人對上帝的應許有多重視，有多執著？又有多少人會按著上帝的應許去行事呢？

她們所做的，一方面是尊重傳統，而另一方面則挑戰傳統。她們持守傳統中對個人名聲的尊重，以致她們不接受因為沒有兄弟就使父親的名字在族中被除去。

她們尊重當時表達案情的機制，來到會幕門口，在摩西及其他領袖面前陳述她們的案件。她們尊重當時的領袖，尤其是摩西，相信他的帶領及作為上帝與人的中介角色。雖然她們對當時產業承繼的處理並不滿意，但她們沒有為此與摩西爭鬧，沒有否定摩西作為帶領者，沒有否定上帝的應許，沒有煽動其他人藉此事發難，埋怨上帝。她們尊重她們的傳統與歷史，並尊重上帝透過摩西的帶領。

另一方面，她們也同時敢於挑戰傳統。她們認為傳統的處理方法未能完全反映傳統所堅持的一些價值，譬如是公平及對身分的重視。今時或每個時候，都有人對教會所繼承的傳統不盡同意，認為這些傳統已經過時，或是不足以面對新的處境。儘管如此，這些人必須關注的是，應以哪種方法挑戰傳統。在這過程中有否堅持相信上帝的應許，尊重上帝的僕人領袖，擁抱教會的歷史成為自己身分的一部分，以及關注整個羣體的利益？他們要小心，不可只是堅持要成就自己的看法，也不應煽動其他人作出爭鬧或是埋怨上帝的行徑。在此，同樣需要關注的是，究竟挑戰傳統的目的，是要爭取個人的利益，抑或是透過改變傳統的處事手法，以致更能反映傳統所堅持的價值觀？這是值得反省的。

溫習及思考問題（13.1～13.2）在頁348。

13.3. 按立約書亞為摩西承繼人（二十七12～23）

數點人數後，以色列人預備進入迦南地。既然摩西不能進入那地，那麼就需要另立一個人承繼摩西，作帶領的工作。這段經文就説明上帝命摩西立約書亞作為他的承繼者。

分段大綱（二十七12～23）

1. 摩西即將離世（12～14節）
2. 請求另立首領（15～17節）
3. 吩咐立約書亞（18～21節）
4. 摩西執行吩咐（22～23節）

13.3.1. 摩西即將離世（二十七12～14）

經文先說明為何有必要另立人帶領以色列。耶和華對摩西的講話有 3 點內容。第一、上帝吩咐摩西上亞巴琳山，讓摩西有機會看看祂應許賜予以色列人的土地。亞巴琳山很可能與二十一章11節的以耶．亞巴琳相同，是位於摩押西面的山脈。尼波山應是亞巴琳山脈中的一個山頭（參申三十二49）。第二、上帝接著指出雖然摩西可以看見這地，但看過後，他就如亞倫一樣會「**歸到你【指摩西】列祖**」（即「歸到他本民處」；參 10.4 二十章24節的析讀）。上帝在這裏重申摩西不能進入迦南地。第三、上帝再次指出摩西不能進地的原因，就是因為在尋的曠野他未能「**在湧水之地**」（原文意思是「藉著水」）去尊祂為聖（參二十1～13），「**違背**」了上帝的命令。這裏的內容與記載亞倫之死的段落有相似之處，詳細的討論參下文。

13.3.2. 請求另立首領（二十七15～17）

面對自己的死訊，摩西的關注並不是自己的事，而是以色列人在沒有領袖之下的境況。所以，他請求上帝「**立一個人治理會眾**」（原文意思為「立一個人在會眾之上」；16節）。在請求之先，他稱呼耶和華為「**萬人之靈的上帝**」（參 8.1.2.2 十六章22節的析讀）。這短語基本上是承認上帝對所有人的主權及責任，並因此向祂請求憐憫。在十六章，摩西請求上帝不要因小部分人犯罪而殺死所有人，這裏的請求與它相近，摩西同樣是請上帝不要因為他（犯罪）以致以色列人沒有領袖。

摩西期望這一個人可以「**在他們面前出入**」，也可以「**引導他們**」（意即「帶領他們出入」），目的是希望「**耶和華的會眾**」不會像「**沒有牧人的羊羣**」那樣。學者多認為「**出入**」這短語有軍事行動的意思（參撒上二十九6）。不過，這短語也可指一般性的活動（書六1，十四11；王下十一8）。再者，「在人面前出入」很可能指領導或帶領人，而有否**行軍的意思**則再由上下文去決定。當然，這作領導的意思，可以是從帶領羣眾行軍的理解引申出來。同樣地，「帶領……出入」

有行軍的意思的經文，可參撒母耳記上十八章13、16節；沒有行軍的意思的經文，可參列王紀上三章7節，歷代志下一章10節。

的意思是可解作**帶領者**。撒母耳記下五章2節也提及「出入」，它的特別之處是將大衛帶領以色列人出入及大衛作為他們的牧者相提並論。民數記在此也有這意思。「**沒有牧人的羊羣**」這短語可指因為沒有牧人而被打敗或掠擄，有軍事意味（王上二十二17；結三十四5、8）。所以，摩西期望這個在會眾之上的人可以帶領以色列人，包括在將臨到他們的軍事處境中也可以如此。

有帶領軍事意思的經文，可參撒母耳記下五章2節；歷代志上十一章2節；沒有行軍意思的經文，可參申命記六章23節；歷代志上九章28節。

13.3.3. 吩咐立約書亞（二十七18～21）

回應摩西的請求，耶和華吩咐摩西將約書亞帶來，並指出約書亞的特別之處，就是有靈在他中間（18節上）。這句話應是指約書亞的內在素質，以致上帝提他的名為摩西的承繼者。這素質可以是上帝所賜予的，如聖經也有描述一些人有上帝的靈。例如比撒列充滿上帝的靈，以致有智慧及技能作會幕的事（出三十一1～5，三十五30～33）；約瑟有上帝的靈，以致他有解夢的能力（創四十一38）。約書亞有靈在他中間的另外一個解釋是指他有勇氣（「靈」在約書亞記二章11節及五章1節解「膽氣」）。

接著，上帝便吩咐摩西透過行動去將領袖的身分傳予約書亞。首先，摩西要按手在約書亞之上（18節下）。這裏是用單手，但第23節則用雙手。若參考第八章提及按立利未人，則按手的意思很可能是指授權予約書亞作為領袖。第二，摩西使約書亞站在祭司以利亞撒及全會眾面前，等候他們的差遣（參 3.3.1.1 八章13節的討論）。第三、摩西要「**囑咐**」約書亞。「**囑咐**」一詞一般意思是「命令」，這裏可有「任命、委派」的意思（參撒上二十五31；「和合本」譯作「立」）。這樣做是要摩西將他部分的「**尊榮**」給予約書亞，其目的是使以色列全會眾都聽從約書亞。「**尊榮**」這詞多應用在上帝（參代上十六27；詩八1；賽三十30）或君王身上（參代上二十九25；耶二十二18）。不過，約書亞只有部分摩西的尊榮，不能成為與摩西有同等分量的領袖。不單如此，約書亞要站在以利亞撒面前，依靠以利亞撒為他用烏陵求問上帝該如何處理事情。因此，約書亞自己及以色列全會眾也要聽從以利亞撒的命令去「**出**

入」，即包括聽從他的命令作出軍事活動。所以，約書亞不能如摩西般直接求問上帝，而是要藉以利亞撒才能作出判決。

13.3.4. 摩西執行吩咐（二十七22～23）

最後，摩西按著耶和華所吩咐的去行。經此事後，第二代人的領袖約書亞及祭司以利亞撒，已被完全確定。值得留意的是，摩西所做的，正好是耶和華所吩咐的，惟一不同之處，是在耶和華的吩咐中，摩西要先按手在約書亞之上（原文沒有「頭」），然後才使他站在眾人面前；但摩西在執行時，這次序卻是倒轉的。執行的次序似乎較為合理，因為這事須行在全會眾眼前，使他們知道誰是摩西所揀選的承繼人，以致他們會聽從約書亞。因此，第18節下至19節上可能應翻譯作：「使他站在祭司以利亞撒和全會眾面前之後，便按手在他之上」。

有學者指出設立摩西的承繼者這段經文，與提及亞倫之死的經文有相似之處（參二十22～29）。亞倫之死的記載有以下 6 個元素：

1. 死前先上山；
2. 上帝先宣告他會「歸到他列祖那裏」，然後才說明原因，祂用「違背」一詞來指他的罪；
3. 上帝吩咐設立承繼人；
4. 執行設立承繼者；
5. 記載死訊；
6. 百姓哀悼。

這裏描述摩西的情況，與亞倫有相似之處，特別是第一、二及四點。但是，兩者不同之處也很明顯。首先，是摩西自己請求設立承繼者而不是上帝作出吩咐（即第三點），這表示摩西關注到自己離世後，有誰可繼續帶領以色列人。此外，經文沒有記載摩西的死或百姓的哀悼（即第五、六點）。這是因為這裏強調承繼人的設立多於摩西之死。再者，亞倫事件在山上進行，以色列人並沒有看見整個過程，只看見開始及終結時的情況。相對而言，摩西傳位予約書亞的整個過程，是在祭司以利亞撒及以色列全會眾面前進行的。兩者分別的原因很可能是哪個人會成為摩西的接班人不是自明的事，而是需要揀選的，所以設立約書亞作為接班人是需要全會眾認可（參第20節「**使以色列全會眾都聽從他**」）。以利亞撒承繼亞倫卻不需要這步驟，因為這是理所當然的事情。最後，以利亞撒承繼亞倫就表示亞倫的即時死亡，但設立約書亞成為承繼者並不表示他立時就當領袖，也不表示摩西即時就會死去。

信仰反省

每個人都作過一些影響著他一生的事情。摩西在米利巴水的事件就是一個例子。無論他是一個怎樣依靠上帝的人，他仍然要承受這事的後果。不過，他不會因此埋怨上帝。他仍然期盼上帝的應許得以應驗，以致為著全以色列人著想去請求祂另立領袖。這是一個將要離去的領袖所需要關注的。他應該關心的，不是要自己在曾經帶領過的人的中間仍然具有影響力，而是清楚知道他們是「**耶和華的會眾**」而不是「某某人的會眾」，要關心他們是否仍有帶領他們的牧羊人。這個領袖不是要承繼者去完成他自己未了的心願，而是期盼繼承者能夠繼續帶領會眾行走合乎上帝心意的道路。

選立哪人作承繼者並不只是由領袖自己作出決定，更重要的是出於上帝的選召。祂選召承繼者的基礎是要有「**靈**」在他裏面，要有從上帝而來的智慧及勇氣。不過，這個承繼人也要受將離去的領袖的祝福，以及眾人的授權，以致這個承繼者的地位得以確立，受人尊重。所以，領袖要幫助承繼者，以致他能夠得著羣眾的認同。

最後，這個承繼者也當明白，能夠成為承繼者是因為有上帝的同在，領袖的授權以及羣眾的認同。他要明白到自己與剛離去的領袖並不一樣，甚至在能力及魅力上可能都不如這位舊的領袖。不過，這又如何呢？對約書亞來說，重要的是，他認清上帝對他的召命，就是要帶領以色列人進入迦南地。這對承繼者來說，這是十分重要的，他必須認清自己是蒙召帶領會眾走上帝願意他們走的路。然而，被選召只是一個開始。接著來的，他便要忠心的領導會眾。若要達成這目標，他必須堅持要不斷聆聽上帝的心意，並按此而行。

13.4. 節期的獻祭及許願之律例（二十八1～三十16）

經過再次數點人數，定下分地的原則，以及設立第二代人的領袖，經文進一步談及以色列人進入迦南地之後的情況。這是上帝間接向以色列人表明，他們將要進入那地。第二十八至二十九章關注的是，進入那地後，以色列人如何能夠透過參與在一個時間的秩序中，以表達他們對上帝的敬拜，就如在曠野時期他們參與在一個空間的秩序中，以表達以上帝為中心的信仰。在這些指定的日期，他們要按例獻祭予上帝，從而表達對上帝的敬拜。這些律例同時也表示上帝對以色列人在迦南地上的祝福，使他們有足夠的牲畜及土產，可以獻上給祂。因為關注到為還願而獻祭，所以引發出對許願之事的討論，並定下與許願有關的律例。總的來說，這段經文，是可分為兩部分的律例，分別討論會眾在指定日期中的公開的獻祭（二十八1～二十九40），以及以私人身分在任何時間的許願（三十1～16）。

分段大綱（二十八1～三十16）

1. 公眾在指定日期的獻祭（二十八1～二十九40）
   - 甲、引言（二十八1～2）
   - 乙、每日的獻祭（二十八3～8）
   - 丙、安息日的獻祭（二十八9～10）
   - 丁、月初的獻祭（二十八11～15）
   - 戊、每年的獻祭（二十八16～二十九38）
   - 己、結語（二十九39～40）
2. 私人在任何時候的許願（三十1～16）
   - 甲、引言（1節）
   - 乙、男子對自己許願的責任（2節）
   - 丙、男人對女子許願的責任（3～15節）
   - 丁、結語（16節）

13.4.1. 公眾在指定日期的獻祭（二十八1～二十九40）

這段經文所關注的，是在耶和華所指定的日期中所獻的祭的種類及分量。相比於聖經中其他類似的經文，民數記二十八至二十九章對在節期中獻祭的指示，可說是最為詳盡的（參出二十三14～19，三十四18～26；利二十三1～44；申十六1～17；結四十五18～四十六15）。這兩章經文可以仔細分為6段如下：

1. 引言（二十八1～2）
2. 每日的獻祭（二十八3～8）
3. 每安息日的獻祭（二十八9～10）
4. 每月初的獻祭（二十八11～15）
5. 每年的獻祭（二十八16～二十九39）
6. 結語（二十九39～40）

以上的分段，可反映經文所談論的獻祭是由每日到每週，再到每月及每年，而每年的節期則是按著年曆的先後次序排列。所以，這個編排也可以說是按著獻祭的頻率遞減而安排的。現按上述分段析讀經文內容如下。

13.4.1.1. 引言（二十八1～2）

經文以「**耶和華曉諭摩西**」開始一個新段落。接下來的引言就將這個段落的重點說明出來。耶和華吩咐以色列人帶來給祂的供物，就是「**作馨香火祭的食物**」，都要「**按日期**」獻給祂（2節）。首先注意的是，經文在此強調的是這是集體公開的獻祭，而不是以私人身分按著不同原因的獻祭。其次，雖然下文提及的獻祭中有時包括贖罪祭，但「**火祭**」（參 7.1.1.1 之專欄：「火祭」）並不包括贖罪祭，而是指燔祭及同獻的素祭及奠祭（參 7.1.1）。最後，經文所關注的就是這些指定的日期是在哪月哪日，以及當日應該獻上的祭物。接下來的經文就特別詳細說明這點。

13.4.1.2. 每日的獻祭（二十八3～8）

首先提及的就是每日的獻祭（3～8節）。這個吩咐呈扇形結構：

A　³……你們要獻給耶和華的火祭，就是沒有殘疾、一歲的公羊羔，每日兩隻，作為常獻的燔祭。

B　⁴早晨要獻一隻，

C　黃昏的時候要獻一隻；

D　⁵又用細麵伊法十分之一，並搗成的油一欣四分之一，調和作為素祭。

E　⁶這是西奈山所命定為常獻的燔祭，是獻給耶和華為馨香的火祭。

D'　⁷為這一隻羊羔，要同獻奠祭的酒一欣四分之一。在聖所中，你要將醇酒奉給耶和華為奠祭。

C'　⁸晚上，你要獻那一隻羊羔，

B'　必照早晨的素祭和同獻的奠祭獻上，

A'　作為馨香的火祭，獻給耶和華。

A 及 A' 均指出這是給耶和華的火祭，而置中的 E 亦強調這點。B 及 B' 關注的是早晨的獻祭，而 C 及 C' 則是黃昏的獻祭。D 及 D' 是與燔祭同獻之祭，分別是素祭及奠祭。位處中央的 E 指出這個吩咐在西奈山已曾提及，亦重申這是獻給耶和華的馨香火祭。這個扇形結構將這個吩咐清楚地規限出來。

A、A' 及 E 都提及這是給耶和華（馨香的）火祭，正好回應引言中提及的關注。A 接著指出這火祭，是給予上帝的禮物，每日都要獻兩隻一歲的公羊羔。正如其他的祭牲一樣，牠們是沒有殘疾的。這個每日的獻祭就稱為「常獻的」燔祭，其重點在於有規律地獻上，而不是指恆常的意思。

B 及 C 則指出所提及的兩隻公羊羔，應是分別於早上及黃昏獻上的。因此，黃昏獻上的很可能是當日最後獻上的祭牲。D 及 D' 則補充指出同獻的祭還有素祭及奠祭，其分量已在十五章1至16節提及（參 7.1.1）。這裏特別的地方是，指出要「在聖所中」將「醇酒」獻給耶和華。「在聖所中」很可能是指在會幕中的聖所。「醇酒」一詞曾出現在六章3節（「和合本」譯為「濃酒」）。這似是指出奠祭是將這酒倒在聖所中的金杯裏，就如將陳設餅放在桌子上直到下一次更換為止。這個奠祭與十五章提及的奠祭似乎有所不同。

位於中央的 E 指出這例是在西奈山時「所命定」的（參出二十九38～42）。「所命定」原文字根（*ʿāśāh*）與第4節的「獻」字相同，一般的意思是「行、做、作」。所以，經文原來的意思應不是指上帝曾在西奈山有過這樣的吩咐，而這吩咐則要到進入迦南地後才開始執行；而是指出這個每日的獻祭在西奈山會幕建好後，已經執行（參出四十29）。所以，這個每日公開的獻祭，從有會幕開始就已獻上，到迦南地後仍需要繼續執行。

C’ 及 B’ 則指出黃昏時獻的山羊羔也需要同時獻上素祭及奠祭，如早上所獻的一樣。最後，A’ 則重申這是獻給耶和華為馨香的火祭的。

13.4.1.3. 安息日的獻祭（二十八9～10）

其次，經文提及在安息日的獻祭。在這日獻上的是兩隻無殘疾的一歲公羊羔並附加的素祭及奠祭，其分量是按民數記十五章1至16節所指定的。這裏特別指出，獻上的是在「常獻的」燔祭及同獻的祭以外的。「常獻的」燔祭所指的應是早晨常獻的燔祭，因為黃昏常獻的燔祭很可能是最後的獻祭。這就是說，在安息日早上要獻上 3 隻公羊羔及同獻的素祭及奠祭（參24節），而黃昏時則獻上常獻的一隻公羊羔及同獻的祭。

13.4.1.4. 月初的獻祭（二十八11～15）

每月初的獻祭可以分為兩類，分別是燔祭（11～14節）及贖罪祭（15節）。燔祭的經文同樣是以扇形結構呈現出來（依原文稍為修改「和合本」第13節）：

A　[11]每月朔，你們要將兩隻公牛犢，一隻公綿羊，七隻沒有殘疾、一歲的公羊羔，獻給耶和華為燔祭。

B　[12]每隻公牛要用調油的細麵伊法十分之三作為素祭；那隻公羊也用調油的細麵伊法十分之二作為素祭；[13]每隻羊羔要用調油的細麵伊法十分之一作為素祭——

C　馨香的燔祭，是獻給耶和華的火祭。

B' [14]一隻公牛要奠酒半欣，一隻公羊要奠酒一欣三分之一，一隻羊羔也奠酒一欣四分之一。

A' 這是每月的燔祭，一年之中要月月如此。

A 及 A' 提及每月的獻祭。B 及 B' 則分別提及同獻的素祭及奠祭。位於中間的 C 則指出這燔祭是獻予耶和華為馨香的火祭，它重複使用全章引言的用字（參2節）。這個扇形結構將有關每月初所獻的燔祭的內容規限出來。

A 段先指出時間是月朔（即月初），然後說明所獻的是兩頭公牛犢、一隻公綿羊及 7 隻一歲的公羊羔。在這日子所獻的，比每日常獻的及安息日所獻的多，因此同獻的素祭及奠祭也按著所定的比例增多。月朔似是一個重要的日子，因為所獻上的牲畜與一些節期如無酵節及初熟節相同。這日是家庭或宗族慶祝相聚的日子，是朝見神人的日子（參王下四23），也是像安息日般是個休息的日子（參摩八5）；參加者必須處於潔淨的狀態（參撒上二十5～6）。B 及 B' 段說明所獻的素祭及奠祭，則就著同獻的不同牲畜會有所不同，其分量與十五章1至16節所指示的相同。C 段位處中央，說明這是獻給耶和華為馨香的火祭的燔祭。

除了燔祭外，在月朔也須獻上贖罪祭，就是獻上一隻公山羊（15節上）。當官長為誤犯的罪獻上贖罪祭，他就要獻上公山羊（參利四22～26）。在贖罪日亞倫除了為自己及本家獻上公牛為贖罪祭外，也要為以色列人贖上公山羊作為贖罪祭（利十六章）。所以，很可能在公開集體敬拜中所獻上為贖罪祭的都是公山羊。最後，經文再次說明這祭是在常獻的燔祭及奠祭以外加上的（15節下）。

雖然經文先提及燔祭，後才是贖罪祭，但在實際執行時應是先獻上贖罪祭，然後才是燔祭（參 2.4.4.4）。

13.4.1.5. 每年的獻祭（二十八16～二十九38）

接著講述的重要日子是每年才出現一次的。這些日期是按著年曆來編排次序的，現按下列方式表明出來：

1. 上半年的日期（二十八16～31）
   甲、正月十四日——逾越節（16節）
   乙、正月十五至二十一日——無酵節（17～25節）
   丙、初熟日（26～31節）
2. 下半年的日期（二十九1～38）
   甲、七月一日——吹角日（1～6節）
   乙、七月十日——贖罪日（7～11節）
   丙、七月十五至二十一日——住棚節（12～34節）
   丁、七月二十二日（35～38節）

接著將依次討論各日期及當獻之物。

■ 上半年的日期（二十八 16 ～ 31）

上半年的重要日期以正月十四日的逾越節開始（16節）。這一日以色列人在各人的家中享用逾越節的羊羔（參出十二3～14）。不過，這節期也可能與會幕有關（參3.4.2.1）。

指出無酵節第一日是節期的有：出十二14；利二十三6；但指出第七日才是節期的有：出十三6；更有指這7日全都是節期：拉六22。

第二個日期，緊接著逾越節，亦與逾越節有密切關係，就是長達 7 日的無酵節（17～25節；參出十二1～20）。這裏沒有明言這個節期的名稱，但按其描述則明顯是指無酵節（參出二十三15，三十四18；利二十三6；申十六16）。在這 7 日中，每日都要吃無酵餅。經文指出**第一日**（即正月十五日）才是「**節期**」（*ḥāg*），意思是指這是一個需要到聖所慶祝的日子。第一日及第七日都有「**聖會**」（*miqrāʾ-qōḏeš*；意即「宣告這是一個神聖的日子」）。因此，在這兩日中，以色列人都不可作「**甚麼勞碌的工**」。這「**甚麼勞碌的工**」並不等同於「**甚麼工**」（二十九7）。後者所涵蓋的範圍是「全部」，是更嚴格的規限。至於「**勞碌的工**」所指具體的工作則不大清楚，可能是指與日常職業有關的工作。

在這 7 日裏，每日所獻的與在月朔所獻的相同，就是兩頭公牛犢、一隻公綿羊及 7 隻一歲的公羊羔作燔祭，再加上同獻的素祭及奠祭，及一隻公山羊作為贖罪祭。所獻的祭有先後次序，在無酵節獻上的要在每日早上常獻的祭之後（23節）。猶太拉比指出凡先獻上的都是最經常要獻上的，其次才到沒有那麼經常要獻上的。所以，每日常獻的會首先獻上，然後才是安息日所需要獻上的，接著便是如無酵節所需要獻上的。第24節的重點則不是次序，而是數量，強調無酵節所獻的是在每日常獻的燔祭以外再加上去的。

上半年的第三個日期是初熟日（26～31節）。經文沒有說明這個節期是在哪月哪日出現，不過，按利未記的記載，這日是指大麥開始收成後第五十日，小麥開始收成的日子（二十三15～16）。因為收成的日期每年都不同，故此，節期確實的日期每年也不同。這日子也有別的名稱，如：收割節（出二十三16）、七七節（出三十四22；申十六10；代下八13）。這日沒有被稱為「節期」，表示以色列人不用去到聖所慶祝。雖然如此，但這日會被「宣告為一個神聖的日子」，所以不能作任何勞碌的工作。在這日獻上的首先是「**新素祭**」，指的就是初熟之物，它有別於常獻燔祭的素祭（參 9.2.1）。其次要獻上的就是如月朔或無酵日所要獻上的兩頭公牛犢、一隻公綿羊及 7 隻一歲的公羊羔作燔祭，再加上同獻的素祭及奠祭，以及一隻公山羊作為贖罪祭。這些都是在常獻的燔祭以外再加上去的。因此，在這日獻的燔祭及同獻之祭比平日為多，但贖罪祭牲仍只是一隻公山羊。這日子所記念的，當然就是上帝的賜予，以致以色列人可以豐豐富富地收割地的出產。

■ 下半年的日期（二十九 1 ～ 38）

到了下半年，所有重要的日期都集中在七月。第一個日期就是七月一日，是吹角日（1～6節）。嚴格來說，經文沒有說明這是吹「角」，但猶太傳統指出這日是吹角。至於十章1至10節提及的吹號所採用的樂器與吹角的不同。同樣，經文也沒有提及吹角的目的，可能是用來預告接著來的節期，提醒以色列人要到聖所守節。猶太人的宗教年曆將這日看為新年。這日也是一個宣告為聖的日子，因此不可作任何勞碌的工作。在這日獻上的祭物是一頭公牛犢、一隻公綿羊及 7 隻一歲的公羊羔作燔祭，再加上同獻的素祭及奠祭，及一隻公山羊作為贖罪祭。經文清楚指出這些都是在常獻的和月朔的燔祭，以及同獻的素獻及奠祭以外加上的。因此，在這日獻的燔祭及同獻之祭比平日為多，但贖罪祭牲則仍只是一隻公山羊。

第二個日期就是贖罪日（7～11節）。民數記沒有說明這日是甚麼日子，但其他書卷則指出這是贖罪日（參利二十三27）。須留意這日並不是一個「節期」，所以以色列不必到聖所去守節。除此以外，有 3 處值得留意的地方。第一、人在這日要「**刻苦己心**」。「**刻苦己心**」字面意思是「苦待自己的喉嚨」，多被視為「禁食」（參賽五十八3、5）。不過，詩篇三十五篇13節的用語似是指出還有別的方法去「**刻苦己心**」（參但十3）。第二、這日是神聖的日子，人在這日不可作任何工作。如上文所言，這比不可作任何「**勞碌的工**」的要求還要高（二十八26），等同於安息日的要求（參利二十三3）。第三、除了作為燔祭要獻上一頭公牛犢、一隻公綿羊及 7 隻一歲的公羊羔，作為贖罪祭獻上一隻公山羊外，經文特別註明這隻獻為贖罪祭（*ḥaṭṭāʾṯ*）的公山羊，是有別於在贖罪日當日為全以色列人贖罪所獻上的公山羊（*ḥaṭṭaʾṯ hakkippūrîm*）的，免得有人誤會不必再額外獻上贖罪祭。而且，處理這兩個不同贖罪祭的手法亦有所不同，前者是獻在燔祭壇上，而後者的血則會帶進聖所中處理（參利十六15～19）。

第三個日期是由七月十五日起連續 7 日的節期（12～34節）。這個節期又被稱為「住棚節」（利二十三34；申十六13）或「收藏節」（出二十三16，三十四22）。這是一個為期 7 日的節期，因此以色列人要到聖所去守節。第一日（七月十五日）是個神聖的日子，以色列人不能作任何勞碌的工。接著列出每日所獻的祭牲的類別及數目。第一日所獻的是 13 頭公牛犢、兩隻公綿羊及 14 隻公羊羔作為燔祭，加上同獻的素祭及奠祭，並一隻公山羊作為贖罪祭。接著，每日所獻的公牛犢數目遞減一頭，其他則不變。所以，到了第七日，所獻的是 7 頭公牛犢、兩隻公綿羊及 14 隻公羊羔作為燔祭，加上同獻的素祭及奠祭，並一隻公山羊作為贖罪祭。以 13 頭公牛犢開始的目的，可能是使最後一日獻上的是 7 頭公牛犢及公牛犢的總數成為 70 頭。經文 7 次重複說明所獻的都是額外加在常獻的燔祭及同獻的素祭及奠祭之上的。這 7 日中所獻的祭牲的數量之多，遠超過其他節期，正好顯示出**這個日子的重要性**。這可能是因為這個節期處於農耕期末，以致以色列人可以見證上帝豐富的賜予。

先知撒迦利亞甚至宣告將來列國會上耶路撒冷守住棚節（參亞十四16）。

由於「嚴肅會」是在節期之後舉行，所以有學者認為這詞的意思是指莊嚴的結束聚會。「七十士譯本」的翻譯也就是這個意思。

緊接於 7 日的住棚節的節期是第八日，即七月二十二日（35～38節）。這日似不屬於住棚節。在這日有「**嚴肅會**」（*ʿăṣereṯ*），這字的字根動詞（*ʿāṣar*）有「阻擋、阻止、抑制」的意思（參創二十18；申十一17）。所以，「**嚴肅會**」是指將人召來，並限制他們要在會幕中舉行聚會，目的可能是敬拜耶和華（參賽一13；珥一14；摩五21）。當年耶戶設計滅巴力的方法，就是藉著宣告嚴肅會，引使敬拜巴力的人來到巴力廟中聚會，然後殺死他們（參王下十20～28）。以色列人在這日不能作「**勞碌的工**」，很可能表示這日同時是一個神聖的日子（參利二十三36）。這日所獻之物是一頭公牛犢、一隻公綿羊及 7 隻公羊羔作為燔祭，再加上同獻的素祭及奠祭，並一隻公山羊作為贖罪祭。所以，獻上的與吹角日（七月一日）及贖罪日（七月十日）相同。經文亦再一次指出這些都是在常獻以外加上去的。

13.4.1.6. 結語（二十九39～40）

這個結語分為兩部分。第一部分（39節）仍屬於耶和華對摩西的吩咐，說明上述所提及在各指定日期所獻上的，都是在以色列人為許願或甘心獻上的祭以外的，無論這些祭是燔祭、素祭、奠祭或平安祭。所以，上述所提及的都是公開及集體獻的祭，有別於個人為著他個人因素而自願獻上的祭。第二部分（40節）則不屬於耶和華的講話，而是敘事者指出摩西按耶和華所吩咐的去行，並以此結束這個部分的內容。

右表將上述指定的日子（月／日），與所獻的燔祭與贖罪祭列出來（沒有包括同獻的素祭及奠祭）：

		燔祭			贖罪祭
指定的日子	月/日	公牛犢	公綿羊	公羊羔	公山羊
每日				2	
安息日				2	
月朔		2	1	7	1
逾越節	1/14				
無酵節（每日所獻）	1/15~21	2	1	7	1
初熟節		2	1	7	1
吹角日	7/1	1	1	7	1
贖罪日	7/10	1	1	7	1
住棚節　第 1 日	7/15	13	2	14	1
第 2 日	7/16	12	2	14	1
第 3 日	7/17	11	2	14	1
第 4 日	7/18	10	2	14	1
第 5 日	7/19	9	2	14	1
第 6 日	7/20	8	2	14	1
第 7 日	7/21	7	2	14	1
第 8 日	7/22	1	1	7	1

現將上述兩章的內容作綜合性的觀察。第一、上述提及的節期與創世記第一及二章部分內容有關。每日在早上及黃昏的獻祭，與第一日創造世界時定下了時間的秩序，分開日與夜有關（創一4～5）；安息日的獻祭與 6 日工作及第七日的安息有關（創二3）；每月及其他節期的獻祭則與月分及年內的節期有關（創一14～15）。

第二、這兩章提及的一些日期都沒有指出它們的名稱或一些與這些日期有關的特別內容。例如沒有說明七月十日是贖罪日，又沒有提及住棚節 7 日節期中以色列人要住在帳棚裏。不過，卻用了不少篇幅說明所獻之物的數量及種類。所以，經文所強調的，是這些指定的日期的時間性及在該日應當獻上的祭物，而不是這些日子的神學意義或歷史背景。

第三、有幾點關於獻祭的內容值得留意。首先，這裏關注的是公眾要在指定的日子及節期公開所獻的祭，並不是各種個人原因（如還願或甘心）而自願獻上的祭。因此，所需用的祭牲及同獻的素祭及奠祭應由百姓負責獻上。其次，所有獻上的牲畜都是雄性，包括作為燔祭之用的牛犢、綿羊及羊羔，以及作為贖罪祭之用的山羊。再者，這裏所指的獻祭次序是規範性的而不是描述性的。若在常獻的祭以外仍要獻祭，則必須留意獻祭的次序。最後，經文多次強調所指定的獻祭是累積性的。例如：除每日需要獻上的祭以外，若是安息日的話，就要再獻上安息日所指定的祭。若當天正是一個節期，則再獻上這節期需要的祭。

第四、「七」這個數字在這段經文有重要位置，包括：特別提及的節期有 7 個，其中最長的兩個節期（無酵節及住棚節）都是為期 7 日，以及所獻上的牲畜的數目絕大部分都是 7 的倍數。

信仰反省

上文曾提及這兩章經文的一個特別的地方，是詳細列出在指定的日期所要獻上的祭物。在此，首先要留意的是，這是上帝定下的指示。這表示人不但要在上帝指定的日子獻祭，也要照祂的意思獻上指定的祭品。如此，人才可以維持與上帝的相交。人要與上帝交往，就要依從上帝定下的規則，而不是按著自己的喜好，去選擇與上帝相交的方式及途徑。

不但如此，人亦要為此付出代價。在所有指定的日子所獻上的祭品是累積增加的。若按上述所有指定的日子計算，全年共獻上 113 頭公牛犢、37 隻公綿羊及 1,093 隻公羊羔作為燔祭，此外也包括同獻的素祭及奠祭，以及作為贖罪祭的公山羊及個人所獻的祭品。對全體以色列人來說，這個總數可能不算為多。但也許重點不在多或少，而是人要恆常去付出，為的是可以持續地與上帝相交。然而，當上帝作出這個吩咐時，同時也應許以色列人在畜牧及土產方面都有好的收成。在獻祭以先，上帝會為信靠祂的人預備祭品，以致他們有能力獻上這些原本是祂所賜給他們的祭品，好使他們能與祂相交。所以，獻祭的重點並不在於上帝需要人獻上這些祭品，而是人需要恆常地透過這些行動來提醒自己與上帝的關係。

其次，每日常獻之祭只有燔祭（及同獻的素祭及奠祭），強調每日都需要不為甚麼而完全地將禮物獻予耶和華。同樣，值得留意的是在安息日獻上的也是只有燔祭。這可能因為在安息日所獻上的，是記念上帝創造世界的喜樂而獻上的禮物，而不是為著人的罪行而獻祭贖罪。到了後期，在猶太人的會堂中，安息日的祈禱也是著重敬拜，而不是請求赦免。這些經文一方面提醒人恆常地在每日、每週及每月朔去敬拜上帝，另一方面則提醒信眾，應帶著甚麼來獻呈予上帝。

最後，在所指定的日子當中，有些清楚說明是神聖的日子，人要放下所有（勞碌的）工作，其中竟然包括初熟節，那正是收割小麥的日子。所以，縱然是忙碌，人也需要按指示停止工作，記念上帝的供應。有些指定的日子是節期，表示人要去到聖所敬拜上帝，一同經驗羣體的敬拜，而不是停留在個人的信仰經驗中。這些指定的日子，正是上帝提供機會予人去重新釐定他們人生的優先次序，重整個人的委身，以及重新進入聖經所記載的歷史事件去重尋人生意義的日子。另一方面，按著上帝所定下的日期獻祭敬拜，表示人願意將上帝所定下的時間秩序，成為自己的生活節奏，參與在上帝的創造中。

13.4.2. 私人在任何時候的許願（三十1～16）

上文指出公眾在指定日期的獻祭，是在個人因許願或甘心所獻的以外必須加上的。這章則稍微承接上文的討論，處理個人許願的規定，這是在任何時候都可以實行的。而且，還願多以獻祭的形式出現，因此，這也是一個與上文相關的地方。這段經文可以分為 4 部分：

1. 引言（1節）
2. 男子對自己許願的責任（2節）
3. 男子對女子許願的責任（3～15節）
4. 結語（16節）

從以上的分段可發現經文用了較長的篇幅討論男子對與他有關的女子許願的責任。現按以上分段析讀內容如下。

13.4.2.1. 引言（三十1）

這段經文以摩西作出吩咐開始。這引言有兩處特別的地方。第一、通常經文先記載耶和華吩咐摩西的內容，然後記載摩西按耶和華的吩咐去行。但這次卻以摩西吩咐為開始。這個改變的原因並不清楚。第二、這次摩西講話的對象是「**以色列各支派的首領**」，而不是慣常用的（全）以色列人。原因可能是這裏關注的與個人及家庭有關（參二十七2；三十六1～4）。

摩西所吩咐的內容以「**耶和華所吩咐的乃是這樣**」作為開始。在民數記，這短語只另外出現在有關西羅非哈的女兒承繼產業的問題（三十六6；「和合本」譯為「**耶和華這樣吩咐說**」）。同樣地經文沒有先記載耶和華對摩西的講話內容，而只有摩西轉述上帝的話。

13.4.2.2. 男子對自己許願的責任（三十2）

經文先討論男子的許願。這可分為兩種類別的願，分別是「**許願**」及「**起誓，要約束自己**」。「**許願**」是一個有條件性的承諾，而這條件多是要求上帝去成就的，而承諾的對象基本上只有上帝。例如以色列人曾提出許願的條件是「耶和華將敵人交在他們手中」（二十一2），而他們則向耶和華承諾「將敵人的城邑完全毀滅」。所以，許願的人在許願之時不需要有任何行動，只是當上帝成就這條件後，人才要執行所承諾的事情。很多時還願是以獻祭的方式出現（參利七16；民十五3；申十二6）。「**起誓**」與「**許願**」不相同。一般而言，所起的誓言可以分為兩類。第一類是宣稱性的，如起誓宣稱自己沒有奪取別人的物件（參利六1～5）。第二類是承諾性的，就是起誓者應允做某些事情（參王上一13）。這兩類誓言都不涉及任何條件。此外，誓言基本上都以耶和華的名而起（參王上一17）。所以，違背誓言就被視為濫用耶和華的名，對上帝不敬。這裏的「**起誓，要約束自己**」就是指起誓者承諾要約束自己或克制自己不去做某些事情。

當一個男子許了願或起過誓後，他「**就不可食言**」。這詞原本的意思是他不可以「褻瀆自己的話語」。因為無論是許願或起誓，都與上帝有關，故成為聖的。褻瀆自己話語的意思，就是把原來是神聖的話語轉為不神聖，把自己的話語變為普通及凡俗，沒有按所說過的而行。經文接續指出他「**必要按口中所出的一切話行**」。「**口中所出的一切話**」這短語特別用來指許願或起誓的話。

總的來說，男子在任何情況下必須遵守自己所許的願及起的誓，不得食言。相對而言，女子的情況就比較複雜，需要仔細分析處理。

13.4.2.3. 男人對女子許願的責任（三十3～15）

在以色列社會中，女子基本上是處於男子的權威之下。在結婚前，這擁有權威的男子是她的父親，而結婚後則是她的丈夫。因此，女子許願或起誓就牽涉那男子，因而產生了較為複雜的情況。這段經文可以細分如下：

1. 出嫁前（3～5節）
   甲、女子的情況（3節）
   乙、所許之願有效（4節）
   丙、所許之願無效及後果（5節）
2. 出嫁後（6～15節）
   甲、出嫁前曾許願：丈夫仍在（6～8節）
      i. 女子的情況（6節）
      ii. 所許之願有效（7節）
      iii. 所許之願無效及後果（8節）
   乙、出嫁後才許願：沒有丈夫（9節）
   丙、出嫁後才許願：丈夫仍在（10～12節）
      i. 女子的情況（10節）
      ii. 所許之願有效（11節）
      iii. 所許之願無效及後果（12節）
   丁、丈夫的責任（13～15節）
      i. 丈夫可決定有效或無效（13節）
      ii. 丈夫當時沉默表示同意（14節）
      iii. 丈夫事後反對則要擔罪（15節）

按上文分段大綱，可見有關女子的其中 3 個討論，都出現以下元素：女子的情況（3、6、10節）；所許之願有效的條件（4、7、11節）；所許之願無效的條件及後果（5、8、12節）。值得留意的是無論是有效或無效，當中都涉及時間性的問題。現按以上分段方式討論各個情況。

■ 出嫁前（三十3～5）

第一個情況關注到一個女子在出嫁前仍在父家時許願的情況（3～5節），這是指當她仍是「**年幼**」，約為 12 歲或以上時。經文假設這個女子是年長到一個地步，已明白甚麼是許願或起誓，亦知道自己有責任去履行承諾。不過，由於這個女子仍是在她父親的權威之下，所以，父親對她履行所許的願或起的誓是有決定權的。這是一個用來維持及強化家庭秩序的指示。這決定權有兩種可能情況。第一、當她父親「**聽見**」她所說之後，就「**向她默默不言**」。這「**向她默默不言**」原文意思為「向她保持緘默」。在這個情況下，她許的願就算為有效，她約束自己的話語也同樣有效。❸ 所以，這裏反映出一個原則，就是「緘默等於同意」。由於當時作為女兒的不大可能擁有太多的私人物資，所以父親的同意就表示願意承擔女兒可能因為需要還願而要獻上的祭牲或其他責任。第二個可能情況是她父親在「**聽見的日子**」並「**不應承**」她。「**不應承**」是不准許或反對的意思。不過，這裏指出她父親須在知道的那天表示反對。而父親的不准許就表示他拒絕承擔她許願或起誓後要付上的責任。所以，她的許願或起誓就不會有效，而她也不必去還願或按誓而行。在這個情況下，雖然這女子沒有按願而行，但其後果是上帝會「**赦免**」她，因為她的父親反對她這樣許願或起誓。

「聽見」的意思不一定是指親耳聽見所說的話，也可泛指「知道」。

■ 出嫁後（三十6～15）

接著是討論一個女子出嫁後的不同情況（6～15節）。首先，當一個女子曾在父親家中許願，而當她嫁人後她許的願還沒有成就（即她仍然「**有願在身**」），那麼，她的丈夫處理這事的原則與她未嫁時，她父親處理的相同（6～8節）。若當她的丈夫知道她許的願又或她是說了「**約束自己的冒失話**」

「冒失話」是指那些未經考慮清楚，或不經意講出來的話語（參利五4；箴十二18）。

之時，他保持緘默，則她所許的願或約束自己的話就仍會有效。這裏所指冒失的話並不一定是她性格上的過失，亦可以指她沒有仔細想過，由未嫁到嫁出後身分的改變與她所起的願的關係。縱然如此，那女子仍然要為此負責。不過，如上文所言，她的丈夫很可能需要為她所許而仍未成就的願負上代價及責任。不過，若她的丈夫在知道她許的願的那天作出反對，她的丈夫就是「**廢了**」她所許的願或所說約束自己的話。「**廢了**」一詞多用來指違約的行為（參利二十六15；申三十一16；賽二十四5），這裏是指使她許的願或冒失約束自己的話變為無效。而耶和華也會因此而赦免她。這段經文指出縱然這女子出嫁前所許的願得到父親的認同，但若出嫁後這願還未成就，她的丈夫便有權將之廢去。同樣地，這個處理方法可以維持及強化新的家庭秩序。

其次是討論一個已出嫁的女子許願，但她卻已沒有丈夫（9節）。沒有丈夫是指這女子是個寡婦或是被休。一般而言，寡婦或被休婦人可能會回到父親家中或是依靠兒子過活（參創三十八11；利二十二13）。不過，她們都不再被視為處於其他男子（即使她的父親仍在）的權威之下。所以，她們許的願或是約束自己的話都由她們自己承擔，這表示許的願對她們是有效的。這個情況，就如一個男子要承擔自己許的願般。所以，若果一個女子出嫁後許願，而這願在丈夫離世後才成就，那麼作為寡婦的她仍要還願，她可能需要其他人幫忙才能夠還願。

最後是討論一個女子出嫁後，在她丈夫健在時許了願的情況（10～12節）。在這情況下，她許的願或起的誓的有效性，會受丈夫的決定影響。這裏採用處理的原則與上述情況相同。若丈夫知道而保持緘默，則她的願或誓言就有效；若在他知道的那天表示不同意，則她的願或誓言就無效，耶和華亦因此赦免她。這裏的重點是指出縱然這女子不是在年幼時起願，但當她仍在夫家，她的丈夫就有權決定她的願是否有效。

這段落最後討論的是丈夫的責任（13～15節）。經文首先指出丈夫可以確立或廢去妻子所許的願或是「**刻苦約束自己所起的誓**」，這表明丈夫有權力及責任去處理妻子許的願或起的誓。這裏提及「**刻苦……自己**」，所用的詞與二十九章7節「**刻苦己心**」相同。這裏可理解為禁食或是禁慾，若是指後者，則明顯對丈夫有影響。接著經文就用扇形結構帶出丈夫在指定時間內保持沉默與堅定妻子之許願的關係（依原文修改「和合本」）：

A　倘若她丈夫向她保持沉默「天天」，

　B　他就是堅定她所有的願或所有約束自己的話；

　B'　他堅定它們，

A'　因為他向她保持沉默在他聽見的日子。

這結構呈現的對比中，「和合本」的「**天天**」就是對應「在他聽見的日子」。所以，「**天天**」所指的並不是真的指「每一天」，而是指「當天」。因此，若丈夫在知道妻子許願或起誓那一天保持緘默的話，這就算為是他堅定她的願或誓言。這個理解也符合這段經文提及無論是保持緘默或是廢去女子所起的願，都是在「**聽見的日子**」，亦即指知道事情那一日的。最後，若丈夫在知道妻子許願或起誓**那日以後**才廢去這願或誓言，則他就要擔當妻子的刑罰了。這是因為既然丈夫沒有在聽見那日廢去這願，他便算是使這願為有效。若後來再廢去這願，他就是使妻子違願。而違願帶來的刑罰就必須由丈夫承擔了。

原文只有「聽見以後」（參「和合本」），而沒有「日子」一詞。若參考5、7、8、12、14節，則應包含「聽見的那日」的意思。

13.4.2.4. 結語（三十16）

這個結語說明了這段經文的重點。經文指出上述內容是耶和華吩咐摩西的律例，這律例是關於「丈夫與妻子」及「父親與年幼在父家的女兒」的。所以，雖然經文用了很長的篇幅提及女子不同類別許願的情況，但重點都是指這些女子許的願與她們所從屬的男子之間的關係。經文強調的是男子的責任，而不是女子許願的情況。

若果第二十八至二十九章的重點是指出以色列人整體恆常地在指定的時日中，須對上帝負責任地獻上祭品，則第三十章指出以色列人個人在不限定的時間中，也須對上帝負責任地遵守所許的願，以及遵守起的誓言的內容。

信仰反省

很多時候當人向上帝許願時，都是在一個緊急的情況中。當人講出一個有條件的承諾時，他們很可能已經計算過，認為上帝為他們所作的是超過他們所承諾要付出的。人可能會說「假若上帝醫好我妻子或丈夫，我就終身事奉上帝」，或會說「假若上帝幫我準時完成工作，明日我就返教會」。人所承諾去作的，與要求上帝去作的是成正比的。不過，無論如何，他們都認為這是一個「有賺頭」的交易。現在人可能甚少向上帝作一個沒有條件性的許諾。這些都反映著人不停地計算著自己的利益。人甚至會認為自己所承諾為上帝作的事，是便宜了上帝的，是幫了祂一把。人忘記了人可以許願都是出於上帝的恩典，人可以回報也是因為上帝預先賜予。

縱然經過計算，人也不是那麼輕易就信守諾言。這段經文清楚指出，許願或起誓是一件不容人輕忽處理的事情。無論男女，都必須尊重他們許的願及起的誓，特別是向上帝的。在現今社會，人會尊重合約精神，甚至口頭承諾也有法律效用。當人違反合約，他就要承擔違約帶來的後果。這對人有警惕的作用。不過，人對自己曾向上帝的許諾卻沒有那麼看重。所有基督徒都曾許諾立志跟隨耶穌，以祂為他們生命的主。不過，當中不少人對這個承諾都比不上他們對所簽下的合約那般看重。人會認為違反對上帝的承諾不會帶來即時的損失，而且，只要認罪就能得到上帝的赦免。這正好反映人看重人多過看重上帝。這段經文卻提醒信徒應該看重他們對上帝的承諾，即使是冒失的話也不能隨便違反。而且，人應當知道，若人違背向上帝所許的願或誓言，就必定會有人為此承擔後果。這個人可能不是當事人自己，而是周遭的人，甚至是上帝自己。

人除了需要留意向上帝的許願是一件嚴肅的事情，亦應考慮這個願對家庭或四圍的人的影響。人應該思想自己所許的願，有否對家庭其他成員造成不必要，甚至是無謂的壓力、經濟的損失或情緒的困擾。即使一個人願意奉獻讀神學作傳道，他們亦要考慮家庭中其他的成員，尤其是自己配偶的看法，畢竟奉獻是整個家庭的事。也許人應該為著別人的景況而甘心放下自己許的願或誓言。與此同時，也必須留意的是，若人有權否定或確認家中其他成員的許願，他們也要謹慎，不可反覆行事，要經常在自己的利益，以及別人的許願中作出平衡，並且作出任何決定之前，應當審慎的考慮。

溫習及思考問題（13.3～13.4）在頁 348。

溫習及思考問題（13.1～13.2）

1. 第二次數點民數是在甚麼時候發生的？為何要再數點民數？這對於以色列人有何意義？
2. 民數記第一次及第二次數點民數的數字上產生差距，要帶出甚麼意義（二十六4下～51）？如何看見上帝仍在他們當中？
3. 在記載第二次數點人數的結果中，記錄了 3 件過去發生的事情（二十六9～11、19、61）。為何作者要記下這些事情？從中我們對上帝可有甚麼認識？
4. 西羅非哈的女兒向摩西有何請求？她們的要求如何反映她們一方面尊重傳統，另一方面又挑戰傳統？為何挑戰傳統的時候，同樣可以堅持傳統所強調的價值觀？
5. 耶和華如何回應西羅非哈女兒的要求？祂的回應反映出祂是一個怎樣的上帝？

溫習及思考問題（13.3～13.4）

1. 摩西知道自己的死訊後，他有甚麼回應？從他的回應中，你可看得出他的價值觀？
2. 摩西是一個怎麼樣的領袖？他期望他的承繼者是一個怎麼樣的領袖？
3. 每日、每月及每年所獻的祭與創世記一、二章有何關連？獻祭與上帝的創造的關係為何？
4. 謹守節期有何重要之處？節期如何幫助我們重整人生的優先次序？羣體的敬拜與個人的敬拜有甚麼分別？
5. 上帝如此鄭重吩咐人獻祭的原因是甚麼？這如何影響我們今天奉獻的態度？
6. 試仔細閱讀三十章1至16節。男人若食言將會遭遇甚麼結果？這與女人還願的情況有何不同？從女人還願的規條中，究竟它是保護抑或貶壓女性？
7. 你認為上帝定下許願與還願的規例，其背後意義何在？上帝所在乎的是人所還的願抑或其他？

釋經短註

❶ 第二十六章亦可用扇形結構表達出來：

A 瘟疫（1節上）
 B 摩西及以利亞撒在摩押平原宣告（1下～3節）
  C 摩西及以利亞撒執行數點（4節上）
   D 數點人數的結果（4下～62節）
  C' 摩西及以利亞撒完成數點（63節上）
 B' 摩西及以利亞撒在摩押平原數點（63節下）
A' 第一代人（除了迦勒及約書亞）完全死亡（64～65節）

❷ 有學者認為西羅非哈「在自己罪中死」（二十七3）與他沒有兒子相關。意思是「他是在自己罪中死的，以致沒有兒子」。在舊約時代，這樣的理念雖然存在（參撒下十二13～14；王上十七18），但難以確定這裏也帶著這個意思。

❸ 三十章4節的「為定」一詞原文字根（*qûm*）最通常的意思是「起來、站立」。這裏引申為「有效」。這詞原文共出現兩次，以扇形結構表達如下：

A 為有效
 B 她所有的願，
 B' 她所有約束自己的話
A' 為有效

這結構也可見於第7及11節。

第十四章
第二代人的勝利及得地（三十一1～三十二42）

- 戰勝米甸人
- 在河東得地

自第二十六章開始描述第二代以色列人的興起，取代第一代以色列人後，第三十一至三十二章才首次記載，亦是最後描述第二代以色列人的事迹，所以這兩章經文是惟一記載第二代以色列人行事的經文。它可分為兩大部分：

1. 戰勝米甸人（三十一1～54）
2. 在河東得地（三十二1～42）

雖然這兩部分內容描述第二代以色列人的事迹，但這些事情卻與以色列人早前的經歷有關。第二十一章21至35節記載以色列人擊敗河東之地的亞摩利王西宏及巴珊王噩，以及第二十五章則記載以色列人在什亭被上帝擊打。第三十一章則先回應二十五章的內容，三十二章則回應二十一章的內容。所以，這 4 章經文形成一個簡單的扇形結構：

A　戰勝河東的亞摩利王及巴珊王（二十一21～35）
　B　什亭事件中被米甸人所害（二十五1～18）
　B'　攻擊米甸人作為報復（三十一1～54）
A'　暫得亞摩利王及巴珊王之地土（三十二1～42）

這樣編排指出第二代人與第一代人既有連貫之處，亦有不同之處，其重點在於指出第二代以色列人是有希望的。

14.1. 戰勝米甸人（三十一1～54）

在第二十五章記載的毗珥事件中，上帝吩咐以色列人要擾害及擊殺米甸人，報復他們用詭計誘惑以色列人（16～18節）。三十一章承接二十五章的內容，記載第二代的以色列人如何遵照上帝的吩咐而行，以致他們能夠得勝。經文用了較長的篇幅記載以色列人在戰勝後要處理的事情，其中包括如何保持潔淨及分配戰利品。

分段大綱（三十一1～54）

1. 攻擊米甸人（1～12節）
   甲、上帝吩咐摩西（1～2節）
   乙、摩西執行吩咐（3～6節）
   丙、報告戰爭結果（7～12節）
2. 營地的潔淨（13～24節）
   甲、摩西對軍長的吩咐（13～20節）
   乙、以利亞撒對兵丁的吩咐（21～24節）
3. 分配戰利品（25～54節）
   甲、按耶和華吩咐分配戰利品（25～47節）
   乙、軍長自願獻禮物予耶和華（48～54節）

14.1.1. 攻擊米甸人（三十一1～12）

這段經文以耶和華吩咐摩西差派人攻擊米甸人作為開始，以戰勝後將戰利品帶回安營之處作為結束。經文可以分為以下 3 段。

1. 上帝吩咐摩西（1～2節）
2. 摩西執行吩咐（3～6節）
3. 報告戰爭結果（7～12節）

14.1.1.1. 上帝吩咐摩西（三十一1～2）

上帝吩咐摩西的講話，可以分為兩個部分。在第一個部分中，上帝吩咐摩西「**要在米甸人身上報以色列人的仇**」，意思是指摩西要為以色列人在米甸人身上施行報應。這裏沒有提及施行報應的原因，這應是指在毗珥事件中，米甸人「**用詭計擾害**」了以色列人（二十五18）。這章經文餘下的內容，便與這部分所提的有關。

在第二部分中，上帝指出在上述事件後，摩西就要「**歸到你【即摩西】列祖**」（即「歸到他本民處」；參 10.4 二十章24節的解釋）。所以，按民數記的記載，與米甸人的爭戰就是摩西離世前最後參與的一場戰事。

14.1.1.2. 摩西執行吩咐（三十一3～6）

摩西便按耶和華所吩咐的去行。他先吩咐以色列要從他們中間「**叫人帶兵器出去**」打仗，然後才指出是「**攻擊米甸**」，最後再說明這個行動目的是「**在米甸人身上為耶和華報仇**」，這一句原文意思是指「將耶和華施行的報應加在米甸人身上」（3節）。這行動回應米甸人之前引誘以色列人敬拜別神，以致他們對耶和華產生不敬。這次打仗是在數點第二代以色列人的人數後的第一次行動，也是民數記所記載的最後一次戰爭。這場戰爭並不只是以色列人自己去攻擊米甸人，更是上帝要藉以色列人所行的一場戰爭。接著，摩西就說明為這次戰事所派出去的人數，就是從每個支派差出 1,000 人去打仗（4節），當中自然不包括利未支派。這個做法是強調每個支派都同樣地參與在這次的行動中。

「交出」（māsar）原文的意思是「數點、召集」，在這裏是被動詞，所以可理解為「被數點、被召集」。

「帶著兵器」與摩西吩咐中「帶兵器」原文都是出於同一個動詞（ḥālaṣ）。

以色列人便按著摩西的吩咐，每支派「**交出**」一千人，亦即從每支派中召集一千人。所以，總數有 12,000 人，都是如摩西所吩咐「**帶著兵器**」作打仗的。透過相同用字，經文清楚指出以色列人完全遵從摩西的吩咐。這樣正面地描繪第二代人的行為，與第一代人的叛逆形成明顯對比。在民數記多個出現的數字中，若相比於以色列人中被數點可以出去打仗的有超過 60 萬人，這 12,000 人只是一個很小的數目呢！只派出這樣「小」的人數出戰，對以色列人來說是考驗他們是否相信上帝的機會。

摩西最後的預備就是打發祭司以利亞撒的兒子非尼哈同去（6節下）。摩西早前指出在第二代以色列人的領袖中，負責指導以色列人軍事活動的是祭司以利亞撒而不是約書亞（二十七21）。這裏摩西差祭司非尼哈出去可以說是一個過渡的做法。差派非尼哈而不是以利亞撒同去很可能是避免大祭司因為接觸屍體而引致不潔，這就正如以利亞撒曾代替亞倫預備製造紅母牛灰一樣（參十九3）。此外，非尼哈在毗珥事件所擔任的主要角色及參與這次戰爭，都表示他是對抗巴蘭攻擊的最佳人選。當非尼哈與兵士同去時，他手中拿著「**聖**

所的器皿和吹大聲的號筒」（三十一6）。學者對「**聖所的器皿**」有不同的理解，其中有指是烏陵和土明、約櫃、大祭司穿著的聖衣，或其實只是指號筒。雖然大祭司可以用烏陵和土明來決定軍隊的調動（參二十七21），但這些物件屬大祭司所有，故不大可能由非尼哈帶著。若單指約櫃也不完全正確，因為「**聖所的器皿**」是以眾數表達的。所以，較可能是指約櫃再加上遮蓋約櫃的物料，免得約櫃被人直接觀看。同時，非尼哈也不大可能將這些物件帶到前線，免得被人接觸。帶著約櫃上戰場可能表示上帝的同在及參與在戰爭中（參十35～36）。至於號筒的功用，可參十章1至10節的解釋（參 3.5.2）。摩西這個特別的預備，正好指出這場戰爭不單有全以色列人參與其中（包括十二支派及利未支派），更強調耶和華透過祭司及約櫃的同在，也參與這場戰爭中。

14.1.1.3. 報告戰爭結果（三十一7～12）

預備過後，經文清楚指出以色列人按耶和華所吩咐摩西的去行，與米甸人打仗。整個戰爭報告可以仔細分為 4 段如下：

1. 所殺死之人物（7下～8節）
2. 所擄掠之物件（9節）
3. 所燒毀的住處（10節）
4. 歸回安營之處（11～12節）

以色列的戰士殺死了所有米甸人的男丁。雖然用「**所有**」這詞，但這應是指以色列人殺死所有他們見到的米甸人男丁，因為這次爭戰之後米甸人仍然存在，並繼續攻擊以色列人（參士六～八章）。故這些被殺的米甸人很可能是住在摩押區域內的。接著，經文具體列出所殺的人中的 5 個米甸王的名字（參書十三21），其中包括當日毗珥事件中米甸女子哥斯比的父親蘇珥。經文又特別說明比珥的兒子巴蘭也被殺死。這裏突然提及巴蘭之死有點奇怪，因為第二十四章25節指出巴蘭在祝福以色列人後便起程回家。雖然經文沒有即時交代殺死巴蘭的原因，但二十四章16節則透過摩西說明出來。

接著便提到以色列戰士所擄掠的，可分為 3 類（9節）。第一是米甸女子及孩子。第二是「**牲畜**」及「**羊羣**」，原文的意思分別是「走獸」及「牲畜」。前者所指的應是驢，後者則是指羊羣及牛羣。第三是「**所有的財物**」，包括衣服及各樣器皿。

以色列戰士用火燒毀米甸人兩類的住處（10節）。第一類是城市。經文特別註明這些城市是在「他們所住的地方」之上的（參「新譯本」，「和合本」的翻譯沒有表達這個意思）。這個註明可能是表示這些米甸人剛從遊牧生活模式轉變為定居生活模式。第二類住處是「**營寨**」，意思是指由石牆保護的營地，作為暫時居住之用的。所以，經文指出以色列人將米甸人的定居及暫居之處都燒毀了。

最後，以色列戰士將能夠作為擄物的，包括人及動物，都帶回摩西、祭司以利亞撒及全會眾安營那裏，就是位於耶利哥對面的摩押平原。從戰爭開始到結束，經文只用了 6 節作記載，而戰爭的過程只用了兩節經文（7～8節）作非常簡單的描述。如上文所言，這正表示經文的重點並不在於戰事本身，只是在其後的處理。

14.1.2. 營地的潔淨（三十一13～24）

當戰士帶回擄掠之物回來後，摩西及以利亞撒最關心的就是潔淨的問題。地位較高的摩西吩咐地位較高的軍長，而地位較摩西為低的以利亞撒就吩咐地位較軍長為低的兵士。雖然摩西及以利亞撒都同樣關注到人及物件的問題，但重點略有不同。摩西主要關注的是人，包括擄掠回來的是甚麼人，以及戰士本身的潔淨問題，而以利亞撒主要關注的則是擄回來的物件的潔淨問題。從這個角度出發，這段經文的結構可用以下扇形方式表達：

1.　摩西對軍長的吩咐（13～20節）

A　對人的關注（13～19節）

　B　對物的關注（20節）

2.　以利亞撒對兵丁的吩咐（21～24節）

　B'　對物的關注（21～23節）

A'　對人的關注（24節）

14.1.2.1. 摩西對軍長的吩咐（三十一13～20）

首先，摩西、以利亞撒及首領「**出到營外**」迎接回來的軍兵（13節）。經文強調的「**營外**」與接下來的內容有關。

在此摩西第一要關注的，就是擄掠回來的女子及孩子（14～18節）。打仗回來的有軍長，就是千夫長及百夫長。這暗示戰士中沒有一個最高的行軍領袖，這可能如上文所說，作為指令軍事的是祭司非尼哈（參第6節的討論）。摩西向這些軍長發怒，以提問方式指責他們容許米甸女子存活性命。然而，摩西的反應並不合符軍事指引（參申二十10～18）。這指引說明，若果與以色列爭戰的國家離以色列遠，則以色列人必須殺盡男丁，但可保留女人、孩子、牲畜及財物；若果這些國家是在迦南地之內的，則以色列人要將他們盡行毀滅。與米甸人爭戰屬於第一個情況，所以以色列人可把米甸女子、孩子、牲畜及財物看為掠物。摩西在這裏有這樣的反應，其原因是這些米甸的女子中，有部分人參與在毗珥事件中引誘以色列人，以致以色列人得罪耶和華，❶ 使耶和華的會眾遭遇瘟疫（參二十五1～18）。不過，這裏補充指出這些米甸女子的行動是出於「**巴蘭的計謀**」。這解釋了為何在第8節要特別提及殺死巴蘭。因著這個特殊情況，摩西以「如今」作開始（17節；「和合本」譯為「**所以**」），提出處理方法。以色列人要先殺死所有男孩，這目的應是避免將來米甸人報復。接著再殺死所有「**已嫁的女子**」（即所有「與男人發生過關係的婦人」；參「新譯本」），因為這些就是使以色列人犯罪的女子。最後是容許那些「**女孩子**」中沒有「與男人發生過關係」的存活。按一般做法，這些女孩子可以作為以色列人的妻子或婢女。

除了這些米甸女子外，摩西亦關注到其他回來的人——包括打仗回來的戰士及被擄的人——潔淨的情況（19節）。按照規定，凡因死屍不潔的人都不能進營（參五2）。所以，摩西吩咐回來的戰士及被擄者都要留在營外，因為他們可能曾經「**殺了人**」或「**摸了被殺的**」，所以應定為不潔。摩西又按律例吩咐這些人要在第三及七日進行潔淨之禮（參十九章）。待完成潔潔禮之後，他們才可進營，這解釋了為何他們要在營外 7 日。經文這裏的意思，應是認為被擄回來的外邦人也會因死屍而不潔，因此也不能在不潔淨的情況下進營。這看法也可從十九章10節得到證明。

最後，摩西也關注物件的潔淨（20節）。按十九章14至18節的律例，若有人死在帳棚內，所有在這帳棚中的物件，都會成為不潔（參利十一24、28、32～35、40）。所以，這些物件也需要潔淨。「**一切的衣服、皮物、山羊毛織的物，和各樣的木器**」可能是戰士所穿著的，或是被擄之物。但無論如何，這些物件都需要潔淨。❷ 其潔淨方法很可能是在其上灑上除污穢水（參民十九18～19）。

14.1.2.2. 以利亞撒對兵丁的吩咐（三十一21～24）

接著就是以利亞撒對兵丁的吩咐。如上所言，他先關注到物件的潔淨問題。「**律法中的條例**」（21節）這短句在聖經中另外一次出現是在十九章2節。所以，這裏的律例，明顯是與第十九章有關潔淨因死屍不潔的律例有關，甚至應視為那律例的補篇。值得留意的是，這些律例是耶和華已經吩咐過摩西的，然後在這裏由以利亞撒宣講出來。這表示這些律例並不是在這裏新添的，而是既有的。

這律例可以分為兩部分。第一部分是針對那些依著遞減貴重程度，由金、銀、銅、鐵、錫、鉛造成之物（22～23節上）。這些物件是可以「**經火**」的，意思是放在火中仍不會燒壞。這些物件若因為死屍而不潔，其潔淨方法是先經過火燒作首階段的潔淨，然後才在其上灑上除污穢水，作最後階段的潔淨（參十九18～19）。第二部分是針對那些不能放在火中之物（23節下）。若這些物件因死屍而不潔淨，則必須先用除污穢水潔淨，然後「**叫它過水**」，意思應是指在第七日放在水中清洗，作為最後階段的潔淨。❸ 相對而言，因接觸動物的屍體而不潔的物件（瓦器除外），只需放在水中，到了晚上就為潔淨（利十一32）。這表示因接觸人的屍體而帶來的不潔，比因接觸動物屍體而帶來的不潔為高，所以需要更複雜的潔淨程序。

接著，以利亞撒為人的潔淨作出最後的補充（24節上）。他指出人必須在第七日洗衣服，才算是完成最後潔淨的階段。這裏沒有特別提及洗澡，但這應是已假設的。經過以上這一切的潔淨禮儀後，以色列人才可（與他們擄掠回來的人及物）進到營裏（24節下）。

14.1.3. 分配戰利品（三十一25～54）

經過潔淨後，以色列人的戰士就可以帶著擄掠回來的人、牲畜及物件進到營去。這些擄來的人口及物件可以分為兩類，一類是要從其中抽取部分出來給予祭司和利未人。另一類是屬於戰士所有的。這段經文可以按著如何處理這兩類掠物分為以下兩部分：

1. 按耶和華吩咐分配戰利品（25～47節）
2. 軍長自願獻禮物予耶和華（48～54節）

14.1.3.1. 按耶和華吩咐分配戰利品（三十一25～47）

這段經文的內容是有關以色列人如何按耶和華所吩咐的，將戰利品分配予以色列中不同的羣體。這段經文清楚分為兩部分。第一部分是分配的原則（25～31節），而第二部分是執行這個分配原則的結果（32～47節）。這兩部分經文有很緊密的對應，現排列如後表所示。

從後表可見，作者刻意表達以色列人如何具體及仔細地執行上帝的吩咐，甚至3次記載他們「**照耶和華所吩咐摩西**」的遵行出來（E、E_1及E_2）。經文有較長的篇幅去記載分給戰士及從其中獻予耶和華之物的數目，而沒有列出給予利未人的人口及牲畜的數目。這可能反映作者重視耶和華為作奉獻的對象。

耶和華首先吩咐摩西、祭司以利亞撒及族長數點擄掠回來的人口及牲畜數目（A），接著說明要將之平均分配予「**打仗的精兵**」及全會眾（B）。這裏所指的「全會眾」應該不包括利未支派在內。平均分配的做法，也可見於大衛攻擊亞瑪力人後處理擄掠之物（參撒上三十23～25）。正如以色列人要將他們所有的，抽取部分出來給予祭司及利未人（參9.2），戰士及以色列全會眾也要從他

「精兵」的原文有「拿著、捉著」的意思，可指拿著兵器的人（參結三十八4）。在民數記，這詞只再出現在五章13節，指一個婦人在行淫時沒有被「捉著」。

1. 分配的原則（25～31節）

A 吩咐數點擄來的人口及牲畜（25～26節）

B 平均分為兩半予戰士及會眾（27節）

C 從戰士所得的每 500 取 1 獻予耶和華（28～29節）

D 從會眾所得的每 50 取 1 交予利未人（30節）

E 遵命而行（31節）

2. 分配的結果（32～47節）

A' 擄來的人口及牲畜的總數目（32～35節）

B_1 分給戰士的羊：337,500 隻（36節）

C_1 獻給耶和華的羊：675 隻（37節）

B_2 分給戰士的牛：36,000 頭（38節上）

C_2 獻給耶和華的牛：72 頭（38節下）

B_3 分給戰士的驢：30,500 匹（39節上）

C_3 獻給耶和華的驢：61 匹（39節下）

B_4 分給戰士的人：16,000 人（40節上）

C_4 獻給耶和華的人：32 人（40節下）

E_1 遵命而行（41節）

B' 分給會眾的人口及牲畜（42～46節）

D' 給予利未人的人口及牲畜（47節上）

E_2 遵命而行（47節下）

們所得的擄物中將部分給予祭司及利未人。從戰士所得的要將其中五百分之一（即 0.2%），即是佔總數的一千分之一（即 0.1%），給予耶和華「**作為貢物**」，就是給「**耶和華的舉祭**」（C）（關於「**舉祭**」，可參 2.4.2 專欄：「**舉祭**」）。這些獻給耶和華為禮物的人及牲畜，其實是交給祭司處理的。另外，從全會眾所得的，要取其中五十分之一（即 2%），即是佔總數的一百分之一（即 1%），給予利未人（D）。經文在這裏沒有採

「作為貢物」這短語在聖經只在這章出現。學者指出「貢物」（mekes）一詞在後期用法帶有「稅」的意思。

用「**貢物**」或是「**舉祭**」的字眼，因為這是給利未人而不是獻予上帝的。所以，祭司所得的剛好是利未人所得的十分一。最後，經文指出摩西及以利亞撒遵命而行（E）。

回應耶和華吩咐數點戰利品，經文記載數點的結果（A'）。所得到牲畜的數目可以説是天文數字，這與民數記其他巨大的數字是一致的。經文亦清楚註明所數點的女人，都是從沒有與男子發生過關係的，這回應摩西早前的吩咐（17～18節）。特別值得留意的是經文指出數點之物是在「**兵丁所奪的財物以外**」的（32節）。所以，在戰爭中可以容許兵丁私下奪取掠物，而在48至54節則提及軍長如何處理他們得到的這些財物。

左表清楚顯明戰士所得到羊、牛、驢及人口的數目（B_1、B_2、B_3、B_4）及從其中歸予耶和華的數目（C_1、C_2、C_3、C_4），並以摩西遵命而行作為總結（E_1）。有關會眾所得到的「**那一半**」，經文再次記下各樣的總數（B'）。不過，經文只重述分配予利未人的原則，而沒有仔細列出他們所得到各樣掠物的數目（D'）。最後亦以摩西遵命作為總結（E_2）。雖然按實際數目來看，利未人所得的是祭司所得的 10 倍，但利未人的數目卻遠比祭司為多。

經文沒有提及祭司及利未人會如何處理這些分配予他們的掠物。他們可能會把牲畜作為供應日常所需之用，而得回來的人口則作為僕婢。這些人可能與後來在以斯拉記及尼希米記中提及的「尼提寧人」有關（參拉二43；尼七46）。

14.1.3.2. 軍長自願獻禮物予耶和華（三十一48～54）

這段經文提及第二類擄來之物，就是那些歸戰士所有，而不必分配出來的物件。這些物件本屬這些戰士所有，但當中的軍長則自願為其他戰士獻上這些掠物。

這次戰爭中的軍長，包括千夫長及百夫長，他們來到摩西面前，向他陳明已數點在他們「**權下**」（原意是「手下」）戰士的數目，發覺並沒有缺少一人，意即沒有一人在戰爭中喪生（48～49節）。這些軍長就帶來他們各人所得到的各樣金器，作為供物獻給耶和華，為所有戰士的「**生命贖罪**」（50節）。

學者多合理地將這段經文與出埃及記三十章11至16節作比較。在出埃及記，耶和華指出摩西數點人數的同時，要從每個被數的人收取半舍客勒銀子作為「贖價」，「免得數的時候在他們中間有災殃」（出三十12）。數點人數是計算自己力量的一個行動。所以，除非出於神明的吩咐，人若自發地進行數點，那人就是想藉著數點人數來展示並依靠自己的力量。這是不信任神明能力的行徑，因此會帶來刑罰（參撒下二十四章）。為此，出於人的數點行動就要付上贖價。這就是出埃及記這段經文的意思。而且，這個付上贖價的行動應先於數點，免得在數點時災殃就從上帝出來臨到被數點的人身上。若這比較是合適的話，則有以下事情要留意：

1. 軍長帶來供物並不是因為沒有一個戰士死亡；
2. 軍長帶來供物是因為他們在沒有上帝的吩咐下數點人數，因此需要為此付上贖價；
3. 他們在數點以先應已收集贖銀；
4. 只是在數點以後他們才將贖銀交到摩西手中。

值得留意的是基甸殺敗米甸人（又是米甸人！）後，從他們得來的掠物只有 1,700 舍客勒（士八26），差不多是這裏的十分之一。這再一次指出民數記的數字是特別巨大的。

於是，摩西及祭司以利亞撒就從千夫長及百夫長手中收過這些器皿，它們的重量為 **16,750 舍客勒金子**（51～52節）。這裏的做法與出埃及記所記載的有兩個不同之處。第一、出埃及記指出每個被數的人都要付上贖價；民數記則是千夫長及百夫長為所有被數點者付上，而其他戰士則可以保留自己所奪的財物（參三十一53）。第二、出埃及記指出每個人的贖價是半舍客勒銀子。所以，若這裏出戰的共有 12,000 人，則應交出 6,000 舍客勒銀子。不過，軍長所獻上的竟是 16,750 舍客勒金子，遠遠超過所規定的贖價。這表示第二代的以色列人是何等忠心，以及樂意遵行上帝的吩咐。

最後，作為總結，經文記載摩西及以利亞撒將這些供物帶進會幕，「**在耶和華面前作為以色列人的紀念**」（54節）。「作為紀念」這個用途與出埃及記所記載贖銀的處理相同（出三十16下），意思是藉著這些供物祈求耶和華記念他們為數點人數付上贖價，而不是指要讓日後的以色列人記念耶和華在這次戰爭中如何幫助以色列人。這些金器可能同時也用於會幕，例如用來製造或是修補損壞的器皿，正如當年的贖銀是用作建造會幕之用（出三十16上）。

雖然這章經文記載了以色列人戰勝米甸人，但卻用較長的篇幅去記載以色列人如何處理擄掠回來的，包括人、牲畜及財物。這清楚表明經文關注的是甚麼。

值得留意的是在這次戰爭中，以色列並沒有一個人陣亡（49節）。這正是因為第二代以色列人完全遵照上帝曾吩咐的去行，因而得到美滿的後果。這章經文清楚指出非尼哈按照第十章1至10節中的吩咐吹號（6節），戰士按照第十九章所記的指令去潔淨自己及戰利品（19～24節），也照著第十八章所吩咐般去善待祭司及利未人（25～47節），又如第七章所記載般獻禮物給會幕（48～54節），以及如出埃及記般為數點人數獻上贖價（50節；參出三十11～16）。因此，經文以非常正面的方式描述第二代人。這段經文不但記述第二代人如何遵守上帝所命第一代人要去遵守的吩咐，也回應十三至十四章，以及二十五章所記載的第一代人的失敗。第一代以色列人因為害怕戰爭，害怕妻子兒女成為擄物，以致違背上帝（十三～十四章），但第二代人卻不是這樣，他們擄掠了米甸人的婦人及兒女。第一代以色列人受米甸女子引誘，以致被上帝擊打（二十五章），但第二代人卻忠於上帝，將這些女子殺死。所以，這記載描繪第二代人的前景是光明的——他們完全遵行上帝的命令，因此他們能夠進入應許之地。

信仰反省

從一開始，這場與米甸人打的仗就不是以色列人自己的仗，而是上帝的仗。以色列人曾被米甸人誘惑而背叛上帝，所以，與米甸人打的仗就更加不是以色列靠著自己可以打的仗。每個人都會與自己的弱點，或是與容易受誘惑我們的事情打仗，也會與所面對的各式各樣困難打仗。然而，從信仰的角度出發，打這場仗的目的並不是自我提昇或自我突破，而是一場為著上帝的名聲而打的仗（參三十一3「為耶和華報仇」）。這場仗由上帝呼籲我們去打，打的時候祂與我們同在，是祂叫我們相信，我們能夠得勝並不在於我們自己的力量強大（60 萬大軍中只派 12,000 人出去！）。這一場仗另外一個特點是，這是一場不與敵人妥協的仗，也就是不容許絲毫給敵人將來可以捲土重來的機會，甚至可以說是不容許自己有機會再受到試探。

正因這場仗由開始到結束都在上帝的手中，所以，若果從這場仗中得著甚麼好處，便要藉這些回應上帝，感謝祂曾施予幫助。無論所得的是羊、牛、驢或人，都要對上帝作出回應，因為知道這一切都是來自上帝。要作出這種回應，也是因為要遵命的緣故。再者，人必須數算上帝所賜予的。不過，單單停留在承認上帝曾經賜給我們很多很多東西，是不足夠的。這樣做只會將上帝的賜予存放在一個叫作「恩典」的箱子裏，而看不清楚箱子裏面有的是甚麼，也因此會忘記每個實實在在經歷過的恩典。惟有當我們認真地數算所有的，將每一個恩賜都給它命名，我們才能真正體會到這些恩賜是實在的、豐富的、切身的、不可思議的。也惟有如此，人的回應才來得甘心及真實。

此外，人得勝後很容易會認為得勝是出於自己的能力。人數點的不是上帝的恩賜，而是自己的力量。這些恩典不再是恩典，而是屬於自己的力量。為此，人就更應該提醒自己，要知道數點自己的力量，是無異於在上帝面前自我誇耀，將榮耀歸給自己。為避免這個情況，就要將更多的奉獻予上帝。這樣做既表示所有的都是從上帝而來，亦是一種自我限制的行動，幫助自己更能繼續倚靠上帝。若果要簡單總結這章經文，也許可以說的是：在打仗前要遵命而行，正在打仗時也要遵命而行，而打勝仗後就更要遵命而行。

14.2. 在河東得地（三十二1～42）

上文曾提及從二十六章談到第二代以色列人興起後，內容已愈來愈關注到以色列人得地的問題，三十二章的內容就更直接記載部分以色列人開始得地。不過，所得的不是上帝所應許的迦南地，而是河東之地；也不是立時就得地為永遠的產業，而是暫時得地。然而，這個得地的過程涉及到是否對上帝忠心的問題。從整卷民數記的內容來看，這章經文的一個重點是指出第二代以色列人與第一代是何等的不同，以致前者可以初嚐得地的滋味。❹

分段大綱（三十二1～42）

1. 請求賜河東之地（1～32節）
   甲、公開的請求（1～15節）
   乙、私下的請求（16～27節）
   丙、公開的交代（28～32節）
2. 報告得河東之地（33～42節）
   甲、摩西允暫時得地（33節）
   乙、兩個半支派得地（34～42節）

14.2.1. 請求賜河東之地（三十二1～32）

二十一章21至35節記載以色列人擊敗約旦河東的亞摩利王西宏以及巴珊王噩。這段落指出以色列中的呂便及迦得支派，希望得到這些河東之地，作為他們的產業。整個過程，涉及多次的商討。這些商討，既有在公開的場合，也有在較為個人的場合中出現。從這個角度出發，經文可以仔細分段如下：❺

1. 公開的請求（1～15節）
   甲、呂便及迦得支派請求得地（1～5節）
   乙、摩西拒絕要求（6～15節）
2. 私下的請求（16～27節）
   甲、呂便及迦得支派修改建議（16～19節）
   乙、摩西答允建議（20～24節）
   丙、呂便及迦得支派確認建議（25～27節）
3. 公開的交代（28～32節）
   甲、摩西公開建議（28～30節）
   乙、呂便及迦得支派確認建議（31～32節）

現析讀各部分內容如下。

14.2.1.1. 公開的請求（三十二1～15）

■ 呂便及迦得支派請求得地（三十二 1 ～ 5）

這段經文記載呂便及迦得兩個支派公開請求摩西給他們河東之地。他們如此要求是有原因的。首先，原文的首兩個字「**牲畜**」及「**多**」就指出事情的核心所在，這是指呂便及迦得的子孫有極多的牲畜（1節上）。在這章經文中惟有這裏是先提及呂便，後提及迦得。這是因為按著出生次序，呂便是長子，比迦得為先。而且，從數點人數的結果，呂便支派的人數也較迦得為多（參二十六章）。這個次序也是申命記重述此事時所一致採用的（參申三12、16）。不過，本章其餘地方都是先提及迦得，後才是呂便（6、25、29、31、33節）。這可能是因為迦得支派在後來的日子遠比呂便強盛。其次，呂便及迦得的子孫看見「**雅謝地和基列地**」是一個放牧的地方（1節下）。雅謝是一個城市，所以「**雅謝地**」是指這城及附近的區域（參 11.4.2 二十一章32節析讀）。「**基列**」則有多個意思，廣義上是指這兩個支派將來在河東所得之地（參書二十二9），狹義上是指雅博河以北之地（39節；書十七1、5～6）或是雅博河以南之地（3、34～37節；書十三25）。

因此，這兩個支派的人就去見摩西、祭司以利亞撒及會眾的首領（2節）。摩西等人是以色列人的領袖，有關地土的問題不能不先向他們查詢。同時，這次會面是一個在公開場合之下進行的。值得留意的是他們所提出的要求。首先，他們列出 9 個城市的名稱（3節），這些地方都處於雅博河以南之地。其次，他們特別指出這些地方是耶和華所「**攻取**」之地（4節上）。二十一章24節記載以色列人用刀「**殺了**」西宏。「**殺了**」與「**攻取**」原文是相同字根（*nāḵāʰ*）。這裏強調的是「**地**」是耶和華為以色列會眾攻取回來的，因此河東之地也應屬耶和華。既是如此，他們後來要求得這地也並不為過。接著，他們指出這地是「**牧放牲畜之地**」（4節上）。最後，他們謙稱自己為摩西的僕人，也擁有牲畜（4節下）。到目前為止，他們所說的都容易被摩西等人認同。不過，他們的要求所關注的，從地方漸漸轉到他們的處境。他們就提出請求，有正負兩方面（5節）。正面上，他們請摩西將上述地方給予他們成為他們的產業，負面上，則請摩西不要帶他們「**過約旦河**」（譯作「經過約旦河」較為貼切）。「經過約旦河」這用語有兩方面意思。一方面是指他們完全不想經過約旦河到迦南地，而只想定居在河東之地，這似是摩西對他們講話的理解；另外一方面則是指他們不希望定居在約旦河那邊的迦南地，這是他們在接著的說話中清楚說明出來的意思。「經過約旦河」就成為本章的重要用主語之一，下文會再作說明。

■ 摩西拒絕要求（三十二 6 ～ 15）

面對這兩個支派的要求，摩西的回應可以分為以下 3 部分：指控（6～7節），以先例作為警告（8～13節），以及再指控（14～15節）。在第一個指控中，摩西提出的兩個問題，焦點都是在這兩個支派的行為對其餘以色列人的影響。第一個問題應該翻譯為：「**當你們留在這裏時，你們的弟兄會去打仗嗎？**」（6節）這問題的答案自然是否定的，意思就是說若他們留在河東之地（即「這裏」，他們當時所處之地）——不論這「留」是短暫的抑或長久的——其餘的以色列人（即「你們的弟兄」）就不會去打仗。從上下文來看，「**打仗**」的意思與「經過約旦河」是有關的，這點就在摩西下一個問題中更清楚說明出來。接著，摩西質問這兩支派的人「**為何使以色列人灰心喪膽**」不「**過去**」（原文為「經過」）約旦河，去到耶和華賜給他們的地土。雖然這問題以「**為何**」作發問，並不表示要求被問者提供一些發問者所不知道的資料（例如作這件事情的原因或動機）。這是一個修辭性問題，多用來指責被問者所作的事（參創四6，十二18；出二20，五4等）。「**使以色列人灰心喪膽**」原意為「**否定**以色列人的心」。所以，意思是原來以色列人是有心意要過去的，但這兩支派的行動就**否定**他們這個心意。摩西更刻意指出這塊他們原意是要過去的地土是「**耶和華所賜**」的，以此對比於他們認為河東之地是「**耶和華……所攻取之地**」（4節），因此帶出耶和華在這件事中是有祂的角色的。

這翻譯與「和合本」的「難道你們的弟兄去打仗，你們竟坐在這裏嗎？」並不相同。按「和合本」，摩西關注的更似是合一的問題，而不是這兩支派的行動會影響其餘的以色列人不去打仗。

「否定」原文字根與三十章5節的「不應承」相同，都是指否定一個已有的意見或心意。

這就連繫於第二個指控。

在提出第二個指控前，摩西先以探子事件作為先例，指出上帝當時的回應，並將此應用在這次事件中（8～13節）。在原文中，摩西首句就是「這是你們先祖所作的」（8節上），直接將這兩支派的人的行為與他們的先祖作比較，然後指出這些先祖所作的是甚麼。「先祖」當然是指第一代出埃及的以色列人。接下來的內容可以說是第十三至十四章的撮要。摩西指出當他差這些先祖去看那地，他們上到以實各谷，**看過那地**，他們就「**使以色列人灰心喪膽，不進入耶和華所賜給他們的地**」。摩西刻意使用相同的字眼——「**使以色列人灰心喪膽**」——去形容這些先祖所作的與這兩個支派所作的，也用差不多完全相同的字眼（惟一的差異是「經過」及「進入」）去描述後果，就是不去耶和華賜給他們的地土。透過這樣用字，摩西將這兩個支派及他們先祖所作的事連繫起來。摩西接著描述耶和華當時的反應。祂便發怒並起誓要所有從埃及地上來 20 歲以上的人，不能看見這塊祂向以色列人的族長亞伯拉罕、以撒及雅各所應許的地方，原因是這些人沒有「**專心跟從**」祂（參 6.2.2.4 十四章24節「**專一跟從**」的析讀）。這裏特別提及以色列人的 3 位族長，很可能表示第一代以色列人所作的，正是否定上帝對族長的應許。相對而言，惟有迦勒（參本書第六章「釋經短註」2）及約書亞是例外，因為他們「**專心跟從**」祂。而耶和華發怒的結果是使這整代的以色列人在曠野「**飄流**」40 年，直到他們全都「**消滅**」。

「窺探那地」原文只說他們「看見」（rāʾāh）這地，而沒有使用十三至十四章所用的「窺探」（tûr）。

如上文所言，在引用探子事件作為先例時，摩西特意使用相同的字眼描述這兩個支派所作的，以及對以色列人的影響，目的是將他們這兩代人連繫起來，指出這兩個支派犯了第一代人所犯的嚴重罪行。因此，摩西就直接指控這兩支派的人「**起來接續先祖**」（14節；原意是「起來**代替**他們的先祖」），稱呼他們為「罪人的族類」（參「呂振中譯本」、「新譯本」），指出他們使「**耶和華向以色列**」人「**大發烈怒**」。「耶和華的烈怒」（*ḥărôn ʾap̄*-YHWH）原文與上文提及「**耶和華的怒氣發作**」（10、13

「代替」一詞翻譯自原文前置詞 taḥaṯ，而這前置詞並沒有「和合本」所譯「接續」的意思。

節；*wayyīḥar-ʾap̄* YHWH）原文也幾乎相同，目的同樣是指出他們行為的結果與當年先祖的相同，都是使耶和華發怒。摩西最後補充說明，使耶和華發怒的後果，就是「**把以色列人撇在曠野**」，正如當年一樣。若果這兩支派的人「**退後不跟從**」（原文意思是「轉回不跟從」）耶和華，就會有這樣的後果，而這後果也就是這兩個支派使這全民眾滅亡（15節）。若果先前是耶和華容讓第一代人在曠野「**消滅**」，那麼這兩支派的人就是「**使這眾民滅亡**」。

現把摩西對這兩個支派的人及對先祖（在探子事件中）的描述的平行地方，表列如下：

	先祖	兩支派的人
對以色列人的影響	「使以色列人灰心喪膽」（9節上）	「使以色列人灰心喪膽」（7節上）
影響以色列人的後果	「不進入耶和華所賜給他們的地」（9節下）	「不過去進入耶和華所賜給他們的那地」（7節下）
耶和華的反應	「耶和華的怒氣發作」（10、13節）	「耶和華向以色列大發烈怒」（14節）
耶和華反應的後果	「使他們在曠野飄流四十年」（13節）	「把以色列人撇在曠野」（15節）

以上的比較可以顯出為何摩西的反應是那麼的強烈，也可見探子事件在以色列人的歷史中佔有極重要的位置，可以作為「犯罪的典範」來量度其他罪行。在摩西眼中，這兩個支派所作的無異於當年探子事件中的犯事者，也會如當年一般對以色列全會眾帶來極嚴重的後果，以致全民都會滅亡。

14.2.1.2. 私下的請求（三十二16～27）

■ 呂便及迦得支派修改建議（三十二 16 ～ 19）

當迦得及呂便支派的人的公開請求被摩西拒絕後，他們就修改建議，並私下再向摩西提出（16～19節）。他們先「**挨近**」摩西，❻ 表示友善，強調個人的關係，並請求幫忙，為此他們修改他們原先的請求。他們的新建議包括兩方

「妻兒」（ṭap̄）有多個意思（「和合本」譯為「孩子」）。在狹意上，它既可以指孩子（三十一17；申一39），也可指妻兒（創四十三8；出十10），甚至是妻子、孩子及年長者（創三十四29）。

面。第一、他們首要關注的，就是為他們的牲畜及**妻兒**在河東這裏建立住處保護他們。他們要為牲畜用石頭「**壘圈**」，造成圍牆（參撒上二十四3；番二6），也要為妻兒建造「**堅固的城**」，目的是保護他們免受當地居民的攻擊。這些城應不是從新開始建造的，而是重建河東之地中已有的城。

原文以「我們」這個獨立代名詞作為開始，作為強調他們自己的行動。

第二方面，至於**他們**自己，他們會「**帶兵器行在以色列人的前頭**」，原文更準確可以翻譯為「帶兵器速速地在以色列人的前面」，意思就是要作先頭部隊，迅速行事，目的是帶領以色列人到他們的地方（17節）。接著，他們以兩個「**不**」帶出他們與其餘支派的關係。首先，他們「**不**」會回到河東的家，直到每一個以色列人都得到自己的產業（18節），意思是指直到其餘以色列人能夠完全佔領迦南地，並從中得到產業。其次，他們「**不**」會與其餘支派在「**約旦河那邊**」得產業，因為他們的產業是在「**約旦河東邊**」（原文為「約旦河那邊向著日出之地」）（19節）。他們很清楚分開約旦河東及約旦河西，前者是他們得產業之處，後者是其餘支派的。第二方面的建議明顯是回應摩西對他們的指責。

這二方面的回應是有關連的。正因為他們承諾要與以色列人過去打仗，所以就要先在河東建城保護他們的妻兒。不過，這是否表示所有迦得及呂便的戰士都會與其餘支派的戰士過去打仗？情況很可能不是如此。有學者指出後來他們只派 40,000 人過去打仗（書四13），而他們戰士的總數有11萬多（二十六章）。所以，約有三分二戰士留在河東保護他們的牲畜及家眷。

■ 摩西答允建議（三十二 20 ～ 24）

摩西接納迦得及呂便支派修改的建議，並作出回應。他首先回應他們建議派兵協助其他支派（20～23節），然後才回應他們安頓自己妻兒的建議（24節）。所以，他們的建議及摩西的回應形成一個扇形結構。

摩西以立約的祝福及咒詛形式來回應他們與其他支派一同打仗的建議，縱然經文沒有提及「約」這個字。這個回應可以分為兩部分。第一部分是正面的，指出若他們「行這事」及其結果（20～22節）。第二部分是反面的，指出若他們沒有這樣行的結果（23節）。

「和合本」沒有把22節上出現的短語翻譯出來。原文應譯為「那地在耶和華面前被制伏了」，而非「那地被耶和華制伏了」；故此共有4次。

在第一部分，「**在耶和華面前**」這短語共出現 **4 次**，目的是將耶和華這個角色帶進這些支派的許諾中。有學者認為「**在耶和華面前**」是有具體意思的，即是在耶和華的約櫃面前，所以他們認為在打仗時，迦得及呂便支派的人要行在最前頭，接著就是約櫃及祭司，最後就是其餘支派的戰士。另有學者認為「**在耶和華面前**」只是一個神學性講法，表示耶和華在整件事情中是個鑒察者。不過，這兩種看法也不一定有衝突。這兩個支派所要行的就是：

1. 「**在耶和華面前**」帶兵器去打仗；
2. 「**在耶和華面前**」經過約旦河去打仗；
3. 直到耶和華「**趕出他的仇敵**」。這短語原文意思為「直到祂使祂的仇敵（指迦南人）失去地土為止」。地土在「**在耶和華面前**」被制伏後，他們才可回到河東之地，而這地也「**在耶和華面前**」歸他們為業。

這裏將以色列人的爭戰與耶和華的行動合為一談。這既是以色列人所打的仗，但也同時是耶和華攻擊祂的敵人的行動；這地既是被以色列人制伏，但也是被耶和華制伏。當迦得及呂便支派如此行，他們就可算「**才為無罪**」，意思更可能是指他們才可免除他們的責任。然後，他們才可得河東之地為業。

第二部分的回應則指出若他們沒有這樣做，他們就得罪耶和華，而「**罪必追上**」他們（23節）。「**罪**」一詞原文也可解作「刑罰」，所以，這裏應是指刑罰而不是罪本身。經文指出「刑罰」會找到他們（「**追上**」原文意思是「找到」）。這是擬人法，是指上帝的刑罰必會臨到他們。

接著，摩西回應他們築城保護家眷的建議。摩西先吩咐他們為妻兒建城，後為牲畜圍圈。這次序剛好將他們建議的內容倒轉（參16節），經文再次形成扇形結構。最後，摩西再次強調他們要去行「口中所出的」（原文應譯作「**從口中所出的**」；參 13.4.2.2 三十章2節析讀），就是指出他們要按他們的許願或誓言而行。所以，摩西的回應反映摩西視這兩支派的建議為誓言。若他們遵守誓言，則為無罪；否則，刑罰就臨到他們。

24節「如今你們口中所出的，只管去行，為你們的婦人孩子造城，為你們的羊羣壘圈。」這翻譯錯誤地把建城及圍圈這兩件事，看為是這兩支派人「口中所出的」，所以要去行的。

■ **呂便及迦得支派確認建議**（三十二 25 ～ 27）

迦得及呂便支派的人就確認摩西所說的。他們的講話可用扇形結構表達出來（按原文稍改「和合本」）：

A [25]……你的僕人要照我主所吩咐的去行。

B [26]我們的妻子、孩子、羊羣，和所有的牲畜都要留在基列的各城。

B' [27]但你的僕人，凡帶兵器的，在耶和華面前過去打仗，

A' 要照我主所說的話。

A 及 A' 是宣稱遵從摩西的話，B 及 B' 是他們應允去作的事。雖然這回答比較簡單，但特別的地方是 B 及 B' 內容的次序，與他們起先建議時的次序是一樣的，這與摩西所回應的次序相反。這可見到扇形結構在這個對話中多次使用，是希伯來著作中常出現的文學表達手法。他們稱呼摩西為「我主」，而自稱為「你的僕人」。有學者認為這些用語反映出一個比較嚴肅的立約場景。

14.2.1.3. 公開的交代（三十二28～32）

■ **摩西公開建議**（三十二 28 ～ 30）

當摩西與這兩個支派商討完結後，摩西便將協議的結果向其他領袖宣告（28節），並以命令的方式吩咐他們遵守協議的內容。這些領袖包括祭司以利亞撒、約書亞及各支派的族長。這些領袖很可能就是後來協助分地的首領（參三十四17～18），他們在此也成為摩西與這兩支派的人訂立協議的見證人。

摩西的交代也同樣地有正面及負面兩部分。正面的是指出若迦得及呂便支派的人，與其餘支派過去約旦河那邊打仗，讓地被制伏後，這些領袖就要將基

列地給予這兩支派的人為產業（29節）。摩西上文提及「地在耶和華面前被制伏」，這裏則是「地在你們面前被制伏」，再次將上帝的行動及以色列人的行動揉合一起而談。負面方面，則指出若他們沒有與他們同去打仗，他們就只能與其餘支派在迦南地得產業。

摩西的講話有兩處可以留意的地方。第一、在負面方面，摩西沒有提及上文講過的刑罰。因此，惟一可能被視為刑罰的，就是這兩支派會被迫要離開河東去到迦南地得地為業。若真是如此，那麼這兩支派的人最終可能仍是要與住在他們自己產業上的敵人爭戰。第二、摩西完全沒有提及建城及圍圈之事。這可能因為這事與其餘以色列人無關，而且也不屬於協議的內容。

■ **呂便及迦得支派確認建議**（三十二 31 ～ 32）

除了比較個人地在摩西面前應允摩西所宣告的，迦得及呂便支派也有需要在公開場合，在見證人面前，再次確認這個協議。首先，他們自稱僕人，並表示會遵行耶和華的話（31節）。接著，他們只宣告摩西所提出的正面的議案，就是指出他們會帶兵器過去迦南地，但河東之地則歸他們為業（32節）。

14.2.2. 報告得河東之地（三十二33～42）

迦得及呂便支派公開地在見證人面前表示願意遵守協議後，摩西就應允給地予他們。這段經文可以分為兩部分：

1. 摩西允暫時得地（33節）
2. 兩個半支派得地（34～42節）

14.2.2.1. 摩西允暫時得地（三十二33）

摩西便將在河東戰勝之地，給予迦得及呂便兩個支派，此外，還給予瑪拿西半個支派。這些地方原屬亞摩利王西宏及巴珊王噩所有（參二十一21～35），現把這些地方及「**周圍的城邑**」都給予這兩個半支派。在此，有兩點要留意。第一、這裏沒有提及把河東之地給予這些支派為產業，所以，應該理解為給予他們重建城市，讓妻兒家眷可以安居。而真正給予他們為業，是在他們與其餘支派打完仗以後。第二、這裏突然提及瑪拿西半個支派，是由於有很強的早期傳統指出，有部分瑪拿西支派的人是住在河東之處的（參申三12～15；書十三29～31），所以，當提及在河東居住的以色列支派時，便有需要將瑪拿西支派也包括在其中。本章1至32節沒有提及瑪拿西支派，很可能是他們沒有參與這個商討，又或對他們而言，根本不需要有這樣的商討（參14.2.2.2對39至42節析讀）。

14.2.2.2. 兩個半支派得地（三十二34～42）

接著列出這些支派在河東所得的地方，分別是迦得（34～36節）、呂便（37～38節）及瑪拿西（39～42節）。

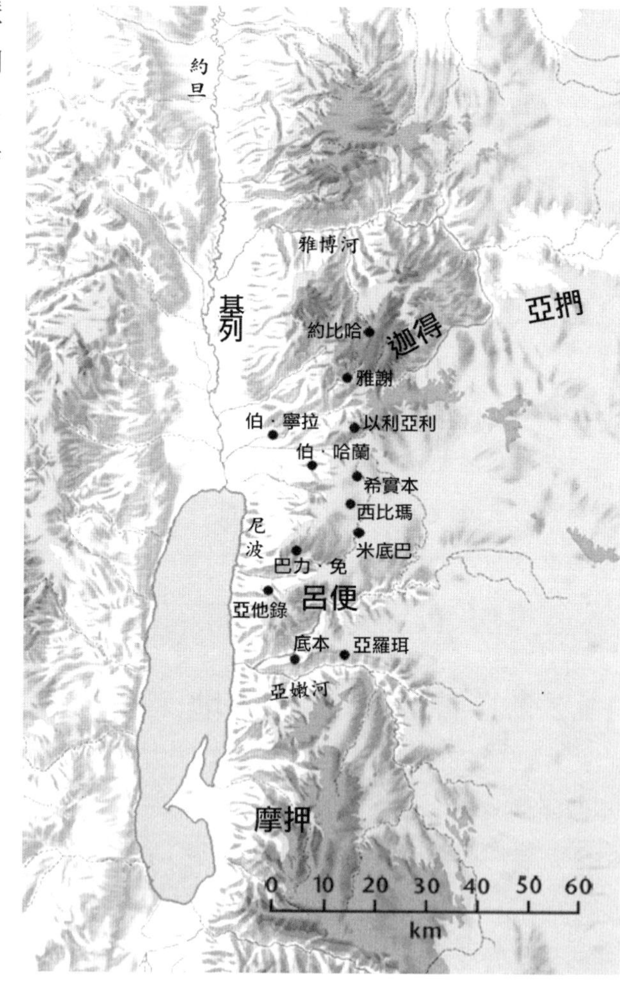

呂便及迦得二個支派的城市。修改自 J. Milgrom, Numbers, JPS Torah Commentary (Philadelphia: Jewish Publication Society, 1990), lxi。

迦得支派所分配得到的城市共有 8 座，他們在此重建為堅城，並為牲畜圍圈。其中亞他錄（*ʿaṭrōṯ*）即亞大錄（*ʿăṭārôṯ*），伯．寧拉（*bêṯ nimrāʰ*）即寧拉（*nimrāʰ*），所以共有 4 個城市（包括底本及雅謝）曾於第1及3節提過。這些城市中，有 4 座處於約旦河的東面（雅謝、約比哈、伯．寧拉、伯．哈蘭），另 4 座則在死海東面，亞嫩河以北（底本、亞他錄、亞羅珥、亞他錄．朔反）。不過，另有經文指出底本及亞羅珥是屬呂便支派所有（書十三16～17）。

呂便支派所得的共有 6 座城市。其中巴力．免（*baʿal məʿôn*）很可能就是第3節提及的比穩（*ḇəʿōn*），西比瑪（*śiḇmāʰ*）即示班（*śəḇām*），所以只有基列亭未有在上文提及過。這些名詞上的分別暗示了有些名字經過修改（尼波及巴力．免），很可能是因為這些地名涉及外邦神明的名稱，但經文又沒有指出新修改的名稱是甚麼意思。這 6 座城市很可能處於迦得支派那兩組城市的中間位置。不過，另有經文指出希實本是屬迦得支派所有（書二十一39）。

第39至42節則記載了 3 座城市，是瑪拿西支派的人在河東所佔領的地土。第一、瑪拿西的兒子瑪吉佔領基列地，並趕出那裏的亞摩利人。經文沒有提及這事何時發生，也沒有具體說明基列地的哪部分。有學者認為是指基列地北部。摩西亦將這部分的地給予他們。第二、瑪拿西的後裔睚珥佔領基列的村莊，並稱呼它們為哈倭特．睚珥（*ḥawwōṯ yāʾîr*），意思即「睚珥（*yāʾîr*）的村莊（*ḥawwōṯ*）」。這可能是指亞珥歌伯全地（參申三13），屬巴珊地（書十三30）。第三、瑪拿西的另外一個後裔挪巴則佔領基納和其附近的鄉村，並將之改名為挪巴。這部分的地方也很可能屬於巴珊地區。這些瑪拿西支派的人所佔領的地方，基本上屬基列地北部及巴珊地區，有學者正確指出這些地方是屬於以色列人應許之地以內（參 15.2.2），因此並不如迦得及呂便這兩個支派般，需要特別的准許才可以定居及以這些地方為產業，也因此不必參與在上文提及的商討過程。

在這章經文中，有一些字彙或短語共出現 7 次。它們是「迦得子孫和呂便子孫」（1、6、25、29、31、33節；除了第1節「呂便子孫和迦得子孫」）、

「過去」（5、7、21、27、29、30、32節）、「帶兵器」（17、20、21、26、29、30、32節）、「在耶和華面前」（20、21、22〔2次〕、27、29、32節）及「為業／產業」（5、18、19、22、29、32、32節）。這些字彙及短語代表著本章的重點：若「迦得子孫和呂便子孫」「帶兵器」「在耶和華面前」「過去」約但河那邊，他們就會得河東之地「為業」。

在整卷民數記中，第三十二章的重要性在於把第二代以色列人對比於第一代以色列人，而比較的準則，出自第十三至十四章所關注的。摩西將過去一代的應許及警告，向新一代提出，指出呂便及迦得支派好像以前的探子一般，他們最初的提議會引致其他以色列人放棄進入迦南地。過去的事件就成為詮釋潛在危機的範例。雖然第二代人的經驗到目前為止還是正面的，但他們最終的結局仍是未能決定的。擔心妻子兒女是當年探子等人拒絕進地的理由，但這次卻沒有如此做。當年兩個忠心的探子（迦勒及約書亞）未能改變 10 個探子帶來惡信的結果，今日兩個支派（呂便及迦得）的提議及後來的妥協沒有為其餘 10 個支派帶惡果，也因為他們的妥協，第二代以色列人仍然有進地的希望。

信仰反省

這章經文所記載的事情的根源，就在於「多牲畜」，而原文的首兩個字分別是「牲畜」及「多」，也正是用來強調此點。牲畜眾多帶來的關注，就是如何維持這些數量的牲畜，甚至是想再增加其數量。很自然地，人的眼目便放在可以畜牧之地，經文用的字眼就是他們「看見」那個地方。財寶眾多就使人只「看見」那能使財寶可以增添的地方。這樣的看見帶來一個抉擇，就是停留定居在這個可以增添財寶的地方。「你的財寶在哪裏，你的心也在那裏」（太六21）這句話是何等的真確！當人的心停留在那裏，人就容易忘記上帝的吩咐，不願意再去為上帝的應許而冒險。迦得及呂便支派寧願停留在那已經戰勝的地土之上，而不願意去按著上帝的吩咐，進入那仍然還要爭戰的地土。我們也是一樣！

再者，這種做法沒有考慮到自己與其他人的關係。首先，沒有顧及其他人的需要。進迦南地是十二支派一起的行動，當迦得及呂便支派自己決定不參與時，就令到以色列人的軍事力量減低約 14 個百分點。他們沒有理會到其他人的需要，不願意放下自己可能有或已經有的利益，沒有為其他人著想。其次，他們沒有理會到自己的行為對其他人有不良影響。迦得及呂便支派似乎沒有想過，他們的做法會令其他支派都不願意過去迦南地。每個人對上帝的熱心或冷淡程度，都會影響其他人。在強調羣體的教會之中，這點是不容忽視的。

最後，這做法容易引起分裂。不與其他支派同去迦南地，就是與他們分裂。若有其他支派也期望可以定居在河東之地，引起的衝突及分裂，可能就更大了。當摩西將迦得及呂便支派的行為，與當年探子事件作出比較，摩西就指出歸根究底這件事情的核心問題就是「不相信上帝」——不相信上帝的帶領，不相信上帝的應許，不相信上帝的能力。

經過摩西的指責後，迦得及呂便支派就提出一個新的方案。首先值得留意的是，這新的方案是一個妥協，摩西與這兩個支派的人都各讓一步，這兩個支派願意與其餘支派一同過去迦南地爭戰，而摩西容許他們為家人牲畜在約旦河東建城圍圈。這並不是上帝原先的意思，但祂容讓這決定出現，容讓人因為軟弱而作出妥協。不過，這個妥協是有限度的，也因此才能為上帝所接受。然而，這個妥協也不是沒有後果的，至少有聖經作者指出，這兩個半支派最先被外邦人（亞述）擄去（代上五26）。其次，可留意這個妥協是經過磋商，而不是以武力達致的成果。雖然這個商討的過程，先是在摩西與這兩個支派的人在較為私人的場合出現的，但討論的結果，也需要公開地向所有領袖交代。這做法既可讓其他人都知道商討的結果，也可以讓這兩個支派在其他人的見證下，公開地表明他們的承諾。對這兩個支派來說，這既可以減少誤會，也容許其他人督促他們去履行諾言。

溫習及思考問題

1. 上帝為何吩咐以色列人攻打米甸人？以色列人如何反應？這與第一代以色列人有何分別？
2. 打仗回來後，摩西對羣眾的說話反映出他關注的是甚麼（參三十一15～20）？這對我們有甚麼提醒？
3. 以色列人如何處理被擄回來的女子、物件，以及不潔的人及物件？其背後的重要性何在？

4. 整體而言，這場戰爭反映了第二代以色列人與第一代以色列人有何不同之處？你認為他們為何會有這些不同呢？
5. 呂便及迦得支派提出將河東之地分給他們的原因是甚麼？
6. 摩西起初為何拒絕他們的要求？你認為這兩個支派的要求合理嗎？你如何評價摩西的回答？
7. 後來，摩西為何接納他們的請求？摩西、呂便及迦得支派各自作出甚麼妥協？
8. 這章經文如何論及以下三者的關係：摩西、呂便及迦得支派、整個以色列民族？他們對其他人的有甚麼責任或義務？這對我們現今的教會生活有甚麼意義？

釋經短註

❶ 三十一章16節原文「叫……得罪耶和華」（*limsor-maʿal byhwh*）中的 *limsor* 這動詞字根為 *māsar*，與第5節的「交出」原文字根相同。*maʿal* 這名詞意思多譯為「干犯」（參五章6節的討論）。所以，原文意思可理解為這些女子「在干犯耶和華的事上召集以色列人」。

❷ 第20節「潔淨自己」原文很可能是「你們要為著自己去潔淨」的意思。所以並不是指這些物件會使人不潔，因此要潔淨自己；而是指為著自己的好處（例如要保留這些物件）而潔淨這些物件。

❸ 第23節「經火」及「過水」中的動詞「經」及「過」原文為同一個動詞（*ʿāḇar*）。此外，有學者認為這裏「過水」是指「放在除污穢水中」。不過，這應不大可能，因為十九章提及除污穢水時，只是指出用「灑」的方法使用這水。

❹ 不少學者認為三十二章可由扇形結構表達。現列出兩個作為參考。第一個結構是稍為修改密格朗的意見：

A 迦得及呂便的要求及摩西的回應（1～15節）
   1. 具體要求 7 座城市（1～5節）
   2. 摩西拒絕要求（6～15節）
      B 迦得及呂便的妥協及

摩西的回應（16～24節）
1. 迦得及呂便修改要求（16～19節）
2. 摩西應允要求（20～24節）
C 迦得及呂便接納摩西的條件（25～27節）
B' 摩西向領袖交代建議（28～32節）
1. 摩西交代要求（28～30節）
2. 迦得及呂便應允要求（31～32節）
A' 摩西暫允賜地為業（33～42節）
1. 摩西應允賜地（33節）
2. 兩個半支派得地（34～42節）

第二個結構是科爾（參：R. Dennis. Cole, *Numbers*, New American Commentary 3B [Nashville: Broadman & Holman, 2000]）修改密格朗的結果：

A 迦得及呂便請求在河東得地（1～5節）
B 摩西拒絕請求（6～15節）
C 迦得及呂便修改請求（16～19節）
D 摩西修改請求（20～24節）
C' 迦得及呂便接納摩西的建議（25～27節）
B' 摩西向領袖宣告他的建議（28～32節）
A' 摩西暫准二個半支派得地（33～42節）

這兩個建議都有其可取及不足之處。科爾的結構中B'項明顯沒有區分——也沒有特別理由不去區分——摩西的講話，以及兩個支派的講話（如他在A至C'項中所作的），所以未能在形式及內容上完全對應B項。相反，密格朗則似乎是為著建構這個扇形結構，而刻意將C項從第16至27節的對話中獨立出來，與A及B'項的處理手法並不一致。

❺ 此分段修改自文．李（參：Won W. Lee, *Punishment and Forgiveness in Israel's Migratory Campaign* [Grand Rapids: Eerdmans, 2003], 193～194）。從其中可見到兩個支派與摩西交替出現，及呈現一個扇形結構（文．李沒有特別指出這點）：

A 呂便及迦得支派請求得地（1～5節）
B 摩西拒絕要求（6～15節）
C 呂便及迦得支派修改建議（16～19節）
D 摩西答允建議（20～24節）

C’ 呂便及迦得支派確認建議（25～27節）

B’ 摩西公開建議（28～30節）

A’ 呂便及迦得支派確認建議（31～32節）

❻ 16節「挨近」這動詞多用來指建立一個友好或親密的關係（亦偶有指衝突關係，參賽五十8），其應用層面有多個。它可指男人「親近」女人（出十九15），或祭司「親近」上帝（出十九22），但更多是指地位較低的人「挨近」地位高的，以此作為表示友好，並請求幫忙（參創四十三19，四十四18），其中包括請求協助處理案件（參出二十四14；申二十五1）。所以，當位高者吩咐位低者「挨近」或「近前來」，就表示前者向後者施恩或表達善意（參創四十五4；王上十八30）。

第十五章
從出埃及到定居迦南（三十三1～三十六13）

- 回顧：過去行程的記錄
- 展望：在迦南居住之例
- 全書結語

第二代以色列人在戰爭方面的勝利（三十一章）及開始得地（三十二章），標誌著第二代人很有希望進入迦南地，這有別於死在曠野的第一代人。由於以色列人從出埃及開始，直到約旦河東為止的行程及記事，已暫告一段落，接著來的 4 章也沒有接續他們的行程的描述，所以，經文在此為他們的行程作一總結是合適的。這總結一方面回顧以色列人由出埃及起，直到目前在摩押平原的路程；另一方面則展望他們在迦南地的生活情況，所關注的主要是地土分配及承繼的問題。透過這些展望，作者指出上帝的應許仍然有效，仍會臨到以色列人。不過，經文沒有記載他們真正進入迦南地的情況。對讀者來說，以色列人的前景雖然光明，但他們能否真的進入應許之地，則仍是未知之數。或許他們仍會背叛上帝，以致不能進入應許之地。然而，他們仍然是有希望的。這部分經文可分為 3 大段：

1. 回顧：過去行程的記錄（三十三1～49）
2. 展望：在迦南居住之例（三十三50～三十六12）
3. 全書結語（三十六13）

15.1. 回顧：過去行程的記錄（三十三1～49）

這段經文回顧以色列人從埃及的蘭塞出發到摩押平原為止所走過的路程。這回顧除了包括他們所曾經停留過的地點外，還記載一些在個別地點發生的事情。這裏共記載 42 個地方。一些曾經出現過在民數記中的地方卻沒有出現在這個清單中，相反地，其中**有 18 個地方**卻從來沒有出現在聖經其他地方。所以，這張地點的清單應該沒有把所有走過的地方都記錄下來，而是有選擇性的。從內容出發，這段經文可以分為兩部分：引言（1～4節）及行程記錄（5～49節）。

它們是：紅海邊、脫加、亞錄、利提瑪、臨門・帕烈、立拿、勒撒、基希拉他、沙斐山、哈拉大、瑪吉希錄、他哈、他拉、密加、哈摩拿、阿博拿、撒摩拿、普嫩。

分段大綱（三十三1～49）

1. 引言（1～4節）

2. 行程記錄（5～49節）
   甲、從埃及到西奈（5～15節）
   乙、從西奈到加低斯（16～36節）
   丙、從加低斯到摩押平原（37～49節）

15.1.1. 引言（三十三1～4）

這引言先帶出這章經文的主題：以色列人「**所行的路程**」（1節）。「**所行的路程**」（*massa*ᶜ）一詞是複數，原文字根與接著多次提及的「**起行**」（參3、5、6節等；*nāsa*ᶜ）相同，所以，它是指多個的「行程」。這些行程由「**出埃及地**」開始，是以色列人「**按著軍隊**」進行的，故此這個行程有軍事目的。這些行程是在摩西及亞倫的「**手下**」進行的，表示他們是帶領者。

這個引言接著指出這段記錄的作者是摩西，是他按著耶和華的吩咐寫下來的，所寫下的就是這些行程的「出發地」（2節；「和合本」沒有將「出發地」譯出，參「呂振中譯本」）。所以，所記錄的只有出發地點而沒有出發日期（第38節不是例外），也沒有點與點之間的距離（第8節也不是例外）。整卷民數記只有這裏清楚指出摩西將一些事情「**記載**」下來（2節；參出十七14；申三十一19）。

最後，這個引言說明行程開始時的情況（3～4節）。以色列人出發的日期是正月十五日，出埃及記指出逾越節是在正月十四日舉行（3節；參出十二6；參利二十三5；書五10），翌日就離開埃及（出十二29～36），可見這裏的記載與出埃及記一致。出埃及記同樣記載他們出發的地點是蘭塞（3節；參出十二37），並提及以色列人出埃及時是「**昂然無懼地**」（參出十四8；另參 7.2.2.1）。出埃及記沒有明言當以色列人出埃及時，埃及人正在埋葬他們的長子。不過，按出埃及記的記載，時間上也與民數記吻合（參出十二29～36）。這些長子是被上帝所擊殺的，而這也是上帝「**敗壞他們【埃及人】的神**」的方法（4節；參出十二12）。「**敗壞**」一詞原文是由「施行」（*ᶜāśāʰ*）及「刑罰」（*šəp̄āṭîm*）這兩個詞組成，多用來指耶和華刑罰以色列或列國（參結五10，二十五11，二十八22）。

在記錄行程以先，摩西重提當年出埃及的時間及場景，為要說明引發這行程的原因，就是上帝要擊敗埃及人及他們的神祇，帶領以色列人無懼地出埃及。藉此，摩西鼓勵以色列人要勇敢面對當前的路程，相信上帝也可以打敗迦南地的居民及神祇，也會同樣地帶領他們進去應許之地。

15.1.2. 行程記錄（三十三5～49）

這段經文記載以色列人由埃及地的蘭塞起，直到摩押平原所途經的多個行程。這個記載採用了一個基本表達形式「從……起行，安營在……」，偶有附上一些其他資料。整個行程記錄了 42 個地點。這名單沒有將以色列人曾停留過的地方全部記錄下來，只選擇性記下 42 個地方，這些地方應該有特別用意。溫漢將這些地點分為 6 組，每組有 7 個地方（參溫漢：《民數記》，頁247。）：

第一組		第二組		第三組		第四組		第五組		第六組	
1	蘭塞	8	汛的曠野	15	利提瑪	22	瑪吉希錄	29	曷・哈及甲	36	普嫩
2	疏割	9	脫加	16	臨門・帕烈	23	他哈	30	約巴他	37	阿伯
3	以倘	10	亞錄	17	立拿	24	他拉	31	阿博拿	38	以耶・亞巴琳
4	比・哈希錄	11	利非訂	18	勒撒	25	密加	32	以旬、迦別	39	底本・迦得
5	瑪拉	12	西奈曠野	19	基希拉他	26	哈摩拿	33	加低斯	40	亞門・低比拉太音
6	以琳	13	基博羅・哈他瓦	20	沙斐山	27	摩西錄	34	何珥山	41	亞巴琳山
7	紅海邊	14	哈洗錄	21	哈拉大	28	比尼・亞干	35	撒摩拿	42	摩押平原

他認為這些組別有一些規律存在。其中一個規律，是不同組別的對應點有相似的事情發生，例如：第 1（蘭塞）及 8 個出發點（汛的曠野）有神蹟出現，分別是長子被殺及降嗎哪與鵪鶉事件；第 4（比哈希錄）及 11（利非訂）

個出發點同是打敗敵人，分別是埃及人及亞瑪力人等。此外，聖經中某些數字有特別意思（如 1、7 及 12），因此，他認為列於這些數字位置的出發點也值得留意。如第 1 個出發點是過紅海，第 8 個（即 1+7）是獲賜嗎哪，第 12 個是頒布律法等。不過，這些觀察未能解釋大部分的出發點之間的關係。而且，經文並沒有提及溫漢認為重要的內容，而在其中一些地點所附加的資料，也未必有溫漢所相信的重要性。所以，溫漢的觀點只能作參考之用。建基在溫漢將這些地方分為 6 組，而每組 7 個地點這個看法之上，有學者提出另外一種理解方式。這可比喻為以色列人已經走過 6 段流浪曠野的時期，正在等候第七段時間的來臨，亦即是等待安息的來臨。這個安息只能在進入迦南地後才會實現。若果這個看法是合理的話，則這個記錄的目的就是去鼓勵以色列人努力走進安息之中。在五經其他書卷中，當提及以色列人的曠野行程時，也曾出現這 42 個地方中的一些地方（參下表列）。

	民三十三章	民數記	出埃及記	申命記
1	蘭塞（3節）		十二37	
2	疏割（6節）		十二37，十三20	
3	以倘*（6、7節）		十三20（十五22）	
4	比・哈希錄*（8節）		十四2、9	
5	瑪拉（9節）		十五23	
6	以琳*（9節）		十五27，十六1	
7	紅海邊#（11節）		（參出十四21～31）	
8	汛的曠野（11節）		十六1，十七1	
9	脫加#（12節）			
10	亞錄#（13節）			
11	利非訂*（14節）		十七1、8，十九2	
12	西奈曠野（15節）		十九1、2	
13	基博羅・哈他瓦（16節）	十一34		九22
14	哈洗錄（17節）	十一35，十二16		一1
15	利提瑪#（18節）			
16	臨門・帕烈# （19節）			
17	立拿#（20節）			
18	勒撒#（21節）			

19	基希拉他#（22節）			
20	沙斐山#（23節）			
21	哈拉大#（24節）			
22	瑪吉希錄#（25節）			
23	他哈#（26節）			
24	他拉#（27節）			
25	密加#（28節）			
26	哈摩拿#（29節）			
27	摩西錄（30節）			十6（摩西拉）
28	比尼．亞干（31節）			十6
29	曷．哈及甲（32節）			十7（谷歌大）
30	約巴他（33節）			十7
31	阿博拿#（34節）			
32	以旬．迦別（35節）			二8
33	加低斯*（36節）	十三26、二十1、14		一46、三十二51
34	何珥山*（37節）	二十22～28		三十二50
35	撒摩拿#（41節）			
36	普嫩#（42節）			
37	阿伯（43節）	二十一10		
38	以耶．亞巴琳（44節）	二十一11		
39	底本．迦得（45節）	二十一30		
40	亞門．低比拉太音（46節）			（耶四十八22）
41	亞巴琳山*（47節）			三十二49
42	摩押平原*（48節）	二十二1		三十四1

* 表示在民數記第三十三章有附加資料；# 表示這地名只出現在民數記。

正如上文所言，這記錄多個地點都沒有出現在其他書卷中。而且，不少提及的地方也難以確定其真實位置，所以，要知道這個行程的實際路線可說是不可能的。這行程記錄沒有明顯的分段標記。不過，為著方便討論，大概可以按幾個重要出發點分為下列 3 部分：

1. 從埃及到西奈（5～15節）
2. 從西奈到加低斯（16～36節）
3. 從加低斯到摩押平原（37～49節）

15.1.2.1. 從埃及到西奈（三十三5～15）

從埃及地的蘭塞起行到西奈，首尾合起來共有 12 站。除個別地點外，這部分的行程與出埃及記的記載相近（參出十二37～十九1）。

在這行程中，首個附加資料出現在第7節，指出以色列人從以倘起行，但「**轉到**」比・哈希錄。有學者認為「**轉到**」意思是「轉向南行」。經文清楚指出這地點的位置，註明它是「**在巴力・洗分對面**」，然後以色列人便在密奪前面安營（「和合本」沒有將「前面」譯出）。

他們「**從比・哈希錄對面起行**」（原文應是「從比哈・希錄起行」），經過海到了曠野，再用 3 天時間經過伊坦曠野，到達瑪拉（8節）。在這個行程記錄中，只有這裏記載從一個出發點到另一個出發點中間部分行程所需的時間。

過海後的第二站是以琳，這地方值得記念的是那裏的水源，其豐富的程度可容讓棕樹生長。然而，到了第三個站才提及到達「**紅海邊**」，指的可能是較南面之處。再經過 3 個站後，到達利非訂。在此提及缺水一事（參出十七1～7）。接著便到達西奈的曠野。

這段行程記錄所關注的重點，似是在於行程本身及與之有關的事迹，就如在甚麼地方過海，有否經過曠野及水源等。也因為如此，經文便沒有提及在五經中其他地方特別強調的事情，正如在西奈發生的事，或許作者認為這些事情都是讀者所熟悉的，故不必重複了。

15.1.2.2. 從西奈到加低斯（三十三16～36）

從西奈的曠野起行到加低斯首尾共有 22 個站。這段行程的一個特點是，絕大部分的地方都沒有在民數記出現過，也沒有出現在聖經其他書卷。另一方面，民數記十一章3節提過的他備拉卻沒有出現在這行程記錄中。

另一個特點是，這部分記錄中除了簡單註明加低斯是在尋的曠野，便沒有記載任何其他的附加資料。作者似乎認為這段行程沒有甚麼可以值得提及的。

民數記前部分指出摩西從加低斯派出探子，後來引致第一代以色列人被罰在曠野飄流 40 年（十三～十四章）。直至後來在接近這段時期終結時，他們才再次回到加低斯（二十1、22）。所以，這裏的行程記錄並沒有記下以色列人曾（至少）兩次到達過加低斯。這再次證明這行程記錄的內容是經過篩選的，故不應認為可從這記錄得悉以色列人整個曠野行程的路線圖。

15.1.2.3. 從加低斯到摩押平原（三十三37～49）

從加低斯到摩押平原這部分行程，先後共有 10 個站。這行程中的一些地點曾在民數記及申命記出現過。在加低斯後，接著記下的是何珥山。有 3 個附加資料與這地點有關：

1. 標明何珥山是在以東地的邊界，這與二十章23節的內容相同。
2. 指出亞倫是死在何珥山上，並補充二十章22至29節的內容。首先指出亞倫離世的日子是「**出了埃及地後四十年，五月初一日**」（三十三38）；其次是指出亞倫離世時是 123 歲（39節）。當摩西及亞倫面對法老時，亞倫是 83 歲（出七7），在曠野 40 年後，他 123 歲。這兩方面的資料一致。
3. 說明當時迦南人亞拉得王知道以色列人已經臨近迦南地（40節），這與二十一章1節的內容相近。所以，這裏的簡單內容似已假設讀者知道二十一章1至3節的記載。

從何珥山起行到摩押平原的記錄，似是指出以色列人經過以東及摩押的地土（參申二2～13）。這部分的記錄有一個簡單的附加資料，說明亞巴琳山是在尼波對面（47節；參 13.3.1）。此外，以色列人安營在摩押平原那裏剛好是在耶利哥對面（48節）。最後一個附加資料指出以色列人在這裏安營是「**從伯．耶施末直到亞伯．什亭**」（49節）。這指出以色列人營地的大小，有學者估計為約 1.5 平方公里。以色列人就安營在這裏聆聽摩西的教導（參申命記），也是從這裏過約旦河進入迦南地的（參書三1）。

信仰反省

這個行程記錄代表著以色列人對他們過去 40 年人生的回顧：究竟我們走過哪些路呢？有幾點值得思想的地方。第一、這是一個得恩典勝過困難的人生。這行程得以開始是出自上帝的恩典。若果沒有上帝，人能夠昂然無懼出埃及，有新的人生嗎？若沒有上帝的帶領，人能夠去到有水源的地方嗎？若果沒有上帝的恩典，在缺水的地方人仍然能夠平安渡過，繼續行程嗎？

第二、這是一個違命及遵命的人生。有時人會如祭司亞倫般違背上帝的命令，並永遠背負著違命的後果。有人可以如以色列人般遵命，以致可以得勝敵人（如迦南王亞拉得），繼續踏上人生的下一步。在過去人生的路途中，人不免曾經違命，縱然曾經悔改，但傷痕仍在，留下烙印。有時，人因為遵命而願意犧牲及奉獻，就如當年以色列人將所得到的「盡行毀滅」，走在合乎上帝心意的路上。無論何人，他總曾違命，也總曾遵命。人就是要背負著這些一切繼續走下去。

第三、這是一個在平凡中有上帝保守的人生。這記錄中不少地點都沒有附加資料，只有由一站出發，安營在下一站。當中好像乏善可陳，也乏惡可記，平凡得像白開水般沒有甚麼味道。人生中大多時候都是這樣，每日總是幹著很類似的事情，就像起牀、梳洗、上班、放工、回家、看電視及睡覺。然而，若沒有上帝的保守，人能在平凡中得著穩妥安全嗎？起牀時可以弄傷腳，梳洗時可以擦傷面，上班、下班時可以有交通意外，電視機也可以在劇集最精彩的時候出現毛病呢！意外無處不在，也無時不在。得享平凡難道不是出於上帝的照管嗎？因此，這行程得以平凡地繼續下去也就是出於上帝的保守了。

第四、最終的一個關注，就是這是一個怎麼樣的人生。回想過去 40 年，以色列雖然終於來到摩押平原，但他們是怎樣走到目前這個地步呢？40 年的光陰有白費嗎？可以不是這樣走嗎？原來可能只是需要一個月的時間，現在卻用上了 40 年，這值得嗎？人可以因著種種原因，令到自己花了不少光陰，走了不少冤枉路，繞了不少圈子。在感情路上，事業成就上，屬靈的體會上，也是如此。路是走過了，但到了目的地嗎？人是不是可以過一個更美好的人生呢？既然如此，重要的可能是終於已經到了，可以展望下一站，然後想想應該如何再走下去。

15.2. 展望：在迦南居住之例（三十三50～三十六12）

回顧過後，就是展望將來在迦南地過活的日子。這段經文主要關注的是迦南地土的分配及承繼的問題。它多次以「耶和華曉諭摩西」作為開始（三十三50，三十四1、16，三十五1、9；除了三十六1～12節），引入上帝的吩咐。這段經文編排的次序也很合理，先提及地土分配，再提出一個有關承繼產業的問題。當以色列人過約旦河到迦南地後，若要分配該處的地土，他們必須首先趕出當地的居民，破壞他們的神祇及祭壇（三十三50～56）。接著就是依著地的四面界限（三十四1～12），並從各支派中選派領袖去處理分地事宜（三十四13～29）。同時，以色列人亦要為沒有地土的利未人提供他們可以居住的城市（三十五1～8），其中包括 6 座逃城（或稱「庇護城」），亦要為誤殺人者提供安身之處，定下與此有關的律例（三十五9～34）。談過分配地土後，經文轉而討論一個更長遠的問題，就是有關各支派內產業承繼要如何處理（三十六1～12）。所以，這部分的經文可以按以上理解，分為 6 個大段落。

分段大綱（三十三50～三十六12）

1. 趕出迦南居民（三十三50～56）
   甲、引言（50～51節）
   乙、趕出迦南人及其後果（52～53節）
   丙、分地的原則（54節）
   丁、不趕出迦南人的後果（55～56節）
2. 地的四面界限（三十四1～12）
   甲、引言（1～2節）
   乙、南面的界限（3～5節）
   丙、西面的界限（6節）
   丁、北面的界限（7～9節）
   戊、東面的界限（10～12節上）
   己、結語（12節下）
3. 揀選分地之人（三十四13～29）
   甲、參與分地的支派（13～15節）
   乙、負責分地的人物（16～29節）
4. 利未人的城鎮（三十五1～8）
   甲、引言（1節）

乙、利未的城鎮及郊野（2～3節）

丙、郊野及城鎮的規限（4～7節）

丁、城鎮及郊野的分配（8節）

5. 有關逃城之例（三十五9～34）

甲、簡述逃城的設立及功用（9～12節）

乙、詳述逃城的設立及功用（13～29節）

丙、補充（30～34節）

6. 承繼產業之例（三十六1～12）

甲、問題：支派可能會減少產業（1～4節）

乙、回答：只能嫁予同宗族中人（5～9節）

丙、執行：西羅非哈女兒的遵命（10～12節）

15.2.1. 趕出迦南居民（三十三50～56）

這段經文指出當以色列人過約旦河到迦南地時，首先要作的事情，就是趕出迦南人，以及破壞他們的宗教敬拜對象及地方。這是處理地土分配的先決條件。這段經文可分為以下 4 段：

1. 引言（50～51節）
2. 趕出迦南人及其後果（52～53節）
3. 分地的原則（54節）
4. 不趕出迦南人的後果（55～56節）

從以上分段看，趕出迦南人與分配地土兩者關係密切。

15.2.1.1. 引言（三十三50～51）

這引言先指出上帝吩咐摩西的地方是在「**摩押平原——約旦河邊、耶利哥對面**」（50節）。用這短句來描述他們所處的地方，並不是第一次出現（參二十六3、63，三十一12，三十三48），也不是最後一次出現（參三十五1，三十六13）。不過，在此出現就顯得特別合適，因為接著便談及進入迦南地的事情。

與民數記其他地方相似，上帝透過摩西吩咐以色列。吩咐的內容就以「**你們過約旦河進迦南地的時候**」作為前題開始（51節）。「**過**」原文是分詞，有即將發生或甚至正在進行的意思。這用法表達一種迫切性，就是當以色列人進入迦南地以先，上帝迫切需要吩咐以色列留意及遵行的事。

15.2.1.2. 趕出迦南人及其後果（三十三52～53）

這兩節經文記載上帝的吩咐。這可分為兩部分，它們開始時都是用同一個詞（*wəhôraštem*），但其帶出的意思卻剛好相反，分別是「不得擁有」（「和合本」譯為「**趕出**」；參52節）及「擁有、佔領」（「和合本」譯為「**奪**」；參53節）。這個相反意思的用法，也可見於探子事件中（參十四12「**不得承受（那地）**」及十四24「**得（那地為業）**」）。

第一部分的吩咐針對迦南人及他們的宗教（52節）。首先，以色列人要使當地所有的居民「不得擁有」。那麼，不得擁有甚麼呢？經文特別提及「**從你們面前**」，意思是「離開你們」。所以，經文是指使迦南人不得再擁有以色列人的地方，要他們離開這地，所以那是指要將他們「**趕出**」迦南地。在聖經中，「**趕出**」這個動詞的主語多數是上帝（參出三十四24；申四38；書三10等），而這裏的主語則為以色列人，可能暗指上帝也參與在其中，幫助以色列人去「**趕出**」迦南人。

此外，經文用上 3 個句子去描述以色列人該如何對待迦南人的宗教。首兩句是：以色列人要毀滅迦南人「**鑿成的石像**」及「**鑄成的偶像**」。❶「**鑿成的石像**」（*maśkîṯ*）原文沒有「石」一詞，其意思未能確定；不過，學者多認為這應指「神像」，可能是雕刻出來的像。「**鑄成的偶像**」則是指用金屬鑄造出來的神像。第三句指出，除了神像，以色列人也要破壞迦南人的「**邱壇**」。「**邱壇**」（*bāmā*^{h}）意思是指「高處」，既可指位於山上高處的地方，也可以指刻意建造成較高的地方以作獻祭敬拜之用。「**邱壇**」多次在聖經中出現，尤其是在列王紀，主要指不當的敬拜地方（參王上十一7；王下二十三8），或是以色列君王未能完全按上帝心意除去的地方（參王上十五14，二十二43；王下十二

利未記二十六章1節有「石」一字，指雕刻石頭而成的神像。

3）。在這個吩咐中，出現了 4 次「所有」（「和合本」有 3 次翻譯為「一切」），強調以色列人的行動要很徹底，就是要完全地除去迦南人及他們的宗教事物。

第二部分的吩咐，就是命以色列人「擁有、佔領」迦南人的地土（53 節）。這是遵守第一部分吩咐後的結果。擁有這地土就表示他們可以「住在其中」。最後，上帝說明以色列人可以這樣做，是因為祂已將地賜給他們為業。❷

15.2.1.3. 分地的原則（三十三54）

若以色列人遵命趕出迦南人，他們就可以得地並住在其中。這就涉及分配地土的問題，因此，這裏就簡單地重述兩個分地的原則。這節經文的內容呈現扇形結構如下：

A　按家室拈鬮承受地業

　B　人數多就多得地為業

　B'　人數少就少得地為業

A'　按宗族拈鬮承受地業

A 及 A' 是指拈鬮為分地原則，同有名詞「拈鬮」及動詞「承受為業」。B 及 B' 則是用人數作為分地原則，同有名詞「產業」（原文與「承受為業」同字根），其用字與二十六章54節完全一樣。這兩個原則的詳細解釋已見於上文，現不重複內容（參 13.1.3）。這裏重提分地原則，可能是要指出雖然分地的支派有所改變，但原則卻沒有改變。

15.2.1.4. 不趕出迦南人的後果（三十三55～56）

這段經文以「倘若你們不趕出那地的居民」（原文應翻譯為「若你們不把那地的居民從你們面前趕出」，「和合本」沒有將「從你們面前」譯出）作開始，它否定了52節以「趕出」為動詞的分句，然後帶出兩個結論句，分別是「所容留的居民就必作……」及「我素常有意怎樣待他們……」。

若果以色列人沒有把迦南人趕出去，第一個後果，便會從這些「容留」

下來的迦南人而來。他們會成為以色列人「**眼中的刺**」及「**肋下的荊棘**」。這兩個比喻在聖經中只出現一次（參書二十三13有類似的表達）。若把這比喻與下一句（「**在你們所住的地上擾害你們**」）視為同義（「**擾害**」，可參12.2.3），則這兩個比喻就是指迦南人會攻擊以色列人。若將它們與類似的比喻作比較，亦有相似的結論，就是指他們會受到外邦人在政治、軍事上的威脅及攻擊（參結二十八24）。❸

第二個後果，則會從上帝而來，祂會向以色列作祂「**有意**」對迦南人作的（56節）。這裏沒有提及那是指甚麼（有學者提出以出埃及記二十三章27至28節作為參考）。不過，若上帝早已將迦南地賜予以色列人（53節），則表示上帝已決定使迦南人不能擁有這地。若這是上帝早已計劃向迦南人所作的事，則這表示以色列人所將要面對由上帝而來的後果，就是祂要使以色列人也不能擁有迦南地。

這裏提出的是一個警告，甚至可以説是一個咒詛。若果以色列人不趕出迦南人，則在宗教上，迦南人會誘使以色列人敬拜別神；在政治上，他們會攻擊以色列人。不但如此，上帝自己也會對以色列人施行報應，使他們不能擁有迦南地。這意思就是指縱然他們可以進入這地，他們終必會被趕離這地，不得承受這地為業。

15.2.2. 地的四面界限（三十四1～12）

若以色列人要按著提及的原則分配地土，則除了要將迦南人完全趕出去外，也得定下這地的界限。這段經文就是説明這一點。聖經中有時很簡單地以「從但到別是巴」（士二十1；撒上三20；撒下三10，十七11，二十四2、15；王上四25）或是「從別是巴到但」（代上二十一2；代下三十5）去形容以色列地的界限，但亦有較為詳細的形容（參書十五1～十九51；結四十七13～20）。本段經文可以按著地的四面界限細分為 6 段如下：

1. 引言（1～2節）
2. 南面的界限（3～5節）
3. 西面的界限（6節）

4. 北面的界限（7～9節）
5. 東面的界限（10～12節上）
6. 結語（12節下）

15.2.2.1. 引言（三十四1～2）

整段經文以「**耶和華曉諭摩西**」作為開始。當以色列人進入迦南地，他們就要留意這個「**歸**」他們為業的地的界限。「**歸**」（*nāp̄al*）這詞原文似是「拈鬮」（*nāp̄al gôrāl*）的簡稱，在此再次指出分地的方法。這塊地的界限並不是由以色列人去決定，而是在未進入地土以前，耶和華已經決定了。祂就在此向以色列人宣告這界限。

接著描述這地四面的界限。先由南面說起，然後以順時針方向依次說明西面、北面及東面的邊界。在論及方向時，以色列人以面對東面作為出發點。所以，南面就是右手方向，而北面就是左手方向，東面是前面，而西面則是後面。

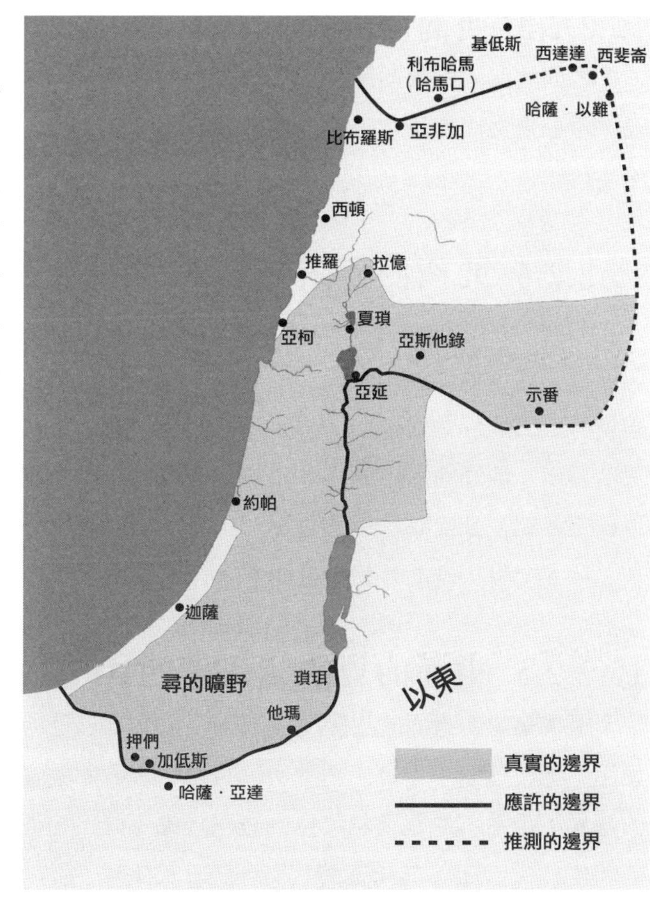

迦南地的邊界。參溫漢：《民數記》，頁265。

15.2.2.2. 南面的界限（三十四3～5）

當說明南面的界限時，先指出這面的邊界主要是尋的曠野，亦是與以東境地為鄰的。接著，就由南界的東面到西面說明其界限（若從以色列人面向東面這個方向作為出發點，則是由上到下說明南面的界限）。南界的東面是鹽海（即死海）。然後，在南面繞過亞克拉濱坡到尋的曠野，再到加低斯·巴尼亞的南邊，再經過哈薩·亞達及押們。最後到南界的西面，即是「**通到海**」，意思是指到達地中海為止。這記載中部分地方——如亞克拉濱坡、哈薩·亞達及押們——的具體地點難以決定。經文並沒有以「這就是你們的東界」作為結語，這有別於西面及北面的描述。

15.2.2.3. 西面的界限（三十四6）

西面的界限則很明顯。以「**大海為界**」是指以地中海為西面的界限。事實上，希伯來文「**西邊**」一字的意思就是「海」。經文以「**這就是你們的西界**」作為結語。

15.2.2.4. 北面的界限（三十四7～9）

北面的界限較難決定。首先不知道應該從「**大海**」——即地中海——哪一個位置的海岸境地開始定北面的地界。接著提及的「**何珥山**」應該不是指亞倫離世時上去的那個何珥山（二十22，三十三38），其實際地點不詳。接著是經過哈馬口、西達達、西斐崙，最後到哈薩·以難為止。在這些地點中，學者難以確定西斐崙及哈薩·以難位置，但它可能是在大馬士革的地界上（結四十七17）。經文以「**這要作你們的北界**」作為結束。

15.2.2.5. 東面的界限（三十四10～12上）

最後是說明東面的界限。「東面」原文意思是「向著、面對」。經文 3 次使用「下」這個字（11〔兩次〕、12節），表示是從北到南這個方向說明東面的邊界。示番、亞延及利比拉的實際地點不詳。這個利比拉應該不是指哈馬地的利比拉（參王下二十三33，二十五6、21）。所以，東面界限的北面地界難以清楚確定。然後地界轉向「**基尼烈湖的東邊**」，亦即是革尼撒勒湖。最後，從這裏向下沿著約旦河到死海為止。

15.2.2.6. 結語（三十四12下）

最後，經文以「**這四圍的邊界以內，要作你們的地**」去總結這個地界的描述。

15.2.3. 揀選分地之人（三十四13～29）

當地四面的界限確定後，接著關注的是分地的問題。這段經文的主要內容，是處理分地給誰人及由誰人去分地這兩個課題。按此，經文可以分為 2 段如下：

1. 參與分地的支派（13～15節）
2. 負責分地的人物（16～29節）

現按此分段析讀內容。

15.2.3.1. 參與分地的支派（三十四13～15）

這部分的內容，與上文提及地的界限及下文負責分地的人物，都有關係。提及地的界限後，就立刻指出（13節）並解釋這地並不是給予以色列所有支派的（14～15節）。解釋過後，有分於這地的各支派就要揀選一個首領出來協助分地，這就是下文的關注。所以，這 3 節經文可以說是從地的界限（1～12節）到分地的人物（16～29節）的過渡經文。

這裏的內容，並不是耶和華吩咐摩西的，而是摩西吩咐以色列人的話。首先，摩西用兩句從屬句子說明上文所提及的土地與以色列人的關係（13節）。第一句從屬句子，指出這土地是按著拈鬮由「你們」承受為業的。這裏再次說明得地的原則是按「**拈鬮**」的結果，主要原因是分地的對象有變，有需要再次說明這個原則。第二句從屬句子指出這地是耶和華吩咐給予 9 個半支派的。這裏的重點是清楚說明分地的對象只有 9 個半支派，而不再是所有以色列人。為甚麼會有這個改變呢？是哪些支派可以分地呢？

所以，摩西接著以「**因為**」來解釋改動的原因（14～15節）。這是因為呂便支派、迦得支派及瑪拿西半個支派已取得產業（14節），而他們所得的產業就是在「**耶利哥對面、約旦河東、向日出之地**」（15節；參 14.2）。所以，現在便改為由其餘的 9 個半支派在迦南地分地。

15.2.3.2. 負責分地的人物（三十四16～29）

既然這地是要分給 9 個半支派的人，所以需要有人負責分地的工作。這段經文將這些負責人的名字宣告出來。經文可以分段如下：

1. 引言（16節）
2. 負責分地之人（17～28節）
   甲、以色列人的領袖（17節）
   乙、各支派的領袖（18～28節）
3. 結語（29節）

這段經文清楚以「**耶和華曉諭摩西**」這個引言作為開始。雖然這似是對摩西一人說，但內容則指出講話對象是「你們」，指所有有關的支派。接著，耶和華以「這是要把地業分配給你們的人的名字」（參「新譯本」）引入一系列的人名。這個引入清楚指出這些負責的人，不是由以色列人自己揀選出來的，而是由耶和華指定的。這情況在第一次數點人數時就已是如此（參一4～5）。這兩者仍有另外一個相同之處。在第一次數點人數時，主要負責的是摩西及亞倫，後從各支派中指定一名領袖協助摩西及亞倫。如今負責分地的人也有這樣的配搭。主要負責的就是祭司以利亞撒及約書亞，前者在亞倫離世後成為他的承繼者，而後者則是摩西的承繼者。因為摩西未能進地，所以約書亞順理成章擔負分地之責。然後，再從各有關支派中取一個領袖來**分地為業**。這些支派及其領袖的名單依次表列如右：

第18節「幫助他們」原文意思是「去分地為業」，而不是指他們幫助以利亞撒及約書亞。

支派	首領名稱	希伯來文	首領名字的意思
猶大	迦勒	*kālēḇ*	狗
西緬	示母利	*šəmûʾēl*	他的名字是上帝
便雅憫	以利達	*ʾĕlîḏāḏ*	上帝是愛友
但	布基	*buqqî*	倒空〔？〕
瑪拿西	漢聶	*ḥannîʾēl*	上帝施恩
以法蓮	基母利	*qəmûʾēl*	上帝起來
西布倫	以利撒番	*ʾĕlîṣāpān*	上帝保護
以薩迦	帕鐵	*palṭîʾēl*	上帝是（我的）拯救
亞設	亞希忽	*ʾăḥîhûḏ*	弟兄的尊榮
拿弗他利	比大黑	*pəḏahʾēl*	上帝救贖

民數記中各支派領袖的名單

民數記中一共出現7次這樣的支派名單：一5～15，二1～31，七12～83，十14～27，十三4～15，二十六5～50，三十四19～28。這些名單可以分為兩類。第一類是以呂便作為首生子而列於名單的第一位（一5～15，十三4～15，二十六5～50），另一類則是以猶大列於第一位（二1～31，七12～83，十14～27，三十四19～28）。不過，無論是哪一類，這些名單都沒有將利未支派數算在內。

另外一個特點是，第一、二、七及十章的名單所列出各支派的領袖，都是同一羣人。這是因為所記載的事情都是發生在從西奈起行前的第一代以色列人。第十三章的名單是那些差去窺探迦南地的探子。第二十六章沒有列出領袖的名稱。而第三十四章則是第二代以色列人首領的名單，故此所有領袖的名字皆未曾出現過。

總括而言，民數記其實只列出過 3 次各支派領袖的名單（第一、十三及三十四章），每次都是代表著以色列人歷史中一個特別時刻：第一章記載以色列人預備行軍進入迦南，充滿著希望及興奮；第十三章則是以色列人在抉擇是否進地時背叛上帝，犯了在整本民數記中算為最嚴重的罪行，以致以色列人在曠野飄流 40 年，第一代人全死在曠野中；第三十四章展望第二代以色列人可以進地並分地為業，再次帶出盼望的信息。

這張支派及其領袖的名單有幾點可以留意的地方。第一、這名單明顯沒有呂便及迦得支派，但同時也沒有特別註明瑪拿西只是半個支派。第二、在這些領袖中，只有迦勒曾經在民數記中出現。其他領袖的名字中有部分可見於聖經其他書卷（如基母利；參創二十二21），有部分則只出現在這裏（如比大黑）；不過，他們都是首次出現在民數記中。這一點並不出奇，因為這些都是第二代以色列人的首領。第三、這個排列次序基本上是依從各支派後來在迦南地從南到北得地的位置。猶大、西緬、便雅憫及但是在南面。這裏先提及猶大，可能是表示猶大的特殊位置，而西緬部分的地是在猶大中間（參書十九1～9）。瑪拿西（半個支派）及以法蓮處於中間位置。在地理上以法蓮在瑪拿西的南面，但可能因為瑪拿西是長子，所以次序上先於以法蓮。餘下 4 個支派則在地的北面。第四、約書亞記中提到分地時，只有提及迦勒的名字（書十四6～15），其他 9 位領袖的名字全都沒有再出現。

最後，這段經文重申上列的領袖是由耶和華所指定的，目的是要在迦南地為以色列人分地（三十四29）。

信仰反省

從三十三章50節起，直到三十四章29節，耶和華為以色列人定下一些理想的情況。理想地，以色列人進入迦南地後，要除去所有的迦南人及所有與他們宗教有關的事物。理想地，以色列人可按照耶和華所定下地的四面界限去承受土地為業。理想地，這些由上帝指定負責分地之人可以按照吩咐去幫助以色列人分地。這 3 個理想各有其重點。第一個理想是要人徹底除去任何阻礙人敬拜耶和華的人或物。第二個理想是指出上帝的應許是有界限的，但同時也是人可以得著的。第三個理想是上帝已為人揀選他們的幫助者，讓他們可以分享祂所賜予的。從這些理想出發，現提出有 3 點值得思考的地方。

第一、上帝將這些理想都放在以色列人的面前，使之成為第二代人的目標及鼓勵。這些內容更具體地向第二代人展視他們將來會是如何的。這是一個應許，既可以成為他們的挑戰，也成為他們的鼓勵。這是上帝所賜的應許，也是由祂作主動的。人有否意識到，上帝期望他們不會受其他人及物影響他們與上帝的關係？人又是否願意完全除去這些會令人偏離耶和華的人或物？至少提醒自己不應受他們左右，就如金錢、權力、名聲及親屬？現代人容易冠以「包容」的名義，對各樣不合乎上帝心意的事情持模稜兩可的態度。這是否就是容讓它們成為「眼中的刺，肋下的荊棘」？

第二、這些理想都是可以達到的，但需要透過人的合作及參與才能成就。人要願意除去「迦南元素」，上帝才能為他們爭戰，使他們得勝。人要有得著上帝應許的決心，肯為此付上代價，才能得著應許之地及豐盛的生命。人要力行先求上帝的國和義，並相信其他所需的祂都會賜給我們。人要忠心及順服，那些被上帝所揀選的人才能夠幫助其他人分享上帝所應許賜予的。上帝為人所定下的理想生活，並不是人垂手可得的，而是要他們願意參與，以及付上代價才能成就的。

第三、可惜理想與現實總有距離。歷史指出以色列人沒有完全除去迦南人及他們的祭壇，以致他們日後的宗教及政治生活大受影響。歷史也說明以色列國從來沒有完全取得上帝所應許賜給他們的土地。上帝所指定負責分地的人，後來再沒有出現過。因為種種原因，就如缺乏信心及不順服，這些理想就沒有實現出來。同樣地，人在生活中所作的種種妥協，也引致信仰的理想不能實現。

15.2.4. 利未人的城鎮（三十五1～8）

由於利未人不能如其他以色列人般可以承受迦南地（或河東之地）為業，所以有需要另外為他們安排住處。這段經文就是說明這點。民數記有一個特色，當處理以色列支派及利未支派的事，往往是先提及十二支派，然後才到利未支派（參：一1～46／一47～54，二／三～四章，十一～十四章／十六章，二十六1～56／二十六57～62），這裏也是如此。這段經文可以仔細分為4段如下：

1. 引言（1節）
2. 利未的城鎮及郊野（2～3節）
3. 城鎮及郊野的規限（4～7節）
4. 城鎮及郊野的分配（8節）

現按以上分段析讀經文內容。

15.2.4.1. 引言（三十五1）

耶和華再次在「摩押平原—約旦河邊、耶利哥對面」對摩西講話。這個地點多次出現在民數記（二十二1，二十六63，三十一12等），但指出上帝在這個地點向摩西講話，則只另外出現在三十三章50節。這是用來強調當以色列人就在這個那麼接近應許之地的地方，上帝指示他們應如何在應許之地過活。

15.2.4.2. 利未的城鎮及郊野（三十五2～3）

摩西對以色列人的吩咐，內容可以分為兩部分，分別是指出以色列人要將何物給予利未人（2節），以及這些物件對利未人有何用處（3節）。

「成為社區」（lāšābeṯ）這詞可看作前置詞 lə 加「結構性不定詞」（infinitive construct）šeḇeṯ，或前置詞 lə 加名詞 šeḇeṯ。šeḇeṯ 這詞出自動詞「居住」。若採納第一個分析，則翻譯為「給……居住」。若採納第二個，則解作「成為社區、住處」。

在第一部分中，經文兩次提及「給利未人」，表示給予利未人的有兩樣物件，它們都是來自以色列人承受為業的地土。第一樣是「城鎮」。以色列人要把城鎮「給利未人居住」（原文可辯作「**成為他們的社區**」）。經文刻意沒有用「承受為業」、「承繼」、「產業」等字眼去形容這些城鎮，目的就是指出這些城鎮只供利未人居住之用，而不是作他們的產業。第二樣是城鎮四圍的「郊野」。嚴格來說，這郊野之地也是屬於城鎮的。

在第二部分中，經文接著分別說明城鎮及郊野對利未人的用處。首先，城鎮將會歸利未人作居住之用。不過，這並不表示這些城鎮只容許利未人居住。因為這些城鎮其實是取自各支派所承受為業之地，所以這些支派的人也會住在其中（參書二十一11～12）。其次，郊野則作為利未人牧放牲畜及其他動物之用。這些牲畜包括牛、羊及其他動物，可能包括驢等。❹

15.2.4.3. 郊野及城鎮的規限（三十四4～7）

提及城鎮、郊野後，接著就按相反次序補充有關郊野的指令（4～5節），以及有關城鎮的補充資料（6～7節）。

經文用兩種方法去規限屬於城鎮的郊野的大小。第一個方法從「城根」開始

（原意是「城牆」），四面向外量度1,000肘（約450公尺；參下左圖）。從「城牆」起量度，很可能是指從城牆的外圍起量度。第二個方法則指出是在「城外」的四面各量度2,000肘（約900公尺；參下右圖），而城鎮則在中間的位置。這兩個方法看似不同，但基本上卻相當接近，只是需要假設這些城鎮是很細小的。這個假設十分合理。這不單符合當時社會的情況，而且周圍只有0.81平方公里的郊野供城中的利未人放牧之用，也指出這個城鎮的人數及畜牲數目不可能很大。

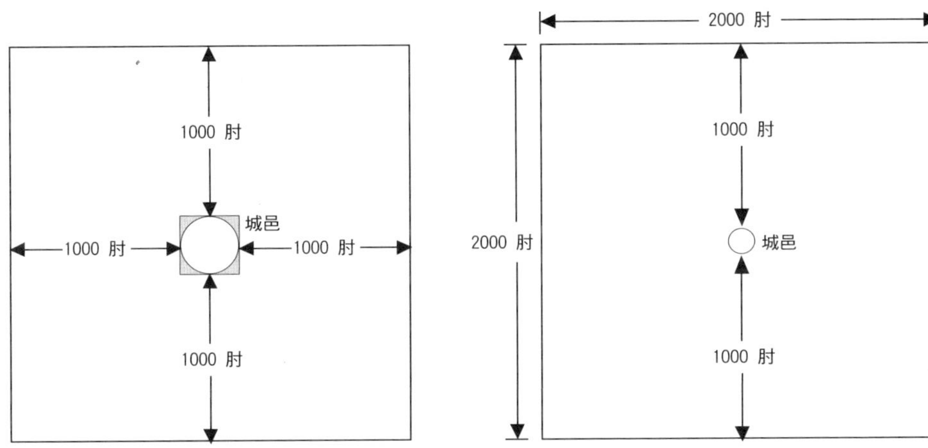

修改自溫漢：《民數記》，頁266～267。

接著上帝指令要給予利未人作為居所的城鎮的數目，當中分為兩類。第一類共有6座，稱之為「**逃城**」，讓那些「**誤殺人的可以逃到那裏**」。至於何謂誤殺人及具體的指引，則在9至34節說明。第二類則不是逃城，共有42座。總結起來，給予利未人的共有48座城鎮及屬於它們的郊野。

15.2.4.4. 城鎮及郊野的分配（三十五8）

最後，上帝定下一個分配城鎮予利未人的原則，就是「**人多的就多給，人少的就少給**」。意思就是：若一個支派的人較多，他們就要多把一些城鎮交出來給利未人居住。值得留意的是，這個原則曾出現過兩次（二十六54，三十三54）。這兩段經文都是以這個原則來決定迦南地應該如何分給以色列各支派，而現在就用同一個原則來決定如何分配城鎮予利未人。

不過，這個原則後來似乎並沒有執行出來。給予利未人的這 48 座城鎮，是接近平均地從十二支派中分配出來的，儘管這些支派無論在人口數目或地土的大小上，各有差異（參書二十一章）。

信仰反省

雖然這段經文內容主要是與利未人的城鎮有關，但在這短短 8 節經文中，「給」這個字卻出現了 9 次，每次的主語都是以色列人。這段經文中心思想之一，是教導以色列人如何「給」予利未人居住生活之處。對於這些沒有自己產業，而是被上帝特別揀選出來服事祂的人，以色列人有責任讓他們有安居之處及生活的條件──放牧。上帝又定下每支派該給予多少城鎮予利未人，採用的就是「多有多給，少有少給」這個簡單的原則。這兩點就成為現今我們如何對待傳道同工的提醒。

上帝安排利未人散住在十二個支派所得的土地之中，這做法有很明顯的神學意義。在曠野行程中，上帝透過會幕住在以色列人中間，與他們同行。進入迦南地後，上帝的同在當然仍然可見於會幕（及後來的聖殿）中。不過，上帝的同在並不只集中在會幕中，也藉著利未人散居在以色列人中間，反映上帝住在他們中間。經文展示出上帝的同在可以有不同的表達方式，既可以較為集中地透過在一個固定的地點──聖所，也可以較為分散地透過人──利未人，呈現出來。所以，表達上帝同在的形式可以是集中在一處，但也可以是透過分散在各處的利未人。

既是如此，則縱然利未人散居在迦南全地，他們仍要持守著他們的身分，以致其他人可以透過他們看見上帝的同在。因著這身分，利未人只有居住及放牧的地方，不像其他支派般可擁有產業，因為惟有耶和華才是他們的產業。這樣的生活模式或信念，亦同時成為我們的提醒：基督徒如何與其他人不同？如何在與自己不同的人中間展示上帝的同在呢？甚麼才是我們的產業呢？是地上的財產，還是上帝自己呢？

15.2.5. 有關逃城之例（三十五9～34）

上述有關利未人的城鎮的吩咐中，已經提及有 6 座城是逃城，讓誤殺人者可以逃到那裏（6節）。本段經文將這點的內容更詳細說明出來。從整部分有關在迦南居住之例的經文出發，有關逃城之例可以說是關於以色列人中部分特別人物（即誤殺人者）的居住之例，同時也關注到以色列人要如何保持迦南地土的潔淨。這段經文主要內容是逃城的設立及功用，其中用了較長的篇福去界定甚麼是誤殺及說明仲裁的程序。經文可以仔細分為如下段落：

1. 簡述逃城的設立及功用（9～12節）
2. 詳述逃城的設立及功用（13～29節）
   甲、逃城的設立（13～15節）
   乙、謀殺與誤殺（16～23節）
   丙、仲裁的程序（24～29節）
3. 補充（30～34節）
   甲、見證人的規定（30節）
   乙、不可代贖的神學理據（31～34節）

現按以上分段解釋經文內容如下。

15.2.5.1. 簡述逃城的設立及功用（三十五9～12）

經文以多次出現在民數記中的「**耶和華曉諭摩西**」開始一個新的吩咐。這吩咐內容的前題是以色列人「**過約旦河，進了迦南地**」，當中「**過**」這詞以分詞形式去表達。這表達形式與三十三章51節相同（參 15.2.1.1）。這吩咐分為兩部分。第一部分是設立逃城（11節上）。「**分出**」這詞原文可解作「使……遇見或出現」（參創二十四12，二十七20），這裏指要使一些城鎮「出現」，成為「**逃城**」。「**逃城**」一詞更準確的翻譯應為「庇護城」。經文這裏沒有提及庇護城的數目，這留待下文才詳細說明。

「誤」一字的意思，可參十五章22至23節的討論（參7.2.1.1）。

第二部分的吩咐，內容與庇護城的功用有關，就是讓「**誤殺人的可以逃到**」那裏（11節下）。這裏「**誤殺**」是指犯事者知道律例的要求，但無意中殺了人，違反了律例。經文接著就解釋誤殺人者要逃到那幾座城中，原因是這些城會成為殺人者庇護之處，使他不會被「**報仇人**」所殺，直到他在「**會眾面前聽審判**」。

報仇人

「報仇人」的原文意思並不直接與報仇有關，其原文字根動詞指「贖回」（*gā'al*）。贖回者其中一個責任是贖回親屬因為窮困而變賣的土地（利二十五25；參耶三十二7～15），或是贖回那些將自己變賣為奴的親屬（利二十五48）。此外，他還是「叔娶寡嫂」制的負責人（申二十五5～10；得三13）。要娶已逝去而沒有兒子的兄弟或親屬的妻子，目的是生子去接續已逝者的名聲。他亦是承受一個已死親屬該得的賠償的人（民五8）。所以，當一個家族中有成員蒙受損失，贖回者就要負責解決這個損失。因此，若家族中的一個成員被殺，贖回者就要處理家族中這個損失，而處理方法就是殺死這個殺害其家族成員的人，使對方家族也蒙受這個損失。這可以說是「以眼還眼」（出二十一23～25；利二十四20）這普遍法則的一個應用。經文有時稱這位贖回者為「報血仇的人」（民三十五19、21、24、25、27）。

既然誤殺人者殺了人，那被殺的報仇人（或贖回者）要將誤殺人者殺掉。而庇護城就可讓誤殺人者暫時居住，不容報仇人將他殺死，直到他經過審判決定實情如何後，才作進一步處理。具體詳情則在接下來的經文中說明。❺

15.2.5.2. 詳述逃城的設立及功用（三十五13～29）

簡單提及庇護城的設立及功用後，便提供更詳細作解釋，其內容主要環繞3方面，分別與庇護城的數目與位置、誤殺人的定義及訟裁的過程有關。

它們是在迦南地的基低斯（拿弗他利）、示劍（以法蓮）、希伯崙（猶大），以及在約旦河東的比悉（呂便）、基列·拉末（迦得）及哥蘭（瑪拿西）。參約書亞記二十章7至8節。

■ 逃城的設立（三十五 13 ～ 15）

首先，經文指出庇護城有 6 座（參6節）。然後，用兩個平行句子補充說明城的分佈，在「約旦河東」有 3 座，在「迦南地」也有 3 座。這表示河東那片屬以色列兩個半支派之地，並不算是迦南地，不過這地仍算是以色列所得為業之地。這裏沒有說明是哪 6 座城鎮，但**名字卻記載於約書亞記**。經文亦補充指出這些庇護城不單可以供以色列人，也可供「**他們中間的外人，並寄居的**」（「**外人**」及「**寄居的**」可以理解為重言法，意指「寄居的外人」）作為庇護城。

■ 謀殺與誤殺（三十五 16 ～ 23）

其次，經文解釋何謂誤殺。它先說明何謂謀殺，以此來與誤殺作對比。用來衡量是否謀殺的方法有二，分別是殺人的手法（包括殺人的工具及動作）及殺人的動機。

經文先用 3 句平行的句子表達殺人的手法，以及以完全相同的用字說明殺人者的結果（16～18節），然後再指出報血仇者的角色（19節）。經文可表列如下：

攻擊人的工具	攻擊人的動作及後果（原文字眼完全一樣）	對殺人者的評語	殺人者的結果
16倘若人用鐵器	打人，以致打死，	他就是故殺人的；	故殺人的必被治死。
17若用可以打死人的石頭	打死了人，	他就是故殺人的；	故殺人的必被治死。
18若用可以打死人的木器	打死了人，	他就是故殺人的；	故殺人的必被治死。
			19報血仇的必親自殺那故殺人的，一遇見就殺他。

留意這個表達方式的 4 個元素：

1. 攻擊人的工具：它可分為兩類。第一類是鐵器，是肯定可以殺死人的，所以不必另外註明。第二類是石頭或木器，這些器皿必須是可以拿在手中的，其大小可以視為「**可以打死人的**」（原意是「人可以因它而死的」）。不過，單是使用第二類工具而使人致死並不表示這就是謀殺。
2. 攻擊人的動作及後果：在這 3 個情況中，經文一致使用「**打**」這個字來形容攻擊人的動作。這有別於下文所用的動詞（「**推倒**」、「**把物扔在……**」）。所以，使人致死的動作，以及使用致死的工具——而不是學者一般認為只是殺人的工具——才是衡量是否謀殺的重要準則。因此，這個行動配合這樣的工具，就被視為有意殺人。

3. 對殺人者的評語：若在以上這些情況使人致死，他就是一個「**故殺人**」（*rōṣēaḥ*；意即「殺人者」）。這字原文字根只是解作「殺人」，而沒有分別出有意或無意。

4. 殺人者的結果：殺人者的結局就是「**必被治死**」。這用語一般表示直接死在人的手中，而不是上帝的手中。接著，經文就指出「**報血仇的**」可以殺死那殺人者，而執行死刑的時機就是當報血仇者「**遇見**」殺人者。雖然如此，但下文指出會眾必須首先作出訟裁，決定這殺人者的殺人動機及作出宣判。

除了殺人手法外，經文亦關注到殺人動機及其後果（20～21節）。經文可以表列如下：

攻擊人的原因	攻擊人的動作及後果	對殺人者的評語	殺人者的結果
20人若因怨恨	把人推倒，		
或是埋伏	往人身上扔物，以致於死，		
21或是因仇恨	用手打人，以致於死，		那打人的必被治死。
		他是故殺人的；	報血仇的一遇見就殺他。

留意這個表達方式的 4 個元素：

1. 攻擊人的原因：這次強調的不是工具，而是動機，分別是「**怨恨**」、「**埋伏**」及「**仇恨**」。這些用字的具體意思留待22至23節作討論。

2. 攻擊人的動作及後果：「**推倒**」一詞解作推碰的動作，有驅趕的目的，所以多用來指耶和華驅趕敵人（參申六19，九4；書二十三5；伯十八18；耶四十六15）；「**扔物**」則沒有說明是扔何物，似乎這點並不重要；「**用手打人**」這動作應留意「**打**」的工具不是上述所指會致人於死的，而是人的手。

3. 對殺人者的評語：參上文討論。
4. 殺人者的結果：參上文討論。

這次的表達形式雖較上文少重複用語，但其內容仍然是很清楚的。

經文接著便討論與上述兩個類別相反的情況，用以說明何謂「誤殺」，不過這裏並沒有使用這個字眼（22～23節）。這裏討論的重點明顯在於動機，但亦略略提及手法。討論各動機的次序則是與上文相反，所以經文呈扇形結構。現將經文對應表列如下：

A（怨恨） [20]人若因怨恨把人推倒，
B（埋伏） 或是埋伏往人身上扔物，以致於死，
C（仇恨） [21]或是因仇恨用手打人，以致於死……
C'（仇恨） [22]倘若人沒有仇恨，忽然將人推倒，
B'（埋伏） 或是沒有埋伏把物扔在人身上，
A'（怨恨） [23]或是沒有看見的時候用可以打死人的石頭扔在人身上，以致於死，本來與他無仇，也無意害他。

基於以上的對應，便有以下3點可注意的：

1. 「若人沒有仇恨，忽然將人推倒」：這句提及的動機是「仇恨」，但相隨行動卻不是「用手打人」，而是「將人推倒」（22節）。這正好指出以哪一種具體的動作其實並不重要，重要的是動機帶來的行動而引致人死亡。經文將「仇恨」與「忽然」作為對比，似是指出要證明殺人者有「仇恨」，即是要證明他在過去有類似的惡意行為，而不是一個突然的行動。
2. 「沒有埋伏把物扔在人身上」：「埋伏」一詞正好指出是事前有計劃的行動。
3. 第21節沒有使用「怨恨」一詞，不過，若同意以上結構，則可以理解「怨恨」的相反就是「無仇」及「無意害」人。「無仇」的意思是「不是敵對的」，而「無意害」的意思是「沒有尋求傷害他」。這兩個短語

可對應於「**沒有看見的時候**」，即是說明兩人過去沒有不和，事發時也不是著意針對死者。

總結而言，一個人會被視為「殺人者」是基於兩方面的考慮。第一、用擊打人的行動配合可以致人於死的工具，就被視為殺人。第二、縱然沒有使用可致人於死的工具或是擊打人的行動，但若證明是帶著「怨恨、埋伏、仇恨」的動機的行動，而又致人於死，則就是殺人。反過來說，誤殺者可以有以下情況。第一、沒有「怨恨、埋伏、仇恨」這些動機的行動而致人於死。第二、縱然使用可致人於死的工具，但若在不知情的情況下（「**沒有看見**」）致人於死，或是沒有使用擊打人的行動，則**不算是殺人**。

十五章22至31節中也曾指出「誤犯」與「擅敢行事」的分別。

■ 仲裁的程序（三十五 24 ～ 29）

當有殺人的事件出現時，殺人者很可能會逃到庇護城，免得被報血仇者所殺（參12節）。接著，會眾或是會眾的代表，就在殺人者及報血仇者中間作出審訊及裁決，而裁決的依據是「**典章**」（原文是「這些典章」；「和合本」漏譯「這些」），指的就是16至23節所定的條例（24節）。經文沒有直接提及在何處進行審訊，但應該不會是在庇護城中（參25節），也很可能不會在殺人者的產業中（參28節）。

經過審訊後，若裁定殺人者是蓄意殺人，則按上述條例，報血仇的人可以將殺人者殺死。所以，報血仇者並不是在報私仇，而是代表會眾去執行死刑。若裁定殺人者是誤殺，則會眾要「**救這誤殺人的脫離報血仇人的手**」，意思就是把殺人者送回到他之前逃到的那個庇護城中（25節上；「和合本」只簡單翻譯為「**也要使他歸入逃城**」）。殺人者就要住在那城中直到**大祭司**離世為止（25節下）。若殺人者在這期間離開庇護城（包括其附屬郊野），則報血仇者可以在城外將他殺死。報血仇者並不因此而有「**流血之罪**」（27節），意即他不會因此而承

經文形容大祭司為「受聖膏的」，原文是「用聖油膏他」。凡大祭司，膏油是倒在他頭上，這有別於其他祭司只是彈油在他們的衣服上（利二十一10）。

擔殺人之罪，不會被判決為殺人者，不會受另一個報血仇者所殺或是被迫住在庇護城中。

大祭司逝世後，住在庇護城的誤殺人者就可以離開這城，「**回到他所得為業之地**」（28節）。所以，大祭司的死可以説是有「代贖」的作用，使誤殺人者可以因著他的死而得自由，回到本來屬於他的地土居住，也不容報血仇的人再去殺他。

以上的經文沒有提及一個人會被裁定為沒有殺人。這是因為經文已假設當事人是從庇護城中被拿出來受審判的。最後，經文指出上文提及的處理方法，無論是在以色列的所有住處，以及在任何時候都是以色列人應當遵守的「**律例典章**」（29節）。

15.2.5.3. 補充（三十五30～34）

這部分補充一些與殺人有關的律例，並提供神學理據去解釋這些律例的要求。

■ 見證人的規定（三十五 30）

第一個補充指出，若要裁定一個人是殺人者，則需要有多個見證人去證明此事。若只有一個見證人，則不能因此裁定一個人殺了人，而使他受死（30節）。經文沒有提及要多少個見證人才足夠，但其他書卷則指出 2 個或 3 個（申十七6，十九15）。

■ 不可代贖的神學理據（三十五 31 ～ 34）

第二個補充指出，不可為蓄意或無意殺人者用贖價來代替他應該受的裁決（31～32節），然後就指出這個禁令的神學理據是甚麼（33～34節）。

第一個情況是針對那些「**犯死罪**」的人，所指的應是那些蓄意殺人者。上帝命令人不能收取「**贖價代替他的命**」，因為殺人者「**必被治死**」。這命令是針對那報血仇者説的，指出報血仇者只是執行裁決的人，並不能私相授受，以收取贖價去代替殺死殺人者。第二個情況是針對那些逃到庇護城的人。同樣，不能以贖價去代替一個人因殺人而應受的制裁，就是不能容讓他在大祭司未死以前回到他在地上居住之處（「和合本」未有清楚翻譯「回到」一字）。這兩個禁令與其他古代近東國家的處理明顯不同。其他國家容許以金錢作為殺人的贖價，但在以色列中卻不容這樣做。這反映出以色列信仰對生命特別尊重。❻

接著經文以兩句句子說明以上禁令的神學理據，每句均以命令作為開始（「和合本」沒有將第33節首句翻譯為命令式語句），接著以「**因為**」帶出原因。在第一句，上帝命令以色列人不可「**污穢**」他們在其上的地土（33節上；原文無「和合本」所翻譯的「**住**」字）。❼ 接著，經文就指出污穢地土的原因是因為血。血所代表的就是生命，包括動物及人類的血（參創九4；利十七11）。經文這裏特別關注的是無辜人的血。所以，經文進一步作出解釋。若有人「**流人血**」，即殺死無辜的人，那麼這血就會污穢地土。解決的方法就只有一個，就是要「**流那殺人者的血**」，即是將殺人者殺死（**這個理念**也可見於創世記九章6節）。惟有如此，流在地上的血才可以得贖，意思是指取去這血對地土的影響。既然如此，那麼無論殺人者是否蓄意，他所流人的血，對地土的影響就不能藉著收取贖價而得以除去。對於蓄意殺人者，他就應該被殺；對於無意殺人者，他就要留在庇護城，而由大祭司的血（即他的死）作為代贖。經文至此仍沒有說明地土受污穢有何後果，這就在下一句中交代出來。

上帝禁止人在禮祭以外宰殺牲畜，否則就會被剪除（參利十七章）。這些律例都強調生命是極其神聖的，應受尊重。不但是人的生命，連動物的生命也是如此。

第二句中的命令與第一句的幾乎相同，但也有差異之處。首個不同之處是用「**玷污**」來代替「**污穢**」。「**玷污**」這詞比「**污穢**」普遍得多，多翻譯為「成為不潔」（參 2.4.1 專欄：「簡論不潔的類別」）。第二個不同之處是經文清楚指出這地是以色列「**住**」在此的，並再強調這地也是「我【耶和華】住在它中間的」（34節上；「和合本」翻譯為「**我住在其中之地**」）。接著的經文以「**因為**」強調「**我—耶和華住在以色列人中間**」這個原因。經文兩次使用「在中間」一詞表示耶和華既在地的中間，亦在以色列人的中間，而這正是以色列人不可玷污地土的原因。類似的說法也曾出現在民數記中（參五3），上帝的神聖同在，不容地成為不潔，所以，以色列人必須保持營地的潔淨。這裏的經文沒有提及地土不潔的後果。不過，其他經文則指出這會令地土將人吐出去（參利十八24～30，二十22），即是將人驅逐離開地土，或是使地不出產（參創四10～12；撒下二十一1），或是上帝會離開不潔之地，使人不再受到保護（參結八～十一章）。從民數記整卷書的編排看來，這段經文關注的，不單是將一些地方分配予誤殺人者，更重要的是讓第二代以色列人知道應如何保持地土的潔淨，以致人可以繼續好好地活在地土上。

從三十五章9至34節的討論，可總結出以下各點：

1. 只有殺人者才需要受到審理，其家人朋友不受影響。
2. 執行審理仲裁殺人者的是會眾（的代表），而不是死者的家屬。
3. 被裁定為謀殺人者會被治死，主要是透過報血仇者的手。
4. 被裁定為誤殺者須住在庇護城中，直到大祭司離世後，才可歸回自己的產業。若他在期間離城，則報血仇者可將他殺死。
5. 無論是謀殺或誤殺，均不能以贖價取代殺人者當受的制裁。
6. 庇護城的功用有二：供殺人者逃到此處等候審訊；供裁定是誤殺人者居住於此。
7. 這些庇護城是供利未人居住之處，所以利未人似有責任收留誤殺人者。
8. 耶和華住在地土中間，也在以色列人中間，所以人不得流人血玷污地土。

信仰反省

這段經文一個很強烈的信息，就是對生命的尊重。有幾點可以留意。第一、蓄意殺人者的血會被人所流，無意殺人者就要過一種「放逐」的生活。這些對殺人者的裁決正反映出生命是應該如何受到重視。對無論是蓄意或無意殺人，殺人者總要對殺人的行動付出代價。對生命的尊重就反映在對人的尊重之上，對人心裏懷恨的，或是尋求別人的不幸的，就可以說是殺人了。另一方面，對人仇恨的結果可能是將自己放逐，不能歸家。這就是信徒應該持有的態度及警醒。第二、殺人（蓄意或無意）都會玷污地土，與神聖的上帝有衝突。恨人與殺人並不只是對人的傷害，也是對神聖的冒犯。而後者甚至可以說才是最重要的原因。第三、逃城可以反映上帝的公義及憐憫。對無意殺人者來說，逃城是個蒙憐憫的地方。也許教會就是這樣的一座逃城。在城中的人是已蒙憐憫的殺人犯，他們要去接待其他這樣的人，讓他們在其中找到安息。

15.2.6. 承繼產業之例（三十六1～12）

這段經文沒有如上文數段經文般，以「**耶和華曉諭摩西**」作為開始，而是以瑪拿西支派的幾個領袖向摩西提出查問引入內容。經文建基在西羅非哈女兒可以承繼產業的定案之上（二十七章），引申到如何可以持守整個瑪拿西支派及其他各個支派所得的產業。經文可以仔細分為 3 段如下：

1. 問題：支派可能會減少產業（1～4節）
2. 解答：只能嫁予同宗族中人（5～9節）
3. 執行：西羅非哈女兒的遵命（10～12節）

15.2.6.1. 問題：支派可能會減少產業（三十六1～4）

瑪拿西支派的族長來到摩西及以色列人領袖面前提出問題。經文特別提及這些族長是瑪拿西的後裔瑪吉的後人基列的子孫（1節）。按三十二章39至40節，瑪吉及他的後裔佔領約旦河東基列之地，並蒙摩西允准他們得這地為業。在提問以先，他們先說明相關的背景資料，主要有兩點。第一、摩西按上帝吩咐，用拈鬮的方法將迦南地分配予以色列人（參二十六55，三十四13）。第二、摩西按上帝吩咐，將沒有兒子的西羅非哈所該承受的產業分予他的眾女兒（參二十七1～11）。下文會清楚說明這兩點的重要性及關係。

接著，他們就提出他們的擔憂。假如西羅非哈的女兒成為以色列中別個支派的人的妻子，❽ 那麼屬於她們的產業就會轉移（3節）。這些首領首先指出

「她們的產業就會從我們先祖的產業中被減去」(「和合本」沒有完全翻譯此句子;「被減去」〔原文字根:*gāraᶜ*,參九7,二十七4〕),然後才說這些產業會加在她們的丈夫所屬支派的產業之上。最後,他們再次強調自己支派(即瑪拿西支派)所拈鬮的產業就會「被減去」了。他們兩次提及自己支派的產業被減少,但要留意他們先提及「我們先祖的產業」(3節上),後轉為「我們的產業」(3節下),表示後者才是他們真正的關注。

為了進一步表示他們的關注是合理的,他們指出縱然有禧年這個制度,對他們也沒有幫助。若有人將自己的地業賣給別人,則在禧年時(就是 7 個安息年後那一年,即第五十年)賣地者可以贖回自己的地業。若他沒有能力贖回,則買地者要將地歸回賣地者(利二十五13～17,23～28)。所以,禧年只是與被賣的土地有關,與承受為業之地無關。因此,即使到了禧年,西羅非哈女兒的產業也只會加在她們丈夫的支派中,並從他們先祖支派的產業中被減去。

15.2.6.2. 回答:只能嫁予同宗族中人(三十六5～9)

摩西就按著上帝的命令回應瑪拿西支派領袖的提問。他的回應有 3 部分。第一、摩西指出「**約瑟支派**」的人所說的「**有理**」,即是指「對的」的意思(5節)。

「約瑟支派」原文應是「約瑟子孫的支派」,在聖經中只在這裏出現,而真正的「約瑟支派」的原文也只出現一次,那是指瑪拿西支派(十三11)。

第二、摩西代上帝向西羅非哈的女兒宣告一條特殊的指令。她們可以「**隨意嫁人**」,原文意思為她們可以按她們看為好的,成為別人的妻子。不過,她們只可嫁入她們父親那個支派中的家族中(6節)。值得留意的是,這個指令所強調的是嫁予同一個家族中的人。然而,這個指令的目的是使以色列人的支派的產業,不會由一個支派轉到另外一個支派,背後的原則是每人都要「**守**」著自己支派的產業(7節)。「**守**」(希伯來文字根為 *dāḇaq*)的基本意思是「緊靠、緊貼」,既可指空間上的貼近(參撒上十四22;代下三12),也可以指情感上靠近(參創三十四3;申十20)。民數記的用法較為少有。

第三、接著,摩西就宣告一條普遍的指令,指令適用於所有在以色列支派中承受產業的女子，就是那些沒有兄弟的女子，按著二十七章1至11節的規例能夠承受父親的產業。她們也同樣只能嫁在她們父親的支派中那個家族中，以致每人都可「承受他祖宗的產業」（8節）。「承受……產業」所指的不是一般「承繼產業」，而是指「繼續保留作為產業」，這用法並不普遍。這指令是將對西羅非哈女兒的指令普及化，應用在所有這類情況中。最後，摩西以與第7節差不多相同的字眼，重複這樣做法的目的。

值得留意的是第三十四及三十五章提及分地時，都沒有明言一個支派拈鬮得來的產業不可以轉移到另外一個支派。不過，若河東的瑪拿西半個支派對河東之地特別重視的話，他們在這方面的關注就似乎很順理成章。而上帝透過摩西在這裏的宣告就對此問題作了補充。

15.2.6.3. 執行：西羅非哈女兒的遵命（三十六10～12）

經文先指出西羅非哈的女兒遵命而行（10節），然後就具體指出她們嫁給她們的堂兄弟為妻，就是嫁入瑪拿西支派中（11～12節）。嫁給她們的堂兄弟的重要性，不單是保留產業在瑪拿西支派中，更是保留產業在河東之地中（因為瑪拿西支派中瑪吉的後裔得河東地為業），這就是為何經文多次提及同一個宗族，而不只是支派的原因。另外一個原因，是與承繼之例有關的。二十七章5至11節的析讀曾指出承繼人的次序是：兒子、女兒、弟兄、叔伯及最近的親屬。所以，當西羅非哈的女兒嫁與她們的堂兄弟時，她們的產業其實就是歸入西羅非哈的弟兄之中。這是一個配合已有律例的做法。

這段經文的重點似是指出每個支派作為一個單元，都要保持他們所分配得到的產業，不過要達成這個目的，就要規限承受產業的女子的婚嫁對象。這些對象不單是要在同一個支派中，甚至需要在與她們父親的同一個宗族中。這段經文再次強調第二代人是遵命的，因而表示這代人是有希望的。此外，回應民數記開始時說明各支派無論在安營或是起行，都有他們的位置，這段經文同樣也強調秩序的重要性，就是各支派需要保持他們所承受的地土，維持分配迦南地土後各支派所在的位置。不過，不同的是，民數記開始時所談到的秩序，是在曠野的行程中出現，是當下的；但這裏提及的秩序卻是在將來才出現，並且發生在整個迦南地土上的。

信仰反省

這段經文第一個值得留意的信息，就是提問者所呈現出來對將來的關注。這次向摩西提問的，不是西羅非哈的女兒，而是瑪拿西支派中基列後人的族長。他們關心到自己支派所承受為業的地土的前景。當他們向摩西提問時，這當然表示他們相信上帝應許賜予他們地土。然而，他們並沒有停留在這不久可以成真的應許之上，他們更關心到如何去保持地土的完整性。當然，他們的關注，可以被理解為要保護自身的利益。不過，他們的關注，也可以理解為他們要去維持上帝所吩咐他們要遵守的秩序，就是各支派在迦南地的位置。作為領袖族長，他們的眼光要比其他人放得更遠，更關注到如何遵行上帝的吩咐。

第二點就是人要為遵行上帝所定下的秩序付出代價。為著要將自己支派的產業留在支派當中，承受產業的女子（如西羅非哈的女兒）就要嫁給與她們父親同宗族的男子。要維持上帝定下的秩序，人就要對自己所能作的事情劃上界線。當人接受及擁抱上帝定下的秩序及價值時，他們就同時要願意放棄一些選擇。這些選擇也許不只是侷限於婚嫁，還包括其他價值取向。

15.3. 全書結語（三十六13）

二十二章1節初次記載以色列人在約旦河東面（參二十六3、63，三十一12，三十三50，三十五1），耶利哥對面安營。到了三十六章13節，經文再次提及這個地方，並指出上帝就是在這裏藉著摩西吩咐以色列人這些「**命令典章**」。所以，這些「**命令典章**」所指的，應該是從二十五章1節至三十六章12節中所提及的內容。這些內容都是與第二代人要進入迦南地的事情有關，包括設立新的領袖帶領他們，兩個半支派在河東得地，在迦南地獻祭，分配迦南地，以及其他與居住在迦南地有關的律例。這些律例既是以色列人要守的「**命令典章**」，也是上帝持續對他們的應許。因此，這節經文以一個前瞻性、正面及開放的角度去結束這書卷。

溫習及思考問題

1. 試列出這一章所記述以色列人行程中經過的 42 個地方。這明顯是一個「回顧」的記載。「回顧」對於人有何重要意義？
2. 第三十三章記載了以色列整個行程，當中曾記載一些發生事情的片段。這樣的記載目的何在？有些地方沒有記載發生的事件，其目的又何在？
3. 以色列人若不將迦南人趕出，會有甚麼後果？甚麼是你的「迦南人」？若要承受神的國為業，你會把甚麼趕出去？
4. 利未人入迦南後如何安居？「利未人在地上沒有產業」這吩咐對你有何提醒？
5. 根據哪些元素來定斷一個人為謀殺者或是誤殺者？
6. 在以色列人的律例中，甚麼人要住在逃城？一個誤殺者怎樣才能完全脫離報血仇人的手？你認為設立逃城有何神學意義？
7. 摩西按上帝的吩咐所定下婚嫁的律例，如何使分配給各支派的地土不致減少？這律例對我們有何意義？自我限制與遵行上帝的吩咐有何關係？
8. 你認為民數記的結語（13節）如何帶給讀者希望？

釋經短註

❶ 三十三章52節呈現扇形結構。現按原文翻譯如下：

A　你們要毀滅
　B　他們一切鑿成的石像，
　B'　和他們一切鑄成的偶像
A'　你們要毀滅。

這個結構支持將「鑿成的石像」理解為神像。

❷ 三十三章53節原文有 3 處值得留意的地方。第一、「賜給」原文是用完成式，似乎是指上帝已經把地賜予以色列人，而他們要行的就是將地取來。第二、「給……為業」原文字根與「擁有、佔領」相同。當與「賜給」一起使用時，就清楚指出以色列人得地是因為上帝已經將地給予他們。第三、原文「給你們」在詞序上是放在前面，表示作者要強調這詞，就是指這地是給以色列人，不是給迦南人的！

❸ 除了55節所用的比喻，有些書卷形容這些迦南人為以色列人的「網羅」。有學者認為「網羅」的比喻是指迦南人會令以色列人背叛上帝，敬拜別神，所指的是一個宗教的問題（參出二十三33，三十四12；申七16；士二3，八27）。很可能這裏提及的包括從迦南人來的宗教及政治兩方面的負面影響。

❹ 三十五章3節「安置他們的財物」原文沒有「安置」一詞。此外，「財物」（*rəḵûš*）一詞原文一般指人所擁有的，既可指財物，也可指牲口。這處原文用字次序是「他們的牛與他們的 *rəḵûš* 及他們所有的動物」。所以，*rəḵûš* 一字在這裏很可能不是指「財物」，而是牲口，包括羊羣等。

❺ 聖經中還有其他與「逃城」有關的經文（書二十1～9），其中包括一些沒有使用這個名稱的經文（出二十一13～14；申四41～42，十九1～13）。另有經文指出殺人者可以因抓著祭壇（的角）而得以免受刑罰（參出二十一14；王上一50～51，二28～34）。

❻ 三十五章32節論及的律例也有例外的情況（參出二十一29～30）。若一頭牛素常觸人，而牛主也受過警告。當牛主沒有栓好牛，容讓牛再次觸人致死，那麼牛及牛主都要被處死。不過，若牛主願付上要求的贖價，則可免一死。這情況跟民數記所論的不同之處，在於牛主沒有直接殺人。

❼ 三十五章33節「污穢」（*ḥānēp̄*）這動詞在聖經中只出現 11 次，其中 8 次的賓語是地土。污穢地土的原因包括：流人血（33節；詩一〇六38），違反律法與背約（賽二十四5），以及行淫（耶三1、2、9）。其同字根的形容詞則出現 13 次，多翻譯為「不敬虔」（參伯八13，十三16等）；其同字根名詞則只出現 1 次（耶二十三15）。

❽ 原文只有「一個以色列支派中的人」，沒有「別」字。不過，若比較第6節的「他們父親的支派」（「和合本」譯為「同……支派」），則可見這處所指的確是別的支派的人。

「民數記」結束時記載以色列人停留在摩押平原，等候越過約旦河進入迦南地，他們的曠野路似的完結，卻又尚未完結。不過，我已走完撰寫本書的曠野路。這當然並不是說「當跑的路我已經跑盡了」（提後四7），因為上主似乎正在引導我走上另一條曠野路。當我差不多完成此書最後的定稿時，上主帶領我認識一羣聽障的弟兄姊妹及一羣願意與他們同行的健聽的弟兄姊妹。也許，應該更準確地說，聽障及健聽的弟兄姊妹一起走在這條人生的曠野路上，彼此支持、彼此鼓勵、彼此同心敬拜上主。祈求上主繼續的引領！所以，在人生的曠野路上與上帝同行固然是首要的，但有弟兄姊妹同行也是不能缺少的，這也是出於上主的恩典。我們在今世的生活誠然是一個「在曠野中與上帝、與人同行」的人生。

緊扣時代 服事教會

以文字傳揚基督真道

讀者意見表

衷心多謝你購買本社書籍。本社一直致力以出版事工服事教會，幫助信徒扎根於神的話語，促進靈命增長。為使我們的出版更能滿足你的需要，請填寫下列各項資料，並寄回或傳真予本社。

所購書籍：______________________________

本書最吸引你的地方：

□作者　□適切性　□文筆　□設計　□實用性

□其他：______________________________

購買本書地點：

□基道書樓　□基督教書店　□非基督教書店

性別：□男　□女　職業：____________________

信仰：□基督徒　□非基督徒

年齡：□ 16 歲或以下　□ 17～25 歲　□ 26～35 歲

□ 36～55 歲　□ 56 歲或以上

學歷：□中三或以下　□中五　□預科

□大學　□研究院

□我欲更多了解基道出版社的事工及考慮支持，請寄給我下列資料：

□機構簡介　□新書資料　□基道會員通訊

□《基道文字事工通訊》

姓名：______________________　電話：______________

地址：______________________________________

____

傳真：______________　電子郵件：______________

其他意見：______________________________________

____

多謝賜教！

意見表可以傳真（2687-0281）或直接郵寄以下地址：
香港沙田火炭坳背灣街26號富騰工業中心1011室
基道出版社編輯部收